قضايا معاصرة

الدكتور

عدنان سليمان الأحمد

أستاذ مساعد في علم الاجتماع السياسي

جامعة الزيتونة

أ. عدنان ماجد المجالي

باحث سياسي في
العلاقات الدولية

دار وائل للنشر

الطبعة الثانية

2008

رقم الايداع لدى دائرة المكتبة الوطنية : (2007/6/1652)
الأحمد ، عدنان
قضايا معاصرة / عدنان سليمان الأحمد ، عدنان ماجد المجالي .
- عمان ، دار وائل ، 2007 .
(412) ص
ر.إ. : (2007/6/1652)
الواصفات: السياسة الدولية/ علم الاجتماع السياسي/ تاريخ فلسطين/ النزاع العربي الاسرائيلي/ فلسطين/ البلدان العربية / القضية الفلسطينية
* تم إعداد بيانات الفهرسة والتصنيف الأولية من قبل دائرة المكتبة الوطنية

****

رقم التصنيف العشري / ديوي : 956.4
ISBN 978-9957-11-413-8 (ردمك)

* قضايا معاصرة
* د. عدنان سليمان الأحمد - أ. عدنان ماجد المجالي
* الطبعة الثانية 2008

* جميع الحقوق محفوظة للناشر

دار وائل للنشر والتوزيع

* الأردن - عمان - شارع الجمعية العلمية الملكية - مبنى الجامعة الاردنية الاستثماري رقم (2) الطابق الثاني
هاتف : 00962-6-5338410 - فاكس : 00962-6-5331661 - ص. ب (1615 - الجبيهة)
* الأردن - عمان - وسط البلد - مجمع الفحيص التجاري- هاتف: 00962-6-4627627
www.darwael.com
E-Mail: Wael@Darwael.Com

الإهـــداء

إلى رموز البطولة والفداء من أجل أن تحيا فلسطين عربية

إلى مَنْ طرزوا بدمائهم الزكية ثرى الأوطان

إلى الأكرم منا جميعا

شهداء أمتنا العربية

شهداء نداء وصرخة القدس والأقصى

الفهرس

الموضوع	الصفحة

الفصل الثاني

النظام الدولي الجديد

الفصل الثالث

الفصل الرابع

النظام الإقليمي العربي

الفصل الخامس

حرب الخليج الثالثة

المقدمة

أن هذا الكتاب الذي هو ثمرة تعاون جاد لباحثين جمعهماً التخصص في علم الاجتماع والعلوم السياسية أهمية نابعة من تنوع وتعدد القضايا المطروحة على الساحتين العربية والدولية واختلاف الرؤى بشأن هذه القضايا التي أفرزت في بعض جوانبها أخطاراً لا حدود لها .

إن الباحثين يسعيان من جراء هذا لتحقيق بعض الأهداف والتي:

أولاًً: تبصير الأجيال الواعدة بهذه القضايا وبالأخطار المحدقة بها على الساحتين الدولية والإقليمية وتكريس الانتماء القومي والوطني في مواجهة التحدي المحدق بهذه الأمة.

ثانياً: أن السياسة ليست فناً ممكناً وليست ارتجالية أو عاطفية إنها علم بقواعد قائمة على أصول لا تكريس لواقع قائم على تعاون دولي واحترام حق الآخرين.

ثالثاً: انه مرجع علمي يبحث بالأحداث والقضايا الدولية الحديثة متابع لكل جديد أولا بأول وهذا يفيد منه الباحثون والدارسون من خلال الطروحات والقضايا المتضمنة.

وقد اعتمد الإطار المنهجي على بعض المناهج منها التاريخي والمعرفي والمقارن نظراً لتعدد وتنوع الموضوعات المطروحة.

أما محتويات الكتاب فقد رتبت في ست فصول مقسمة إلى مباحث يدرس الفصل الأول القضية الفلسطينية والصراع العربي الصهيوني ويتناول الخلفية الاجتماعية ومشاريع التسوية والعوائق للحل الفلسطيني الإسرائيلي والجدار الفاصل.

أما الفصل الثاني فقد أبرز النظام الدولي الجديد والتطور التاريخي للنظام والتعريف به ومكوناته إضافة إلى التطرق إلى حرب الخليج الثانية باعتبارها نافذة النظام، وهيئة الأمم المتحدة وقضايا وإشكاليات النظام الدولي والنظرة الأمريكية للنظام الدولي وكيف يتعامل العرب مع طروحات النظام الدولي والحرب النفسية في النظام وآخرها الولايات المتحدة والشرق الأوسط.

أما الفصل الثالث فقد تضمن مجموعة من المباحث هي ظاهرة الجريمة والمخدرات وما تتركه من آثار سلبية تقود للانحراف والجريمة، أما المبحث الثاني فيتحدث عن موضوع هام جداً هو التلوث البيئي ودور الإنسان المسؤول الأول عن هذا التلوث، أما المبحث الثالث والرابع فيتحدث بموضوع هام وهو الإرهاب الدولي والتاريخ الإرهابي للولايات المتحدة والإرهاب الصهيوني الأمريكي المشترك. أما المبحث الخامس فقد تم طرح موضوع كشمير المسلمة وصراع الهوية.

أما الفصل الرابع أفرد هذا الفصل إلى النظام الإقليمي العربي نشأته وتعريفه والثغرات في جداره كما شمل على المواضيع التالية: الأمن المائي العربي والأمن الغذائي العربي وأمن الحدود وتم بحث جديد في النظام العربي وجامعة الدول العربية في ظل الأزمة الأمريكية العراقية الحالية.

أما الفصل الخامس هو فصل جديد تم فيه مناقشة حرب الخليج الثالثة شاملة الترتيب الزمني للأزمة العراقية منذ 1980-2002 ومشروع الحرب على العراق. أما المبحث الثاني فتم معرفة حرب الخليج في مرآة المصالح الدولية الكبرى. وأما المبحث الثالث فتبين سقوط بغداد في التاسع من ابريل عام 2003 والتداعيات لسقوط بغداد في يد الولايات المتحدة وأعوانها، وعودة العراق لعصر ـ ما قبل الدولة. أما المبحث الرابع فقد بين بعد مرور ثلاث سنوات لسقوط بغداد من المنتصر في هذه الحرب (حرب الأديان) وبيان إستراتيجية اللا حل في الشرق الأوسط، وفي نهاية الفصل تم التطرق إلى حدث جديد وهو توصيات بيكر حول العراق وإستراتيجية الرئيس الأمريكي الجديدة في العراق.

أما الفصل السادس فقد تم مناقشة خمس مواضيع هي الديمقراطية والعولمة والتكنولوجيا الحديثة وأثرها في المجتمع والشركات متعددة الجنسية والمديونية العربية.

إن هذا الجهد المشترك ما هو إلا محاولة متواضعة غايتها خدمة أهداف الأمة وتكريس الانتماء لها والتبصر في معظم الأمور المحيطة بنا كمجتمعات عربية وإسلامية.

والله الموفق وبه نستعين

المؤلفان

د. عدنان الأحمد

أ. عدنان المجالي

الفصل الأول

القضية الفلسطينية والصراع

العربي الصهيوني

المبحث الأول

الخلفية التاريخية للقضية الفلسطينية منذ بداية القرن العشرين

مقدمـة تمهيديـة:

ان الخلفية التاريخية للنظام الرأسمالي بدأت منذ انتهاء المؤتمر الصهيوني الاول في مدينة بازل السويسرية عام 1897 فقد بدأت المنظمات الصهيونية في كل مكان تخطط من أجل تكوين وطن لليهود في فلسطين، يمكن ان يستقطب يهود العالم، ويتبنى الصهيونية كحركة لجمع شتات اليهود وتوحيدهم وتكوين دولتهم، التي يمكن ان تكون في فلسطين، من ثم تتوسع شيئاً فشيئاً على حساب الدول العربية المجاورة؛ لتحقيق حلمهم في وطن "من النيل الى الفرات"[1]. لقد استخدم الصهاينة ومؤسسو حركتهم منذ بداية القرن العشرين اساليب عديدة لتحقيق أهدافهم الاستغلالية ولعل أهمها الحصول على دعم وتأييد واسناد الدول الكبرى مثل: بريطانيا وفرنسا والولايات المتحدة؛ لتساعدهم على انشاء دولتهم في فلسطين، وحث يهود العالم في كل مكان على الهجرة إليها لزيادة عدد اليهود فيها ليقوى جانبهم من أجل السيطرة عليها، بعد طرد وإبعاد سكانها الاصليين من عرب فلسطين، فضلاً عـن نشر ـ وبلورة الفكر الصهيوني بـين اليهود لاعتقادهم ان اليهودية قومية وليست دين[2]. في حين يعتقد اكثر اليهود ان اليهودية دين لا علاقة له بالصهيونية التي اصبحت فيما بعد حركة عنصرية قائمة على الابتزاز وغمط الحقوق فضلاً عـن التوسـع والعدوان وسلب الحريات ومصادرة الممتلكات[3]. لذا قام قادة الحركة الصهيونية باتخاذ مسارين اساسيين في تحقيق اهدافهم، الاول العمل على تضليل اليهود بالابتزاز، وحملهم على تبني فكرة الصهيونية، بإغرائهم بوعود زائفة في أرض الميعاد والايعاز لهم بالهجرة إليها؛ لتكوين وطنهم القومي.

أما المسار الثاني فهو الاعتداء على حقوق عرب فلسطين، بطردهم وتشريدهم والتآمر على وطنهم بالحصول على وعود الدول الكبرى لاسيما بريطانيا بالوقوف الى جانبهم؛ لتحقيق مشاريعهم العدوانية وتكوين وطنهم القومي في فلسطين العربية[4]. وهكذا استمر القادة الصهاينة والحركة الصهيونية بمشاريع الاستيطان والتوسع على

---

(1) المهنا، عبد العزيز، فلسطين واسرائيل، مطابع دار الهلال، الرياض، 1994، ص100.

(2) الحسن، احسان محمد (الدكتور)، محاضرات في المجتمع العربي، مطبعة دار السلام، بغداد، 1973، ص160.

(3) المصدر نفسه، ص161.

(4) المصدر نفسه، ص162.

حساب الشعب العربي الفلسطيني، وذلك بإغراء اليهود في شتى بقاع العالم ولاسيما روسيا وأوروبا الشرقية بالهجرة والاستيطان في فلسطين، ومن ثم استغلال الاحداث السياسية في النصف الاول من القرن العشرين بالحصول على تأييد من الدول الكبرى بتنفيذ مشاريعهم، والتعمد بتهجير وتصفية الشعب العربي الفلسطيني من أرضه، بمصادرة أمواله وممتلكاته وتجريده من أبسط حقوقه السياسية والاقتصادية والاجتماعية وإحلال المهاجرين والمستوطنين اليهود محلهم، مما أدى الى الصراع والصِدام المسلح بين الشعب العربي في فلسطين واليهود الغزاة وقادة الحركة الصهيونية[1].

ان هذا الفصل يمكن تقسيمه على مطلبين أساسيين هما:

المطلب الأول: التآمر الامبريالي والصهيوني على فلسطين والتوسع الصهيوني على حساب الشعب العربي الفلسطيني في أرضه.

المطلب الثاني: موجات الهجرة والاستيطان الى فلسطين العربية.

وهذا يستوجب دراسة هذه المباحث بشيء من التفصيل والتحليل.

المطلب الأول

التـآمر الإمبريـالي والصهيوني على فلسطين

والتوسع الصهيوني على حساب الشعب العربي الفلسطيني في أرضه

يقع هذا الفصل في أربع حقب تاريخية:

أولاً: الحقبة الأولى: التآمر الصهيوني الامبريالي على فلسطين منذ بداية القرن العشرين حتى عام 1948م.

ثانياً: الحقبة الثانية: التآمر الصهيوني الامبريالي على فلسطين منذ 1948م- 5 حزيران 1967م.

ثالثاً: الحقبة الثالثة: التآمر الصهيوني الامبريالي على فلسطين منذ 1967م حتى 1979م (كامب ديفيد) Camp, David.

(1) عطايا، امين، الامن القومي العربي في مواجهة الامن الاسرائيلي، بيروت، 1995، ص46.

رابعاً: الانتفاضة الفلسطينية من 1987-1993م (مؤتمر أوسلو).

وكما ذكر سابقاً أنه يجب دراسة هذه الحقب التاريخية التي مرت بها القضية العربية الفلسطينية بشيء من التفصيل.

اولاً: الحقبة الأولى:

إن المدة التي مرت بها هذه الحقبة كانت بعد سقوط الدولة العثمانية في الحرب العالمية الاولى والتوقيع على معاهدة سايكس بيكو 1916م التي بموجبها وضعت فلسطين وبعض الدول العربية وهي مصر والعراق والاردن تحت الوصاية والانتداب البريطاني الذي سمح لليهود بالهجرة والتوسع في الارض الفلسطينية بعد صدور وعد بلفور سنة 1917م[1].

ان بلفور هذا كان وزيراً للخارجية البريطانية وليس صاحب الدولة او المتصرف بها، فقد أعطى اليهود حقاً بإنشاء وطن لهم في فلسطين، وباعلان الانتداب فقد تآمر وتواطأ شخصياً مع الحركة الصهيونية فأعلن الموعد وتنامى الشعور القومي عند اليهود بضرورة انشاء وطن على ارض فلسطين العربية، وهنا تنامت موجات الهجرة الى فلسطين. لقد كان عدد اليهود في فلسطين عام 1919م 75000 نسمة وبفعل الهجرة ارتفع الى 120559 نسمة عام 1925م واستمر العدد بالزيادة حتى بلغ 335157 عام 1935م في الوقت نفسه زاد مايمتلكونه من مساحة الارض من 650000 دونم عام 1919م الى 1392600 عام 1936م وارتفع عدد المستعمرات من 47 عام 1919م، الى 172 عام 1936م، هذا النمو السريع في عدد السكان وزيادة مساحة الارض وبناء المستعمرات في الارض العربية الفلسطينية كان سبباً لانفجار الثورة الفلسطينية عام 1936م، إذ عارض الفلسطينيون هذا التوسع الصهيوني مما حملهم على الثورة ضد الوجود الصهيوني المدعوم من بريطانيا التي عملت على إصدار الكتاب الابيض الذي يحد من الهجرة اليهودية الى فلسطين، مما أدى الى تصادم قادة الحركة الصهيونية مع بريطانيا، وذلك بالتوجه الى الولايات المتحدة بكل إمكاناتهم للحصول على التأييد الامريكي الذي يجيز لليهود الهجرة الى فلسطين[2].

---

(1) فتوني، علي عبد (الدكتور)، المراحل التاريخية للصراع العربي الاسرائيلي، بيروت، دار الفارابي، 1999، ص46.

(2) A Survey of Palestine, Statstical Abstracet of Palistine office of Statstice Jerusalem, 1946, p.372.

وبذلك فقد ازداد الشعور القومي عند اليهود خلال مرحلة ماقبل وخلال الحرب العالمية الثانية فزاد عدد اليهود من 445457 نسمة عام 1939م الى 579227 عام 1944م وزادت مساحة الاراضي في حيازتهم من 1533400 دونم عام 1939م الى 1731300 دونم عام 1944م، وارتفع عدد المستعمرات من 224 عام 1939م الى 259 مستعمرة عام 1944م.

وقدرت آخر الاحصاءات الرسمية البريطانية عدد سكان فلسطين نهاية عام 1946م بـ1912000 نسمة وكان عدد اليهود 608000 نسمة أي مايمثل 31.6% من اجمالي السكان، اما مساحة الارض التي كانت في حوزة اليهود بعد قرار التقسيم عام 1948م فكانت 1821000 دونم من مجموع 27000000 دونم من مساحة فلسطين الكلية، وهذا يعني امتلاك اليهود لـ 6.7% من مساحة فلسطين[1].

وبناءً على ذلك فقد استمرت المصادمات بين الفلسطينيين واليهود لزيادة عدد المهاجرين وزيادة امتلاكهم الارض، لذا فقد وجه الفلسطينيون الاتهام لدولة بريطانيا، لتشجيعها الهجرة الصهيونية، علاوةً على السماح لها في التوسع والاستيلاء على الاراضي الفلسطينية وهذا يدل على تآمر بريطانيا وتحيزها تجاه اليهود، ولبيان حيادها فكانت تتدخل دبلوماسياً للتوفيق بين المطالب العربية واليهودية، علماً ان المطالب العربية تمثلت باستمرار دولة فلسطين وعيش اليهود جنباً الى جنب مع شعب فلسطين، في حين كان المطلب الصهيوني المتأثر بقيادتهم هو السيطرة الصهيونية على كامل الارض الفلسطينية وتحويلها الى دولة الاحتلال، وهكذا فقد فشلت محاولات بريطانيا الدبلوماسية بالتوفيق بين المطالب العربية والصهيونية حتى الوصول إلى تفاهم ثنائي بين لندن وواشنطن يعمل على حل القضية الفلسطينية[2].

في ضوء هذه الظروف قررت بريطانيا إحالة النزاع الى هيئة الامم المتحدة في شباط عام 1947م، وأبدت رغبتها بالانسحاب من فلسطين في أيار عام 1948م.

في ظل هذه الظروف تبلورت القوة العسكرية الصهيونية وقرروا استخدامها في فلسطين بعد اعلان قرار التقسيم الذي اعتبر بمثابة اعلان حرب على عرب فلسطين ودعوة اليهود باحتواء واحتلال الجزء الاكبر من الارض الفلسطينية،

(1) Ibid, p.380.

(2) Ibid, p.391.

فكانت هي مرحلة الحسم العسكري انطلاقاً من تأييد الدول الكبرى امريكا وبريطانيا، وقد بلغت مساحة الدولة العبرية بموجب قرار التقسيم 15000000 دونم. وقد عارضت بريطانيا قيام دولة فلسطينية بزعامة الحاج امين الحسيني، وايدت ضم سائر المدن العربية من فلسطين الى شرق الاردن واصرت على السيادة السياسية بأكملها حتى ايار عام 1948م مع غيابها التدريجي عسكرياً من مناطقها المحتلة في فلسطين مما نجم عنه:

أولاً: ردع تدخل الجيوش العربية قبل 15 ايار عام 1948م.

ثانياً: تهيئة اليهود لقواتهم العسكرية استعداداً لمواجهة الجيوش العربية عند تدخلها لنجدة عرب فلسطين. وبذلك تمكن الصهاينة من تجنيد 52000 جندي وامرأة زاد عددهم عند اعلان الدولة الى 94500.

أما عرب فلسطين فقد هيئوا جيش الانقاذ غير النظامي وكان عدد افراده 5000 جندي اشتبكوا مع الصهاينة في معارك مختلفة وصغيرة أوقعت بهم خسائر في الارواح والمعدات، وقامت القوات الصهيونية بقصف المدن والقرى الفلسطينية؛ لتحقيق حلمهم بانشاء دولتهم "العبرية"[1].

وبإعلان قيام دولة الاحتلال التي سميت بإسرائيل في 14 مارس عام 1948م اندلعت الحرب العربية الصهيونية الأولى التي انتهت بفشل القوات العربية الممثلة بجيوش ست دول وأربعين مليون عربي وقد بلغ عدد الجيوش العربية 20000-23000 مقاتل، وكان وراء هذا الفشل عوامل عديدة منها مايتعلق بالعدد والعدة وسوء التنظيم وغياب القيادة الموحدة، فضلاً عن طول خطوط الامداد والتمويل اما القوات الصهيونية فكان عددها 70000 مقاتل مسلحين بمختلف أنواع الأسلحة، وقد تيسر لهم السيطرة على مخازن السلاح البريطانية عند انتهاء الانتداب، زيادةً على استلامهم للشحنات الخارجية، ووحدة القيادة وقصر طرق الاتصال والتموين[2]. مما مكّن الصهاينة من السيطرة على اكثر من 70% من مساحة فلسطين بعد معارك عديدة مع الجيوش العربية، وتم توقيع اتفاقية الهدنة عام 1949 بين كل من دولة الاحتلال والدول العربية مصر والاردن وسوريا ولبنان بعد صدور قرار مجلس الأمن رقم 54.

---

(1) الجبوري، صالح صائب، محنة فلسطين واسرارها السياسية والعسكرية، بيروت، دار العلم للملايين، 1970، ص99.

(2) المصدر السابق، ص100.

ثانياً: التآمر الصهيوني والامبريالي على فلسطين من عام 1948-1967م حرب حزيران:

استمر التآمر الصهيوني الامبريالي على فلسطين بعد قرار التقسيم واعلان الدولة الصهيونية، واستمرت سيول الهجرة اليهودية، كما استمرت المساعدات العسكرية والاقتصادية والفنية، فضلاً عن الدعم السياسي والمعنوي من الدول الكبرى في المحافل الدولية.

اما المساعدات للدول العربية من الغرب فكانت محدودة، مما حدا بمصر التوجه للمعسكر الاشتراكي، للحصول على العون المادي والمعنوي والعسكري؛ لاحداث توازن القوة العربية مع القوة الصهيونية، وبعد تأميم قناة السويس عام 1956م، حصل العدوان الثلاثي على مصر الذي شاركت فيه دولة الاحتلال وفرنسا وبريطانيا، إلا ان مصر كانت من أقدر الدول العربية وأخطرها على الامن والمصالح الفرنسية والبريطانية، لقد أيدت الدول العربية مصر فوضعت سوريا امكاناتها وجيشها تحت إمرة القيادة المصرية، كما قامت بنسف انابيب البترول العراقي وبعض العمليات التخريبية لممتلكات الشركات الاجنبية عبر الاراضي السورية كوسيلة ضغط على فرنسا وبريطانيا، وكذلك فقد زاد عدد المتطوعين العرب للمشاركة في تلك الحرب، وقطعت معظم الدول العربية علاقاتها مع فرنسا وبريطانيا[1].

انتهت الحرب بانسحاب القوات المعتدية من سيناء وقطاع غزة وشمال مصر، بعد قرار الجمعية العامة للامم المتحدة، والتهديد السوفيتي بإيقاف الحرب.

بعد هذه الاحداث يمكن القول: إن القضية الفلسطينية والصراع العربي الصهيوني خلال وبعد العدوان الثلاثي، كان بداية لتدويل الازمة بين العرب والصهاينة سواء أكان من حيث التدخل الخارجي، أم الدعم أم التحيز الدولي عامة والدول الكبرى بخاصة.

ولقد ظل العرب يعانون من جراح الحرب مع الصهاينة، لاحتلالهم اكثر من 70% من ارض فلسطين العربية، وكونوا دولتهم في قلب الوطن العربي، وقد ترك العدوان الثلاثي آثارًا نفسية سلبية لدى العرب اذ انه لم يكن تهديدًا لمصر فحسب بل تهديداً مباشرًا للأمن العربي، مما زاد الحقد والكراهية للصهاينة نتيجة المخاطر التي تفرضها الصهيونية على الامن العربي، مما كان له أثره البالغ في

(1) المهنا، عبد العزيز، فلسطين واسرائيل، مكتبة الملك فهد الوطنية، 1994، ص146.

ظهور المشـاعر القوميـة العربية والعمل على شـحذ الهمـم بتعبئـة عربيـة سياسـية اجتماعيـة اقتصادية ونفسية اتجاه الدولة الصهيونية، فعندما امر الرئيس الراحل جمال عبد الناصر لدى تعـرض سـوريا بتهديـد أمنها القومي بإقصاء قوات الامم المتحدة من شرم الشيخ والحدود المتاخمة لدولة العدوان تمهيداً لمواجهـة جديدة، ودخول حرب ضد الصهاينة، مما حدا بهم التهيؤ لهذه الحرب بمساعدة الولايات المتحدة الامريكية ومدهم بأسلحة هجومية متطورة يستطيعون من خلالهـا توجيـه ضربـات موجعـة لـدول المواجهـة مصر- سوريا والاردن[1].

وفي تلك الاثناء وقبيل حرب حزيران عـام 1967م قامـت الولايـات المتحـدة والاتحـاد السـوفيتي بتحذير العرب من البدء باطلاق النار او الهجوم، وفي يـوم 1967/6/5م قامـت القـوات الصـهيونية بهجـوم مباغت على القوات العربية "كضربة وقائية عدوانية" انتهت بالاستيلاء على شبه جزيـرة سـيناء مـن مصر- وقطاع غزة والجولان السورية والضفة الغربية والقدس الشرقية من الاردن، وكذلك فقد نجحت بالاسـتيلاء على مساحات كبيرة من الارض العربية ودمرت أغلب القوات الجوية والبرية العربية. مما احدث تطـورات سياسية اجتماعية وتربوية خطيرة على الساحة العربية والمجتمع العربي برمته.

ان التطور السياسي والاجتماعي والنفسي الخطير بعد هزيمة حزيران، صعّد مـن مشـاعر الحقـد والكراهية والغضب الشعبي العربي اتجاه دولة الاحتلال والمجتمع الدولي والدول الكبرى المؤيدة للعـدوان، لاسيما بعـد ظهـور نوايـا الصـهيونية التوسـعية والممارسـات التعسـفية والقهـر ضـد ابنـاء الشـعب العـربي الفلسطيني في الارض المحتلة[2].

وقد كان لهذه الحرب نتائج استراتيجية كبيرة ومؤثرة في مسار الصراع العـربي- الصـهيوني إذ أدى هذا الصراع الى صدور قرار مجلس الامن الدولي رقم "242" الـذي كـان بمثابـة تسـوية لحـل الصراع، كـما أسهمت الحرب في تصعيد مستوى العداء العـربي الصـهيوني لـيس بسـبب مشـاعر الفشـل العـربي في تلـك الحرب فحسب بل بسبب اختلال ميزان القوى العسكرية والسياسية لصالح الكيان الصهيوني.

وقد نمت مشاعر عربية سلبية تجاه الصـهاينة بعـد حـرب 1967م واسـتمرت مشـاعر العـداء في التصاعد نتيجة حرب الاستنزاف، والقصف الوحشي الصهيوني

(1) المصدر السابق، ص131.

(2) الخالدي، وليد ، خمسون عاماً على تقسيم فلسطين 1947-1977، بيروت، دار النهار، 1998، ص27.

بكل أسلحة الدمار على الجبهة المصرية، وتعظيم العمليات الفدائية ضد الاهداف الصهيونية داخل الكيـان وخارجه، كما ظهرت أعمال الارهاب الصهيوني ضد الاهداف العربية والفلسطينية، مما أدى الى تأجيج مشاعر العداء والاعداد ليوم الثأر العربي من العدو المتغطرس؛ لاسترداد الكرامة العربية المهدورة[1]. وفي اليوم السادس من اكتوبر عام 1973م بدأ الهجوم العربي بالجو والبر والبحر على مواقع الاحتلال الصهيوني العسكرية في سيناء والجولان فآنتصرت القوات المصرية واستولت على خط بارليف، بعدها وصلت القوات السورية يوم 7 اكتوبر 1973 الى بحيرة طبرية ونهر الاردن اذ طوقت مدينة القنيطرة وحررت مرصد جبل الشيخ، وقسماً كبيراً من الارض المحتلة، واستمرت الحرب حتى يوم 16 اكتوبر عام 1973م انتهت بتدخل امريكي سافر لجانب الصهاينة، بدعمها بالسلاح من مخازنها في اوروبا، مما أخل في التوازن العسكري لمصلحة الصهاينة، وفي يوم 1973/10/22م اتخذ مجلس الامن قراره رقم 338 بالايقاف الفوري لاطلاق النار، وبقاء القوات في أماكنها والشروع بمفاوضات دبلوماسية بين الاطراف، التي تتطلع لسلام عادل يرتكز على قرار الشرعية الدولية رقم "242"[2].

إن ما يميز حرب اكتوبر 1973 عن سابقتها من الحروب العربية الصهيونية هو الانتصار على قوات الاحتلال، واستخدام سلاح النفط ضد الصهاينة ومؤيديهم ولاسيما بريطانيا وامريكا، وقد رفعت هذه الحرب من الروح المعنوية للعرب، وحطمت اسطورة الجندي الذي لا يقهر كما حركت المقاطعة العربية، مما حدا بعض الدول الى تأييد القضية الفلسطينية وحق تكوين الدولة الفلسطينية المستقلة، وضرورة انسحاب الصهاينة من الأرض العربية التي احتلتها بعد حزيران عام 1967م[3].

ثالثاً: التآمر الصهيوني والامبريالي على فلسطين من 1967م الى كامب ديفيد 1979م:

ان مؤتمر جنيف المنعقد عام 1973 يُعد في حد ذاته بداية العمل الامريكي المنفرد؛ لحل النزاع العربي الصهيوني، بدءاً بسياسة الخطوة خطوة برائدها هنري كيسنجر وزير الخارجية الامريكي، وذلك للفصل بين القوات المصرية والصهيونية،

(1) المصدر السابق، ص32.

(2) جريدة المدينة، جدة، انظر الى العدد 1973/9/30.

(3) بيلي، سيدني، الحروب العربية الاسرائيلية وعملية السلام، ترجمة المقدم الركن الياس فرحات، دار الحرف العربي، بيروت، 1992، ص214.

ومروراً بمعاهدة كامب ديفيد الموقعة في 5 سبتمبر عام 1979م بحضور كلٍ من الرئيس الامريكي جيمي كارتر والمصري محمد أنور السادات ورئيس الوزراء الصهيوني مناحيم يبغن في منتجع كامب ديفيد. ان الذي يعنينا من هذه المعاهدة هو تأكيدها على قراري مجلس الامن 242 و338 الخاصين بالشرق الاوسط وما تنص عليه من بنود حيال الضفة الغربية وقطاع غزة، إذ دعت المعاهدة الى إشراك مصر والاردن ودولة الاحتلال وممثل الشعب الفلسطيني لحل القضية الفلسطينية بكل جوانبها، إذ تعهدت الاتفاقية بقيام حكم ذاتي في الضفة الغربية وقطاع غزة، يتم بالانتخاب الحر وتنسحب سلطات الاحتلال بعد ذلك عسكرياً ومدنياً، كما دعت المعاهدة مصر- والاردن وسلطات الاحتلال الاتفاق على إقامة سلطة الحكم الذاتي المنتخبة وتتفاوض الاطراف المعنية حول اتفاقية تحدد مسؤولية سلطة الحكم الذاتي[1].

وما ان وقعت مصر الاتفاقية، حتى بادرت الدول العربية عدا السودان، بقطع علاقاتها مع مصر، ونقل الجامعة العربية الى تونس، وإلغاء هيئة التصنيع الحربي العربية في مصر- واستندت معظم الدول العربية في قطع علاقاتها الى قرار مجلس جامعة الدول العربية الصادر عام 1950م والقاضي انه لا يجوز لأية دولة من الدول العربية ان تتفاوض في عقد صلح منفرد او أي اتفاق سياسي او اقتصادي او عسكري مع الصهاينة او ان تعقد فعلاً مثل هذا الصلح او الاتفاق، وان الدولة التي تقدم على ذلك، تُعد مفصولة عن الجامعة العربية طبقاً للمادة 18 من ميثاقها. لذا فالاثر المباشر لتوقيع اتفاق كامب ديفيد للسلام كان سلباً على العلاقات العربية العربية لاحداثها شرخاً عميقاً في وحدة الصف العربي، وإنهاء فكرة التعاون العربي، التي بدأت سماته بالظهور قبيل اندلاع حرب اكتوبر عام 1973م.

وأدى توقيع هذه الاتفاقية الى ذهول واستنكار العالم العربي مما أدى الى خلخلة واضحة في صموده وقواته العسكرية بعد خروج مصر من خط المواجهة مع دولة الاحتلال، وهذا ماكان يسعى إليه الامريكان والصهاينة. وبهذا فقد اسهمت الاتفاقية في عزل مصر- عن الامة العربية والسياسة العربية وتنامت مشاعر الغضب والاستياء نتيجة الموقف المصري، وشعر غالبية الشعب العربي بهذه المأساة، كما تولد شعور بضياع فلسطين، الامر الذي ترك فراغاً كبيراً وشرخاً لا يلتئم في السياسة الخارجية العربية[2].

(1) المصدر نفسه، ص223.

(2) غليون، برهان، العرب ومعركة السلام، المركز الثقافي العربي، بيروت، 1999، ص17.

ونظراً لهذه الاحداث فقد تجلى الانقسام العربي بوضوح على الساحة العربية بأكملها، اتضح باندلاع حرب المخيمات بين الفلسطينيين أنفسهم واللبنانيين وأشعال شرارة الحرب الاهلية اللبنانية التي دامت قرابة 15 سنة.

رابعاً: الانتفاضة الفلسطينية 1987-1993م حتى مؤتمر أوسلو:

شكلت الانتفاضة تطوراً نوعياً في مسار الصراع الفلسطيني الصهيوني، ففي ظل الاحباطات المتتالية التي قادت اليها اتفاقيات "كامب ديفيد" "Camp- David" تم الاجتياح الصهيوني لدولة لبنان وحصار بيروت، ورحيل القوات الفلسطينية ولم يُبق أمام الشعب الفلسطيني خياراً كفاحياً سوى نقل نضاله الوطني الى الارض المحتلة في مواجهة مباشرة مع الاحتلال، مما هيأ المناخ المناسب لانطلاقة الانتفاضة في ديسمبر 1987م.

أما الاسباب المباشرة لاندلاع الانتفاضة فقد تمثل بالمضايقات الصهيونية والسياسات التعسفية، وتصعيد الاجراءات القمعية والاستفزازية باغلاق المدارس والجامعات ومضايقة المصلين في اثناء تأديتهم الفرائض، واعمال الهدم والمصادرة وتدمير المحاصيل الزراعية وعدم السماح ببيعها في الاسواق التجارية، فضلاً عن عمليات الابعاد خارج الوطن واعتقال الآلاف وتعذيبهم، لقد كان السبب المباشر لتفجر الانتفاضة حادث سير لشاحنة مستوطن صهيوني وسيارتي عمال من قطاع غزة قتل على اثرها بعضهم وفي أثناء تشييع الجنازة تحولت لمظاهرة كبرى لم يسبق لها مثيل، هوجم خلالها احد مراكز الجيش، واصيب الكثير لدى استخدام الجيش للرصاص الحي والقنابل المسيلة للدموع[1]، وتتالى سقوط الشهداء من جراء اندلاع الانتفاضة وتصاعدت حدتها لتأخذ بعداً اقليمياً ودولياً ومنحى سياسياً واجتماعياً ونفسياً جديداً في مسار القضية الفلسطينية في فلسطين المحتلة وخارجها، وسيتم إلقاء الضوء على الابعاد السياسية، والسلمية للانتفاضة الفلسطينية على النحو الآتي:

1- الابعاد السياسية للانتفاضة الفلسطينية:

تمخض عن الانتفاضة في الارض الفلسطينية المحتلة آثارًا وتفاعلاتٍ سياسية وتغيراتٍ اجتماعية ونفسية على المستويين الفلسطيني والصهيوني والاقليمي والدولي تمثلت بالآتي:

---

(1) عبد العزيز المهنا، مرجع سابق، ص193.

أ- كان للانتفاضة دورٌ كبيرٌ في رفع الـروح المعنوية الفلسطينية والعربية وأظهرت تحالفات سياسية وعسكرية بين الفلسطينيين اسهمت في تحقيق وحدة سياسية تنظيمية اتجاه استراتيجيات الانتفاضة واستخدامها كسلاح مباشر ضد الصهاينة.

ب- سيادة اجواء التعاون بين قادة الانتفاضة داخل الارض الفلسطينية المحتلة ومنظمة التحرير، الامر الذي اسهم في استعادة المنظمة للمبادرة السياسية ومن ثم اعادة القضية الفلسطينية الى واجهة الاحداث العربية والدولية.

جـ- تحقيق قدر كبير من التماسك والوحدة الوطنية والعمل على تعزيز هذه الوحدة اصبح ملازماً لاندلاع الانتفاضة بحيث بدت منظمة التحرير الفلسطينية وقيادتها كأقوى ماتكون عليه منذ مغادرة بيروت صيف 1982[1].

د- عملت الانتفاضة على تقوية العلاقات السياسية العربية، كما استفادت اعلامياً بتعاطف وسائل الاعلام العالمية في نقل احداث الانتفاضة باظهار سياسات القمع والعنف والاكراه الصهيوني[2].

هـ- أدت مظاهر القمع الصهيوني الى استجابة عالمية متعاطفة مع الانتفاضة والقضية الفلسطينية وذلك بإقامة المظاهرات العالمية والمساعدات الطبية والغذائية وعقد المؤتمرات والندوات الشعبية، كما تشكلت حركات يهودية ضد السياسة القمعية للصهاينة معربة عـن عـدم تأييدها للسياسات الصهيونية داخل الارض الفلسطينية المحتلة، نظراً لارتفاع ظاهر في عـدد القتلى في صفوف الجيش والمدنيين[3].

و- احدثت ارباكات واضحة بالسياسة الصهيونية، باختلاف وجهات نظر القيادة الصهيونية واسلوب التعامل مع الانتفاضة بسحقها للحفاظ على امن دولة الاحتلال (شامير)[4]، او التفاوض معها وايجاد حل سلمي "مطالبة الف ضابط لرئيس الحكومة باختيار طريق السلام"[5]، بسبب ارتفاع نفقات الجيش واختلال الميزانية وزيادة المديونية الخارجية للكيان الصهيوني.

(1) عبد العزيز المهنا، مرجع سابق، ص198.
(2) لطفي الخولي، الانتفاضة والدولة الفلسطينية، مركز الاهرام للترجمة والنشر، 1988، ص162.
(3) عبد العزيز المهنا، مردع سابق، ص199.
(4) السفير، 1987/10/7م.
(5) النهار، 1988/3/10م.

ز- أدت وسائل الاعلام العالمي، والرأي العام العالمي، ومنظمات حقوق الانسان دوراً كبيراً في موقف عالمي موحد اتجاه السياسات القمعية التي تمارسها الصهيونية اتجاه الشعب الفلسطيني ودعت الى تنشيط التحرك السياسي السلمي؛ لتسوية الصراع العربي الصهيوني، وبذلك فرضت القضية الفلسطينية نفسها بثوب الانتفاضة وبقوة على الساحة الدولية[1]. ومن ثم فقد أسهمت الانتفاضة في كسب الرأي العام العربي والدولي.

2- الابعاد السلمية للانتفاضة الفلسطينية:

أ- الصدى العالمي للانتفاضة واحداثها الدموية فرضت نفسها على الامم المتحدة عام 1988م، إذ تنادى بالحقوق المشروعة للشعب الفلسطيني والنظر إليه بعدالة وموضوعية، وجاء اعلان الدولة الفلسطينية المستقلة بتاريخ 1988/11/15 اثر قرار المجلس الوطني في سياق القرار ان دولة فلسطين محبة للسلام ملتزمة بمبادئ التعايش السلمي ستعمل مع شعوب العالم لتحقيق سلام دائم قائم على العدل واحترام الحقوق، فضلاً عن ايمانها بتسوية المشاكل الدولية والاقليمية بالطرق السلمية وعلى وفق ميثاق الامم المتحدة وقراراتها ورفضها للتهديد بالقوة والعنف والارهاب[2].

ب- فتحت الانتفاضة باب الحوار الفلسطيني الامريكي ونشطت الدبلوماسية لتشمل اطراف عديدة لدفع الحوار لتسوية سلمية للقضية الفلسطينية، وكان لمصر والاردن أثر كبير في الاعداد للحوار.

جـ- لم يقف التشجيع الحكومي المصري والاردني عند حد معين فتابع الرئيس حسني مبارك اتصال مكثف مع الولايات المتحدة منسقاً مع الاردن والسعودية والدول الخليجية تشجيعاً للحوار في الاطار الرسمي بين المنظمة والولايات المتحدة، فضلاً عن تنسيق حكومة السويد لقاء عرفات بوفد الشخصيات اليهودية بتاريخ 1988/12/7م، مما حدا بحكومات مصر والسعودية والاردن أنْ تطلب من الادارة الامريكية رسمياً وبصورة مباشرة اجراء الحوار مع منظمة التحرير الفلسطينية[3].

(1) عبد العزيز المهنا، مرجع سابق، ص200.

(2) الحياة 1988/12/14.

(3) عدنان السيد حسين، عصر التسوية، سياسة كامب ديفيد وابعادها الاقليمية والدولية، بيروت، دار النفائس، 1990، ص282.

د- وافقت اداراتي ريغان وبوش على بدء الحوار مع منظمة التحرير الفلسطينية وعقدت اول جلسة في تونس بتاريخ 1988/12/16م، ومع هذا الحوار شجعت دول العالم التوجه نحو لغة السلام والتسوية[1]، وأيدت الحوار المجموعة الأوروبية[2]، وأعلن الاتحاد السوفيتي موافقته على الاعتراف بدولة الاحتلال[3]، ونتيجة للحوار تتالت الاعترافات الدولية بالدولة الفلسطينية التي تزيد على مائة دولة في أواخر عام 1988م، إذ قررت الجمعية العمومية استعمال اسم فلسطين في الامم المتحدة تشجيعاً منها للمسار السلمي في حل القضية[4].

هـ- بتاريخ 1991/4/26م أعلن وزير الخارجية الامريكية جيمس بيكر نقاطه التسع لدفع مسيرة السلام[5]، كما قدمت منظمة التحرير الفلسطينية مبادرتها في 1991/6/13 التي احتوت على عشر نقاط لتسوية القضية[6].

و- بعد الاعلان الامريكي عن النقاط التسع والفلسطيني عن نقاطه العشر، أُعلن عن بداية جديدة للمفاوضات السلمية بعقد مؤتمر مدريد 1991/10/30 وبرعاية الولايات المتحدة والاتحاد السوفيتي وحضور مصري وسوري وصهيوني ووفد اردني فلسطيني مشترك. ومع هذا فقد استمرت مسيرة الانتفاضة حتى اتفاقية اوسلو للسلام؛ لتعطي المجال للحلول السياسية بعد ان جرى التمهيد لتقبلها شعبياً بوعود تمطر فيها السماء ذهباً وفضة ودولارًا واسترلينياً او "يورو" العملة الحديثة للاتحاد الأوروبي وخلال هذه المدة من عام 1993م "اتفاق اوسلو" وحتى الوقت الحاضر، لم نشهد أي تقدم او تطور على مسار المفاوضات نحو الافضل وان كافة المستجدات على الساحة الفلسطينية مزيد من العنف الصهيوني والاعتداء الوحشي لجيش العدو وقطعان المستوطنين الذين يعيشون في الارض الفلسطينية ضاربين عرض الحائط كافة الاتفاقات يدفعهم الى هذا جشعهم وعنجهيتهم وتحيز الراعي الامريكي الذي يقدم الدعم المادي والمعنوي من أجل القضاء على انتفاضة الأقصى التي انطلقت لتقاوم هذا الصلف والغرور حتى التحرير الكامل.

---

(2) العمل، 1988/12/16.

(3) النهار، 1988/12/17.

(4) العمل، 1988/12/16.

(5) السفير، 1988/12/23.

(6) جريدة الرياض، 1991/1/27.

(7) الشرق الاوسط، 1991/6/14.

المبحث الثاني

معوقات تسوية القضية الفلسطينية

والآثار السياسية والاجتماعية المترتبة عليها

مقدمـة تمهيدية:

يهتم هذا الفصل بدراسة ثلاثة محاور رئيسة هي معوقات تسوية القضية الفلسطينية، والآثار السياسية الناجمة عن هذه المعوقات، التي لاتقتصر على الفلسطينيين فحسب بل على الدول العربية كافة نظراً لكون هذه القضية هي قضية عربية مركزية، وهذا واضح عبر تاريخ الصراع العربي الصهيوني. فهذه المحاور الثلاثة يمكن تقسيمها إلى مطلبين هما:

المطلب الاول: معوقات تسوية القضية الفلسطينية

المطلب الثاني: الاثار السياسية المترتبة على هذه المعوقات

المطلب الأول

معوقات تسوية القضية الفلسطينية

تعاني تسوية القضية عدداً من المعوقات التي تحول دون تكوين دولة فلسطين المستقلة؛ لتكون وطناً رسمياً للفلسطينيين وهذه المعوقات يمكن إدراجها بعدد من النقاط أهمها الآتي:

الأول: وجود المستوطنات الصهيونية في الضفة الغربية وقطاع غزة.

الثاني: مشكلة القدس.

الثالث: التهديد الداخلي والخارجي للاراضي الفلسطينية في الضفة الغربية وقطاع غزة.

الرابع: مشكلة اللاجئين الفلسطينيين والعودة الى وطنهم.

الخامس: مشكلة تقسيم المياه بين الفلسطينيين والصهاينة.

السادس: مشكلة التطرف الصهيوني.

وسنبحث هذه المعوقات بصورة مفصلة.

أولاً: وجود المستوطنات الصهيونية في الضفة الغربية وقطاع غزة:

تعد المستوطنات الصهيونية في الضفة الغربية وقطاع غزة من أهم المعوقات التي تحول دون تسوية القضية، إذ إن الصهاينة لم يكتفوا بالعدد الموجود من المستوطنات على أنواعها ولاسيما المستوطنات الجماعية الكيبوتز والتعاونية الموشاف، بل سعوا إلى استمرار انتشار اعداد كبيرة من قوات الجيش في الاراضي الفلسطينية، التي اصبحت تحت السلطة الوطنية؛ لتوفير الحماية للمستوطنين في أماكن إقامتهم وتنقلهم من المستوطنات الى المدن الرئيسية داخل الكيان الصهيوني[1]. علماً أن المناطق المحيطة بالمستوطنات خاصة في قطاع غزة هي مناطق مغلقة امام الفلسطينيين، فضلاً عن ذلك فقد تم تخصيص بعض الطرق في قطاع غزة لاستخدام المستوطنين في حركتهم من والى مستوطناتهم، وتتم الحراسة بقوات مشتركة فلسطينية صهيونية، وقد أصبحت هذه الطرق هدفاً لمعارضي اتفاق السلام ومسرحًا لعدد من الهجمات المنطلقة من كمائن المعارضة. وعندما امتد الحكم الذاتي الى الضفة الغربية كما تم الاتفاق عليه فقد استحدثت ترتيبات أمنية مشابهة كانت أكثر تعقيداً. ففي الضفة الغربية وجد اكثر من 120 مستوطنة مقابل 17 في قطاع غزة ضمت أكثر من خمسة آلاف مستوطن. زيادة على عددهم الكبير وتوزيعهم الجغرافي فان المستوطنين في الضفة الغربية متداخلون بشكل اكبر مع جيرانهم من التجمعات السكانية الفلسطينية، مما أدى إلى تعقيد المشكلة الامنية بشكل اكبر مما هو علية آلان، لذا فالمستوطنات في الضفة الغربية ليست متجمعة في كتل كما هو عليه الحال في القطاع، بل ان طبيعة عملية انتشار القوات الصهيونية أصبحت اكثر صعوبة ثم انها تؤدي الى مزيد من التوغل في المناطق الفلسطينية[2]، لذا فإن رسم الحدود في الضفة الغربية سيكون أكثر تعقيدًا كما وان الوجود المرئي للقوات الصهيونية لابد انه سيكون اكبر مما عليه الحال في قطاع غزة.

والملاحظ ان هناك مشكلة أخرى تكمن في كون المستوطنين مسلحين وبخاصة عندما ينتقلون ويدخلون المدن والقرى الفلسطينية. وبموجب اتفاقية القاهرة الموقعة في أيار عام 1994م فان كل طرف سيمنع من امتلاك او حمل الاسلحة من دون ترخيص، وقد أتهم الكيان الصهيوني عام 1995م الشرطة الفلسطينية بأنها لم تُنجز إلا القليل من مصادرة الاسلحة غير المرخصة، في حين ان الوجود المستمر

(1) ارونسون، جيفري، مستقبل المستعمرات الاسرائيلية في الضفة والقطاع، مؤسسة الدراسات الفلسطينية، بيروت، 1997، ص7.

(2) المصدر نفسه، ص20-21.

للمستوطنين وقوات الجيش المسلحة وبخاصة في قطاع غزة يُشكّل استفزازاً وتذكيراً بـالاحتلال لـدى الكثير من فئات الشعب العربي الفلسطيني[1]، ان المستوطنين والجيش يشكلون هدفاً للفلسطينيين من معارضين وخصوم عملية السلام ويبدو من غير المحتمل ان يكون الوجود المستمر لهؤلاء "المستوطنين والجيش" مقبولاً على الاطلاق عند التفاوض من أجل التوصل الى اتفاقية الوضع النهائي.

إن الفلسطينيين والمستوطنين يعتقدون ان هناك تناقضاً بين وجود المستوطنات وقيام حكم ذاتي حقيقي، لكن السجل التاريخي أكد انه خلال العقد والنصف الماضيين، كان هدف برنامج الاستيطان الواسع هو ضمان سيادة صهيونية دائمة على مناطق الضفة الغربية والاجهاض على أية محاولة؛ للتنازل عن اراضٍ للكيان الوطني الفلسطيني[2].

والملاحظ إن قرار رئيس الوزراء الصهيوني رابين بالابقاء على المستوطنات خلال المرحلة الانتقالية، وسماحه بتوسيع بعضها وتوفير الامن العسكري لها أعطى فرصة للمستوطنين بعدم تركها والبقاء فيها، وطالما بقي المستوطنون في الضفة وقطاع غزة محاطين بحراسة من قوات الجيش فإن التوصل الى اتفاق بين الفلسطينيين والصهاينة لحل القضية سيكون مسألة صعبة لايمكن تحقيقها بسهولة بل ستكون سبباً من أسباب تأزم القضية الفلسطينية.

ثانياً: مشكلة القدس:

إنّ قضية القدس من القضايا الحيوية والمصيرية التي قد تُشكل عائقاً للسلام بين العرب والكيان الصهيوني، إذ ان وجهتي النظر الفلسطينية والصهيونية تختلف كل منهما اختلافاً كلياً في موضوع أيٍّ من الاطراف سوف يحظى بالسيطرة على القدس هل الفلسطينيون أصحابها الشرعيون ام الصهاينة المعتدون؟، فالصهاينة يرون ان القدس عاصمة أبدية لهم ولن تكون مفتوحة للتفاوض فقد كانت وستكون عاصمتهم وتحت سيادتهم فهي مطمح وأمل وحنين كل يهودي. هذه وجهة النظر الصهيونية اتجاه القدس والهيمنة عليها[3].

(1) المصدر نفسه، ص30.

(2) عطوي، محمد، الحكم الذاتي الفلسطيني، كيان غزة- اريحا اولا، دار العلوم العربية، بيروت، 1994، ص170.

(3) الشقاقي، خليل (دكتور)، المفاوضات الفلسطينية الاسرائيلية، مركز البحوث والدراسات الفلسطينية، فلسطين، 1995، ص85.

أما مايتعلق بالشعب العربي الفلسطيني فالقدس تشكل قضية مهمة لديهم، فالسلام بلا قدس لايعني سلاماً على الاطلاق، والذي يعّقد الموقف هو تمسك الصهاينة بموقفهم من القدس وضرورة بقائها عاصمة لهم وتحت سيادتهم الى أبد الآبدين. وفضلاً عما تقدم يريد ان تصبح شرق القدس عاصمة الدولة الفلسطينية في إطار الحل النهائي، علماً ان قضية القدس ليست فلسطينية يهودية صهيونية بل انها مصدر عواطف ومصالح واهتمام المسلمين واليهود والمسيحيين في أرجاء العالم كافة.

إن قضية القدس هذه تؤدي الى نشوب خلافات عربية عربية قد تصل لانهاء المفاوضات السلمية بين العرب والصهاينة، ولايمكن لأي حل أُحادي ان يكون ناجحاً من دون الاخذ بالاعتبار وجهة نظر كل الاطراف، وبالرغم من وجود بعض الطروحات حالياً فان القضية لم تحسم بعد الا انها تحتاج الى مفاوضات طويلة ومعّقدة وهنا يكمن جوهر الخلاف على القدس في بعدين أساسيين هما: البعد الديني والبعد السياسي[1].

البعد الديني فالصهاينة يعتقدون ان القدس هي المدينة الاولى في التقديس فيها حائط المبكى وتراث الاجداد، وقد ظلت على مرّ العصور إحدى البؤر المركزية للوعي الديني اليهودي، لهذا اعتبر اليهود القدس في كل الظروف التاريخية التي مرت بها المدينة عاصمتهم الدينية والسياسية[2].

اما في الاسلام فقد ذكرت المدينة في اثناء الاشارة الى المسجد الأقصى- الغربي هو افضل ثلاثة مساجد في الاسلام، كما أشار القرآن الكريم الى انها مسرى الرسول "ﷺ" الى السماء، أولى القبلتين وثالث الحرمين الشريفين مركزاً روحياً وسياسياً لدى المسلمين[3].

أما بشأن المسيحيين فتشكل حجتهم وعلى حسب آعتقادهم انها المكان الاول في التقديس وتعاملوا معها بصورة دائمة باعتبارها مصدرًا دينيًا اكثر من كونها مصدرًا سياسيًا.

(1) المصدر نفسه، ص86.

(2) حيدر، عزيز (دكتور)، السياسة الاسرائيلية تجاه مستقبل القدس، مجلة السياسة الفلسطينية ، العدد 13، 1997، ص132.

(3) "سبحان الذي اسرى بعبده ليلاً من المسجد الحرام الى المسجد الاقصى"، الاسراء (1).

أما البعد السياسي: للقدس وحسب قرارات الامم المتحدة فان القدس الشرقية قد احتلت من الصهاينة وهناك رفض من جميع الاطراف الفلسطينية والعربية لفكرة الضم اليهودي للمدينة وعدم الاعتراف بان القدس عاصمة لدولة الصهاينة.

وفي المقابل يتمسك الفلسطينيون بحقهم في القدس وإقامة عاصمة سياسية ودينية على تراب هذه المدينة[1]. وعلى الرغم من الجدل الدائر عن حدود هذه العاصمة للطرفين، إلا ان مايهم الدراسة الحالية ان الموقف متناقض بين الطرفين وكل طرف يحاول دحض حق الطرف الآخر، الا ان الفلسطينيين يصرون على المطالبة بحقهم باعتبار القدس عاصمة للدولة الفلسطينية.

ثالثاً: التهديد الداخلي والخارجي للأرض الفلسطينية في الضفة الغربية وقطاع غزة:

إن قطاع غزة قد يتعرض لتهديد خارجي، لكن اتفاق كامب ديفيد ومانجم عنه من نزع للسلاح، ومراقبة دولية قد تلغي الى حدٍ كبير إمكان القيام بهجوم ضد الجبهات الصهيونية الجنوبية والغربية. إن قطاع غزة على العكس من الضفة الغربية بوصفه منطقة معزولة تحدها دولة الاحتلال من الشمال والشرق والبحر الابيض من الغرب، ومصر من الجنوب، لذا فأي تحرك للقوات المصرية داخل سيناء المنزوعة السلاح سيعدٌ من قبل الصهاينة سبباً للحرب، اذا قامت مصر باختراق الاتفاقيات بتحركات قواتها فإن المنطقة الواسعة غير المأهولة في قطاع غزة تشكل منطقة عازلة وتعطي الوقت الكافي للقوات للتحشد، فضلاً عن ذلك فان السكان الفلسطينيين في قطاع غزة يمكن الاطباق عليهم من قبل جيش الاحتلال، كما ان قطاع غزة يعتمد على الكيان الصهيوني في مياهه واقتصاده، ووسائل معيشته، وبناء على ذلك فهناك إجماع بانعدام الحاجة الى استراتيجية للصهاينة بنشر قواتهم في القطاع وفي حالة خطر التهديد تستطيع القوات الصهيونية اجتياز قطاع غزة لمواجهة هذا الخطر، وعليه فان القطاع يخضع لخطر التهديد الخارجي من الصهاينة.

اما التهديد الخارجي للضفة الغربية فان الوضع فيها من وجهة النظر الصهيونية مختلف تماماً، علماً ان الضفة الغربية تقع بالقرب من مناطق مأهولة بحوالي 65% سكان الصهاينة الى جانب احتوائها على 80% من قدرتها الصناعية. فالوسط اليهودي الضيق وانعدام العمق الاستراتيجي هما الاعتباران الأساسيان للاصرار الصهيوني التقليدي على الاحتفاظ بوجود عسكري دفاعي في

(1) آثارنا في بيت المقدس، مجلة السياسة الفلسطينية، العدد السادس، 1995، ص148.

الضفة الغربية؛ لغرض الردع والدفاع ضد أي هجوم عربي محتمل من الاردن او سوريا والعراق من الشرق. ومن جهة أخرى فان السمة الطبيعية للضفة الغربية تعطي الكثير من المميزات للعدو الصهيوني وقواته المدافعة ضد أي هجوم، فالطبيعة الوعرة لتلال يهودا والسامرة ووجود عدد محدد من الممرات خلالها وانعدام الغطاء الجوي في منطقة وادي الاردن يعني تعرض القوات المدرعة للضربات الجوية وبالتالي لاتستطيع التوغل في المنطقة واحتلالها[1].

والخلاصة ان تصور الصهاينة الدائم بوجود تهديد قادم من الجبهة الشرقية على الرغم من الامل بظهور سلام حقيقي دائم، يعتقد الكثير من الصهاينة ان هناك حاجة الى مزيد من القبول العربي الفلسطيني الصهيوني، ويعتمدون على التغيرات الثقافية الاجتماعية الدينية والسياسية في الوطن العربي؛ ليكون تغير الموقف امراً ممكناً.

لكن وجهة النظر الفلسطينية ترى ان الضفة الغربية معرضة للخطر الخارجي ولاسيما الصهيوني لإمكان احتلال الضفة في حالة التهديد السوري والاردني والعراقي للكيان الصهيوني[2].

رابعاً: مشكلة اللاجئين والعودة الى وطنهم:

إن غموض مستقبل الشتات الفلسطيني ولاسيما اللاجئين والنازحين يشكل مصدر تهديد وقلقٍ مستمر لكافة الفلسطينيين، فالموقف الصهيوني التقليدي الرافض لعودة اللاجئين من الشعب العربي الفلسطيني الى ديارهم التي هاجروا منها 1948 والرافض للاعتراف بمسؤولية الكيان الصهيوني عن تلك الهجرة القسرية، إنما يشكل خلافاً اساسياً بين طرفي النزاع، بوصفه موضوعاً للتفاوض في ضمن مفاوضات الوضع الدائم، لكن فشل المفاوضات بعودة النازحين على الرغم من الاشارة الى حقهم بالعودة لمناطق السلطة الوطنية خلال المرحلة الانتقالية لايُبشر بالخير[3]. ومما يزيد القلق الفلسطيني موقف حكومة اليمين الصهيونية بزعامة "نيتنياهو" في خطوطها العريضة بإعلان رفض الدولة الصهيونية حق العودة للاجئين او النازحين الى أي منطقة غرب النهر، كذلك الموقف الذي أعلنه "باراك" الرافض للعودة والدعوة الى توطينهم حيث وجدوا، وتترك المساحة الجغرافية الضيقة للضفة والقطاع وقلة المصادر الطبيعية لاسيما المياه آثاراً صعبة متوقعة

---

(1) بشارة، مروان، مستقبل العملية السلمية، مركز البحوث والدراسات الفلسطينية، نابلس، 1996، ص28، 29.
(2) المصدر نفسه، ص29.
(3) تماري، سليم، مستقبل اللاجئين الفلسطينيين، بيروت، 1996، ص8.

تواجهها الدولة الفلسطينية التي قد تجد نفسها وطناً للاجئين، وعليه نستطيع القول: إن حل المشكلة اصبح جزءًا من الرؤية العامة في إطار سياسات فلسطينية توازن بين احتمالات بناء الدولة ومطالب ابناء الشتات في التمثيل والتحرير، فاللاجئون العائدون لايعاملون على نحو رئيس نتيجة النضال من أجل العودة وتحقيق حلم العودة، بل كجزء من سلسلة حلول وسط بين طاقات استيعاب الاقتصاد الفلسطيني وقدرة المفاوضين على انتزاع تنازلات إزاء معارضة الساسة الصهاينة[1].

أما قضية اللاجئين من وجهة نظر صهيونية، فان القضية تواجه مقاومة ايديولوجية وسياسية من صانعي القرار الصهيوني، فبينما يبدو تقبل الصهاينة ضمنياً واقعاً جديداً يظهر من خلاله ان الدولة الفلسطينية في ضمن حدود عام 1967م كنتيجة حتمية للمفاوضات، فانهم في الوقت نفسه يضعون عراقيل ايديولوجية وسياسية امام عودة اللاجئين سواء أكان على المستوى العام في الصحافة والاعلام ام مباشرة من خلال المفاوضات بشأن النازحين، وتصور عودة اللاجئين الآن كقضية أمنية داخل دولة الاحتلال ومقدمة تهدف الى تدمير الشخصية اليهودية للدولة. وإن كان الامر يتعلق بعودة اللاجئين الى مناطق خاضعة للسيطرة الفلسطينية فقط، وعليه فان هذه المعارضة التي تثار بمثل هذه الحدة؛ لان امكان العودة واحتمالها جزء من تكتيك المفاوضات سواء في اعلان المبادئ أم في مباحثات اللجنة الرباعية بشأن النازحين.

ان الفلسطينيين في الشتات يتعرضون ويخضعون لاجراءات ومعاملات مختلفة ومتخلفة جداً وفي كثير من الحالات لأقسى معاملة تبعاً للمنطقة التي يعيشون فيها وطبقاً لنزوات الدولة المضيفة، ان 1.5 مليون نسمة من العرب الفلسطينيين يعيشون في الاردن وقد تكيف الكثير منهم في المجتمع الاردني وان وضعهم يخالف وضع 350 الف يعيشون في لبنان وتحت أقسى الظروف في مخيمات أو مناطق لبنانية أخرى، وفضلاً عن الذين تم طردهم من الكويت ويتجاوز عددهم حوالي 300 الف نسمة صودرت أموالهم وفقدوا وظائفهم خلال العدوان الثلاثيني على العراق.

خامساً: مشكلة تقسيم المياه بين الفلسطينيين والصهاينة:

لقد تمخض عن الاحتلال الصهيوني للارض العربية في حزيران عام 1967م السيطرة العسكرية الكاملة على اراضي الضفة الغربية وقطاع غزة

(1) المصدر السابق، ص9-10.

ومواردها المائية، ونتيجة لذلك خضع للسيطرة الصهيونية مامساحته 5933 كم^2 مجموع سكانه 1.5 مليون نسمة.

وقد كان السكان العرب في الضفة الغربية قبل عام 1967 يستفيدون من ثلاثة مصادر مائية في استثماراتهم الزراعية والصناعية، المصدر الاول كان نهر الاردن والينابيع والآبار الارتوازية، ويقدر مجموع الموارد المائية العذبة بحوالي 40 مليون م^2 موزعة في انحاء مختلفة في الضفة الغربية، اما الآبار العربية فقُد قدر عدد المستثمر منها 314 بئراً ومجموع كميات المياه المستخرجة حوالي 37 مليون م^2. وبالرغم من ضآلة هذه الموارد نسبة للحاجة المتزايدة للسكان العرب في الضفة الغربية جاء الاحتلال الصهيوني عام 1967 ليفرض سيطرته على هذه الموارد المحدودة، إما لمنعهم من استثمارها او الحد من استثمار ماتوافر لهم منها[1]، ففي الاغوار الفلسطينية على الضفة الغربية من نهر الاردن أقام المزارعون العرب مايقرب من 140 مجموعة ضخ للاستفادة منها بإرواء آلاف الدونمات من الاراضي الزراعية الخصبة، لكن الاحتلال الصهيوني نسفها، ومنع السكان من استثمار أراضيهم زراعياً بدعوى ضرورات الامن وما تقتضيه بجعل المنطقة حزاماً أمنياً، من ناحية أخرى فقد حوّل الصهاينة مياه ينابيعهم المالحة غرب بحيرة طبريا الى نهر الاردن؛ ليجعلوا منه مصرفاً مالحاً لاتصلح مياهه لري أي من اراضي الضفتين الشرقية والغربية[2].

اما مصدرا المياه الاخرى "ينابيع وآبار" فقد فرضت السلطات العسكرية الصهيونية قيودًا على استثمار مياهها، فمنذ عام 1967 وحتى عام 1989م أصدرت السلطات العسكرية الصهيونية العديد من الاوامر والقوانين المتعلقة بالاراضي العربية المحتلة والمياه وقد زاد عدد القرارات والقوانين العسكرية على الالفين، ونتيجة لهذه القوانين التعسفية فان السلطات الصهيونية اصبحت تضخ من مخزون المياه الجوفية في الضفة الغربية حوالي 500 مليون م^2 من المياه سنوياً، علماً ان المخزون السنوي من المياه في الضفة الغربية لايزيد على 600 مليون م^3 من المياه وبذلك لم يتبقَ للاستخدام العربي سوى 100 مليون م^3 أي مايعادل 6/1 المخزون

(1) كالي، اليشع، المياه والسلام: وجهة النظر الاسرائيلية، ترجمة المهندس منذر حداد، مؤسسة الدراسات الفلسطينية، بيروت، 1996، ص(35.

(2) انظر المياه في فلسطين بؤرة الصراع الدائم، جوت كيلي، ترجمة محمود برهوم، ومحمد خروب، عمان، 1989.

من مياه الضفة الغربية الطبيعية[1]. وتوضح دراسة للجامعة العربية عن موارد المياه في الوطن العربي، ان الحديث الصهيوني عن الاحتفاظ في الضفة الغربية لأهمية مياهها ظلت موضع تداول الاحزاب الصهيونية، فقد جاء في بيان لتكتل الليكود ان 40% من موارد دولة الاحتلال المائية تأتي من الضفة الغربية، ولهذا لاتستطيع وضع هذه الثروة بيد الفلسطينيين، اما قطاع غزة فهو يشكل الجزء الجنوبي الغربي للساحل العربي الفلسطيني، وتعد المياه الجوفية المصدر الرئيس للقطاع، إذ تشير بعض التقديرات الى انها تصل من 70-80 مليون م^3، اما مياه الامطار فقليلة، ونظراً لازدياد عدد المستعمرات التي اقامها الصهاينة في القطاع والضخ الجائر واستنزاف المياه الجوفية، فقد زادت ملوحة المياه مما أخل في توازن الماء العذب والمالح، فأضحى 50% من الآبار في القطاع غير صالحة للاستعمال بسبب ملوحتها، وقد أدى تدهور نوعية المياه إلى تدهور الاوضاع الزراعية وتراجع في انتاج الحمضيات المصدر الرئيس للدخل في القطاع[2]. كما عمدت سلطات الاحتلال الى استغلال المياه السطحية لخدمة الاستيطان الاستعماري في القطاع غير آبهة بالاضرار التي يلحقها هذا الاستغلال في اقتصاديات القطاع.

وهكذا نلاحظ ان الكيان الصهيوني قد سيطر وآستحوذ على أكثر من 80% من المياه العذبة محولاً الاراضي الزراعية الفلسطينية الى اراضٍ غير صالحة للزراعة، اما مفاوضات تقسيم المياه بين الطرفين العربي الفلسطيني والصهيوني فهي لاتبشر بالخير لعدم رغبة الصهاينة وعزوفهم عن مشاركة الفلسطينيين للمياه التي سيطروا عليها بعد عام 1967م؛ بسبب نظرتهم العدائية للشعب الفلسطيني، ولكونهم كذلك فليس هناك بصيص أمل بالقسمة العادلة للمياه، وان المفاوضات لاتستطيع حل مشكلة القسمة المائية لاعتقاد الصهاينة ان المياه عصب الحياة في مناطق وجوده لذا يعمدون إلى إعطاء عرب فلسطين النزر اليسير كي لايستقروا في الارض التي يعيشون عليها فيضطرون الى الهجرة منها فتكون الارض جميعها ملكاً لهم.

سادساً: مشكلة التطرّف الصهيوني:

يُشكّل التطرف الصهيوني اكبر اشكاليات السلام لإعاقته التوصل الى اتفاقات عادلة، كما يمنع استمرار تلك العملية الى حدٍ لا يستطيع الموافقون والمؤيديون للسلام من جني ثمارها.

(1) كالي اليشع، المياه والسلام، مصدر سابق، ص38.
(2) المصدر نفسه، ص39.

إن أهم عوامل عدم الاستقرار بعد قيام الدولة الفلسطينية هي الطبيعة الدينية والعنصرية للصهاينة، وهي طبيعة تتناقض مع السلام، ومع الاستقرار الدولي؛ لأن تعصب اصحاب ديانةٍ ما يستدعي تعصب أصحاب الديانات الاخرى، مما يؤزم الوضع وبخاصة ان التعصب الديني لليهود لا يقتصر على جماعة محددة بل هو نهج عام عند غالبية الصهاينة وهو مبرر قيام دولتهم، يختلف العامل الديني عند اليهود عما هو الامر عند الجماعات الدينية الأخرى، فهو تدين سياسي استيطاني، لايقتصر على ممارسة الشعائر الدينية والتطرف في المعتقد والممارسة فحسب، بل يذهب الى إضفاء طابع ديني ووطني على احتلال الارض والاستيطان فيها، وهذا ماسيجعل من وجود المستوطنات عنصر توتر وسبباً في استمرارية الصراع وعودة الكفاح المسلح أو الجهاد بمفاهيم جديدة ومنهج جديد[1]. لقد وظّف الصهاينة البعد الديني لإقامة الكيان الصهيوني، بحيث استطاعت الصهيونية من مزج وتوحيد الضعف والتآمر والتزوير بين الدين والقومية والدولة، فهذا الكيان في ممارسته من أكثر دول العالم عنصرية واستعلاء هو الوحيد الذي يضع نفسه فوق الشرعية الدولية وقراراتها، وهو الذي يحتل اراضي دول أُخرى ويعطي نفسه الحق بالاعتداء على سيادة الدول المجاورة والوحيد في العالم الذي يعطي الجنسية لليهودي لمجرد انه يهودي مهما كان أصله ولونه، وهو الدين الذي يريد تأسيس دولة دينية يهودية خالصة؛ لأنه في منظورهم شعب الله المختار لايمكنه ان يتساوى مع الآخرين، الذين وعلى حسب التوراة يجوز قتلهم وتعذيبهم وانتهاك حرماتهم في ظل كيان تقول نصوص دينية على لسان نبيهم يوشع بن نون "ابقروا بطون الحوامل، اذبحوا الاطفال، اقتلوا الرجال، احرقوا الارض، ثم استولوا عليها" في ظل كيان يطبق هذه النصوص فيرتكب مجازر دير ياسين وقانا والسموع وكفر قاسم ويكسر عظام أطفال الحجارة يحتل الارض ويدمر البيوت ويعتقل ويرهب، يعتبر نفسه فوق القانون والاعراف؛ لانه "شعب الله المختار" في ظل كيان كهذا هل يمكن التعامل معه على اساس التسامح والسلام[2]. اسقط رابين باعتباره عميلاً وخائناً لدينه ووطنه[3]، ويهدد باراك بالقتل اذا ماتنازل عن المستعمرات او اي من حقوق للشعب الفلسطيني يريدونها ارضاً محروقة خالية من السكان لاقامة

(1) ابراش، ابراهيم،(دكتور)، من التسوية كتكتيك في اطار قومية القضية الى التسوية السلمية كاستراتيجية في ظل تراجع البعد القومي للقضية، عمان، 1999، ص216.

(2) المصدر نفسه، ص217.

(3) Growth of Relegious Extremism in Israel Threatens the peace process by Allan C. Brownfeld oltober 31, 2000. (By Internet)

دولتهم من النيل الى الفرات[1]. وعليه سيبقى التطرف الديني عنصر صراع مع الكيان الصهيوني ولو تم حسم أوجه الصراع الاخرى من سياسية واقتصادية وقانونية، فما دام الكيان الصهيوني يؤسس وجوده على عقيدة صهيونية يهودية متعصبة ومادام يستحضر بكل قوة الرموز والاساطير الدينية اليهودية التي لاتعترف بأصحاب الديانات الاخرى مسلمين ومسيحيين كاصحاب حق في فلسطين وفي ظل التحالف بين الجماعات الدينية المتطرفة والنخبة السياسية الحاكمة، فان كل هذا سيكون مدعاة لان يستحضر الفلسطينيون والعرب البعد الديني في مواجهتهم مع العدو الصهيوني، وهم في ذلك لن يكونوا متطرفين دينيين ولامعادين لليهود، بل دعاة حق مدافعين عن حقوقهم التاريخية والدينية[2]، وهناك اسباب اخرى للتطرف غير التحول الديني هذه الاسباب تعود إلى التخلص من الشتات وفقدان الهوية مما أوجد وأضفى فروقاً جوهرية في حين يسمى بالمقاومة والدفاع عن الحقوق ولايسمى بالتطرف[3]. ان تطرف كلا الجانبين انما يفسر اخفاق المفاوضات لاعتقاد الاطراف ان كل منهم صاحب الحق من دون ان يسفر التفاوض عن أية مرونة في تسوية القضايا نتيجة الحقد والكراهية وعدم الافادة من التسوية وحلّ النزاع[4].

ويرى الباحث ضرورة التركيز على ما تحاول اجهزة الصهيونية والرأسمالية العالمية من مساواة الضحية والجاني بتهمة التطرف، ومحاولة تلفيق تهمة الارهاب والتطرف بدلاً من حق المقاومة الشرعي، مما يعني وجوب التوقف أمام ما يُسمّى بالارهاب الاسلامي والعربي واضفاء صفة الشرعية عليه بوصفه جزءاً لايتجزأ من الدفاع عن الذات الوطنية، وعدالة القضية، فما يسمّى بالتطرف العربي مقابل الوحشية الصهيونية، مرفوضٌ شكلاً ومضموناً إذ تبقى صيغة التطرف الفلسطيني، دائماً هي الصيغة الواجب الاعتراف بها عالمياً ضمن كل المواثيق بوصفها نضالاً وطنياً مشروعاً وليس تطرفاً يقابل التطرف الصهيوني.

(1) المصدر نفسه، ص218.

(2) Jewish Extreneism in Israel. Date line : December, 1998. (By Internet)

(3) منولسون، ايفرت وآخرون، الترتيبات الزمنية والتسوية السياسية الفلسطينية- الاسرائيلية، مركز البحوث والدراسات الفلسطينية، نابلس، 1994، ص7.

(4) شفيق، منير، اوسلو (1)(2) المسار والمآل، منشورات فلسطين المسلمة، لندن، 1997، ص174-175.

المطلب الثاني
الآثار السياسية والاجتماعية المترتبة
على معوقـات تسـوية القضيـة الفلسـطينية

أولاً: الآثار السياسية والاجتماعية الناجمة عن وجود المستوطنات في اراضي الضفة وقطاع غزة[1]:

إن وجود المستوطنات بعددها الكبير وانتشارها الواسع في الارض العربية الفلسطينية في الضفة الغربية وقطاع غزة يترك آثاراً سياسيةً واجتماعيةً على الشعب في فلسطين، قد تكون سبباً مباشراً في تقويض أية تسوية سلمية يمكن التوصل إليها. ولعل أهمها:

1- الآثار السياسية:

أ- استئثار السلطات والتشكيلات العسكرية الصهيونية بالهيمنة والقوة على الارض والشعب تدعمها دولة احتلال لها عمق يتمثل بالاراضي التي تشكلها بوصفها دولة قوية واقوى مـن الدولة الفلسطينية المقترح انشاؤها، الأمـر الـذي يخـل بـالتوازن ويقـود الى سـوء فهـم مسـتمر بـين الفلسطينيين والصهاينة[2].

ب- احتمال وقوع صدامات مسلحة بـين المستوطنين الصهاينة وبين الفلسطينيين في الاراضي المجاورة للمستوطنات هذه الصدامات قد تقود الى صراع دائم ومسلح بين الصهاينة والدولة الفلسطينية.

جـ- وجود المستوطنات بهذا النطاق الواسع في اراضي الضفة الغربية وقطاع غزة يُشعر الفلسطينيين بانتقاص استقلالهم السياسي وعدم تمتع الدولة الفلسطينية بهذا الاستقلال وذلك من جراء الهيمنة الصهيونية والسكن في وسط الدولة الفلسطينية، مما يجعل بؤر التوتر والصراع واضحة ومستمرة وقابلة للانفجار في اي لحظة[3].

(1) انظر: جيفري ارونسون، مستقبل المستعمرات الاسرائيلية في الضفة والقطاع، مؤسسة الدراسات الفلسطينية، الطبعة الثانية، بيروت، كانون الاول، 1997.

(2) كنو، جاك، مشكلة الاراضي في النزاع القومي بين اليهود والعرب منذ وعد بلفور، (ترجمة محمد عودة الدويري)، عمان، دار الجليل للنشر، ص ص 157-208.

(3) الحمد، جواد وهاني سليمان، الانعكاسات السياسية لاتفاق الحكم الذاتي الفلسطيني، مركز دراسات الشرق الاوسط، 1994، ص41.

د- الدعم المستمر لساكني المستوطنات بوصفهم رعايا الدولة الصهيونية ومن حقها الاشراف عليهم بتقديم الدعم المادي والمعنوي، مما يعطي مجالاً للسلطات الصهيونية الى التدخل بالشؤون والاوضاع الداخلية للشعب الفلسطيني. مما يقلل من درجة سيادته واستقلاليته في دولته المنشودة.

هـ- عدم السماح ببناء المشاريع الاقتصادية والعلمية في ظل وجود المستوطنات على الارض الفلسطينية؛ لان هذه المستوطنات ستعمل على خلق العوائق والمشكلات؛ لتعطيل مسيرة بناء الدولة الجديدة.

2- الآثـار الاجتمـاعية [1]:

أ- عدم تمكن الفلسطينيين من انجاز أي من درجات الوحدة والتماسك والتضامن الاجتماعي طالما وجد بينهم سكان المستوطنات الصهاينة الغرباء.

ب- الدعم المتزايد والسخي المادي والمعنوي لسكان المستوطنات يزيدهم شعورًا بالنفوذ والقوة مما قد يؤدي الى ردود افعال سلبية لدى الفلسطينيين ويقود الى صراع ظاهر او كامن بين الفلسطينيين والصهاينة.

جـ- اختلاف طبيعة الحياة الاجتماعية لدى الفلسطينيين الذين يتمسكون بالتراث العربي الاسلامي والسمات التراثية والحضارية التي تميزهم عن الصهاينة الذين يتصرفون على وفق عادات وتقاليد ورثوها من مجتمعات نزوحهم، مما يجعل التعايش معهم امراً في غاية الصعوبة.

د- العزلة بين سكان المستوطنات والفلسطينيين تقود الى سوء تفاهم يجعل تكيفهم صعباً لاختلاف العادات والتقاليد، مما يسمح ببروز الصراعات والنزاعات المستمرة والدائمة.

هـ- النزاع المستمر مع المستوطنين الصهاينة وعدم توفر الإمكانية لدى الدولة الفلسطينية لحماية مواطنيها قد يؤدي بل يدفع الكثير من الفلسطينيين الى الهجرة الى الاقطار العربية والعالم وهو مطلب صهيوني ويؤثر سلباً على الدولة الفلسطينية المستقلة.

---

(1) مرجع سابق، ص43.

ثانياً: الآثار السياسية والاجتماعية الناجمة عن مشكلة القدس[1]:

مشكلة القدس يترتب عليها مشكلات سياسية واجتماعية في حالة استحواذ الصهاينة عليها، بوصفها العاصمة الأبدية لدولتهم كما يزعمون، هذه المشكلات نفصلها بالآتي:

1- الآثار السياسية:

أ- استحواذ الصهاينة على بيت المقدس يتناقض مع مشروع قيام الدولة الفلسطينية المستقلة وعاصمتها القدس، كما انه يتعارض أيضاً مع القرارات الدولية المنبثقة عن الامم المتحدة، وابقاء القدس على حالها وعدم موافقة السلطة الفلسطينية سيكون سبباً لانتفاضات قوية، واستمرار الصدامات بين الشعب الفلسطيني والصهاينة فهي قدس الاقداس لدى العرب والمسلمين أولى القبلتين وثالث الحرمين الشريفين ومحجاً للمسيحيين من بقاع الارض.

ب- بقاء القدس عاصمة لدولة الصهاينة يعني نقمة عربية اسلامية قد تطال الفلسطينيين لقبولهم بهذا الواقع مما يفقد السلطة مصداقيتها ويعرضها للمساءلة الشعبية فضلاً عن الدول العربية والاسلامية؛ لان القدس مسرى الرسول الكريم (ﷺ) والتفريط فيها او اجزاء منها ليس من حق أحد[2].

جـ- السيطرة الصهيونية على القدس تعطي الصهاينة منزلة كبرى نظراً لقداستها لدى المسيحيين وتعمل على ضعف الدولة الفلسطينية المقترحة لعدم قدرتها على السيطرة على الاماكن المقدسة ومن أولوياتها القدس العربية.

د- زيادة الشكوك عن الدولة الفلسطينية التي فرطت ببيت المقدس وأضاعته وهذا ما يعرضها لمشكلات وفتن وانقسامات في الصف العربي الفلسطيني، فضلاً عن الحشد العربي والاسلامي؛ لتخليص اولى القبلتين وثالث الحرمين.

هـ- تعمل على تأزم العلاقات الدولية بما لايخدم مصلحة الدولة الفلسطينية بتأزم علاقاتها مع الدول الكبرى ولاسيما الولايات المتحدة التي وعدت بنقل سفارتها وبعض دول اوروبا الى القدس بوصفها عاصمة الكيان الصهيوني. هذا النقل الذي توقف قبل رحيل رئيس الولايات المتحدة "بل كلنتون" بالرغم من أنه متحيز وداعم لمواقف الاحتلال الصهيوني وعدوانه.

---

(1) غليون ، برهان، العرب ومعركة السلام، المركز الثقافي العربي، الطبعة الاولى، 1999،ص192-203.
(2) حلبي، اسامة، الوضع القانوني لمدينة القدس ومواطنيها العرب، مؤسسة الدراسات الفلسطينية، بيروت، 1999، ص63.

2- الآثار الاجتماعية:

أ- ظهور صدامات دينية وعرقية بين الفلسطينيين والصهاينة ممن يؤدون الفرائض في بيت المقدس بما لا يخدم الدولة الفلسطينية.

ب- قيام العديد من الدول العربية والاسلامية والاحزاب الدينية بتأجيج روح الثورة والانتقام لشعورها بخيبة الامل بفقدان بيت المقدس واستحواذ الصهاينة عليها. مما يؤدي الى صراعات تُخل بالامن الاجتماعي للدولة الفلسطينية[1].

جـ- انتفاء الاهمية الدينية للدولة الفلسطينية واستحواذ الصهاينة على بيت المقدس يعمل على ضرب السياحة العربية في فلسطين وتهدد مشاريعها التنموية والاقتصادية والاجتماعية نظراً لقلة الموارد الاقتصادية الناتجة عن الخسائر في بعض القطاعات الانتاجية.

ثالثاً: الآثار السياسية والاجتماعية المترتبة على التهديد الداخلي والخارجي للاراضي الفلسطينية:[2][3]

يتمخض التهديد الداخلي والخارجي للارض الفلسطينية عن عدة آثار سياسية واجتماعية يمكن دراستها في هذا الجزء من البحث.

1- الآثار السياسية:

أ- السيطرة الصهيونية الناجمة عن إجراءات التسوية السلمية التي أجازت لهم السيطرة والاشراف على الاراضي ومدن الضفة الغربية والقطاع، فأن اي سوء تفاهم بين اطراف النزاع سيمكّن الصهاينة من إعادة احتلال مناطق السلطة الوطنية الفلسطينية في الضفة الغربية وقطاع غزة.

---

(1) المصدر السابق، ص45.

(2) أنظر: الكيلاني، هيثم، التسوية السلمية للصراع العربي الاسرائيلي وتأثيرها في الامن العربي، مركز الدراسات والبحوث الاستراتيجية، 1996، ص ص 11-19، 38-56.

(3) انظر: جيفري بوتول، ايفرت مندلسون، الامن الاسرائيلي الفلسطيني، قضايا في مفاوضات الوضع الدائم، تقرير المجموعة الدراسية لبرنامج الشرق الاوسط لجنة دراسات الامن القومي، الاكاديمية الامريكية للآداب، ترجمة: محمد فياض صلاحات، مركز البحوث والدراسات الفلسطينية، نابلس، فلسطين، تشرين الأول (اكتوبر)، 1995، ص ص33-82.

ب- التفكير باعادة احتلال مناطق السلطة في الضفة والقطاع سيدفع القوات الفلسطينية الى المبادرة بالمقاومة الصلبة مما يؤدي الى اندلاع الحرب وعودة الصراع.

جـ- اندلاع الحرب وعودة الصراع قد يؤدي الى إشراك بعض الدول العربية في هذه الحرب، مما يدفع الى التدخل الأمريكي في حلبة الصراع إلى جانب الصهاينة، وربما يقود هذا الى حرب واسعة.

د- الجغرافية السياسية لدولة فلسطين هشة قابلة للتأزم؛ لان الارض والمدن الفلسطينية محاطة بالصهاينة وتحت سيطرتهم، مما يحول دون تدخل عربي محتمل، لأن هذا التدخل مبعث قلق للصهاينة قد يقودهم الى إعادة الاحتلال الصهيوني للأرض الفلسطينية في الضفة الغربية وقطاع غزة.

2- الآثار الاجتماعية:

أ- التهديد باعادة احتلال مناطق الدولة الفلسطينية يعمل على عرقلة مشاريع التنمية الاقتصادية والاجتماعية.

ب- عرقلة مشاريع التنمية نتيجة الاوضاع الامنية المتأزمة في الدولة الفلسطينية، يؤدي الى ظهور مشكلات اقتصادية واجتماعية خطيرة مثل: تدني المستوى الاقتصادي والبطالة والتضخم والفقر والمرض والتفكك القيمي والاجتماعي.

جـ- الامراض الاجتماعية والاقتصادية التي يتعرض لها الشعب الفلسطيني نتيجة الوضع الامني سوف تكون سبباً في عدم عودة الفلسطينيين المقيمين في الدولة العربية والعالم أو ربما تكون هذه سبباً في هجرة مضادة وهو مايسعى الصهاينة من أجل تحقيقه.

د- حالة التماس الفلسطيني مع الصهاينة تعمل على خلق مشكلات تأخذ شكل الصراع والنزاع الدائم ، فضلاً عن الكراهية والاحقاد وذلك في غياب عملية التطبيع واعادة التنشئة المرفوضة على كافة المستويات الرسمية وغير الرسمية والشعبية.

رابعاً: الآثار السياسية والاجتماعية لمشكلة اللاجئين والعودة [1]:

تتمخض مشكلة اللاجئين والعودة عن بروز نوعين من الآثار على مستقبل القضية الفلسطينية ومستقبل الفلسطينيين، وهذه الآثار هي آثار سياسية، وأخرى اجتماعية.

1- الآثار السياسية:

هناك عدة آثار سياسية ناجمة عن مشكلة اللاجئين والعودة، ومن هذه الآثار ما يأتي:

أ- رفض الصهاينة مبدأ حق العودة لخطورة الأمر على دولتهم والخوف من اختلال التوازن السكاني، وما يشكله هذا من خطورة على دولة الاحتلال، لذا فهي تعمل جاهدة على بقائهم في أماكن وجودهم وعدم الانصياع لقرارات الامم المتحدة ومنظمات حقوق الإنسان.

ب- عودة اللاجئين تشكل عامل ضغط على الدولة الفلسطينية؛ لعدم تمكنها من توفير كافة الخدمات والمرافق اللازمة والكافية بالمستوى المطلوب وهذا سيثني بعض الراغبين في العودة والبقاء في أماكن وجودهم وذلك ناتج عن الضغط الذي يمارسه الكيان الصهيوني على الشعب الفلسطيني.

جـ- العودة باعداد قليلة يُضعف القوى البشرية القادرة على مواصلة البناء على اساس رصين مما يعرقل هذه المسيرة البنائية.

د- عودة اللاجئين المكثفة الى فلسطين سيواجه بأوضاع اقتصادية وسياسية وأمنية صعبة تعمل على رفض الصهاينة لمثل هذه العودة، مما يؤدي الى نزاعات وصدامات بين العائدين والسلطة من جهة والاحتلال الصهيوني من جهة اخرى.

هـ- عزوف بعض اللاجئين عن العودة من أماكن إقامتهم في الاقطار العربية نظير تكيفهم فترات طويلة وهذه الاوضاع فضلاً عن ظروفهم السياسية والاجتماعية المرفهة لذلك فهم يخشون عودة الصراع، مما يؤثر سلباً على الدولة الفلسطينية بعدم قدرتها على بناء القوة نتيجة قصور العنصر البشري وتحجمه.

(1) انظر: رمضان بابارجي، ومونيك شميليه، وجاندرو، وجيرو دولا براديل، حق العودة للشعب الفلسطيني ومبادئ تطبيقه، ايلول/ سبتمبر، 1997، ص ص40-121.

2- الآثـار الاجتمـاعيـة:

تترك مشكلة اللاجئين والعودة آثاراً اجتماعية كبيرة على اللاجئين أنفسهم وتمس دولتهم بصورة عامة، ومن أهم هذه الآثار مايأتي:

أ- صعوبة تكيف اللاجئين العائدين الى دولتهم واراضيهم بسبب تعودهم على طبيعة الحياة في اقطار المهجر في الدول العربية ودول العالم الاخرى ولاسيما مواليد هذه الاقطار، فضلاً عن صعوبة التوفيق بين العادات والتقاليد والارث الحضاري في بلاد الاغتراب وصعوبة القدرة على التكيف.

ب- قد يواجه بعض اللاجئين العائدين مشكلات تتعلق بالسكن والعمل والدراسة والتحصيل العلمي فضلاً عن مشكلات تتعلق بالتسهيلات الحياتية والترويحية بسبب الامكانات المحدودة للدولة الفلسطينية، مما يخيب آمال هؤلاء اللاجئين ويبعث اليأس في نفوسهم.

جـ- هناك مشكلات متعلقة بدرجة الولاء للوطن بعد العودة وذلك بسبب الغربة الطويلة وفقدان الكثير من القيم والمعايير والعادات والتقاليد الاصيلة بحيث يصبح من الصعوبة بمكان تحقيق الوحدة والتماسك والانسجام بين البعض من العائدين لوطنهم.

د- عندما تكون مشكلات التكيف ظاهرة وحادة فان هذا يقود الى ظهور مشكلات جديدة بين اللاجئين تعرقل عملية التكيف وإعادة التكيف مما يعرض الدولة الفلسطينية الى مشاكل الامن الاجتماعي.

خامسًا: الآثار السياسية والاجتماعية المترتبة على مشكلة تقسيم المياه:

تشير المعلومات والادلة الى ان السلطات الصهيونية هي المهيمنة على مصادر المياه بأنواعها المختلفة وسيطرة الاحتلال على مصادر المياه يتيح للفلسطينيين الحصول على النزر اليسير مما يترتب عليه آثاراً سياسية واجتماعية في غاية الخطورة[1]، يمكن بحثها في هذا الجزء من الفصل.

---

(1) عبد الهادي راضي، محمد (دكتور)، المياه وأوراق اللعبة السياسية في الشرق الاوسط، القاهرة، مكتبة مدبولي، 1997، ص190.

1- الآثار السياسية [1]:

أ- استحواذ الاحتلال على القسم الاكبر من مصادر المياه يمنحه القوة والنفوذ في اتخاذ القرار الـذي يحـدد مستقبل الفلسطينيين في دولتهم ويحد مسارهم.

ب- استحواذ الاحتلال وسيطرته على المياه يحـدد مسيرة التنميـة الاقتصادية والاجتماعيـة الفلسطينية ويتركهم تحت رحمته.

جـ- سماح الاحتلال بالجزء اليسير مـن المياه للدولة الفلسطينية، بمـا لايكفي حاجتها يعمل علـى تـأزم العلاقات السياسية بين طرفي النزاع.

د- تأزم العلاقات بين الطرفين بسبب المياه قد يقود إلى انـدلاع معـارك عسكرية تعمل علـى تعكير صفو الامن في المنطقة.

هـ- شحة المياه بسبب سيطرة الاحتلال عليها قد تكون سبباً في انخفاض اعداد العائـدين الى فلسطين ممـا يولد صعوبة سياسية أمام مشروع تكوين الدولة الفلسطينية.

2- الآثار الاجتماعية [2]:

تترك مشكلة تقسيم المياه آثارها الاجتماعية والبشرية على دولة فلسطين ومن هذه الآثار مـا يأتي:

أ- شحة المياه او انعدامها تجعل من الصعب اقامة مجمعات زراعية او قرى زراعيـة وعـدم ظهور هـذه المجمعات الزراعية في القرى والارياف، فان الزراعة بوصفها مهنة اساسية يعيش عليها السكان فقيرة وبدون جدوى اقتصادية.

ب- عدم ظهور القرى والقصبات الزراعيـة نظراً لشحة المياه، فان المـدن لايمكـن ان تظهر حيـث لاتستطيع دولة فلسطين بناء مدن جديدة تستقطب الكثير مـن الاقاليم الريفيـة والحضـرية او اقامة مدن إلى جانب المدن العريقة في الوقت الحاضر.

---

(1) انظر: جون كيلي، المياه في فلسطين بؤرة الصراع الدائم، ترجمة: محمود برهوم ومحمد خروب، عـمان، منشـورات دار الكرمل، صامد 1989، ص ص7-27.

(2) انظر: جون كيلي، المصدر السابق، ص ص5-27.

جـ- افتقار الدولة للمياه والمصادر الطبيعية الأخرى لايساعد على إقامة مشروعات صناعية كبرى مما يحرمها من قطاع اقتصادي أساس.

د- قلة المياه في الارض الفلسطينية واستحواذ الصهاينة وتحكمهم بمصادرها يجعل من الارض الفلسطينية اراضي غير صالحة للسكن البشري او العمران، مما يقلل من الكثافة السكانية وهذا جُل ما تسعى إليه الصهيونية العالمية ارض بلا سكان.

سادساً: الآثار السياسية والاجتماعية لمشكلة التطرف الصهيوني:

يرى الباحث ان التطرف الصهيوني يترك آثاراً سياسية واجتماعية على كامل منهج عملية السلام، ومن هذه الآثار الآتي:

1- الآثار السياسية:

أ- تهديد إقامة الدولة الفلسطينية المستقلة، تحت ذريعة التدخل باستمرار لحماية المتطرفين من المستوطنين الصهاينة[1].

ب- التطرف الاستيطاني تكريس للأحتلال الصهيوني للأراضي الفلسطينية والسيطرة عليها والعمل على تفريغها.

جـ- تدمير البناء التحتي للدولة الفلسطينية مما يعيق تشكيل الإطار السياسي الفلسطيني على ترابه الوطني.

2- الآثار الاجتماعية:

أ- انتشار الفوضى والاعمال العدوانية ضد سكانها الشرعيين مما ينشر الخوف والرعب بين مواطن الدولة الفلسطينية وتهديد الاستقرار الامني والاجتماعي.

ب- العبث بممتلكات أصحاب الارض الحقيقيين من خلال اتلاف المزروعات ومصادرة الاراضي وتهديد الامن الوطني من أجل دفع المواطنين الى الهجرة القسرية.

جـ- اغلاق سوق العمالة مما يؤثر في الاوضاع الاقتصادية ويؤدي الى تفشي البطالة، وتفشي- الفقر والجوع والمرض في المجتمع الفلسطيني.

---

(1) حيدر، عزيز، الفلسطينيون في اسرائيل في ظل اتفاقية اوسلو، بيروت: مؤسسة الدراسات الفلسطينية، ط1، 1997، ص ص 9-22.

ومهـما يكـن مـن رأي فـان الباحـث يؤكـد ان مـا يسـمى في الادب السياسي العـالمي بـالتطرف الصهيوني، تبقى حقيقته التي لا تقبل مجالاً للشك أن هذا التطرف هو جزء من سيناريو صـهيوني امبريـالي عالمي قائم على الانقسام الوظيفي مع سائر مؤسسات الحركة الصهيونية العالمية التي تهـدف أولاً واخـيراً الى ترسيخ فكرة الاحتلال والعدوان ومحاولة إعطاءه صبغة شرعية دوليـة تعـترف بـالوجود الصـهيوني امـراً واقعاً بجذور تاريخية مزيفة ومحاولة إبراز اعتراف عربي وعالمي من خلال التفاوض وإبرام اتفاقـات تحـل محل القرارات الدولية المتعاقبة الرافضة للإدعاءات الصهيونية لمـا يسمّونه بـالحق التـاريخي في فلسـطين العربية.

المبحث الثالث

مشاريع التسوية المطروحة لحل القضية
الفلسطينية ومواقف الشعب العربي إزاءها

مقدمـــة تمهيدية:

ترجع مشاريع التسوية التي ظهرت الى السطح بعـد حـرب حزيـران 1967 ومـا آلـت إليـه تلـك الحرب من الاحتلال الصهيوني الى كامل التراب العربي الفلسطيني واراضي عربية أخرى، سيناء من جمهورية مصر العربية، والجولان من سوريا، وبعض الاراضي اللبنانية، أدى هذا الاحتلال فضلاً عـن احـتلال الكيـان الصهيوني لاكثر من نصف مساحة فلسطين قبل حرب 5 حزيران 1967 إلى مطالبـة الـدول العربيـة عامـة والفلسطينيين بصورة خاصة الى العمل على اعادة المحتل مـن الارض العربيـة الى أصحابها الشـرعيين وعـودة اللاجئين الفلسطينيين وغيرهم الى ديارهم وتمتع العرب بما سُلب من حقـوقهم بـالقوة الصهيونية المدعمـة بالقوى الامبريالية والتوسعية والاستعلائية[1].

بعد حرب عام 1967 ظهرت محاولات؛ لتخفيف حدة التطرف الصهيوني الـرافض لاعـادة المحتـل من الارض العربية لاصحابها الشرعيين، في الوقت الذي كان فيه الصهاينة يلوحون بحقهم التاريخي لخدمـة مشروعهم الاستيطاني بادعائهم المسند بالحجة الدينية والثقافية الواهية، قوبل العدوان الصهيوني واحـتلال الارض العربية باستهجان دولي وتدخل مجلس الامن؛ ليصدر العديد مـن القرارات، كـما ظهرت مشاريع عديدة لاحلال السلام في المنطقة، بعد ان كانت تحت شبح الحرب وعدم الاستقرار؛ وذلك لتصادم الإرادات العربية متمثلة بالشعب العربي الفلسطيني وغيرهم من أبناء الدول العربية، ومن يدعمهم من قوى دوليـة محبة للسلام والتقدم والنماء بعيدة عن التطرف كالاتحاد السوفيتي ودول عدم الانحياز والدول الاشـتراكية والارادة الصهيونية التي تـدعمها القوى الامبريالية والاستعمارية فضلاً عـن الصـهيونية العالميـة، تصـادم الإرادات ادى الى ظهور مشاريع سلمية متعددة يمكنها ان تقي المنطقة من حرب مدمرة، قد تُخل بالوضـع الدولي وتقود الى حرب عالمية ثالثة، وقد تعرضت الجهود المبذولة لاحلال السلام بين العرب والصهاينة

---

(1) غليون، برهان، العرب ومعركة السلام، المركز الثقافي العربي، بيروت، 1999، ص18.

لكثير من الصعوبات والعراقيل أدت الى إفشالها مما خدم الجانب الصهيوني في استمرار تعنته.

سنعمل على دراسة الخلفية التاريخية لتسوية القضية الفلسطينية عبر الحلول السلمية المطروحة، هذه الخلفية التي تأثرت بتقاطع المطالب العربية الفلسطينية مع المطالب الصهيونية للتسوية السلمية للقضية فكل جانب يطرح افكاراً لخدمة اغراضه وأهدافه، وبسبب تصادم المطالب والحقوق ظهرت مشاريع عديدة للتسوية وذلك لتجنيب المنطقة من حرب مدمرة وتحقيق الامن والاستقرار فيها.

يقع هذا المبحث في خمسة متطلبات رئيسة هي:

المطلب الأول: الخلفية التاريخية لتسوية القضية الفلسطينية عبر الحلول السلمية.

المطلب الثاني: المطالب الفلسطينية بالتسوية السلمية لقضيتهم.

المطلب الثالث: المطالب الصهيونية؛ لإحلال السلام مع الشعب العربي ودوله بما فيه الشعب الفلسطيني.

المطلب الرابع: مشاريع التسوية المطروحة.

المطلب الخامس: مستقبل مشاريع التسوية في ظل المفاوضات بين الجانب الفلسطيني والصهيوني برعاية الامم المتحدة.

المطلب الأول

الخلفية التاريخية لتسوية

القضية الفلسطينية عبر الحلول السلمية

ظهرت مبادرات سلام عربية قائمة على مبدأ انه لا يمكن أن يكون هناك سلام عادل ودائم في المنطقة العربية إلا بالاعتراف بحق تقرير المصير للشعب العربي الفلسطيني وحقه باقامة الدولة المستقلة على ترابه الوطني وبقيادة منظمة التحرير الفلسطينية الممثل الشرعي والوحيد للشعب العربي الفلسطيني.

ولإحلال السلام في المنطقة العربية، تقدم العديد من الدول العربية بمشاريع سلمية؛ لتسوية النزاع العربي الصهيوني، إذ تقدم الرئيس التونسي الحبيب بو رقيبة

بمبادرتين، كانت الاولى يوم 21 نيسان 1965 والثانية في تموز عام 1973 [1] وأهم ما ورد فيها:

قيام دولة الاحتلال باعادة ثلث المساحة التي احتلتها؛ لتقوم عليها دولة عربية فلسطينية واقترح الرئيس بو رقيبة في مبادرته الثانية قبول دولة الاحتلال مبدأ تقسيم فلسطين على وفق قرار الامم المتحدة رقم 181 عام 1947 واقامة دولة فلسطينية الى جانب دولتهم.

كما تقدم جلالة الملك حسين عام 1972 بمشروع المملكة العربية المتحدة التي تشمل الضفتين الشرقية والغربية، ثم جاءت مبادرة فاس في المدة الواقعة بين 6-9 أيلول في عام 1982م او ماعرفت باسم مبادرة الأمير فهد بن عبد العزيز ثم مبادرة المملكة العربية السعودية وبدعم من دول مجلس التعاون الخليجي وكان من أهم ماورد فيها:

أولاً: انسحاب الصهاينة من كافة الاراضي المحتلة لعام 1967 بما فيها القدس وإزالة المستوطنات من هذه الاراضي.

ثانياً: إقامة الدولة الفلسطينية المستقلة وعاصمتها القدس.

وقد قبلت الدول العربية بما فيها منظمة التحرير الفلسطينية المبادرة السعودية، اما الدولة المغتصبة فقد عارضتها واعتبرتها هدفاً لتدميرها، وازاء هذا الخلاف بين العرب والصهاينة ظهرت فكرة عقد مؤتمر لدول الشرق الاوسط تشارك فيه منظمة التحرير الفلسطينية، لاقى المؤتمر تأييد الامم المتحدة وأمريكا وبعض الدول الأوروبية، ولم يتمخض عن المؤتمر أي شيء لمقاطعة الصهاينة له ورفضها مقرراته.

بعد حزيران 1967 وفشل الجمعية العامة للامم المتحدة بالوصول الى حل لأزمة الشرق الاوسط، تحولت القضية الى مجلس الامن الذي أقر بالاجماع في 22 تشرين الثاني 1967 مشروع القرار الذي قدمته بريطانيا وهو قرار 242 الذي ينص على ما يأتي:

أولاً: ضرورة اقامة سلام عادل ودائم في الشرق الاوسط مما يستوجب تطبيق مبدأين أساسيين:

1- سحب القوات الصهيونية من الاراضي التي احتلت عام 1967.

(1) غليون برهان، العرب ومعركة السلام، المركز الثقافي العربي، بيروت، 1999، ص18.

2- إنهاء جميع مظاهر الحرب واحترام وحدة وسيادة الاراضي لكل دولة وحقها في العيش بسلام في ضمن حدود آمنة معترف بها.

ثانياً: يؤكد الحاجة الى:

1- ضمان حماية الملاحة في الممرات المائية.

2- تحقيق تسوية عادلة لمشكلة اللاجئين.

3- ضمان الاستقلال السياسي لكل دول المنطقة[1].

أما القرار 242 فقد رفضته اطراف الصراع العربي والصهيوني، لكنه بقي أساساً لأية تسويات سلمية في المستقبل. كما تمخض عن اجتماع نيويورك في 1977/10/1 بين اندريه جروميكو "وزير خارجية الاتحاد السوفيتي" وسايروس فانس "وزير خارجية الولايات المتحدة الأمريكية) بياناً حددا فيه شروطاً؛ لتسوية الصراع العربي الصهيوني ومن أهم قراراته ما يأتي:

أولاً: ان الاتحاد السوفيتي والولايات المتحدة وفي إطار التسوية الشاملة لمشكلة الشرق الاوسط يرى حلّ كافة المسائل الخاصة بالتسوية ومنها المشكلات المتعلقة بسحب القوات الصهيونية من المناطق العربية المحتلة في 1967، وحل القضية الفلسطينية وضمان الحقوق المشروعة للشعب الفلسطيني.

ثانياً: ان الاتحاد السوفيتي والولايات المتحدة يؤكدان ان الطريق الوحيد لحل مشكلة الشرق الاوسط هو المفاوضات في إطار مؤتمر جنيف للسلام.

ثالثاً: تعتقد البلدان ضرورة ان يراعي أطراف النزاع الحقوق المشروعة لكليهما.

هذه الخلفية التاريخية لمحاولات السلام وحل النزاع أو الصراع العربي الصهيوني لم تسفر عن أية نتائج ملموسة؛ لانهاء الصراع؛ لتعنت الكيان الصهيوني.

المطلب الثاني

مطالب الشعب العربي الفلسطيني لحل قضيته سلمياً

تتمثل المطالب الفلسطينية لتسوية قضيتهم في نقاط أساسية عديدة وفي مقدمتها:

---

(1) المدني، رشاد، مشاريع السلام والحلول السياسية 1967-1988، البيادر السياسي، بيروت، ص33.

أولاً: الانسحاب الصهيوني الكامل من الارض العربية الفلسطينية المحتلة عام 1967.

ثانياً: استعادة الشعب الفلسطيني حقوقه الوطنية الثابتة في أرضه وممتلكاته.

ثالثاً: انشاء الدولة المستقلة في الضفة الغربية وقطاع غزة.

رابعاً: حق العودة للاجئين الفلسطينيين الى الدولة المزمع انشاؤها.

خامساً: حل مشكلة اللاجئين على وفق قرارات الامم المتحدة التي تعترف بحَرية الاختيار بين العودة أو التعويض.

سادساً: اعتبار القدس عاصمة للدولة الفلسطينية المستقلة[1].

سابعاً: ضمان حرية العبادة وممارسة الشعائر والطقوس لكل الديانات في الاماكن المقدسة.

ثامناً: قيام الامم المتحدة وبعض الدول الاعضاء فيها بضمان مطالب الشعب العربي الفلسطيني لعدالتها وعدِّها اساساً للسلام بين العرب والصهاينة.

غير ان الكيان الصهيوني لم يوافق على هذه المطالب ورفضها جملة وتفصيلاً؛ لتعارضها مع طموحاته ونواياه في التوسع والاستقرار.

المطلب الثالث

مطالب الصهاينة لتسوية القضية الفلسطينية سلمياً

الكيان الصهيوني يرفض قيام الدولة الفلسطينية والانسحاب من الاراضي العربية المحتلة لعام 1967 وقد طرح مبادرات عديدة امتازت بالتعسف وتقوم على مبدأ الادارة الذاتية مع الاحتفاظ بالامن والدفاع، وركزت على المفاوضات المباشرة مع العرب وحدود الدولة آلامنة مع عدم الاعتراف بمنظمة التحرير الفلسطينية أو حتى الجلوس معها على مائدة المفاوضات.

في 8 تشرين الاول عام 1968 تقدم ابا ايبان للامم المتحدة بمشروع تسوية تهدف دولة الاحتلال منه إعطاء الاماكن المقدسة طابعاً عالمياً وذلك في إطار اتفاقيات مناسبة مع الاطراف كافة، اما مناحيم بيغن فكانت مبادراته أكثر تشدداً ولاسيما اعتبار القدس عاصمة أزلية لدولة الصهاينة، والرفض التام لقيام الدولة

---

(1) المدني رشاد، المصدر نفسه، ص34.

الفلسطينية المستقلة، وانكار حق الانتماء الى فلسطين، والمطالبة بتجنيس الشعب العربي الفلسطيني إما بالجنسية الاردنية أو الصهيونية[1].

لقد مثّلت هذه المبادرات عائقاً امام السلام؛ لتحيزها وإهمالها لحقوق الشعب العربي، وهنا يمكننا تحديد مطالب الصهاينة المتشددة بالنقاط آلاتية:

أولاً: رفض الصهاينة لاقامة الدولة الفلسطينية باعتبارها تهديدًا لامنها وسيادتها.

ثانياً: اعتبار القدس عاصمة أزلية لهم وعدم اعتبارها او جزء منها عاصمة للدولة الفلسطينية.

ثالثاً: عدم الاعتراف بمنظمة التحرير الفلسطينية واعتبارها منظمة ارهابية.

رابعاً: الحق في انشاء المستوطنات في الاراضي العربية المحتلة بنوعيها الجماعية/ والتعاونية.

خامساً: إمكان منح جنسية الكيان الصهيوني للفلسطينيين على ان يكونوا تحت الحماية والقانون الصهيوني.

سادساً: الامن والدفاع ليسا من صلاحية الفلسطينيين.

سابعاً: منح الاستقلال الذاتي للضفة الغربية وقطاع غزة وامكان انشاء قوة شرطة لحفظ الامن وترك مسألة الدفاع لدولة الاحتلال وحدها.

ان المطالب الصهيونية متشددة ومتصلبة ولا يمكن ان تكون اساساً لصلح أو سلام قد يتم بين أطراف الصراع؛ لان الفلسطينيين ومعهم العرب يرفضون ما تريده الدولة الصهيونية؛ لتناقضه مع الحق الفلسطيني، لهذا لم تتمخض مشاريع التسوية الصهيونية المطروحة عن نتائج ايجابية يمكن الاعتماد عليها في إحلال السلام في المنطقة العربية ومنح الشعب العربي الفلسطيني حقه المشروع بسبب تناقض وجهات النظر الفلسطينية والصهيونية[2].

(1) المصدر السابق، ص35.

(2) المصدر السابق، ص35-36.

المطلب الرابع

مشاريع التسوية المطروحة لحل القضية الفلسطينية

هناك العديد من مشاريع التسوية المطروحة بعـد عـام 1970 لحـل تـأزم القضية الفلسطينية وإنهاء المعاناة الخاصة بالشعب الفلسطيني والعربي من جرّاء احتلال الصهاينة كامل التراب الفلسطيني، واراضي اربعة اقطار عربية اخرى هي: مصر وسوريا والاردن ولبنان ومن هذه المشاريع المطروحة مشروع الحكومة الصهيونية في كانون الثاني عام 1971، ومشروع مصري جزئي لحل المشكلة بين جمهورية مصر-والكيان الصهيوني في 4 شباط عام 1971، ثم مشروع روجرز أيار عام 1970، ومشروع المملكة المتحدة في آذار عام 1972، ومؤتمر جنيف للسلام في 1973/12/12، ومشروع الحكم الذاتي بيجن كانون الأول عام 1977، واتفاقية كامب ديفيد في 1978، ومشروع الامير فهد عام 1981، والمشروع الامريكي في 1988، ومؤتمر مدريد للسلام عام 1991، ثم مشروع اوسلو في 1993، وغيرها من المشاريع المطروحة مـن الجـانبين العربي والصهيوني والامريكي والبريطاني والسوفيتي، وهذه المشاريع ترمي وتهدف الى تخفيف حدة الصراع العربي الصهيوني، واحلال السلام في المنطقة العربية والقضاء على بؤر التوتر والحرب في المنطقة.

وعلى الرغم من هذا الكم من المشاريع فاننا سوف نركز في هـذا المبحـث علـى اربعـة مشاريع للسلام؛ للاعتقاد إنها أهم ما طرح لحل القضية العربية الفلسطينية وهي:

أولاً: مشروع كامب ديفيد للسلام.

ثانياً: مؤتمر مدريد[1].

ثالثاً: اتفاق الحكم الذاتي بين الصهاينة والفلسطينيين.

رابعاً: اتفاق اوسلو.

---

(1) نافع، احمد، الطريق الى مدريد، من ملف القضية الفلسطينية، القاهرة، مطابع الاهرام التجارية، ط1، 1993، ص 134.

أولاً: اتفاقيات كامب ديفيد:

اتفق زعماء الدول الثلاث وهم: محمد أنور السادات رئيس جمهورية مصر العربية، ومناحيم بيغن رئيس وزراء الكيان الصهيوني، وجيمي كارتر رئيس الولايات المتحدة الامريكية في كامب ديفيد خلال المدة الواقعة 5-1978/12/7 على الاطار العام للسلام في الشرق الاوسط الذي تضمن ما يأتي:

1- ينبغي اشتراك مصر والكيان الصهيوني والاردن ممثلو الشعب الفلسطيني بالمفاوضات الخاصة لحل قضية الشعب العربي الفلسطيني بكل جوانبها؛ لتحقيق هذا الهدف فان المفاوضات المتعلقة بالضفة الغربية وقطاع غزة ينبغي ان تتم على وفق المراحل في أدناه:

أ- اتفاق مصر والكيان الصهيوني ومن اجل ضمان منظم وسلمي لنقل السلطة إذ لابد من وضع إجراءات لفترة انتقالية بالنسبة الى الضفة الغربية وقطاع غزة ومن ثم إجراء انتخابات حرة لاختيار سلطة الحكم الذاتي من بين السكان؛ لتحل محل الحكومة العسكرية التي ستنسحب، وادارتها بمجرد انتهاء الانتخابات.

ب- اتفاق مصر والكيان الصهيوني والاردن على إقامة سلطة الحكم الذاتي المنتخبة في الضفة الغربية وقطاع غزة[1].

جـ- ستقرر المفاوضات في ضمن اشياء اخرى موضع الحدود وترتيبات الامن وبهذا الاسلوب سيشارك الفلسطينيون بتقرير مستقبلهم.

د- اتخاذ كافة الاجراءات الضرورية؛ لضمان أمن الكيان الصهيوني وجيرانها خلال المرحلة الانتقالية وما بعدها.

هـ- خلال المرحلة الانتقالية يتم تشكيل لجنة من ممثلو مصر والكيان الصهيوني والاردن وسلطة الحكم الذاتي تعقد جلساتها، وتقرر باتفاق الاطراف صلاحية السماح بعودة من طردوا من الضفة والقطاع في عام 1967.

ثانياً: مؤتمر مدريد للسلام:

عقد المؤتمر في تشرين الأول 1991 في مدريد؛ ليجلس أطراف الصراع على مائدة واحدة والتفاوض وجهاً لوجه، فقد حضر المؤتمر ممثلين من سوريا

(1) المعاهدة المصرية الاسرائيلية، نصوص وردود افعال، بيروت، 1979، ص10.

ولبنان والاردن وفلسطين "وفد مشترك" فضلاً عن الكيان الصهيوني وحشد كبير من دول العالم برعاية امريكية سوفيتية، ناقش المتفاوضون قضايا اقليمية تتعلق بالنزاع وتتلخص في النقاط الآتية:

1- اتفق المؤتمرون على ان العالم بدأ يشهد حرباً باردة بعد العدوان الثلاثيني على العراق، وان امريكا بعد عدوانها تفردت بالعالم، وقد اجمع المشاركون بالمؤتمر على انها الطرف الوحيد الذي يستطيع تحقيق السلام والاستقرار في العالم، وعليه فان امريكا تستطيع ان تؤدي دوراً فاعلاً وكبيراً في تحقيق السلام بين الفلسطينيين والصهاينة من جهة والعرب من جهة أخرى. وفي هذا المؤتمر تظاهرت أمريكا بالضغط على الكيان الصهيوني لحضور المؤتمر والجلوس على مائدة المفاوضات، فاضمحلّ نفوذ اللوبي الصهيوني، ورضخ الكيان الصهيوني للأمر الواقع بضرورة قبول السلام مع العرب[1].

2- إن العملية التفاوضية في مدريد اتخذت شكل مؤتمر دولي مبتعدة عن الشكل الاقليمي الذي سعت إليه سلطات الاحتلال، إذ حضر المؤتمر ممثلون من الاتحاد السوفيتي، واوربا الموحدة، الامم المتحدة، ومعظم الاقطار العربية، مما كان له اثر كبير للقبول الصهيوني للسلام.

3- حاول الصهاينة طمس المشاركة الفلسطينية من خلال وفد مشترك اردني/فلسطيني وعملت على حرمان الفلسطينيين من القدس والشتات والادعاء ان الوفد الفلسطيني لا علاقة له بمنظمة التحرير الفلسطينية وقيادتها الشرعية وذلك للحد من ثقل ووزن الوفد الفلسطيني في المؤتمر، لكن براعة قيادة المنظمة افشلت كل هذا، فبرز التمثيل الفلسطيني واضحاً وشاملاً وحقق انتصاراً اعلامياً وسياسيًا مهمًا في مواجهة الكيان الصهيوني[2].

4- وعلى الرغم من التوقعات المتشائمة فقد نجح التمثيل العربي عموماً والفلسطيني بخاصة في اقناع العالم بصدق سعيه للسلام العادل من جهة، واحترامه للشرعية الدولية من جهة اخرى، كما اقنع الوفود ان العرب لم يذهبوا الى مدريد للاستسلام وانما لمواجهة الكيان الصهيوني والضغط من اجل الحق العربي.

---

(1) نافع، احمد، الطريق الى مدريد، من ملف القضية الفلسطينية، 1994، بيروت، ص20.

(2) نوفل، ممدوح، الانقلاب، اسرار مفاوضات المسار الفلسطيني الاسرائيلي، مدريد- واشنطون، عمان: دار الشروق، 1996، ص ص 153-172.

5- نجح الوفد الفلسطيني بتحقيق ادارة دقيقة في علاقته بالوفود العربية بالتنسيق فيما بينها[1].

6- ظهر في المؤتمر ان المشكلة الحقيقية في الشرق الاوسط هي السلوك الصهيوني، وان التقدم باتجاه الاستقرار والسلام يجب ان يبدأ بوقف بناء المستوطنات والانسحاب من الارض، ولم يجرؤ الكيان الصهيوني طيلة المؤتمر على استخدام شعار السلام مقابل السلام "أي الاحتفاظ بالارض والسلام" وهذا لايمكن تحقيقه.

لقد كان المنتصر الحقيقي في المعركة الاعلامية في المؤتمر هذا هو الوفد الفلسطيني وخسرها الكيان الصهيوني، ان خلاصة المؤتمر هي ان العملية السياسية ستأخذ الوقت الطويل وتواجه الصعوبة وهذا يؤكد الاقتناع العام بان نضالاً فلسطينيًا من خلال الانتفاضة، ودعماً عربياً متصاعداً لابد لهما من ان يستمرا جنباً الى جنب مع العملية السياسية اذا اريد لها ان تحقق نتائج عملية ملموسة.

ثالثاً: اتفاق الحكم الذاتي بين الفلسطينيين والصهاينة غزة- أريحا:

اتفق على ترتيبات الحكم الذاتي بين الجانب الفلسطيني ممثلاً بمنظمة التحرير الفلسطينية والجانب الصهيوني بتاريخ 1993/8/19، وتنص الاتفاقية التي تم توقيعها، ان على حكومة الكيان الصهيوني والفريق الفلسطيني الاتفاق على مؤتمر سلام حول الشرق الاوسط[2]، إذ يرى المؤتمر ان الوقت قد حان لوضع نهاية حقبه طويلة من المواجهات والصراع، والاعتراف المتبادل بالحقوق الشرعية لاطراف الصراع مما يوجب التوصل الى تسوية سلمية عادلة يتفق فيها الطرفان على المبادئ آلاتية:

1- هدف المفاوضات:

تهدف المفاوضات في اطار عملية السلام تشكيل سلطة فلسطينية انتقالية ذاتية "المجلس المنتخب في الضفة الغربية وقطاع غزة" والمرحلة الانتقالية لاتتعدى الخمس سنوات، وتؤدي الى تسوية نهائية مبنية على قراري مجلس الامن 242 و 338.

(1) المصدر السابق، ص62.

(2) عطوي، محمد، الحكم الذاتي الفلسطيني كيان غزة- اريحا اولاً، دار العلوم العربية، بيروت، 1994، ص103.

2- اطار عمل المرحلة الانتقالية.

3- الانتخابـات.

4- الولايــة.

5- المرحلة الانتقالية ومفاوضات الوضع النهائي تتضمن أربع نقاط أساسية هي:

أ- تبدأ مرحلة الخمس سنوات حال انسحاب القوات الصهيونية من قطاع غزة ومنطقة اريحا.

ب- انطلاق مفاوضات الوضع النهائي في اقرب وقت ممكن على ألايتعدى ذلـك بدايـة السـنة الثالثـة للمرحلة.

جـ- من المفهوم ان هذه المفاوضات ستغطي قضايا متبقية تشمل القـدس واللاجئـين والمسـتوطنات والترتيبات الامنية والحدود والعلاقات والتعاون مع جيران آخرين.

د- يتفـق الطرفـان عـلى ان نتيجـة المفاوضـات في الوضـع النهـائي، لـن تكـون محكومـة او متـأثرة باتفاقيات تم التوصل اليها للمرحلة الانتقالية.

وهنالك بنود أخرى كثيرة تتعلق بنقل الصلاحيات والمسؤولية التمهيديـة والنظـام العـام والامـن والقوانين والاوامر العسكرية ولجنة الارتباط الفلسطينية الصهيونية المشتركة والارتباط والتعاون مـع مصرـ والاردن واعادة انتشار القوات الصهيونية وحل النزاعات[1][2][3].

رابعاً: اتفاق اوسـلو للســلام:

قبل التطرق الى مواد وبنـود اتفاقيـة اوسـلو، علينـا القـول: إنّ عمليـة السـلام بـين الفلسـطينيين والصهاينة، التي بدأت في مدريد عام 1991 كانت تهدف الى وضع حد لنهاية مـدة طويلـة مـن المواجهـات بين الجانبين، والعيش في ظل ظروف سلمية تؤمن الكرامة والامن للطـرفين، واعـتراف كـل طـرف بـالحقوق الشرعية والسياسية للطرف الآخر.

---

(1) المصدر السابق، ، ص105.

(2) Agreement on the Gaza Strip & the Jericho Area, May 4, 1994.

(3) الحسن، خالد، حول اتفاق (غزة- أريحا أولاً، وثائق ودراسات)، عمان، دار الشروق، ط2، 1994.

تؤكد اتفاقية مدريد رغبة الاطراف في تحقيق تسوية سلمية عادلة وشاملة وصلح تاريخي من خلال العملية السياسية المتفق عليها، علماً أن هذه العملية السلمية والعهد الجديد الذي ستحدثه غير قابلة للفسخ أو النقض وان الطرفين عازمان على الحفاظ على العملية السلمية مع دعمها واستمرارها.

واستمراراً للعملية السلمية كانت هناك اتفاقية اوسلو، التي تمثل الوجه الجديد لاتفاقية مدريد فتكمل الاتفاقية وتتلافى النواقص والفجوات فيها، علماً أنه جرى التوقيع على اوسلو عام 1993 أي انها أتت بعد سنتين من اتفاق مدريد.

تدور الاتفاقية الاخيرة "اوسلو" في قضايا عديدة يأتي على رأس أولوياتها نقل السلطة من الصهاينة الى الفلسطينيين وذلك بعد انسحاب القوات الصهيونية من الاراضي التي تحتلها في الضفة الغربية وقطاع غزة وعلى مراحل، وتكوين المجلس الفلسطيني بالانتخاب الحر لاعضائه، ويتضمن الفصل الأول من الاتفاقية ترتيبات المجلس الفلسطيني المتضمن نقل السلطة والانتخابات، وبنية المجلس وحجمه والسلطة التنفيذية ولجان المجلس والحكومة العلنية، والمراجعة القضائية مع صلاحيات ومسؤوليات المجلس، إذ يمكن القول إن المجلس الفلسطيني ستكون لديه صلاحيات تمكن الفلسطينيين من حكم أنفسهم بأنفسهم من دون تدخل من القوات الصهيونية[1].

اما الفصل الثاني من اتفاقية اوسلو فيتعلق بموضوع اعادة الانتشار للقوات الصهيونية بعد انسحابها من مناطق الضفة الغربية وقطاع غزة وفقاً للاتفاقيات التي وقعت بين الجانبين، علماً ان اعادة الانتشار والترتيبات الامنية تتعلق بانتشار القوات العسكرية والارض وترتيبات الامن والنظام العام والشرطة الفلسطينية ومنع الاعمال العدوانية واجراءات بناء الثقة بين الطرفين.

اما الفصل الثالث من اتفاق اوسلو فيتعلق بالقضايا القانونية والخاصة بالولاية "ولاية المجلس الفلسطيني وتشمل الضفة الغربية وقطاع غزة كوحدة جغرافية" فضلاً عن الصلاحيات التشريعية وحقوق الانسان وحكم القانون الحقوق والمسؤوليات والالتزامات وتسوية الخلافات والنزاعات التي تظهر[2][3].

(1) وثيقة اتفاقيات اوسلو، الاتفاقيات الاسرائيلية الفلسطينية حول الضفة الغربية وقطاع غزة، عمان، دار الجليل للنشر، 1997، ص ص 7-31.

(2) اتفاقيات اوسلو، الاتفاقيات الاسرائيلية الفلسطينية حول الضفة الغربية وقطاع غزة، دار الجيل للنشر، عمان، 1997، ص26.

(3) The Peace Process; The Israeli- Palestinian Interim Agreemant on the West Bank and the Gaza Strip. Washinton, D.C. September 28, 1995. (By Internet)

اما الفصل الرابع من الاتفاقية فيتعلق بالتعاون بين الطرفين المتعاقدين، واما ترتيبات التعاون فتتعلق بالعلاقات بين الكيان الصهيوني والمجلس الفلسطيني المتعلقة بنقل المسؤوليات والصلاحيات والعلاقات الاقتصادية بين الطرفين، كما يدور التعاون ايضاً في تطوير برامج التعاون، فضلاً عن لجنة الارتباط المشتركة والتنسيق والارتباط مع الاردن ومصر وأخيراً الاتفاق بين الجانبين عن الاشخاص المفقودين من كلا الطرفين، والافراج عن السجناء في سجون الاحتلال. وتتضمن اتفاقية اوسلو احكاماً مختلفة تتعلق بالمعابر الآمنة بين الضفة الغربية وقطاع غزة، إذ تم وضع الترتيبات لمعبر للاشخاص والمواصلات بينهما[(1)(2)]، وهناك ترتيبات التنسيق بين الكيان الصهيوني والمجلس فيما يتعلق بالمعبر من والى كل من مصر والاردن وأية معابر دولية أخرى يتم الاتفاق عليها، وهناك بنود ختامية تتعلق بتنفيذ الاتفاقية إذ انها تنفذ يوم التوقيع عليها، وعند تنصيب المجلس الفلسطيني فإن اتفاقية اوسلو ستحل محل غزة اريحا، واتفاقية النقل التمهيدي، وبروتوكول النقل الإضافي[(3)].

علماً ان المجلس سيحل عند تنصيبه مكان السلطة الفلسطينية ويتولى اعمالها والتزاماتها المنصوص عليها باتفاق غزة اريحا، وقد وقّع الاتفاقية مسؤولون من منظمة التحرير الفلسطينية وصهاينة وآخرون من الولايات المتحدة الامريكية وروسيا ومصر والاتحاد الأوروبي والنرويج.

- **مذكرة Wye River:**

تنصرف الى خطوات تسهيل تنفيذ الاتفاقية المؤقتة للضفة الغربية وشريط غزة في 28 ايلول عام 1995، والاتفاقيات الاخرى بضمنها مذكرة التسجيل في 17 كانون الثاني عام 1997 لكي يصبح الجانبان الفلسطيني والكيان الصهيوني قادرين على تنفيذ مسؤولياتهم المتبادلة بفاعلية وبضمنها الامور المتعلقة باعادة الانتشار وإحلال الأمن، وما يترتب على ذلك من انشطة امنية وتعاون أمني، وتضمنه قضايا تتعلق بحقوق الانسان واللجان المؤقتة والقضايا الاقتصادية، وكذلك استمرار

(1) المصدر السابق، ص30.

(2) Ian S. Lustick, Ending Protracted Conflicts: The Oslo Peace Process Between Political Partnership and Legality, Comell Internationl Law Journal, Vol. 30, No. 3, 1997. (By Internet).

(3) سبير، أوري، المسيرة.. خفايا أوسلو.. من الألف الى الياء، (ترجمة بدر عقيلي)، عمان، دار الجليل للنشر، 1998، ص 85 و 237.

المفاوضات؛ لتحديد الوضع الدائم وما يتبعها من خلق بيئة ايجابية لها، وهكذا فان اتفاقية Wye 2 تعيـد الطريق لإعادة بناء العلاقات الاقتصادية في الشرق الاوسط.

ولعل أبرز شروطها انسحاب الكيان الصهيوني من 11% مـن الضـفة الغربيـة واطلاق سراح 350 فلسطينياً، وبدأ العمل بميناء شريط غزة للأغراض التجارية وافتتاح اسواق فلسطين المغلقة لأسباب امنيـة فضلاً عن فتح الممر الأمني الجنوبي بين غزة ومنطقة هبرون في الضفة الغربية[2)(1).

- مذكرة شرم الشيخ:

تتعلق مذكرة شرم الشيخ بتنفيذ الخط الزمني للتعهدات والالتزامات المهمة للاتفاقيات الموقعـة واستئناف مفاوضات الوضع الدائم، إذ يُلزم كلاً من حكومة الكيان الصهيوني ومنظمة التحرير الفلسطينية انفسهم للتنفيذ الكلي والمتبادل للاتفاقية المؤقتة وجميع الاتفاقيـات الأخرى المعقودة بينهما، وقد تركز الاتفاق في استمرارية مفاوضات دائمة عن الوضع امنياً واطلاق السجناء، وإعادة الانتشار وتشكيل لجـان مشتركة لتولي ذلك، فضلاً عن لجان داخلية ولاسيما لجنة المراقبة والتوجيه الداخليـة واللجنـة الاقتصادية وتحديد الممر الامني ومستلزماته وبخاصة نقاط العبور والشروع ببدأ الاعمال بميناء غزة البحري ومطار غزة بوصفه ممراً دولياً[3).

- مؤتمر نيويوروك "قاعدة بولينج الجوية": [4)

تسعى الولايات المتحدة إلى اتفاق نهائي مع الفلسطينيين قبل نهاية ولاية الرئيس الامريكي بل كلنتون في 20 كانون الثاني عام 2001، وكانت أهم المسائل والقضايا المطروحة ما يأتي:

1- اللاجئون: ومرجعية قرار الامم المتحدة 194 لكـن الكيـان الصهيوني يـرفض الاعتراف بحق العـودة ويسمح بعودة قليلة في اطار شمل العائلات.

(1) The Wye River Memorandum, the white house office of the press secretary (By Internet Research).

(2) Jean Shaoul, Wye 2 Agreement Paves Way for Restructuring of Economic Relations in Middle. East, 16 Sept. 1999.

(3) The Sharm el-skeikh Memorandum on Implementation Timeline of Outstanding commitments of Agreements Signed and the Resumption of Permanent Status Negotiations. (By Internet Research). 1999.

(4) الرأي العام، العدد 11062، الجمعة 26 رمضان 1421 هـ الموافق 22 كانون اول 2000م. الدستور، السبت 27 رمضان 1431هـ الموافق 23 كانون الأول 2000، عدد عدد 11993.

2- القدس: سيادة فلسطينية على شرق القدس واحتفاظ الكيان الصهيوني بعلاقة خاصة بالحرم القدسي.

3- المستوطنات والمناطق: منح الفلسطينيين 95% من مناطق الضفة و5% كتل استيطانية ويقترح الفلسطينيون الحصول على مناطق بديلة من اراضي عام 1948م.

4- الحدود: الابقاء على الحدود مع مصر والاردن وبإشراف فلسطيني مع وجود قوات دولية وانهاء اي وجود صهيوني.

وتتضح أوجه الخلاف في القضايا المطروحة خلال المفاوضات على النحو الآتي:

أ- انسحاب سلطات الاحتلال من معظم الاراضي مع تبادل اراضي مقابل ماستحتفظ به بحصول الفلسطينيين على مساحات مساوية لها داخل فلسطين عام 1948 والانسحاب الصهيوني من 95% واقامة 3-4 كتل استيطانية على 5%، أما الفلسطينيون مقابل ذلك فيسمحوا بـ 1.8% من اراضي الضفة الغربية، وإعداد الخرائط لترسيم الحدود لاحقة، فضلاً عن خارطة اجلاء المستوطنات.

ب- السيطرة على الحدود سيطرة فلسطينية خاصة على الحدود والمعابر مع مصر والاردن وطلب الكيان الصهيوني الابقاء على الاشراف المشترك لأسباب أمنية مع تقديمه تنازلات الى الفلسطينيين مقابل هذا.

جـ- حق اللاجئين بالعودة: أصرّ الفلسطينيون على اعتراف صهيوني بحق العودة او التعويض للراغبين، اما دولة الكيان الصهيوني فتؤكد عدم السماح بعودة اللاجئين داخل الخط الاخضر، وترفض الاعتراف بحق العودة واستيعاب إعداد رمزية في إطار جمع شمل العائلات ومن منطلقات انسانية.

د- القدس والاتفاق على نقل الشطر الشرقي من المدينة الى السيادة الفلسطينية الشطر الغربي سيطرة صهيونية- الفلسطينيون يطالبون بسيادة كاملة على الحرم وقد أبدت سلطة الكيان الصهيوني استعدادها للاعتراف بسلطة فلسطينية

على الحرم ومحادثات مستقبلية على أن يكون الحرم تحت إشراف فلسطيني عدا حائط البراق فيكون من حصة الصهاينة[1].

المطلب الخامس

مستقبل مشاريع التسوية في ظل المفاوضات

بين الفلسطينيين والصهاينة تحت رعاية الأمم المتحدة

تعرّفنا في المبحث السابق على طبيعة مشاريع التسوية الموقعة بين الجانب العربي وبخاصة الفلسطيني والجانب الصهيوني، والمشاريع التي تمت دراستها هي كامب ديفيد ومدريد للسلام، واتفاقية اوسلو الموقعة يوم 28 ايلول عام 1995 وفي هذا الصدد يمكن دراسة مستقبل مشاريع التسوية السلمية في المنطقة[2].

ومن خلال دراسة التفاصيل للاتفاقيات الموقعة نجد انها لاتعطي الفلسطينيين حقهم في تكوين الدولة المستقلة التي تمكنهم من العيش فيها في ضمن حدود سياسية واراضٍ تنطوي عليها الدولة بسيادة واستقلالية وفرص التقدم والتنمية المشروعة، وحق تقرير المصير والمستقبل.

كما ان الدولة الفلسطينية التي أشارت إليها الاتفاقات لا تتسم بأبسط ما يميز الدولة المستقلة من سمات إذ تنقصها المقومات الحقيقية للدولة؛ لأنها مكونة من مدن محاطة بأراضٍ تخللتها القوات الصهيونية المهددة لهذا الكيان باستمرار بحيث تعيش في دوامة انعدام الأمن والاستقرار.

إن هذه الدولة لا تمتلك القرار السياسي الذي ينظّم علاقاتها الخارجية مع الدول الاخرى، إذ تشير لذلك اتفاقيات السلام الموقعة بين الجانبين، وحتى انسحاب الكيان الصهيوني من كل الاراضي العربية المحتلة في الضفة الغربية والقطاع، فإن الدولة المقترحة لاتعطي الفلسطينيين أكثر من سلطة حكم ذاتي؛ لأن السياسية الخارجية لهذه الدولة بيد السلطات الصهيونية[3].

---

(1) حلبي، اسامة، الوضع القانوني لمدينة القدس ومواطنيها العرب، بيروت، مؤسسة الدراسات الفلسطينية، 1999، ص ص 20-77.

(2) The Peace Process, Ibid, D.C. September 28, 1995. (By Internet).

(3) حوامدة، نايف، أوسلو السلام الآخر المتوازن، عمان: دار الجليل للنشر، ط1، 1999، ص ص105 و 183.

ان الدولة الفلسطينية التي نصت عليها الاتفاقيات لا تتمتع بالاستقلالية والسيادة والحرية كسائر الدول إنما هي كيان مصطنع مجزأ يحكمه الفلسطينيون داخلياً لكنه تابع للسلطات الصهيونية خارجياً وأمنياً وليس للدولة المقترحة حق السيادة او تكوين جيش او قوة عدا قوات شرطة لحماية الامن الداخلي للحكم الذاتي المكوّن من عدد من المدن المحاطة بأراضٍ ومستوطنات مسلحة وبوجود عصابات جيش الدفاع الصهيوني بذريعة الحماية ودوام التهديد للحكم الذاتي المحلي[1].

يمكن القول: إن المعاهدات الموقعة جميعها تؤكد الحق الفلسطيني بإقامة ادارة حكم ذاتي في ضمن الدولة الصهيونية من دون الاشارة الى دولة مستقلة محاذية لدولة الصهاينة، وحالة كهذه لايمكنها تحقيق السلام بين العرب الفلسطينيين والصهاينة، إذ ان السلطات الفلسطينية التي وافقت على هذه الاتفاقيات ستواجه مشكلات في غاية الصعوبة وتهدد الترتيبات الأمنية لمشروع الحكم الذاتي، أما الصعوبات التي يمكن ان تواجهها السلطة الوطنية الفلسطينية "سلطات الحكم الذاتي" فهي على النحو الآتي:

أولاً: عدم قناعة الشعب العربي الفلسطيني في مناطق الحكم الذاتي وخارجه بالترتيبات التي اقرتها الاتفاقيات غزة اريحا ومدريد اوسلو وما بعد اوسلو "واي ريفر Wye River" وعدم موافقة الشعب الفلسطيني تعني بروز مشاكل أمنية واجتماعية وسياسية واقتصادية تستمر الى ما لانهاية.

ثانياً: عدم موافقة معارضي مشاريع التسوية على ترتيبات الحكم الذاتي الموقعة بين الجانبين سيؤجج حالة الصدام المسلح بين مؤيدي التسوية ومعارضيها من الفلسطينيين ومن جهة اخرى بين المعارضين الفلسطينيين للترتيبات والسلطات الصهيونية، وبشعور الصهاينة بتهديد أمنهم من فصائل الثورة الفلسطينية فان هذا سيؤدي إلى الدخول في صراع مع الموافقين على مشاريع التسوية قد ينتهي باحتلال الصهاينة للمواقع الفلسطينية في ضمن مناطق الحكم الذاتي أي "اعادة احتلال الضفة الغربية"[2].

(1) بوتول، جفري ومندلسون، ايفرت، الأمن الاسرائيلي- الفلسطيني: قضايا في مفاوضات الوضع الدائم، نابلس، مركز الدراسات والبحوث الفلسطينية، 1995، ص 111.

(2) الشاعر، ناصر الدين، عملية السلام الفلسطينية- الاسرائيلية: وجهة نظر إسلامية، نابلس، مركز البحوث والدراسات الفلسطينية، 1999، ص ص 33-51

ثالثاً: هناك صعوبات تتعلق بالعلاقة بين منظمة التحرير التي وافقت علـى الاتفاقيـات الهشـة والضعيفة والبلدان العربية الاخرى؛ لتكبدها الكثير في دعم الثورة الفلسطينية.

ان الاتفاقيات التي لم تعطِ الشعب العربي الفلسطيني أبسط المطالب والحقوق في إقامـة دولتـه المستقلة ذات السيادة وحقه في عاصمته القدس وفي تقرير المصير، واقتصار الحق على إتاحة حكم ذاتي في إطار الدولة الصهيونية هي اتفاقيات يرفضها الشعب العربي عامـة والفلسطيني بصـورة خاصة وسيعمل الشعب العربي دوماً على الالتزام بالسلام العادل الذي يعطيه الحق ويحفظ له كرامته باتباع كـل الوسائل التي تحقق له ما يسعى إليه من أهداف.

وإذا ما فشلت هذه المساعي الحميدة والقائمة علـى مرجعيـة دوليـة فإن الشعب العربي في فلسطين لديه الخيار في إيجاد الوسيلة التي يمكنها الرد على مشاريع التسوية المطروحة؛ لحل قضيته ويرى الباحث أن التحليل التالي ذي البعد المزدوج اجتماعياً وسياسياً يصلح إنموذجاً للرد على هذه التسويات.

لقد دخلت انتفاضة الاقصى شهرها الثالث منذ بدأت في 2000/10/28 وهي ماتزال مستمرة على الرغم من المحاولات المتكررة لاجهاضها عـبر حلـول سياسية بـاءت جميعها بالفشل أمـام إصرار الشعب الفلسطيني على مواجهة الاحتلال والصمود امام إرهابه وعدوانه المتواصل. وقـد شـهدت الانتفاضة تطوراً نوعياً في فعالياتها من خلال استخدامها العمليات المسلحة ضد الاحتلال والمستعمرين الصهاينة في الضفة والقطاع والاراضي المحتلة منذ عام 1948 مما يعبر عن إرادة شعبية عارمة باستمرار مواجهة الاحتلال بكل الوسائل الممكنة ومحاولة تعديل ميزان الخسائر البشرية الذي يميل حتى الآن لصالح العدو. وفي المقابـل لم تتوقف المحاولات السياسية لوقف الانتفاضة بمبادرات امريكية وصهيونية وحتى عربية تعبيراً عـن رغبـة هذه الاطراف في تجاوز التداعيات السلبية لاستمرار هذه الانتفاضة علـى عمليـة التسوية السلمية التي تعاني أصلاً من موت سريري بعد ان وجه لها الصهاينة الضربة القاضية.

انتفاضة متواصلة على الرغم من الإرهاب الصهيوني[1]:

وقد استطاعت الانتفاضة ان تثبت انها قادرة على الاستمرار والتواصل وتمكنت من تجاوز امتحان الصمود والاستمرارية على الرغم من كل التقديرات المتحفظة عن إمكان استمرارها، في الوقت الذي دفع فيه الاحتلال بكل امكاناته العسكرية والسياسية والنفسية لوقفها وإطلاق العنان لجنوده المجرمين لتوجيه اسلحتهم نحو رؤوس وصدور المنتفضين؛ لايقاع اكبر قدر من الضحايا، وثني عزيمة الشعب الفلسطيني عن الاستمرار في الانتفاضة إذ اقترب عدد الشهداء حتى الآن من 300 شهيد وقرابة عشرة آلاف جريح. وحينما لم تفلح هذه الأساليب في التأثير على إرادة الشعب الفلسطيني لجأ العدو الى ضرب مؤسسات السلطة المدنية والعسكرية بهدف إرهابها ودفعها لممارسة ضغوط على الشعب الفلسطيني لوقف انتفاضته، ولكن ذلك لم ينجح بسبب قوة الفعل الجماهيري الذي كان ولايزال من العسير على السلطة ان تتصدى له. وأردف العدو اجراءاته العسكرية باجراءات على الصعيد الاقتصادي من خلال حصار المدن والقرى الفلسطينية وعزلها عن بعضها البعض بهدف اخضاعها وتجويعها فضلاً عن اطلاق النار على العمارات السكنية الفلسطينية وترويع سكانها الآمنين، في الوقت الذي منع فيه عشرات آلالاف من العمال الفلسطينيين من التوجه الى اعمالهم في المناطق المحتلة عام 1948م، وحرمهم من لقمة عيشهم بهدف حملهم على القيام بمنع ابنائهم واخوانهم من المشاركة في الانتفاضة لافساح الطريق امامهم للعودة الى اعمالهم! ولكن هذا لم ينفع ايضاً؛ لان الشعب الفلسطيني فضّل الجوع والحصار على ان يرضخ للاحتلال او ان يقبل بالتنازل عن مطلب دحره مهما كلفه ذلك من ثمن.

وكانت آخر الوسائل الارهابية التي اتبعها العدو؛ لكسر شوكة الشعب الفلسطيني المنتفض هي المباشرة بتنفيذ عمليات ارهابية غادرة بحق نشطاء التنظيمات الفلسطينية الذين يعتقد ان لهم دوراً في إذكاء شعلة الانتفاضة، فقام العدو مثلاً باغتيال أحد كوادر فتح القيادية بقذيفة صاروخية أطلقتها طائرة صهيونية عليه في أثناء قيادته لسيارته في بلدة بيت ساحور مع مجموعة من رفاقه، كما قام بتفجير سيارة القائد القسامي ابراهيم بني عودة في نابلس بعد ساعات من إطلاقه من سجن جنيد في نابلس في اليوم التالي لتنفيذ الجناح العسكري لحركة حماس لعملية تفجير بطولية في مدينة الخضيرة اسفرت على حسب ادعاء العدو عن سقوط اربعة قتلى

(1) المركز الفلسطيني للإعلان، فلسطين شبكة الانترنيت، (اعتذر المحلل عن بيان أو ذكر أسمه لأسباب ذاتية رغم الاتصال المباشر معه عن طريق الانترنيت بتاريخ 2000/12/24م.

واكثر من ستين جريحاً في الوقت الذي أكدت فيه مصادر طبية في دولة العدوان عدد القتلى تجاوز العشرين[1].

وهكذا منيت بالفشل كل الاجراءات التي اتخذها الصهاينة لوقف الانتفاضة، واستطاع الشعب الفلسطيني ان يؤكد من جديد قدرته على تقديم التضحيات والبذل بلا حدود من أجل استرجاع حقوقه المغتصبة، فكلما زاد البطش الصهيوني زاد معه عدد الشهداء فان الانتفاضة كانت تكتسب زخماً شعبياً جديداً متمثلاً بالمسيرات الجماهيرية الحاشدة التي تشارك فيها كافة القوى الفلسطينية وما ينجم عن هذه المسيرات من مواجهات بالحجارة والزجاجات الحارقة ضد قوات الاحتلال الموجودة على اطراف المدن والقرى. اما الاضافة الجديدة للانتفاضة فهي العمليات المسلحة ضد جنود العدو والمستوطنين التي اوقعت حتى الآن عدداً جيداً من الاصابات وزرعت الخوف في صفوف القتلة الارهابيين وجعلتهم يشعرون بأنهم سيدفعون اثماناً غالية لاستمرار احتلالهم وعدوانهم على الشعب الفلسطيني.

اما عمليات التفجير والعمليات الاستشهادية في الاراضي المحتلة عام 1948 فقد كان لها وقع اشد علىالعدو؛ لانها تزرع الرعب والخوف وتنقل المعركة الى عقر دار الاحتلال وتكبده خسائر فادحة في الارواح والممتلكات، وتؤثر بسرعة على الرأي العام فيه باتجاه التخلي عن احتلاله للاراضي الفلسطينية، وقد نجحت حركتا حماس والجهاد الاسلامي في تنفيذ ثلاث عمليات من هذا النوع حتى الآن اوقعت عشرات القتلى والجرحى في القدس الغربية وتل ابيب والخضيرة، وكان لهذه العمليات صدى وردود فعل كبيرة في اوساط العدو الذي عبّر بصراحة عن عجزه عن مواجهة هذا النمط من العمليات بدون وجود تعاون امني مع السلطة الفلسطينية، وهو الذي يمر آلان بأدنى مستوياته منذ توقيع اتفاق اوسلو على الرغم من وجود الكثير من المؤشرات على استمراره إذ قامت قوات الامن الوقائي بقيادة جبريل الرجوب باعتقال مجاهدين في نابلس بحجة تورطهما في عملية الخضيرة وذلك بعد ان تم الافراج عنهما مؤخراً.

شـلل امريكي وعجز صهيوني عن ايجاد حلول سياسية للانتفاضة[2]:

ولكن استمرار الانتفاضة وتصاعدها لم يؤد الى توقف السلطة الفلسطينية عن التجاوب مع الجهود الدبلوماسية التي بذلت لوقف الانتفاضة واعادة المفاوضات

(1) المصدر السابق، ص3.

(2) المصدر السابق، ص4.

الى مسارها بل عمدت السلطة الى تشجيع حركة فتح على المشاركة في الانتفاضة محاولةً الهيمنة عليها وضبطها في الاطار السلمي الذي يمنع تحولها الى انتفاضة مسلحة، ومن ناحية ثانية تعمل على استثمار الانتفاضة سياسياً من خلال محاولة رفع سقف المطالب الفلسطينية الى حد المطالبة بتنفيذ قراري 242 و338 وليس التفاوض بدلاً عنهما للوصول الى الهدف المرجو في ظل موازين القوى المعروفة وهو الحصول على سيادة فلسطينية على منطقة الحرم القدسي وايجاد حل مناسب لقضية اللاجئين يشمل عودة جزء منهم الى المناطق المحتلة عام 1948 وعودة جزء آخر الى المناطق المحتلة عام 1967 في اطار تحسيني لما تم التوصل إليه في تفاهمات كامب ديفيد. الا ان الانتفاضة التي تصاعدت بشكل ملموس بسبب ازدياد عدد الشهداء الفلسطينيين الذين سقطوا في المواجهات مع قوات الاحتلال جعلت من العسير على قيادة السلطة الفلسطينية القبول باستئناف المفاوضات في ظل استمرار العنف الصهيوني، كما ان الانتفاضة أدت الى تزايد الاصوات الداعية في الكيان الصهيوني الى قمع الشعب الفلسطيني والمزيد من اضعاف موقف حكومة باراك الضعيف اصلاً في الكنيست منذ قمة كامب ديفيد، التي افقدته تأييد أهم حزب متحالف معه وهو حزب شاس الذي يحتل (17) مقعداً في الكنيست حيث انتهى ذلك باعلان باراك نيّته في الدعوة لانتخابات جديدة في الكيان الصهيوني بعد التصويت بالقراءة الثانية على حل الكنيست، وقد افقدت هذه التطورات باراك وحكومته القدرة على المناورة على صعيد التسوية السياسية، بل جعلته يلجأ الى التشدد في التعامل مع الانتفاضة من خلال استخدام اقسى الوسائل العسكرية في مواجهتها، واصراره على ضرورة وقف الانتفاضة قبل استئناف المفاوضات. وهذا ما أدى الى فشل كل المحاولات التي بذلتها أمريكا وأوروبا وروسيا وفي بعض الاحيان عربياً؛ لاستئناف المفاوضات السياسية وفشل كل الترتيبات الامنية التي حاولت وقف الانتفاضة بالتوازي مع تخفيف الاجراءات العسكرية الصهيونية وسحب قوات الاحتلال من مداخل المدن والقرى الفلسطينية.

ومن العوامل المهمة التي ساهمت في فشل الحلول السياسية للانتفاضة الشلل الذي اصيبت به الادارة الاميركية في اثناء اجراء انتخابات الرئاسة الاميركية، إذ لم ترد ادارة كلينتون التي عرفت بأنها من اكثر الادارات انحيازاً للعدو الصهيوني ان تخسر الاصوات اليهودية في الانتخابات في حال قيامها بممارسة اي ضغوط على الطرف الصهيوني حتى ان لم تظهر انحيازها الواضح للكيان الصهيوني، وتبرير ارهابه للشعب الفلسطيني وهذا ما حصل بالفعل حينما ظهر موقف هذه الادارة بأنه مؤيد للقمع الصهيوني، ومحاولة مساواة الضحية بالجلاد ومطالبته الضحية بوقف اطلاق النار، فضلاً عن منع مجلس الامن الدولي

من ادانة العنف الصهيوني والحيلولة دون تبني مطلب الحماية الدولية للشعب الفلسطيني على هزالته، الأمر الذي افقد هذه الادارة أية قدرة على القيام بدور فعّال لحل الأزمة، ومما زاد في ضعفها دخولها في معركة حسم نتائج الانتخابات[1].

والآن وبعد بدء العد التنازلي للانتخابات الصهيونية التي تشير استطلاعات الرأي الى ان فرصة فوز زعيم الليكود (في حال فوزه بترشيح حزبه للمنافسة على رئاسة الوزراء) ستكون اكبر بكثير من فرصة زعيم العمل (في حال ترشيحه من حزبه ايضاً) وذلك بسبب فشل باراك في تحقيق وعوده للناخبين بتحقيق حالة سلام مع الدول العربية، فان الورقة الرابحة التي يمكن لباراك ان يلعبها؛ لتعديل ميزان شعبيته والعودة مرة ثانية لرئاسة الوزراء هي النجاح في التوصل الى تسوية مع السلطة الفلسطينية تكون الانتخابات بمثابة الاستفتاء عليها. ولكن ذلك مرتبطاً الى حدٍ كبيرٍ بما يستطيع باراك تقديمه؛ لتشجيع السلطة للعودة الى طاولة المفاوضات، وفي هذا السياق تأتي مبادرة باراك بطرح اقتراح التسوية النهائية التدريجية بحيث يتم نقل 10% اضافية من اراضي الضفة للفلسطينيين مع تحويل غور الاردن الى منطقة أمنية واسعة ونقل مناطق (ب) الى (أ) بحيث يصبح في حوزة الفلسطينيين 50% من مساحة الضفة التي ستقام عليها الدولة الفلسطينية بالاتفاق مع الطرف الصهيوني مقابل ضم الكيان الصهيوني لما نسبته 8% من مساحة الضفة مع تأجيل بحث قضيتي القدس واللاجئين الى وقت لاحق بحيث تستمر المفاوضات حولها من ثلاث الى خمس سنوات.

ومن الواضح ان هذا الاقتراح هو اقل من التفاهمات عليها في كامب ديفيد، لانه يتحاشى بحث قضيتي القدس واللاجئين رغبة في استعادة تأييد الشارع الصهيوني لعملية التسوية، ولهذا فهو لايتمتع بمقومات النجاح والاقناع للسلطة الفلسطينية التي لاتستطيع تقديم اي اتفاق لايشمل السيادة على القدس مقابل وقف الانتفاضة، كما ان استئناف المفاوضات في ظل استمرار الانتفاضة غير ممكن حالياً بسبب رفض الصهاينة التفاوض تحت أية ضغوط عسكرية طالما انهم يعتبرون انفسهم متفوقين عسكرياً على الطرف الآخر الذي يفترض به الرضوخ لاختلال موازين القوى، والقبول تحت وطأة المفاوضات والضغوط الأمنية والعسكرية المتواصلة بما يطرحه الصهاينة.

ولايبدو ان هذه المعادلة التي يحاول فرضها من جديد على السلطة الفلسطينية (وقف الانتفاضة والتفاوض حول حل نهائي- انتقالي) ممكنة التحقيق في

(1) المصدر السابق، ص5.

الاوضاع والظروف الحالية ولاسيما بعد صعود الكثير من الاصوات داخل تنظيم فتح تنادي بتغيير معادلة التفاوض؛ لتشمل الانتفاضة الشعبية جنباً الى جنب مع المفاوضات ورفع سقف المطالب الفلسطينية بالاصرار على استعادة كامل الاراضي المحتلة عام 1967، في الوقت الذي تشير فيه بوصلة الجماهير الفلسطينية الى رفض معادلة التفاوض أصلاً والاصرار على مقاومة الاحتلال بكل الوسائل الممكنة[1].

الانتفاضة مستمرة حتى دحر الاحتلال:

واذا كانت الانتفاضة قد تمتعت بالزخم الشعبي المتواصل فإنها لاتزال تعاني من اختلاف البرامج السياسية التي تعمل من خلالها، ففي الوقت الذي تريد فيه القوى الاسلامية (حماس والجهاد) والقوى المعارضة للتسوية السياسية استمرار الانتفاضة حتى دحر الاحتلال على الطريقة اللبنانية وترى في اصرار الشعب الفلسطيني وصموده ودعم العالم العربي والاسلامي رصيداً كبيراً لتحقيق هذا الهدف، فان القوى المؤيدة لعملية التسوية وعلى رأسها حركة فتح التي تشكل العمود الفقري للسلطة الفلسطينية تسعى الى استثمار الانتفاضة سياسياً؛ لتحقيق تسوية سياسية تحقق بعض المكاسب للشعب الفلسطيني مع خلافات بين هذه التنظيمات وداخل تنظيم فتح نفسه عن حجم هذه المكاسب وآلية تحقيقها.

وعلى الرغم من الخلافات الجذرية عن هدف الانتفاضة واستراتيجيتها فقد استطاعت القوى الفلسطينية تحقيق وحدة ميدانية في مواجهة الاحتلال وتنظيم الفعاليات ضده وان لم تخل هذه الفعاليات من محاولات استحواذ واستفراد من تنظيم فتح من خلال بعض الممارسات السلبية، ولكنها لم تؤثر حتى آلان على استمرارية الانتفاضة وتواصلها بسبب وعي القوى الفلسطينية وتجاوزها لهذه الممارسات في سبيل المصلحة العامة الفلسطينية.

ان اندلاع الانتفاضة وتواصلها بعد استنفاذ عملية التسوية كل جهودها ووصولها الى طريق مسدود يضع علامات استفهام كبيرة عن إمكان نجاح أي برامج لاستثمار الانتفاضة باتجاه التسوية، ويؤكد ان استمرارية الانتفاضة الى حين دحر الاحتلال عن الارض الفلسطينية اصبح هو الهدف الذي لن يقبل الشعب الفلسطيني التراجع عنه تحت أي ظرف أو مبرر، وهذا يستدعي من كل قوى الشعب الفلسطيني حسم خياراتها السياسية والالتحام مع القاعدة الشعبية العريضة

---

(1) المصدر السابق، ص5.

على قاعدة مقاومة الاحتلال، ونبذ كل الحلول التي لا تحقق زواله بشكل كامل عن الاراضي الفلسطينية المغتصبة، والانتفاضة التي قامت من اجل دحر الاحتلال، ستظل مستمرة ومتصاعدة بالحجر والمقلاع والمولوتوف والسكين والقنبلة الموقوتة والقنبلة البشرية الاستشهادية، وسيزول الاحتلال حتماً عاجلاً أم آجلاً طالما تمتع الشعب الفلسطيني بالارادة التي تسندها العقيدة وتقويها، وطالما تسلح بالصبر على الخسائر التي يتكبدها ووحّد قواه وبرامجه على قاعدة المقاومة[1].

المطلب السادس

الجدار والسياسات الأمريكية الإسرائيلية

يسهل على الحكومات دائما أن تدفع بحجة الأمن القومي ما أن تقدم على اتخاذ أي خطوة مثيرة للجدل. وكثيرا ما يتخذ الأمن القومي ذريعة لتمرير ممارسات وأفعال أخرى. ليس أدل على هذه الحقيقة من الجدار الأمني الإسرائيلي العازل الذي انعقدت له جلسات في محكمة العدل الدولية في لاهاي.

فالمعروف مسبقا عن هذه المحكمة أنها ستقرر مدى شرعية الجدار أو عدمها. وعلى أية حال هُم قلة أولئك الذين يسائلون إسرائيل في اتخاذ ما تراه من إجراءات وتدابير أمنية تستهدف حياة مواطنيها ضد الهجمات الإرهابية التي يتكرر تعرضهم لها. لا غضاضة من حيث المبدأ على أي إجراء وقائي يستهدف تأمين حياة المواطنين، بما في ذلك الجدران الأمنية، إن كانت هي الوسيلة المناسبة لتحقيق ذلك الهدف. غير أنه يكون واضحا منذ البداية المكان الذي سيبنى فيه جدار كهذا، فيما لو كان الأمن هو الهاجس الحقيقي والوحيد. بالنسبة لإسرائيل، فإن من الواجب أن يقام جدارها الأمني داخل حدودها السياسية والجغرافية المعترف بها دولياً، والمعنى هنا " الخط الأخضر " الذي تم ترسيمة بعد حرب عام 1948-1949. وفي هذه الحالة، يمكن أن يكون هذا الجدار محرما، كما أرادت له السلطات الإسرائيلية. كما يمكن حمايته وحراسته من قبل الجيش الإسرائيلي من كلا الجانبين. ويمكن زرع منطقته بالألغام الكثيفة، إضافة الى تحصينة وجعله غير قابل للاختراق تماما. عندها، لن تكون هناك أدنى غضاضه على جدار كهذا، ولن يثير احتجاجات أحد، ولن تقام التظاهرات ضده، كما لن تكون إسرائيل قد انتهكت بأي درجة من الدرجات، القانون الدولي.

(1) المركز الفلسطيني للاعلام، مرجع سابق، ص6.

فبريطانيا التي تؤازر الولايات المتحدة الأمريكية في رفضها واحتجاجها على مساءلة إسرائيل قانونيا أمام محكمة العدل الدولية حول مدى مشروعية الجدار العازل الذي تقيمه حاليا، نجد أن وزير خارجيتها، يكتب واصفا الجدار بـ " عدم الشرعية "! إلى ذلك عبر وزير بريطاني آخر عن رأي مشابه بقوله: أعتقد أن الواجب كان أن يشيد الجدار داخل حدود الخط الأخضر، باعتباره الحدود الإسرائيلية المعترف بها دوليا، وليس على أراضي الفلسطينين. يذكر أن هذا الوزير البريطاني، كان قد حقق بنفسه في مسألة الجدار الأمني هذا. ليس ذلك فحسب، بل طالبت لجنة تحقيقات برلمانية بريطانية بأن يبنى الجدار داخل الحدود الإسرائيلية، وليس على أراضي الغير. النص المحدد الذي ورد على لسان هذه اللجنة هو أن يبنى الجدار على الأقل في الجانب الإسرائيلي من الخط الأخضر.

وأستنكرت اللجنة المذكورة خطوة إقامة الجدار الحالي، واصفة إياها بأنها خطوة متعمدة، قصدت بها إسرائيل زحزحة السكان من تلك المناطق التي كانوا يقيمون فيها، وإرغامهم على الفرار منها.

والواقع فإن الناتج النهائي لهذا الجدار، أنه يسلب الفلسطينيين جزءا من أراضيهم. هذا علاوة على كونه امتداد لما اسماه الباحث السوسيولوجي الإسرائيلي البارز باروخ كيمرلينج بحرب " التطهير السياسي " للفلسطينيين.

فالجدار يسعى لتحويل حياة الفلسطينيين إلى زنزانه صغيرة خانقة، تبدو إلى جانبها أراضي البانتو في جنوب إفريقيا السابقة، قلاعا للحرية والديمقراطية، وصرحا للسيادة الوطنية والتمتع بحق تقرير المصير! فقد كانت تلك الأراضي الخاصة بقبائل البانتو السوداء، تتمتع بدرجة من الاستقلال الذاتي في ظل نظام الفصل العنصري السابق. وحتى قبل البدء فعليا في بناء الجدار العازل، كانت الأمم المتحدة قد قررت أن مجموع الحواجز الإسرائيلية القائمة أصلا، مضافة إليها مشروعات بنيتها التحتية الأخرى ومستوطناتها، أدت لنشوء خمسين جيبا من جيوب الأراضي الفلسطينية المنفصلة والمعزولة عن بعضها البعض في الضفة الغربية.

وما أن بدأ العمل في إنشاء الجدار، حتى ذهبت تقديرات البنك الدولي للتنمية والتعمير، إلى أن المتوقع أن تسفر هذه الخطوة عن عزل ما يتراوح بين 250 الى 300 ألف من الفلسطينيين عن بعضهم البعض. وللعلم فإن هذه النسبة تربو على 10 في المئة من اجمالي عدد السكان الفلسطينيين. مقابل هذا، ذهبت تقديرات البنك الدولي نفسها إلى القول إن من المحتمل أن يسفر الجدار عن ضم 10 في المئة من أراضي الضفة الغربية لإسرائيل. وبالفعل فقد اتضح بمجرد نشر حكومة اسرائيل خريطتها المقترحة، أن الجدار سيوزع أراضي الضفة الغربية الى 16 جيبا صغيرا، كل منها معزول عن بعضه البعض. والأهم من ذلك أن هذه

الجيوب سيقتصر توزيعها على مساحة لا تتعدى 42 في المئة فحسب، من أراضي الضفة الغربية. الغريب والمحير للدهشة والسخرية في آن ، أن هذه هي الضفة الغربية التي وعد شارون بإمكانية التنازل عنها، وإخلاء المستوطنات الإسرائيلية المقامة فيها، كي تسترد كأرض خاصة بالفسطينيين، وتكون تابعة للدولة الفلسطينية!

أما الواقع فهو أن الجدار العازل قد التهم سلفا الأجزاء الأكثر خصوبة من أراضي وأطيان الضفة الغربية. كما انه وسع من مدى ودائرة سيطرة إسرائيل على موارد ومصادر المياه الأكثر أهمية وحيوية. وفي هذه الحالة فإنه سوف يكون متاحا لإسرائيل ومستوطنيها أن يستغلو هذه المصادر المائية كيفما شاءوا، في الوقت الذي يتعطش فيه المواطنون الفلسطينيون أصحاب الأرض الحقيقيون.

وفي ظل انحباسهم ما بين سندان الجدار العازل ومطرقة الخط الأخضر، سوف يتاح للفلسطينيين حق الإقامة والبقاء في منازلهم. أما لإسرائيل فسوف يكفل لها حق آلي في استخدام كافة الأراضي كيفما شاءت. عن ذلك كتبت الصحفية الإسرائيلية أميرة هاس في صحيفة " هأرتس " تقول واصفة هذه الاستراتيجية: " في الاختباء والتستر وراء ذرائع الأمن القومي ومفردات لغة الأوامر العسكرية البيروقراطية المحايدة، يكمن المخرج للتعبير عن نوايا طرد الفلسطينيين من ديارهم وإرغامهم على الفرار منها" . وأضافت هذه الصحيفة قائلة: على أن ذلك سوف يمضي بانتظام، وقطرة فقطرة، وفي المنحى ذاته، تمضي العمليات الوحشية اليومية، ومسيرة إذلال مستمرة بلغ مداها 35 عاما من الاحتلال الوحشي، سرقت خلالها موارد الحياة نهارا جهارا أمام عيون أهلها.

وفيما يبدو، فإن المرجح أن تعمل إسرائيل على ترحيل حوالي 7500 فرد من مستوطنيها لأراضي الضفة الغربية المحتلة، من أولئك المقيمين في مستوطنات قطاع غزة التي تم إخلائها وهؤلاء الإسرائيليون يتمتعون اليوم بموارد أراض ومياه عذبه وفيرة، في الوقت الذي يعيش فيه مليون فلسطيني بالكاد، وتكاد الموارد المائية المتاحة لهم تكون غير صالحة للاستخدام. أنه من الضلال أن تسمى هذه السياسات بأنها سياسات إسرائيلية خالصة. بل هي في الواقع سياسات أمريكية - إسرائيلية، قيض لها أن تتواصل وتستمر، بفضل الدعم العسكري والاقتصادي والدبلوماسي الأمريكي الذي لا ينقطع لإسرائيل. وهذه هي الحقيقة التي ظلت كما هي منذ عام 1971م.

الفصل الثاني
النظام الدولي الجديد

الفصل الثاني

النظام الدولي

مقدمة:

منذ بداية القرن العشرين وتحديدا في عام 1900م كان الاستقرار والتفاؤل يسود معظم العواصم الكبرى، فقد كان هناك نوع من الاستقرار في البيئة العالمية والتعايش العرقي والاعتدال إضافة إلى النهضة الفكرية في المدن الكبرى (باريس، لندن، برلين، فينا) وأصبحت كمراكز ثقافية فكان نتاج ذلك بداية الديمقراطية وهو أكبر تحول في بداية هذا القرن حيث دخلت مفاهيم جديدة منها الديمقراطية الاجتماعية التي أخذت تشق طريقها داخل البنية الديكتاتورية التقليدية.

بصورة عامة أصبح هذا العصر عصر المنطق الذي تجلت فيه صورة الإيمان بالثورة العلمية مما أدى إلى الأمل بحياة أفضل، ولكن هذا التقدم لم يكن مصحوبا بمستوى مواز له على الصعيد الأخلاقي ولذلك كان نقيض مما كان يأمل الإنسان فلقد كان هذا القرن الأكثر دموية وكراهية في تاريخ الإنسان، فغدا العلم دون أخلاق تحكمه وتوجهه للقتل الجماعي والإبادة المنظمة حتى أصبح تناقض بين المسعى العلمي للخير وبين الشر السياسي قائما بقوة في هذا العصر وأكبر مثال لذلك هو اختراع القنبلة النووية واستعمالها بإلقائها على مدينة هيروشيما في اليابان فحصدت ما يقارب 200 ألف بريء عدا المشوهين وتدمير البنية التحتية وآثارها لا زالت حتى يومنا هذا.

كما تميز هذا العصر (القرن) بما يسمى بسياسة المصالح والانحياز ضد الضعيف الذي لا مكان له في هذا العصر سوى خدمة مصالح القوى وتطبيق الملاءات، من هنا نجد أن هنالك عدة حوادث فاصلة أدت إلى تغيير الخريطة السياسية في العالم وكذلك التأثير على مناطق النفوذ، بداية كانت الحرب العالمية الأولى التي حصدت الأعداد الهائلة من الضحايا، وأدت إلى قيام عصر الأمم، فكانت هي النظام السائد في تلك المرحلة وهي التي تحدد وترسم سياسات العالم بدوله ومناطقه على أساس المصالح للدول الكبرى المنتصرة في الحرب كبريطانيا العظمى، فرنسا، روسيا القيصرية.

ثم اشتعلت الحرب العالمية الثانية فكان المنتصر مجددا يحدد قواعد اللعبة وأسس النظام الذي سيحكم العالم في السنوات القادمة فكان انتصار الحلفاء على دول المحور وأسست هيئة الأمم المتحدة بدل عصبة الأمم والتي أصبحت ترسم

سياسات دول العالم وتقسيم مناطق النفوذ حسب مصالحها وتم تقسيم العالم وخصوصا تركة (الرجل المريض) بين الدول المنتصرة وخاصة في دول المشرق والمغرب العربي.

أولا: تعريف النظام الدولي

علينا أن نعرف النظام الدولي لكي نستسيغ وندرك ماهية ما نحن عازمين الحديث عنه فالنظام الدولي ليس هو المجتمع الدولي لأن المجتمع هو: الإطار الذي يشكل بنيان النظام الدولي تبعا لحقائقه والنظام يجد مجال تطبيقه في المجتمع الدولي، أضف إلى أن التنظيم الدولي يختلف عن النظام الدولي فالأول يمثل التعبير المؤسس للثاني الأمر الذي يجعلنا نقف على أبواب تعريف النظام للخروج من بوابة مقابلة المصطلحات التي تكاد تتشابه مع بعضها البعض.

فالنظام الدولي يعرف أنه "مجموعة الحقائق الاقتصادية والاجتماعية والجغرافية والسياسية التي تحكم علاقات المجتمع الدولي بكل أشخاصه ومؤسساته، وبكل الأنساق القيمية والقانونية التي تعبر عن هذه الحقائق التي تنظم علاقات الدول بعضها ببعض، وعلاقات الدول بالمجتمع الدولي ككل، وعلاقات الدول والمجتمع الدولي بالطبيعة وآليات التنفيذ لهذه العلاقات"[1].

كما أن النظام الدولي عرف بعدة أشكال من قبل آخرين كالآتي:

"النظام الذي يمثل أنماط من التفاعلات والعلاقات بين الفواعل السياسية ذات الطبيعة الأرضية (الدول) التي تتواجد خلال وقت محدد" [2].

"تجمع يضم هويات سياسية مستقلة، قبائل، مدن، دول، أمما أو امبراطوريات، تتفاعل فيما بينها بتواتر معقول ووفقا لعمليات منتظمة"[3].

وبصفة عامة يمكن القول بأنه اصطلاح النظام الدولي إنما يستخدم بالأساس للإشارة إلى "مجموعة التفاعلات أو شبكة علاقات القوى (التعاونية منها والصراعية على حد سواء) التي تتم فيما بين أعضاء المجتمع الدولي على المستويين العالمي والإقليمي والتي تجري وفقا لنسق أو منظومة معينة للقيم".

كما وصف أحدهم النظام الدولي بقوله "مجموعة من المتغيرات المترابطة فيما بينها والمتميزة عن محيطها وتستند هذه المتغيرات على قواعد سلوكية تميز

---

(1) أحمد شرف، مسيرة النظام الدولي الجديد قبل وبعد حرب الخليج، دار الثقافة الجديدة 1992، ص 22.

(2) Maurice A. East, the international system perspective and foreign.

(3) K. J., Holsti, international polices, A from work for analysis prentice- hall, Inc 1967, P. 9.

العلاقات القائمة على مجموعة من المتغيرات الفردية عن تجمع المتغيرات الخارجية"[1].

كما وصف "النظام الدولي عبارة عن نمط للعلاقات بين الوحدات الأساسية السياسية الدولية ويتحدد هذا النمط بطريقة بنيان أو هيكل للعالم، وقد تطرأ تغيرات على النظام مردها التطور التكنولوجي، أو التغير في الأهداف الرئيسية كوحدات النظام أو نتيجة التغيير في نمط أو شكل الصراع بين مختلف الوحدات المشكلة للنظام"[2].

ونحن بدورنا يمكننا تعريف النظام الدولي استنادا إلى ما سبق من التعريف والوصف بالقول "أن النظام الدولي مجموعة من المتغيرات ذات الارتباط المباشر بالحياة المعايشة لأشخاص ومؤسسات المجتمعات البشرية تتفاعل فيما بينها وفقا لآليات منتظمة تنقل هذه المجتمعات من حالة إلى حالة".

من جملة هذه الأمور يمكننا استخلاص ميزات النظام الدولي وهي: [3]

1- إن النظام الدولي يجسد نسقا من التفاعلات أو العلاقات تتميز بالوضوح والاستمرارية.

2- إن النظام الدولي لا يعيش في حالة ثبات وسكون بل هو في حالة حركة متصلة ومستمرة.

3- النظام الدولي في حد ذاته قابل للتغير المستمر.

4- النظام الدولي يمثل هيكلا بنيويا تشكله وحدات متعددة (دول، منظمات، شركات متعددة الجنسية).

ثانيا: التطور التاريخي للنظام الدولي

تعود نشأة (النظام الدولي) إلى حوالي أربعة قرون ويؤرخ له تحديدا عام 1648 حين وقعت الممالك الأوروبية معاهدة الصلح المسماة (وستفاليا) ويشار إلى هذه المعاهدة على أنها أنهت الحروب الدينية في أوروبا، ووضعت لأول مرة عدة مبادئ ذات طبيعة سياسية منها:

(1) Norton A. Kaplan, system and procession international politics N. Y John wiley and sons 1962, P. 12 .

(2) Kenneth waltzes, theory of international politics, reading mass addition- Wesley publishing company 1979, P. 162.

(3) عبد القادر فهمي- النظام السياسي الدولي- دراسة في الأصول النظرية- عمان- دار وائل للنشر 1997، ص 16-17 .

1- احترام الحدود السياسية بين تلك المماليك.

2- عدم التدخل في الشؤون الداخلية.

3- إقرار مبدأ المساواة.

4- وضعت أسس الدبلوماسية التي عرفت باسم دبلوماسية المؤتمرات التي تتم من خلالها تبادل وجهات النظر لحل الخلافات الناشئة[1]

واتخذ النظام الدولي منذ ذلك الحين أشكالا متنوعة ما بين نظام متعدد القطبية ونظام ثنائي القطبية ونظام أحادي القطبية وهذه الأنظمة تختلف فيما بينها وهذا الاختلاف جوهره عدد اللاعبين على مسرح النظام ويمكننا أن نولي هذه الأنظمة شيئا من الاهتمام وعلى النحو التالي: [2]

1- نظام متعدد القطبية

تتميز معالم هذا النظام بوجود مجموعة قوى تمتلك من مصادر القوة القومية والنفوذ ما يجعلها تتبوأ مركزا هاما على قمة الهرم الدولي، وبالشكل الذي يجعلها متميزة عن غيرها، ومتكافئة نسبيا إن لم تكن متعادلة تقريبا مع بعضها البعض، والتاريخ السياسي الدولي حافل بأمثلة عدة لهذا النموذج القطبي [3]، ففي عام 1700م كانت القوى العظمى تتمثل بتركيا، السويد، هولند، اسبانيا، النمسا، فرنسا وبريطانيا.

في عام 1800م كانت القوى العظمى تتمثل بالنمسا، فرنسا، بريطانيا، بروسيا، ألمانيا، روسيا .

وفي عام 1870 أضيف للدول السابقة إيطاليا، وفي عام 1910 تمثلت القوى العظمى بالنمسا، فرنسا، بريطانيا، روسيا، ألمانيا، بروسيا، إيطاليا، اليابان، الولايات المتحدة وفي عام 1935 خرجت النمسا من ركب الدول العظمى السابقة.

---

(1) بطرس غالي ومحمود خيري- المدخل في علم السياسة- القاهرة-مكتبة الانجلو المصرية 1984، ص 245-246.

(2) هذه الأنظمة يمكن أن تصبح غدا نماذج للنظام العالمي المستقبلي- انظر: ناصيف يوسف أي هيكل للنظام الدولي الجديد- مجلة الفكر- العدد 423، ص 107، 1995 .

(3) عبد القادر فهمي- مرجع سابق- ص 65.

2- نظام الثنائية القطبية

تتحدد هيكلية النظام الدولي في هذا النموذج بوجود قوتين عظميين تمتلكان مـن مصادر القـوة والنفوذ ما لم تتح لأية وحدة دولية أخرى، وفي ظل هذا الواقع الدولي تتخذ علاقات الدول أشكالا مختلفة لعل من أبرزها عمليات الاستقطاب (Polarization) أي تجمع القوى الكبرى والمؤثرة حول مركزين قيـاديين، وقيام علاقات تنافسية صراعية بينهما.

والتاريخ السياسي قدم لنا نموذجا خاصا بهذا النظام بعـد الحـرب العالميـة الثانيـة حيـث بـرزت الولايات المتحدة الأمريكية والاتحاد السوفيتي عام 1945 وحتى عام 1991، الدولتان اللاعبتان الأقوى عـلى المسرح الدولي [1].

3- النظام الأحادي القطبية

أبرز معالم هذا النظام بروز دولة واحدة على قمة الهرم الدولي، تمتلك مـن القـوة والنفوذ مـا لم تمتلكه غيرها من وحدات النظام الدولي، وأبرز سمات هذا النظام بأن الدولة المتفردة بالقوة والنفوذ تعتلي سدة الهرم وتقوم بوظيفة توزيع الأدوار وفرض السياسات التي تريد على بقية وحدات النظام، وتتدخل في شؤون الدول من أجل ترتيب البيئة الدولية بالشكل الذي يضمن لها الاستمرار في قيادة العالم، وقد حمل التاريخ السياسي نموذجا لهذا النظام والذي يتمثل بقيادة الولايات المتحدة الأمريكية للعالم منذ عام 1991 بعد أزمة الخليج الثانية وأفول نجم الاتحاد السوفيتي بعد تفكيكه [2].

ثالثا: مكونات النظام الدولي

لابد لكل نظام دولي من مكونات وعناصر، وهذه المكونات هي الأساس الفاعل في النظام الـدولي والتي تؤثر به (Actors) والذي يتفاعلون معا بصورة تلقائية بغرض تحقيق أهداف معينة وهؤلاء هم: [3]

---

(1) توفيق حصوة ورفاقه، قضايا ومشكلات معاصرة، ص 5.

(2) للمزيد- انظر ودودة بدران- مفهوم النظام العالمي الجديد في الأدبيات الأمريكية- مجلة الفكر العدد (3،4) 1995، ص (21-30).

(3) محمد أحمد عواد، النظام الدولي الأمريكي الجديد- عمان- دار البشير للنشر 1992، ص (15، 23) وانظر أيضا- توفيق حصوة ورفاقه مرجع سابق، ص (10-14) وعبد القادر محمد فهمي، مرجع سابق، ص (37-52).

1- الدول

تشكل الدول الفاعل الرئيسي في النظام الدولي منذ إنشائها في أعقاب معاهدة صلح وستفاليا، وهكذا يتخذ النظام صفته (الدولية) ولاشك أن عناصر قوة الدولة ناحية والأهداف التي تسعى إلى تحقيقها من ناحية أخرى من شأنها أن تحدد أنماط سلوك الدولة وتفاعلاتها الخارجية مع كافة الأطراف الفاعلة في النظام الدولي وأهم ما يميز الأهداف التي تسعى الدولة إلى تحقيقها أن تتفق وقدراتها ولا تتعارض مع أهداف الدول الأخرى ومصالحها القومية.

2- المنظمات الدولية

لقد أخذت المنظمات الدولية مكانها إلى جانب الدول كعنصر ـ فاعل في بنية النظام الدولي في أعقاب الحرب الكونية الثانية، نظرا للوظائف المتعددة وذات الأهمية التي تقوم بها على المستوى الدولي، ويمكن تصنيف هذه المنظمات على النحو التالي:

أ- منظمات دولية عالمية: وهي المنظمات التي تفتح باب العضوية بها للدول كافة بصرف النظر عن الإقليم الذي تنتمي إليه مثالها (عصبة الأمم) التي أنشئت في أعقاب الحرب العالمية الأولى وكجزء من التسوية التي تم الاتفاق عليها في مؤتمر فرساي عام 1919، ثم قامت بعدها هيئة الأمم المتحدة في أعقاب الحرب العالمية الثانية عام 1945.

ب- منظمات دولية إقليمية: وهي المنظمات التي تقتصر عضويتها على الدول التي تتواجد في إقليم معين مثالها (جامعة الدول العربية) و (منظمة الوحدة الإفريقية) وتضم الأولى الدول العربية التي تشكل النظام الإقليمي العربي، وتضم الثانية الدول الواقعة في القارة الإفريقية فقط.

ج- منظمات متخصصة ذات صفة عالمية: وهي الوكالات التي تضطلع بتبعات دولية واسعة في الاقتصاد، الاجتماع، الثقافة والصحة وترتبط بالأمم المتحدة مثالها (منظمة اليونسكو) و (العمل الدولية) و (الأغذية والزراعة- الفاو) وغيرها.

د- منظمات متخصصة إقليمية: وهي تلك المنظمات التي ترتبط بالمنظمات الإقليمية وتمارس نشاطها في ظلها مثالها (مجلس الوحدة الاقتصادية العربية) وغيرها.

ز- منظمات دولية حكومية: وهي تلك التي تشكلها الحكومات وتستمد قوتها من عضوية الدول فيها ومثالها (الأوبك) و (الأوابك).

و- منظمات دولية غير حكومية: وهي تلك المنظمات التي يشكلها الأفراد أو الجماعات دون أن تفرض الحكومات نفسها على عضويتها وتتناول في أغلب الأحيان أنشطة إنسانية تهتم بالعالم مثالها (الصليب الأحمر) و (غرفة التجارة الدولية) و (منظمات حقوق الإنسان).

3- الشركات متعددة الجنسية:

تعتبر الشركات المتعددة الجنسية جزء رئيسي من الفاعلين الدوليين الذين يفوقون الدول من حيث الاختصاص وعدم الالتزام بحدود سياسية معينة ويطلق على هؤلاء (Transnational Actors) وإن كانت الشركات المتعددة الجنسية تعني (Multinational corporation) وتلعب هذه القوى دورا أساسيا وسياسيا يؤثر في الأوضاع الداخلية والخارجية على المسرح العالمي، كذلك في عدة دول فاعلة في النظام الدولي.

رابعا: مقدمات قيام النظام الدولي الجديد:

هنالك مقدمات ذات أهمية مهدت لقيام ما سمي بالنظام الدولي العالمي الجديد وهذا يقودنا في البداية إلى إيضاح هذه المصطلحات الجديدة وتحديدها لتصل في نهاية الأمر إلى تعريف للنظام الدولي الجديد ولذلك فإن محاولة تحليل هذه المصطلحات والمفاهيم التي يرددها الإعلام الغربي والعربي على حد سواء قد يساهم في إلقاء الضوء على بعض المتناقضات والمغالطات التي يراد لها أن تصبح حقيقة مقدسة غير قابلة للنقاش.

إن ربط المصطلح بالمفاهيم المعاصرة وانعكاس ذلك على قضايا جوهرية في محيط العلاقات المتسارعة في حركة المجتمع الدولي يساعد على فهم العلاقات الجدلية بين حيادية المصالح المفترضة والثابتة واستراتيجيات السياسات الدولية المتغيرة[1] وهذا ما أوضحت شواهد حرب الخليج الثانية ومعالجة قضية لوكربي وموضوع أسلحة الدمار الشامل في المنطقة والتي أوضحت بجلاء استعمالات (المعيارين، الكيل بمكيالين، الانتقائية) والتي تمارسها دول الغرب علنا إزاء قضايا العالم.

كما أن قواعد القانون الدولي وهيكله تنظيم العلاقات الدولية بدأت تتأثر بتطور المفاهيم والدلالات في معنى النظام العالمي حيث يتعرض المجتمع الدولي إلى العديد من المتغيرات التي طالت الكثير من المجالات خصوصا في ظل لافتات العولمة وثورة الاتصالات والمواصلات الهائلة والتقنيات الحديثة كشبكة الانترنت

(1) د. حميد سعدون- فوضوية النظام الدولي الجديد- دار الطليعة العربية- عمان 2001، ص 37-38.

والأقمار الصناعية والفضائيات وهذا يدفعنا للبحث في المعاني والأبعاد العالمية لمصطلح النظام العالمي الجديد.

أ- مفهوم النظام:

المفهوم الاصطلاحي لكلمة النظام (System) يفيد القواعد التي تحكم ظاهرة أو مجموعة ظواهر سياسية اقتصادية اجتماعية أو ثقافية يتولى النظام وضع الضوابط والآليات وفقا لأحكام ثابتة بمعنى أن الحديث عن مصطلح النظام العالمي يتركز أساسا على عنصر فيه شيء من الثبات والاستقرار الذي يتخذ شكل المؤسسة ويستند مصطلح النظام على ثلاثة محاور رئيسية:

(المعطيات) (الأداة) (الإدارة) وأفضل ما يمثل هذه المحاور في إطار المجتمع الدولي هو ميثاق الأمم المتحدة والمؤسسات المتفرعة عنها ويشترط أن يتوفر في معنى النظام بعض الأركان هي:

1- أشخاص دوليين معترف لهم بالشخصية القانونية في محيط المجتمع الدولي.

2- قواعد قانونية على شكل معاهدة أو أعراف دولية.

3- أجهزة مؤسساتية تتمتع بصفة الديمومة.

ب- المفهوم العالمي والدولي:

تطلق صفة العالمي (الدولي) في علم القانون للدلالة على فرع من علم القانون ومصطلح العالمي في مفهوم النظام العالمي الجديد تقوم أساسا على مرتكزين أساسيين هما:

1- الدولي العالمي: نسبة إلى الدولة لأنها أقوى مؤسسة في صناعة القرار ولها أصول تاريخية باعتبار الدولة من أقدم الأشخاص الفاعلين في المجتمع العالمي. ولأن الدولة تقدم نفسها على أنها الوحدة السياسية الأولى التي تتفاعل فيه العلاقات الخارجية بالداخلية.

2- دولي عالمي: نسبة إلى ظاهرة مستجدة في محيط المجتمع الدولي بعد بروز دور المنظمات الدولية.

ج- المفهوم الجديد:

كان على هيئة الأمم أن تواجه عالم ما بعد الحرب بشكل مختلف إذ انتقل المجتمع الدولي بشكل مذهب بعد أن قربت المسافات وتشابهت المشاكل، لقد سارعت الأمم المتحدة عام 1973 إلى الدعوة إلى تبني النظام الاقتصادي العالمي الجديد استجابة لطلب العالم الثالث، وفي عام 1975 ظهر ما عرف بالنظام

الإعلامي الجديد، وفي عام 1982 ظهر ما عرف بالنظام الدولي الجديد فيما يخص البحار ومصطلح الجديد لم يرد أن يكون جديدا في إطار الديمقراطية، العدالة، حقوق الإنسان، المساواة، حق تقرير المصير إنما الجديد في فلسفته أنه يقوم على أساس الهيمنة، فرض الإرادة، إضعاف قدرة المقاومة، إعلان الانفرادية في صناعة الحدث، عدم المشاركة في بناء مستقبل البشرية.

أنه بعبارة أكثر دقة نظام جديد في أشخاصه وأحداثه وفلسفته وقيمه الحضارية.

كما أسلفنا كان هنالك مقدمات ذات أهمية بالغة مهدت لقيام النظام العالمي الجديد ويمكن إجمالها بما يلي:

1- التحولات في مسيرة النظام الثنائي القطبية:

من المعلوم أن النظام الثنائي القطبية قد سيطر على العالم أعقاب الحرب الكونية الثانية ولقد تميزت هذه الحقبة التاريخية في أربع مراحل هي:[1]

أ- مرحلة الحرب الباردة (1947- 1962) (Cold War)

حيث شهدت درجة عالية من التنافس والتوتر وكانت أن تؤدي بالعالم إلى الهلاك مشكلة الصواريخ السوفيتية في كوبا والتي انتهت بصورة سليمة وحل المشكلة الخطيرة.

ب- مرحلة الوفاق (1962-1972) (Détente)

حيث خف التوتر وحل الوفاق بدل العداوة وزادت فرص التعاون لعدد كبير من القضايا آخرها التوصل إلى اتفاقية (سولت[2]).

ج- مرحلة الحرب الباردة الجديدة (1980-1991) (New Cold War)

وسببها عدم تصديق الكونجرس الأمريكي على معاهدة سولت على الرغم من توقيع رؤساء الدولتين العظميين عليها.

2- تحولات جوهرية في بنية الاتحاد السوفيتي وبقية المنظومة الشرقية بدأت بوصول جورباتشوف للسلطة حيث قاد مجموعة من الحملات المتطورة والمتصاعدة لاستئناف مسيرة نزع السلاح تتبعها إعلانه سياسة (إعادة البناء) البيروسترويكا حيث فتح بمقتضاها أوسع الأبواب أمام التعددية والحرية

---

(1) توفيق حصوة ورفاقه- مرجع سابق- ص 12.

(2) حسين توفيق إبراهيم، النظام الدولي الجديد في الفكر العربي، مجلة عالم الفكر العدد 3،4، 1995، ص (58-60).

والديمقراطية ساعد في إثارة شهية الدول الغربية للتدخل بالشؤون الداخلية السوفيتية مما أثار القوميات باسم الحرية والديمقراطية داخل البيت السوفيتي، وخلق مصاعب أمام القيادة السوفيتية. وعلى الصعيد الخارجي تخلى الاتحاد السوفيتي عن كثير من اهتماماته وأصبحت سياسته تدور حول محور أساسي هو المصلحة الوطنية الخالصة على أساس أن الاتحاد مجرد دولة متعددة القوميات لا على أساس أنه قوة إيديولوجية.

هذه التحولات كانت بمثابة قوة الدافع في بقية بلدان أوروبا الشرقية للاحتذاء، حذو الاتحاد السوفيتي لإجراء التغييرات في بنيتها الأساسية[1].

ويمكننا تلخيص الأوضاع التي مهدت لقيام النظام العالمي الجديد والمتعلقة بالتحولات الجوهرية في بنية الاتحاد السوفيتي والتي عجلت برحيله بما يلي:

أ- عجز البيروترويكا عن تحقيق أهدافها.

ب- اضطراب أوضاع الاتحاد السوفيتي نتيجة ارتفاع سقف الحريات.

ج- تخلي الاتحاد السوفيتي عن إيديولوجية الاشتراكية وتمحور سياسته حول المصالح الوطنية.

د- انحسار آفاق السياسة الخارجية السوفيتية في المحيط الأوروبي وفي فكرة البيت الأوروبي الواحد وهذا قابله امتداد للسياسة الأمريكية التي انحسرت عنها سياسة الاتحاد السوفيتي وهذا ما عرف بسياسة الإحلال.

و- تزايد الضغوط الداخلية من الخارج وفرض القيود والحظر على صادرات الحبوب وأجهزة الحاسبات وتزايد التدخل الإمبريالي إلى حد التأثير في الإضرابات العمالية.

هذا كله أدى إلى انتهاء المواجهة الاستراتيجية بين القوتين ووضع نهاية الحرب الباردة بمعناها التقليدي فتم توقيع المعاهدات والاتفاقيات بشأن ضبط السلاح والحد منه وتهدئة الصراعات وتسوية المنازعات وكان هذا كله بتقديم التنازلات من قبل الاتحاد السوفيتي وأخذت كل ولاية تتسابق لتحتل لها مقعدا قريبا من الغرب لعلها تظفر بمساعدة لتفادي أزمتها.

---

(1) أحمد شرف، مسيرة النظام الدولي الجديد قبل وبعد حرب الخليج، القاهرة، دار الثقافة الجديدة، 1992، ص 120، مرجع سابق.

3- انهيار الاتحاد السوفيتي وتفككه:

ظهر جليا عجز الاتحاد السوفيتي عن اتخاذ أي موقف ذات طبيعة تعزز قوته في أعقاب انقلاب أغسطس 1991 الفاشل ضد جورباتشوف. ودخل الاتحاد السوفيتي كدولة وكيان سياسي مرحلة التفكك والانهيار بصورة متسارعة، وذلك على أثر اتجاه جمهورياته نحو الاستقلال وقيامها بتشكيل رابطة الكومنولث الجديد على أنقاض الدولة القديمة.

هذا يقودنا إلى أن نطرح سؤالا ما هي العوامل والأسباب التي أدت إلى انهيار هذه القوة العظمى بهذا التسارع وهذه الكيفية ليخرج من مسرح اللعبة السياسية كدولة تابعة يمكننا إجمال ذلك بما يلي:

أ- وجود بعض المشكلات وجوانب القصور التي شابت إدارة جورباتشوف لعملية التحول السياسي والاقتصادي.

ب- استمرار شبح الأزمة الاقتصادية التي خيمت عليه.

ج- اختلال الصيغة التوازنية الداخلية المتبعة من القيادة السوفيتية حيال التيار المحافظ.

د- ظهور التيار المحافظ كمعارضة في اليسار، والتيار الليبرالي في اليمين والتيار الإصلاحي المعتدل برئاسة جورباتشوف.

هـ وجود بعض القادة والرموز في التيار المحافظ في مراكز هامة كالجيش والداخلية والمخابرات العامة.

و- الانقلاب الفاشل الذي عجل بانهيار الاتحاد السوفيتي[1].

ز- تفاقم مشكلة القوميات فهو يشكل امبراطورية مترامية الأطراف تضم العديد من القوميات واللغات والأجناس.

ح- مطالبة القوميات بتغليب اللغات القومية على لغة الاتحاد والمطالبة بالاستقلال.

(1) صلاح بسيوني، المراحل الأخيرة لنهاية الامبراطورية السوفيتية، الفرسان، الكتاب السنوي 1991 .

4- الثورة الصناعية وانعكاساتها على النظام الدولي[1]

مما لاشك فيه أن كافة التغيرات التي تجري منذ عام 1991 وحتى الآن تتم في إطار ثورة صناعية ثالثة هائلة، وتعتبر من المدخلات الهامة لتحديد هيكل أو بنية النظام الدولي وتتمثل هذه الظاهرة بما يلي:

أ- التقدم التكنولوجي الهائـل في مجـالات الاتصالات والفضـاء والمعلومـات والحاسـب الآلي والالكترونيـات الدقيقة والهندسة... الخ.

ب- تستند هذه الثورة في إنتاج العقل البشري المتدفق اللانهائي من الأفكار والمعرفة مما ساعد على تنشيط الاستثمار في أنشطة البحث والتطوير.

ج- أصبح لتلك الثورة أهمية في تعريف عناصر قوة الدولة وتعريف بعض المفاهيم الرئيسية كالسيادة والأمن والحدود الدولية.

د- إمكانية إعادة تشكيل بعض التوازنات الدولية القائمـة حيـث أصبح هنالك إمكانيـة لاستحداث مواد جديدة تحل محل المواد الخام الطبيعية واستحداث محاصيل جديدة وبدائل للطاقة.

هـ- التأثير في القيمة الاستراتيجية لبعض المواد الطبيعية التـي تمتلكهـا بعـض دول الجنـوب ممـا يـؤثر عـلى علاقة الشمال الغني بالجنوب الفقير.

و- إمكانية نشر القيم والأفكار والأحداث والتطورات من مكان إلى آخر بسرعة وفي مختلف المعمورة.

ز- اتساع الهوة بين الشمال والجنوب والمساعدة في تهميش دول الجنـوب خاصة أن دول الجنـوب عاجزة عن متابعة واستيعاب الثورة وملحقاتها أو التكيف سريعا معها.

ي- إعادة تشكيل الخارطة السياسية والعلاقات السياسية والاجتماعية داخل دول العالم.

---

(1) راجع:
- أسامة أمين الخولي- ثورة المعلومات ومجتمع ما بعد الصناعة- الهلال- 1990، ص (26-51).
- د. السيد نصر- ثورة المعلومات والمنظومة القومية للمعرفة- الهلال، 1992 .

5- تفاقم الأزمة بين الشمال والجنوب

كانت تجارب التنمية في أغلب دول الجنوب خلال عقد الثمانينات متعثرة، لا بل حدثت تراجعات في بعض الإنجازات التي تحققت خلال فترات تاريخية سابقة.

لقد تصاعدت مشكلة الهوية والتكامل القومي، والصراعات ذات الطابع القومي والعرقي والأمني في العديد من الدول وأصبحت مفتتة من الداخل، وزادت الأزمة الاقتصادية سواء في الأداء أو التنفيذ، فعرفت بعض الدول المجاعة وبعضها أصبح قريبا منها، إضافة إلى عدم الاستقرار السياسي والاجتماعي بفضل تزايد حدة التناقضات والاختلالات الاقتصادية والاجتماعية والثقافية، وانخراط بعضها في مواجهات مسلحة، وفي ضوء كافة هذه الأزمات تجسد عمق الفجوة بين الشمال والجنوب، وأصبحت دول الجنوب سوقا سهلا لدول الشمال من حيث بيع الأسلحة وتخزينها في دول الجنوب.

إن المؤشر يدل على أن مصير دول الجنوب يكون مزيدا من التهميش وغياب العدالة فيما يتعلق بالعلاقات الاقتصادية مما يؤدي بالخسارة لدول الجنوب نتيجة الأوضاع غير المتكافئة في العلاقات التجارية والمعاملات المالية، وستبقى دول الجنوب الغنية بمواردها الخام فقيرة أمام دول الشمال الغنية بالسيطرة على هذه الموارد ومنح دول الجنوب الفتات.

أيا كان الشكل الذي سيرسو عليه النظام العالمي، فإن الخط الرئيسي ـ في السياسة العالمية الذي يرتسم يقف عند طرفيه واحد في الشمال وآخر في الجنوب وأصبح الغرب شمالا وسقط الشرق ليصبح جنوبا ومع أن الشمال غير موحد بل يعيش تنافسا اقتصاديا ولكن لهذا التنافس قواعده وآلياته ومن ينظر إلى الشمال يجد نفسه أمام منطقة سلام وهدوء تحيط بها وتهددها منطقة اضطرابات تقع في الجنوب الذي يعيش:

أ- انفجار سكاني.

ب- ازدياد الفقر.

ج- المديونية.

د- ثورة تقرير المصير وسقوط دول وتفتت دول أخرى.

و- زيادة الهجرة والهروب.

فالجنوب يرى بالمقولة التالية لأحد خبراء برنامج الأمم المتحدة للتنمية حيث يقول "إما بضاعتنا في أسواق الشمال أو مواطنينا على أرضه" وهذا يدل على درجة الاعتماد المتبادل بين الطرفين مع اختلاله الحاد لمصلحة الشمال [1].

6- زيادة حدة المشكلات ذات الطابع العالمي.

لقد برزت أغلب هذه المشكلات كآثار جانبية لاتساع الفجوة بين الشمال والجنوب من ناحية وللتقدم التكنولوجي والصناعي الهائل من ناحية أخرى. وهي في معظمها مشكلات عابرة للحدود القومية أي ذات طابع عالمي ومن هذه المشكلات:

أ- مشكلة التلوث التي امتدت إلى مختلف عناصر البيئة.

ب- مشكلة الإشعاع الذري ومخاطره.

ج- مشكلة احتمال نضوب الموارد الطبيعية.

د- مشكلة الإرهاب والمخدرات.

و- مشكلة الأمراض المنتشرة (الإيدز).

7- حرب الخليج الثانية: سنفرد لها فقرة خاصة وذلك لأهميتها.

إن هذه المقدمات كلها سبقت أو مهدت لقيام نظام دولي جديد ولأن النظام الدولي قبل عام 1991 كان ثنائي القطبية من الولايات المتحدة الأمريكية والاتحاد السوفيتي وكانت باقي الدول تدور في فلك هذين القطبين، ومع الانهيار المتسارع لأحد القطبين أصبحت الولايات المتحدة لا محال هي القوة الوحيدة التي تقود العالم دون منافس.

خامسا: حرب الخليج الثانية

إن المرحلة الجديدة لتطور النظام الدولي منذ بداية عقد التسعينيات قد ارتبطت بحدثين كبيرين هما: حرب الخليج الثانية (حرب تحرير الكويت- فبراير 1991) وانهيار الاتحاد السوفيتي (ديسمبر 1991) ويرى أكثر الباحثين أن العديد من الأحداث التي وقعت على امتداد المسرح الدولي لم تكن لتحدث لو أن الاتحاد السوفيتي ظل قائما [2].

(1) د. ناصيف يوسف، مرجع سابق، ص 103، 104.

(2) مارسيل ميرل، أزمة الخليج والنظام العالمي الجديد (ترجمة د. حسن نافعة)، القاهرة، دار سعاد الصباح، 1992، ص 57 وما بعدها.

لقد تباينت مواقف المثقفين تجاه أزمة الخليج الثانية وتبلور اتجاهين حول ذلك:

1- الأزمة مدخلا لخلق نظام عالمي جديد يقوم على أساس احترام قواعد الشرعية الدولية وتدعيم دور الأمم المتحدة والالتزام بالمبادئ واحترام السيادة الإقليمية للدول وعدم التدخل في الشؤون الداخلية، وتسوية المنازعات بالطرق السلمية والالتزام بالديمقراطية واحترام حقوق الإنسان.

2- الأزمة اعتبرت مدخلا لتمكين الولايات المتحدة الأمريكية من فرض سيطرتها على العالم من خلال إحكام سيطرتها على النفط، وإجهاض كافة عناصر القوة التي تمتلكها بعض الدول العربية والتي قد تمكنها من تحقيق توازن مع إسرائيل، وسيطرة الولايات المتحدة على الأمم المتحدة وتوظيفها لحسابها وحساب مصالح حلفائها.

وبغض النظر عن الجدل بين الاتجاهين فإن أزمة الخليج الثانية والتي تفجرت بغزو العراق للكويت في الثاني من أغسطس 1990 وما ترتب على ذلك من آثار مثلت أول تحد حقيقي لبعض مقولات أسس النظام الدولي الجديد كما مثلت مدخلا لتثبيت بعض أسس وقواعد هذا النظام، فقد تفجرت الأزمة في فترة الوفاق الدولي وسباق التحولات على صعيد أوروبا الشرقية والغربية وعلى صعيد الوطن العربي. واعتبرت اختبارا لعلاقات الوفاق بين الشرق والغرب وقدرة دول الجماعة الأوروبية ممارسة دور سياسي أكثر استقلالا عن الولايات المتحدة ومثلت كذلك مدخلا لتعميق اعتماد بعض الأقطار العربية على الخارج.

إن المراقب لأزمة الخليج (الحرب في الخليج) أو (حرب الخليج الثانية) يرى ما يلي:

أ- إن الأزمة وضعت النظام الإقليمي العربي في مواجهة النظام الدولي حيث تمكن الأخير بفضل التحرك النشط من قبل الولايات المتحدة من تشكيل التحالف العسكري والسياسي الفريد من نوعه في العالم.

ب- وضعت الأزمة الدولة الساعية لممارسة دور قيادي على المستوى العالمي في مواجهة الدولة الساعية لممارسة دور قيادي على المستوى الإقليمي.

ج- إن الانتصار الذي حققه التحالف ضد العراق أدى إلى تدعيم مركز الولايات المتحدة باعتبارها القوى العظمى الوحيدة وتخليصها من عقدة فيتنام ودعم نفوذها في منطقة الخليج مما يدعم مركزها في مواجهة أية قوة كبرى منافسة حاليا وفي المستقبل.

د- ارتبطت الأزمة بمتغير حساس وهام وهو (النفط) حيث بررت الولايات المتحدة تحركها السريع حيال الأزمة للحيلولة دون هيمنة العراق على نفط الخليج.

هـ- ظهر خلال الأزمة دور للأمم المتحدة تجسد في القرارات التي أصدرها مجلس الأمن والتي أعطت الشرعية الدولية لتحرك التحالف لتطبيق الشرعية (إن ما يحدث هو خرق للشرعية ولابد من التضامن حيال ذلك).

و- كشفت الأزمة جوانب الضعف الداخلي في الولايات المتحدة ومن أبرزها أزمة الاقتصاد الأمريكي مما دفع الولايات المتحدة البحث عن مساهمات عينية ومالية لتمويل حرب الخليج واستخدمت شتى الوسائل لتحقيق هذا الهدف.

ي- مثلت حرب الخليج مناسبة إشهار الثورة الصناعية الثالثة حيث استطاعت شبكة (CNN) أن تغطي وقائع الحرب بصورة حية ومباشرة وساهم الاستخدام الكثيف للتكنولوجيا في تقليص زمن الحرب وتخفيض الخسائر البشرية.

إن حرب الخليج الثانية لم تأتي من فراغ حيث سبقتها أحداث هامة على الصعيد العربي والإسلامي والدولي ولأهمية موضوع الخليج العربي سوف نفرد له دراسة كاملة خاصة به وصولا إلى ما نحن فيه اليوم، كما أننا من خلال دراستنا إلى فصل النظام الإقليمي العربي والأمن القومي سنتطرق بين الحين والآخر على الحروب في الخليج والأهداف منها والأسباب والنتائج القديمة والحديثة والمستقبلية.

سادسا: تكون النظام الدولي الجديد

بعد أن صمتت قذائف المدافع في نهاية الحرب الكونية الثانية وبالنتائج التي آلت إليها وتوقيع وثائق الاستسلام، انقسم العالم إلى معسكرين قادا حركة السياسة والأحداث على المسرح العالمي، كما ترافق في بداية العقد الأخير وجود معسكر العالم الثالث (دول عدم الانحياز) والتي عبرت عن نفسها بسياسة عدم الانحياز تمكنت خلالها شعوب هذه الدول من نيل استقلالها السياسي بعيدا عن السياسة الاستعمارية إلا أن هذه السياسة سرعان ما سقطت بعد أن عجزت أن تجد لنفسها موقعا من الطرفين المتصارعين.

وفي بداية التسعينات أنهار الاتحاد السوفيتي الأمر الذي أوجد خلل في موازين القوى خصوصا بعد انضمام دول شرقية لتحالفات عسكرية غربية كانت معادية لها طيلة عقود، كما أن الاحتلال العسكري الذي مارسته بعض الدول المتنفذة على أراضي ومياه الغير لم يعد انتهاك للسيادة. قال (شو إن لأي) رئيس الوزراء الصيني الأسبق (تحالفات جديدة، انقسامات جديدة، فوضى في كل شيء) وأظن أن هذا ما يحدث اليوم على الساحة العالمية.

هنا يتبادر إلينا سؤال ماذا حدث؟ وما المقصود بالنظام الدولي الجديد محور الحديث ؟ وما هو هذا النظام؟

أن أي نظام دولي تتحدد عناصره في مجموعة من المقومات الرئيسية تتمثل في:

1- يلاحظ أن أي نظام دولي لابد وأن يعرف حالة وجودة قوة أو قوى معينة هي التي تمسك بزمام الأمور في نطاقه وتكون هي التي لها الكلمة العليا في توجيه مسار حركة الأحداث بين أطرافه وفي الحقيقة إن النظام الدولي إنما يقوم أساس على مبدأ الصراع والمواجهة بين القوى الفاعلة فيه.

2- إن أي نظام دولي لابد وأن تسود فيه طريقة أو طرق معينة لإدارة الأزمات أو العلاقات المتبادلة بين أطرافه، مما يحقق ولا يتعارض والمصالح الوطنية لفئة الدول المهيمنة من بين هذه الأطراف.

3- إن كل نظام دولي تتوافر له في العادة سمات وملامح خاصة تميزه عن النظام الدولي الذي سبقه ويقال إن كل نظام دولي يكاد يرتبط بواقعة أو بوقائع معينة تشكل نقطة أو تاريخا فاصلا بين مرحلتين مختلفتين لتطور العلاقات الدولية مثال ذلك ما سبق ذكره (الحرب العالمية الأولى، الحرب العالمية الثانية، حرب تحرير الكويت، انهيار الاتحاد السوفيتي)[1].

4- القاعدة بالنسبة لأي نظام هو أنه يقوم على مجموعة من النظم الدولية الفرعية أو التابعة والتي يمكن له أن يباشر تأثيرا متفاوتا على مجمل التفاعلات الحادثة على مستوى النظام الدولي العالمي أو الكوني وهذا يتحقق بصفة خاصة في حال وجود أكثر من قطب واحد على قمة النظام[2].

من هنا فإن التحولات العميقة في العلاقات الدولية منذ بداية عقد التسعينات قد خلقت شعورا قويا لدى الكثير بأن النظام الدولي أضحى الآن على أعتاب مرحلة جديدة تكاد تختلف من حيث خصائصها وسماتها عن تلك المراحل التي تطور خلالها طيلة الفترة من عام 1945 وحتى منتصف الثمانينات فشاع ما يعرف باصطلاح (النظام الدولي الجديد) وأول ما استخدم هذا على لسان الرئيس السوفيتي السابق (جورباتشوف) ولقد قصد من استخدامه أن النظام الذي أعقب الحرب الباردة الثانية وانتهاء خطر المواجهة بين الشرق والغرب والذي يقوم على عدة أمور منها:

(1) مارسيل ميرل- مرجع سابق، ص 57.

(2) حسين توفيق إبراهيم- النظام الدولي الجديد- قضايا وتساؤلات- القاهرة، المطبعة العربية للكتاب، ص 54-56.

- نزع السلاح.

- نزعة الصفة الإيديولوجية عن العلاقات الدولية.

ومع كل ذلك فليس بوسع أي مدقق أن يذهب إلى حد التسليم بمقولة أن النظام الدولي والذي عرف من 1945-1985 قد ولى إلى غير رجعة وأن نظاما دوليا قد حل محله ويقال إن ما يشهده العالم اليوم هو أقرب للفوضى الدولية أو يمكن القول أن العالم يمر بمرحلة مخاطرة جديدة أو مرحلة انتقالية لعدة سنوات لكي يعود بعدها إلى الاستقرار النسبي وظهور شيء جديد في هذا العالم.

كما قال الرئيس الأمريكي بوش في بداية أزمة الخليج الثانية 1990 يهدف حشد التأييد العالمي في تلك الأزمة وفي بدأ الانهيار السوفيتي حيث أعلن أمام الكونجرس الأمريكي قائلا: "إن حرب الخليج كانت المحك الأول لنظام عالمي جديد" وبعد نجاح إدارة حرب الخليج أعلن في خطاب له قوله "إن أركان النظام الدولي الجديد هي"[1]

- تسوية المنازعات بالوسائل السلمية.

- التضامن الدولي في مواجهة العدوان.

- العمل من أجل تخفيض مخزونات الأسلحة وإخضاعها للسيطرة.

- معاملة الشعوب معاملة عادلة.

سابعا: ملامح التطور للنظام الدولي في المرحلة الراهنة

أي نظام دولي لا يمكن أن يبدأ من فراغ وإنما تكون له مقومات تصله بالنظام الدولي السابق ليشكل استمرارية ومن هنا يمكننا إيجاز الملامح المميزة للنظام الدولي الجديد كما يلي:

(1) الثورة العلمية والتكنولوجية

هنالك ثورة في وسائل الاتصالات ونقل المعلومات وسرعة تداولها وهذا ساعد في:

أ- اختصار الزمن والمسافات بين مختلف دول العالم.

ب- السرعة في التواصل بين العالم المعاصر.

---

(1) د. علي الدين هلال- النظام الدولي الجديد- الواقع الراهن واحتمالات المستقبل- عالم الفكر العدد 3,4، 1995، ص 9-12.

ج- التعميق الكثيف للثورة العلمية والتكنولوجية من جميع جوانبها وخصوصا المعلوماتية.

د- دور المعلوماتية المتزايد في مجالات الحياة والعينات الحيوية.

و- تخليق المواد أو استنباط مواد جديدة في مجالات الغذاء والإدارة المالية.

ي- تضييق الفجوة الزمنية بين تاريخ الاكتشاف وبداية التطبيق(1)

من هنا بدأت توصف هذه الثورة بأنها أدت وتؤدي إلى مزيد من التركيز على أهمية عامل المعرفة في نطاق العلاقات الدولية المتبادلة، كما أنها أصبحت تؤدي إلى إعادة تعريف عناصر قوة الدولة وتعريف بعض المفاهيم الرئيسية التالية:

أ- السيادة والأمن والحدود الدولية.

ب- تشكيل بعض التوازنات الدولية القائمة.

ج- نشر القيم والأفكار وعدوى الأحداث والتطورات من مكان إلى آخر.

د- انهيار حاجز المسافات بين الدول والقارات.

إن السمة الرئيسية لهذه الثورة هي اعتمادها على المعلومات وأصبح العالم من جراء هذه الثورة عبارة عن قرية صغيرة.

(2) الاعتماد الاقتصادي المتبادل:

إن الثورة العلمية والتكنولوجية غيرت كثيرا من موازين القوى الاقتصادية وطرحت معايير جديدة لهذه القوى حيث يلاحظ ما يلي:

أ- إن الموارد الطبيعية لم تعد الركيزة الأساسية للقدرة الاقتصادية للدولة على المنافسة في المجال الدولي.

ب- تحققت معدلات نمو اقتصادية عالمية في دول فقيرة نسبيا في مواردها الطبيعية كاليابان وكوريا الجنوبية.

ج- انخفضت معدلات نمو في دول تتوافر لديها موارد طبيعية كبيرة ومتنوعة كالأرجنتين والباكستان والاتحاد السوفيتي قبل انهياره.

د- أصبحت الدول لا ترث رخائها وإنما تخلق بأيدي أبنائها من خلال التجديد والابتكار والتطور المستمر.

---

(1) محمد سيد أحمد- التحول إلى القطب الواحد- الأهرام 1992/1/16.

و- أصبح الرخاء لا ينهض بتوافر الموارد وإنما قدرة المؤسسات على تنظيم هذه الموارد.

ي- تضاؤل دور الدولة من خلال سياسات الاقتصاد والمخطط إلى إحلال دور القطاع الخاص محل القطاع العام في العديد من الدول.

إن القدرة على تحقيق هذه الميزة التنافسية إنما تتناسب طرديا مع حجم المنافسة المحلية بين مؤسساتها الإنتاجية وهي المحك الأكبر للقوة على المنافسة العالمية واليابان نموذجا هاما لذلك، وإنه كلما تركزت المنافسة جغرافيا وازدادت حدتها أصبحت الصناعة أكثر قوة لاقتحام ميادين المنافسة العالمية[1] مثال ذلك تتنافس في اليابان 112 شركة تعمل في مجال العدد والآلات، 24 شركة تعمل في مجال صناعة أدوات الاتصال، 25 شركة في مجال التصوير والكاميرات.

(3) المزيد من التكتلات الاقتصادية[2]

يشهد العالم اليوم اتجاها واضحا وقويا يدفع في طريق التعامل الاقتصادي وإيجاد الأسواق الكبيرة، ولعل من أبرز الأمثلة ما نشهده بمشروع أوروبا الموحدة والتي خطت خطوات واسعة في التكامل الاقتصادي الأوروبي وذلك منذ اتفاقية روما عام 1957.

وما أعقبها من خطوات بتوقيع معاهدة ماستريخت، وهناك جماعة الباسفيك الاقتصادية ومنطقة التجارة الحرة التي تجمع الولايات المتحدة وكندا والمكسيك هذا كله يفسر في جانب منه في ضوء طبيعة القضايا والمشكلات التي أصبحت تواجه العالم المعاصر، والتي تتجاوز آثارها ونتائجها الحدود السياسية للدول فرادى[3] وتسعى معظم الدول الدخول في هذه التكتلات الاقتصادية، ويعتبر تنامي هذه التكتلات من الظواهر الهامة على الصعيد الدولي لما يمكن أن تتركه من تأثيرات على مستقبل الاقتصاد العالمي، وعلى العلاقات والتفاعلات فيما بين الدول الرأسمالية، وتعكس هذه التكتلات درجة عالية من كثافة الاعتماد المتبادل وتقسيم العمل والاستثمار والتجارة وأنواع التبادل الأخرى، وعلى الرغم من وجود مجالات للتنافس فيما بينها إلا أن البعض يؤكد على أنه من غير المتوقع أن تكون بينها صراعات حادة نظرا لمنظومة القيم الرأسمالية التي تستند إليها هذه التكتلات إلى جانب ارتباطها معاً بشبكة معقدة من علاقات التبادل التجاري والمالي والاستثماري فضلا عن الروابط التي أوجدتها الشركات متعددة الجنسية.

---

(1) عبد العزيز الشربيني- الأهرام- 1990/4/16.

(2) د. إسماعيل صبري- نحو نظام اقتصادي دولي جديد- القاهرة، 1977.

(3) د. علي الدين هلال- مرجع سابق- ص 20.

(4) التطور نحو الديمقراطية

ثمة حالة غير مسبوقة من التطور الديمقراطي على المستوى العالمي أخذت تجد تطبيقات متعددة لها في الدول المختلفة بما في ذلك دول العالم الثالث، وأهم مظاهر هذه الحالة ما نراه من تزايدا ملحوظا في درجة المشاركة السياسية للشعوب في تقرير مصيرها كما حدث في الجمهوريات السوفيتية التي استقلت عن الاتحاد السوفيتي في أعقاب انهياره، وانفصال إقليم ارتيريا عن أثيوبيا وتكوين دولة مستقلة، والتطورات الديمقراطية في دول أوروبا الشرقية والتي كانت محكومة حكم الحزب الواحد، وهكذا فإن النظام الدولي الجديد يسعى إلى إتاحة الفرصة الكاملة للشعوب للتعبير عن إرادتها بحرية وان تصدر قراراتها بنفسها[1].

(5) المزيد من الوفاق في مرحلة ما بعد الحرب الباردة

أدى احتدام الصراع بين قطبي النظام خلال الحرب الباردة إلى الإرهاق المتبادل لكل منهما، وكان لمبادرة جورباتشوف في أعقاب وصوله إلى قمة السلطة في الاتحاد السوفيتي بشأن ضرورة صياغة أفكار جديدة فقد تأسست أفكاره على مقولة أساسية مفادها "إن العالم أصبح يشكل الآن وحدة واحدة بفعل الثورة العلمية والتكنولوجية والتقدم الرهيب في أسلحة الدمار الشامل.

وهنا تبلورت لدينا مجموعة من المبادئ الرئيسية هي:

أ- أن الاعتماد المتبادل صار هو القانون الأساسي للعلاقات الدولية.

ب- لم يعد هنالك تناقض بين الرأسمالية والاشتراكية هو التناقض الأساسي في القطاع الدولي وإنما توارى ليحل محله تناقض أهم هو التناقض بين دول الشمال المتقدمة ودول الجنوب ذات الأوضاع المتدنية، وهذا أدى إلى تكتل الجهود الدولية من أجل التصدي للمشكلات المشتركة والمتمثلة:

1- الانفجار السكاني.

2- تزايد معدلات البطالة.

3- التلوث.

4- الإرهاب.

---

(1) د. حسين نافعة- النظام العالمي الجديد ومستقبل الديمقراطية- ورقة بحث مقدمة إلى ندوة التطور الديمقراطي في الوطن العربي- القاهرة- مركز الدراسات السياسية، 29/9-1/10/1990.

ج- إن المبدأ الذي يحكم العلاقات الدولية أصبح يتمثل في توازن المصالح وليس في توازن القوى على نحو ما حدث طيلة الفترة السابقة على انتهاء عصر الحرب الباردة.

د- بروز نظام إعلامي دولي جديد[1].

ثامنا: هيئة الأمم المتحدة والنظام العالمي الجديد

تحقيق الأمن الجماعي، الحفاظ على السلام العالمي، تسوية المنازعات بالطرق السلمية، الركائز الأساسية للنظام الدولي كما طرحته الولايات المتحدة أثناء حرب الخليج الثانية، ولقد برز دور الأمم المتحدة وبالتحديد (دور مجلس الأمن) أثناء ذلك حيث أصدر المجلس مجموعة من القرارات السريعة والمتتالية والتي مثلت (إطاراً للشرعية) الدولية.

ولكن بعد انتهاء الأزمة بدأت تبرز السلبيات لدور الأمم المتحدة في ظل النظام الدولي الجديد، فالولايات المتحدة هي القوة الرئيسية المحركة لهذه المنظمة الدولية، لذلك طوعت دورها لحساب المصالح الأمريكية بصفة خاصة والمصالح الغربية بصفة عامة وهذا ظهر جليا كما يلي:

أ- تم تعظيم دور مجلس الأمن على حساب الجمعية العامة وبقية أجهزة المنظمة وذلك لغياب الفيتو السوفيتي بعد الانهيار فأصبحت الولايات المتحدة هي المحرك للمجلس لخدمة مصالحها وهكذا تم تطويع القانون الدولي لحساب السياسة الأمريكية.

ب- طبقت الشرعية الدولية بصورة انتقائية بالشكل الذي يتفق والمصالح الأمريكية أولا والغربية ثانيا، فكانت الشرعية الدولية نشطة إزاء مواجهة العراق وليبيا ولكنها لم تكن فاعلة بصدد قضايا أخرى أكثر أهمية كالصراع العربي الاسرائيلي، والاحتلال الإسرائيلي للأراضي العربية بشكل عام والفلسطينية بشكل خاص.

ج- تغيب دور الأمم المتحدة في عملية السلام ومحادثات السلام بين العرب وإسرائيل مع العلم أن المؤتمر الذي عقد في مدريد سمي دوليا لترضية العرب ولم يكن دوليا في الحقيقة لوجود راعيين لهذه المباحثات هما روسيا وأمريكا، والأمم المتحدة على شكل مراقب.

د- أصبحت الشرعية الدولية بمثابة غطاء لتبرير السياسات والممارسات الأمريكية وخاصة تلك المتعلقة بتصفية الحسابات مع الدول الأخرى.

---

(1) د. خليل صابات- النظام الجديد للإعلام الدولي- مجلة عالم الفكر- يناير 1984.

من هنا نجد أن الممارسات الأمريكية ببناء نظام دولي جديد يتناقض مع الشعارات والمبادئ التي طرحتها حول تحقيق الأمن الجماعي والحفاظ على السلام العالمي وتسوية المنازعات بالطرق السلمية كما أن عدم احترام الشرعية الدولية وعدم تدعيم دور الأمم المتحدة هو من الشعارات التي تقوم الولايات المتحدة بتطبيقها من هنا علت الأصوات المطالبة بإصلاح نظام الأمم المتحدة.

تاسعا: قضايا وإشكاليات النظام الدولي الجديد.

هنالك مجموعة من القضايا والإشكاليات ارتبطت بالنظام الدولي الجديد من أهمها: ظاهرة عدم الاستقرار في النظام، والتناقض بين المبادئ المعلنة والممارسات الفعلية فيما يتعلق بضبط التسلح في دول الجنوب وطبيعة دور الأمم المتحدة وموقع دول الجنوب، وإشكالية الانتصار النهائي للرأسمالي ونهاية التاريخ، ووضع الدول الإسلامية والدول العربية وسيتم بيان هذه الأمور بشيء من الإيجاز للإطلاع عليها وكما يلي:

(1) ظاهرة عدم الاستقرار

يعتبر الاستقرار السياسي من أهم العناصر الأساسية للنظام الدولي، أي غياب الصراعات والتوازن في المجتمع الدولي، ونبذ استخدام العنف، واحترام القانون الدولي، وتحقيق التوازن في العلاقات الدولية، ومع انتهاء الحرب الباردة وانتهاء القطبية الثنائية واحتمالات عدم حدوث حرب عالمية فإن ذلك لم يحقق الاستقرار على الصعيد الدولي ولم يمنع حدوث صراعات إقليمية والشواهد على ذلك:

أ- تفجر الصراعات والمشكلات الداخلية في مناطق العالم في ظل التحولات في آسيا وأفريقيا وأمريكا اللاتينية وأوروبا الشرقية، وهذه الصراعات داخلية مرتبطة بعوامل قومية وعرقية ودينية وهي تهدد كيان الدول.

ب- تسوية صراعات إقليمية جديدة كان لها جذور سابقة كالصراع في أرمينيا وأذربيجان والبوسنة والهرسك ومشاكل الحدود وقضايا الأقليات والتدخل في الشؤون الداخلية هنا وهنالك وذلك بإرسال قوة حفظ للسلام تحت شعار الأمم المتحدة (إندونيسيا) مثال ذلك.

ج- اتساع الفجوة بين الشمال والجنوب وهذا يجعل الجنوب مصدرا للتوتر وعدم الاستقرار نظرا لتراكم الضغوط والإحباطات فضلا على تصاعد الأعمال الإرهابية الناجمة عن زيادة تدفق الهجرة إلى الشمال وما تخلق من مشاكل[1].

---

(1) د. أسامة الغزالي- الآلام والتفكك والاندماج- السياسة الدولية- عدد 111 يناير 1993، ص4-5.

(2) **زيادة التسلح لدول الجنوب**

وهذا يهدف إلى تكوين كارتل عالمي لتجارة السلاح بين الدول الخمس الكبرى التي تساهم في التجارة الدولية للسلاح، من هنا نجد أن الولايات المتحدة قد زادت مبيعاتها من السلاح لبعض دول الجنوب بل الأكثر من ذلك أصبحت تخزن بعض الأسلحة الأمريكية في بعض الدول وخصوصا دول الشرق الأوسط (مثال ذلك قطر). وهكذا فإن وقف سباق التسلح بين الدول الكبرى لم يساعد على وقف سباق التسلح في مناطق التوتر في الجنوب كما أن الولايات المتحدة لا تطبق ذلك على جميع الدول بل هنالك معايير مختلفة وهنالك سياسة انتقائية كما يحدث مع الدول العربية وإسرائيل، فإسرائيل لديها مخزون من الأسلحة النووية ويمنع ذلك على الدول العربية وتطالب الولايات المتحدة وأوروبا بأن يكون الشرق الأوسط خاليا من أسلحة الدمار الشامل[1].

(3) **دور الأمم المتحدة**

أصبح دور الأمم المتحدة بجميع منظماتها وخاصة مجلس الأمن الدولي وقراراته الصادرة حسب رغبة الولايات المتحدة حتى وصل الأمر أن تطبق قرارات من الولايات المتحدة قبل صدورها من مجلس الأمن ثم تصدر بعد التطبيق دون اعتراض من أي دولة من الدول الدائمة العضوية صاحبة قرار (الفيتو)[2].

(4) **المزيد من التهميش لبلدان الجنوب**

العديد من المؤشرات تدل على أن مصير أغلب دول الجنوب ومنها الدول العربية في ظل المتغيرات الدولية الجديدة سوف يكون (المزيد من التهميش) وبالذات الدول التي تعاني من عدم أو ضعف القدرة على التكيف مع حدة التغيرات خاصة أن معظمها تعاني من مشكلات متفاقمة- اقتصادية واجتماعية وسياسية، وأهم المؤشرات ما يلي:

أ- وجود مجموعة من الإخلالات التي تكشف عن غياب العدالة فيما يتعلق بالعلاقات الاقتصادية مثال ذلك- إصدار البرنامج الإنمائي للأمم المتحدة عام 1992 تقريراً خطيراً بين هذه الاختلافات وكما يلي:

- 20% من سكان العالم يحصلون على 82.7% من مجموع دخل العالم.
- 20% من سكان العالم الأكثر فقرا يحصلون على 1.4% من دخل العالم.

(1) أحمد إبراهيم محمود- الولايات المتحدة وضبط التسلح في الشرق الأوسط- الأهرام 1993/4/9 .

(2) د. حسين نافعة- الأمم المتحدة والقضايا العربية- المستقبل العربي عدد 175 عام 1993، ص4-28.

- 20% من سكان العالم الأقل فقرا يحصلون على 1.9% من دخل العالم.

- 20% من سكان العالم فقيرة يحصلون على 2.3% من دخل العالم.

هذا يعني أن 60% من سكان العالم يحصلون على 5.6 من إجمالي دخل العالم.

وهذا يكشف عن الفجوة الواسعة بين أغنياء العالم وفقراءه.

- الدول الغنية تستهلك 71% من الطاقة العالمية.

- 75% من معادن العالم.

- 80% من أخشابه.

- 60% من طعامه.

- 2300 مليون يفتقدون إلى خدمات الصرف الصحي.

- 1300 مليون لا يستطيعون الحصول على مياه الشرب. [1]

ب- خسارة دول الجنوب نتيجة الأوضاع غير المتكافئة في العلاقات التجارية والمعاملات المالية الدولية تمثل أضعاف ما تحصل عليه هذه الدول من معونات خارجية.

ج- إن انتهاء الحرب الباردة بمعناها التقليدي سوف يقلل من الأهمية الاستراتيجية لبعض الدول وان انهيار الاتحاد السوفيتي يفسح المجال أمام الولايات المتحدة للتدخل في شؤون دول الجنوب.

د- الثورة الصناعية الثالثة وما يترتب عليها من تخليق لمواد خام بديلة كفيل بأن يؤدي إلى تقليص الأهمية الاستراتيجية لبعض المواد الخام التي تمتلكها بعض دول الجنوب.

هـ هنالك عوامل موضوعية تحد من دور الجنوب في عملية تشكيل النظام الدولي أهمها:

1- زيادة حدة التفاوت الاقتصادي والاجتماعي بين دول الجنوب.

(1) صلاح الدين حافظ- كيف نتفادى الحرب القادمة بين الأغنياء والفقراء- الأهرام 1992/5/4، وانظر سعد الدين ابراهيم- افريقيا من الاستغلال إلى الإهمال- المصور عدد 3562 لعام 1993/1/15. وانظر محمد صلاح الدين الإدريسي- الوطن العربي بين الفاعلية والتهميش في عالم متغير- الوحدة عدد 86 نوفمبر 1991.

2- غياب الحد الأدنى من الإنفاق حول الأولويات الاستراتيجية بين هذه الدول.

3- ضعف هياكل مؤسسات التعاون والتنسيق التي تمثل إطارا للحركة الجماعية لدول الجنوب.

4- وجود السياسات والأدوات التي تستخدمها بعض الدول الرأسمالية المتقدمة للحيلولة دون تبلور حركة جماعية فاعلة أو حتى على مستوى بعض أقاليمه الأساسية.

5- الاضطراب في روية الولايات المتحدة لدورها

على الرغم من أن الولايات المتحدة تمثل القوة العظمى الوحيدة في العالم في مرحلة ما بعد أزمة الخليج وانهيار الاتحاد السوفيتي، وهي التي تأخذ على عاتقها مهمة إرساء أسس وقواعد النظام الدولي حسبما نتصوره، فإن رؤيتها لحقيقة دورها تتسم بنوع من الاضطراب وعدم الوضوح.

في 9 مارس 1992 نشرت صحيفتا (النيويورك تايمز والهيرالد تربيون) مقتطفات من وثيقة أعدها البنتاغون حول الاستراتيجية الأمريكية خلال التسعينات من أبرز عناصرها ما يلي:

أ- التأكيد على دور الولايات المتحدة كقوة عظمى وحيدة في العالم والحيلولة دون تمكن دول أو قوى أخرى من منافستها على هذه المكانة بما في ذلك الحلفاء التقليديين.

ب- استمرار احتكار الولايات المتحدة بالتفوق النووي في العالم مع الاحتفاظ بقوات أمريكية في المراكز المتقدمة/أوروبا/ افريقيا/ آسيا/ الخليج/ الشرق الأوسط، حتى تكون قادرة على التحرك بسرعة لتأمين المصالح الأمريكية في النفط والممرات المائية وغيره وتدمير أي قوة تهدد المصالح الأمريكية.

ج- يمكن للولايات المتحدة استخدام القوة عند الضرورة لتدمير أسلحة الدمار الشامل في أي بلاد مثل العراق، كوريا الشمالية، الجمهوريات الأعضاء في رابطة الدول المستقلة، الهند، الباكستان ويمكن أن تتحرك بمفردها عندما يكون التحرك الجماعي صعبا.

د- خلق ترتيبات أمن أوروبية واحدة في إطار الأطلنطي وعدم السماح لأوروبا بالاستقلال في مجال الأمن. من هنا يظهر أن الولايات المتحدة لا تمتلك في الوقت الراهن تصورا استراتيجيا لأبعاد دورها وهناك عوامل تساهم في اضطراب الرؤيا الأمريكية بهذا الخصوص، تنامي تيار انعزالي داخل

الولايات المتحدة يؤكد على مقولة (أمريكا للأمريكيين) وهـذا يعنـي أن تـنفض أمريكـا يـدها عـن مشـاكل العالم كله[1].

عاشرا: النظرة الأمريكية للنظام الدولي الجديد

كان لصعود- جورباتشوف- لسدة السلطة في الاتحاد السوفيتي فرصـة لا تتكـرر للغـرب عمومـا وللولايات المتحدة بشكل خاص، حيث ما أقدم عليه من تراجعات كبـيرة أخلـت بطبيعـة التـوازن وبمكانـة السوفيت العالمية ودورهم الكوني مما كان له مناسبة لأن تتقدم الولايـات المتحـدة الأمريكيـة لتشـغل كـل المساحات التي باتت فارغة على المسرح السياسي الدولي.

ولقد توافقت هذه التراجعات وهذا الثقل الجديد مترافقا مع بدايات حرب الخليج الثانيـة عـام 1991. والتي كانت أفضل تجربة لمثل هذا النظام عندما أخذت الولايات المتحـدة السـوفيت والعـالم معهـا إلى حرب الخليج الثانية.

ولابد لنا من إبراز ملامح هذا النظام العالمي الرئيسية وفقا للنظرة الأمريكية:

1- ضرورة فرض الانتقال المباشر إلى اقتصاديات السوق في جميع دول العالم، معتقدة أن الاقتصاد الرأسمالي هو الاقتصاد الوحيد المشروع في هذا العالم بعد فشل تجربة الاقتصاد الاشتراكي.

2- اعتبار شكل الديمقراطية والنهج الليبرالي السياسي السائد في الغرب هو النموذج المطلوب الاقتداء به من الجميع علماً أن الولايات المتحدة ترعى وتساند نظم.

2- إعادة النظـر في دور المـنظمات الدوليـة عـلى صـعيد المسرـح السـياسي مـن خـلال مـا يتناسـب والسياسات والأهداف الأمريكية بصورة أساسية والغربية بصورة ثانوية وأبرز الأمثلة عـلى ذلـك دور حلف الناتو في العدوان على يوغسلافيا وفرض الحصار الجوي على العراق[2].

---

(1) لمزيد من التفاصيل انظر شريف الشوباني- فرنسا – أمريكا لا تمتلك القدرة على القيادة المنفردة الأهرام- 1993/3/16.

(2) حميد سعدون- حدود الصراعات في سياسة الشرق والغرب- مجلة آفاق عربية- العدد 17-18 أغسطس- بغداد.

4- التقيد الانتقائي لمناطق العنف والتوترات في المسرح السياسي الدولي من خلال التفويض الـذي منحتـه الولايات المتحدة لنفسها بالرقابة المباشرة على التجارة الدولية للسلاح [1].

5- الأحداث والتطورات العالمية- تجيز للأمريكان والغرب التدخل في شؤون الـدول الأخرى تحت ظل لافتات حقوق الإنسان الأقليات وغيرها [2].

6- القوة العسكرية بالغة القوة، والمنفلتة بـدون رادع أو معـادل لكبح بعـض انـدفاعاتها بـل إن سياسـة استخدام هذه القوة لا تضع في الاعتبار عند استخدامها حق الطرف الآخر في الحياة أو مـا يشكلـه استعمالها لبعض الأسلحة غير التقليدية من آثار خطيرة على الجنس البشري والبيئة.

هذه هي بعض الملامح والقواعد الأساسية للفهم الأمريكي لآلية وعمل النظام العـالمي الجديـد والذي تراه بأنه ناتج أساسي من نتائج الحياة الأمريكية وعلى العالم أن يتكيف ويتفاعل معه ومع أدواته.

ومع هذا الغرور المستند إلى قوة متعددة الإمكانات والطاقات فإننا نتفق مـع مـا قاله (بطرس غالي) أمين عام الأمم المتحدة الأسبق "بأن هيمنة قوى عظمى وحيدة هي ظاهرة عابرة وآيلة للسقوط" [3].

الحادي عشر: أي هيكل للنظام الدولي الجديد

يمر النظام الدولي في الوقت الراهن بمرحلة انتقالية تتسم ببروز الولايات المتحـدة كقـوة عظمى وحيدة، وأن هذا البروز يعتبر غير مستمرا وبالأحرى لن يستمر طـويلا وذلـك طبقـا لـنمط توزيـع المـوارد والقدرات الاقتصادية والعسكرية والتكنولوجية فهناك مجموعة من الآراء حول هيكل النظام الدولي كالآتي:

1- إن النظام الدولي سيبقى نظام القطب الواحد بزعامة الولايات المتحدة الأمريكية وذلك للأسباب التالية: [4]

(1) محمد السعيد سعد- أطروحة النظام العالمي الجديد بين الاستبداد والمشاركة مجلة العربي- العدد 3،4 عام 1992، ص 24.

(2) ريتشارد نيكسون- أمريكا والفرصة التاريخية السانحة- ترجمة محمد زكريا إسماعيل- دار بيان بيروت 1992.

(3) مجلة الأهرام العدد 101 في 1992/2/27.

(4) د. محمد السيد سعيد- احتمالات التطور المستقبلي للنظام الدولي- ورقة مقدمة إلى ندوة (مفهوم وآليات النظام العالمي الجديد) مركز البحوث والدراسات السياسية- جامعة القاهرة 1992.

أ- أفسح انهيار الاتحاد السوفيتي وهمومه ومشاكله والصراعات الإقليمية المجال أمام الولايات المتحدة لتمارس دورها وحيدة كقوة عظمى خصوصا في ضوء احتفاظها بالتفوق العسكري النووي.

ب- إن الدولة المؤهلة للعب أدوار أساسية في النظام الدولي وأهمها اليابان والجماعة الأوروبية لا تمتلك كل مقومات القطب الدولي الاقتصادي والعسكري والتكنولوجي، علما أنها تمتلك جميع المعايير الاقتصادية وهذه وحدها لا تكفي إلا حالة امتلاكها لمعيار القوة العسكرية.

ج- الدور السياسي والعسكري والاستراتيجي الذي قامت به الولايات المتحدة في أزمة الخليج الثانية قدم حجة قوية لظهور الاتجاه بأن العالم سيبقى أحادي القطبية، حيث ظهرت قدرتها العسكرية والقيادية في حماية مصالحها خصوصا على النفط في المنطقة، كما أنها قدمت درسا لكيفية التعامل مع القوة الإقليمية وسيطرتها على الأمم المتحدة وقراراتها حيث أثبتت فاعليتها في إصدار القرارات من مجلس الأمن دون مناقشة وبتسارع هي تريده.

2- إن النظام الدولي سيتحول نحو نظام دولي متعدد الأقطاب [1]

أ- لحتمية الارتباط بين القدرة العسكرية والقدرة الاقتصادية فتوافر أحدهما لدولة لا يكفل لها القدرة على ممارسة دور عالمي، من هنا فإن المشكلات الاقتصادية التي يعاني منها الاقتصاد الأمريكي (المديونية الخارجية) والعجز في الميزان التجاري وتراجع الدولار أمام الين وضعف القدرة التنافسية في الأسواق الخارجية فضلا على المشكلات الاجتماعية المرتبطة بالاندماج القومي وارتفاع معدلات العنف والجريمة... كل هذه المشكلات لابد أن تلقي بتأثيراتها السلبية على القدرة العسكرية للولايات المتحدة في المستقبل.

ب- إن القدرة الاقتصادية الهائلة لليابان والجماعة الأوروبية مجتمعة أو منفردة تجعل منهما عملاقين اقتصاديين تسمح لكل منهما بتدعيم القدرة العسكرية في المستقبل بالشكل الذي يدعم من مركزهما في النظام الدولي، وتسمح لهما بالوصول إلى مصاف القوى العظمى وخصوصا أن القدرة العسكرية تعتمد اعتمادا كليا على القدرة الاقتصادية إضافة إلى قرب هاتين من منطقة الشرق الأوسط ومنابع البترول والمناطق الاستراتيجية والممرات المائية.

---

(1) حسين معلوم- القطب الأمريكي- محاولات الانطلاق وتحديات المنافسة- السياسة الدولية عدد 112 ابريل 1993 ص 171.

ج- إن الصين لها وضعها الخاص فهي دولة اشتراكية رأسمالية وبها نهضة فكرية عالية جدا وشعبها من جنس واحد منضبط ولديها قدرة عسكرية هائلة جدا إضافة إلى قدرتها الاقتصادية الكبيرة وهي من الدول التي تسعى للانفتاح على العالم والعائق الوحيد لها هو اللغة الصينية فلو استطاعت التغلب على ذلك لأصبحت الصين دولة عظمى تنافس الولايات المتحدة على قيادة العالم وهي تحاول الآن ذلك وذلك بتقديم الدعم والمساعدات والاستثمار في الدول الفقيرة والدول العربية إضافة إلى أنها تمتلك القوة النووية الهائلة والغير مكشوفة إلى العالم وتسعى لتوحيد القارة الصينية كاملة.

د- على الرغم من انهيار الاتحاد السوفيتي وتفككه والمشكلات التي تجابهه فإنه لا يجب الاستهتار بالقدرة النووية والعسكرية لدول (رابطة الكومنولث) وقد تبرز ديكتاتورية جديدة تعيد تجميع أشلاء الاتحاد السوفيتي السابق أو تعيد بناء روسيا العظيمة بمعدل سريع.

هـ- الجماعة الأوروبية والتي تسعى للوصول إلى الاتحاد الأوروبي المتكامل اقتصاديا وسياسيا وعسكريا خصوصا أن أوروبا عانت بما فيه الكفاية من أمريكا خلال الحرب العالمية الثانية وما بعدها حتى انهيار جدار برلين، إضافة إلى أن أوروبا هي أقرب المناطق إلى مناطق الصراع العالمي ولا تستطيع الولايات المتحدة التحرك دون أوروبا. هذا يجعل التفكير أن هذه الدول تسعى لتقاسم الولايات المتحدة قيادة العالم.

و- الولايات المتحدة في حرب الخليج لم تنجز النصر بمفردها وإن كانت قد أعلنته بل تم ذلك في إطار تحالف أمريكي أوروبي أولا كما شاركت العديد من الدول بما فيها الدول العربية عسكريا وماديا، ومارست ضغوطا على البعض من أجل المساهمة في التمويل كما حدث في اليابان ولن تستطيع الولايات المتحدة أن تحشد مثل هذا التحالف مستقبلا إذا وقعت أحداث أخرى مشابهة في هذا العالم.

3- يجب التمييز بين المستويين للنظام الدولي- المستوى الاستراتيجي العسكري- والمستوى الاقتصادي.

فعلى المستوى الأول سيظل النظام الدولي في أجله القصير والمتوسط من 10-15 القادمة أحادي القطبية وذلك باعتبار الولايات المتحدة هي القوة العظمى الوحيدة أما على المستوى الاقتصادي فإن النظام الدولي خلال هذه الفترة هو نظام متعدد الأقطاب باعتبار أن كلا من اليابان والجماعة الأوروبية والصين تمثل قوة اقتصادية عظمى، أما في الأجل الطويل فإن النظام الدولي قد يتحول إلى نظام

متعدد الأقطاب سياسيا واقتصاديا وعسكريا وتكنولوجيا وسيبقى ذلك رهنا للتحولات والتغيرات التي تجري في القوى الرئيسية الكبرى في النظام الدولي[1].

الثاني عشر: كيف يتعامل العرب مع النظام الدولي الجديد

لقد طرحت عدة أفكار لكيفية التعامل العربي مع ما يعرف بالنظام الدولي الجديد أو المتغيرات الدولية على الرغم من تشعبها إلا أن هنالك شبه اتفاق على الأمور التالية:

1- إعادة ترتيب البيت العربي من الداخل وذلك بصياغة جديدة للعلاقات العربية على أسس جديدة تقوم على المصارحة والمكاشفة وتصفية مصادر الصراع والتوتر العربية على أسس وقواعد لإدارة هذه الصراعات وحلها.

2- الضرورة للتقييم الموضوعي والجاد لخبرة العمل العربي المشترك خلال العقود الماضية بقصد الوقوف على الأسباب الجوهرية لتعثر العمل العربي المشترك.

3- تطوير استراتيجيات وبرامج عربية للتعامل مع كل المتغيرات الدولية بقصد تدعيم قدرة العرب على التكيف مع المتغيرات.

4- تطوير أطر المؤسسة العربية/ الجامعة العربية بمؤسساتها وأجهزتها المختلفة وإحياء دورها للنهوض بمسؤولياتها في تدعيم العمل العربي المشترك على أسس سليمة بعيدة عن كل المنازعات والخلافات واعتبارها المرجع الأول والأخير لقضايا ومشاكل الأمة العربية.

5- صياغة استراتيجية عربية للتعامل مع العلم والتكنولوجيا الحديثة والتعامل مع التكتلات الاقتصادية الدولية بصنع تكتل اقتصادي عربي وتوثيق العلاقات العربية بالقوى الدولية الصاعدة والحوار مع الثقافات الأخرى.

6- بناء استراتيجية عربية للتكامل العربي من جميع جوانبه وأخذ العبرة من الآخرين خصوصا أن الأمة العربية موحدة اللغة والدين والعادات والتقاليد ولا ينقصها للتفاهم والوحدة وأخذ صورة عن الاتحاد الأوروبي المختلف في كل شكل من أشكاله ولكنه يحاول التقارب ليحافظ على نفسه.

7- تدعيم سياسات التنمية المستقلة والاعتماد الفردي والجماعي على الذات وتحقيق التعايش مع التفاعل الموضوعي بين مختلف التيارات السياسية في الوطن العربي.

---

(1) د. وليد عبد الحي- أثر التغيرات في النظام الدولي المعاصر ومستقبل الوضعية الإقليمية للكيان الإسرائيلي- شؤون عربية عدد ابريل 1991 ص 80-90.

8- تدعيم الديمقراطية والمحافظة على حقوق الإنسان فضلا على تعميق الأصالة الثقافية والحضارية وتحقيق التنمية والعدل الاجتماعي.

9- تدعيم التعاون العربي الإفريقي والتعاون العربي الآسيوي لتقليل الاعتماد على الدول الغربية.

10- إحياء المشروع الحضاري والإسلامي ووضع الإسلام موضع التطبيق في الدول الإسلامية (العودة إلى الله والإيمان والعمل).

الثاني عشر: الحرب النفسية في النظام الدولي

يعيش الإنسان في عديد من الدول والمجتمعات البشرية في عصرنا الحالي أزمة وجود، أو محنة استقرار أساسها الصراع الدائر بين الأقوياء من جهة، وأقوياء آخرين من جهة أخرى، وبين الأقوياء أو بعضهم من جانب والضعفاء من جانب آخر، وكذلك بين الضعفاء وأمثالهم، صراع دائم يفضي إلى محن وأزمات مستمرة اختلف المختصون في علم النفس والاجتماع بشأن طبيعتها وأسباب حدوثها وأبعادها البنائية وبدايات الحدوث، أو ما يسمى بالجذور التاريخية لها، ويعود هذا الخلاف إلى تعد المناهج التي تتناول مثل هذه الأمور، وكذلك التعقيد الموجود في النفس البشرية، وهي خلافات تعكس التناقض العميق لرؤى الأزمات والدلالات والمعاني ذات الصلة بالتعامل معها، أو التحرر منها ومضامين هذا التحرر.

وبالعودة إلى منطقتنا العربية والإسلامية ومعطيات الصراع، نتلمس أن الأزمات التي نتجت عنه والتي ستنتج لاحقاً، عزاها غالبة السياسيين والباحثين إلى الاقتحام الغربي لها، أي المنطقة، وما يتبعه من سيطرة على قدراتها بأشكال وآليات تتجدد بين الحين والآخر.

ويدعم هذا الرأي الكفاح المستمر لشعوبها بهدف تحقيق الاستقلال، ومقاومة ذلك الاقتحام بكافة أشكاله الثقافية والحضارية والاقتصادية والسياسية، ويدعمه أيضاً اندفاع شرائح واسعة من مواطنيها ورغبتهم بالتعليم وإقبالهم عليه لتسليح أنفسهم بوسائل المقاومة ومفردات الثقة بالنفس لتفادي أية آثار محتملة لذلك الاقتحام، واستعدادهم للجهاد طويلاً ضد المستعمر أو المقتحم وطرده خارجها مهما بلغ الثمن كما حصل للعديد من الدول العربية والإسلامية عبر سني نضال أبنائها الطويلة حتى تحقق لهم ما أرادوا بجهودهم المتواصلة.

ومع هذا ينظر القلة إلى مجمل الموضوع نظرة مختلفة مردها إلى القدر الذي جاء بالمقتحمين في ظروف تفوقهم الحضاري، وهي النظرة التي لم تلق دعماً علمياً كافياً يساعد على ديمومة الاعتراف بها، في الوقت الذي أبقى فيه البعض الآخر الباب مفتوحاً أمام المزيد من البحث والتقصي بغية الوصول إلى الأسباب

والدوافع التي شجعت قسم من سكان هذا العالم على الغزو والاقتحام وجعلت القسم الآخر فريسة سهلة له، في زمن باتت وسائل تأثير هذا الغزو الفنية منها مثل العسكر، والإعلام مملوكة في معظمها للغزاة غير المنصفين، وبات فيه المعرضون للغزو غير قادرين على منعها بالوسائل التقليدية، حتى ضاقت أمامهم فرص الدفاع إلا ما يتعلق منها بفاعلية الإيمان بالشرائع السماوية التي يتمسكون بها، والفكر المنطقي الذي يحملونه، ومعطيات التحصين لأنفسهم وتقليل فعل التأثير على حياتهم، وبمقدار العلم الذين يحصلون، لدرء خطر التأثير على قدراتهم خاصة بعد أن أصبح الغزو في عالم اليوم فكرياً والمعركة نفسية سلاحها الإعلام وأدواتها كل وسائله المسموعة والمقروءة والمرئية.

الحرب النفسية :

أولاً: كانت الحرب بمفهومها العسكري التقليدي إحدى أهم الوسائل المتاحة لفض الصراعات القائمة وفرض الإيرادات، حتى وقت قريب تدخلت فيه بعض المتغيرات التي أثرت على اتجاهات السياسة في الاعتماد المطلق على الحرب المباشرة، أو الصدام المسلح كعامل فاعل لتأمين غاياتها، ومن بين تلك المتغيرات:

1- ظهور الأسلحة المتطور لدى العديد من الدول أدخل العالم حقبة الاستراتيجيات الشاملة بشكل أصبحت فيه احتمالات الحرب التقليدية كوسيلة من وسائل إدارة الصراع قليلة الاحتمال إلا في حدود ضيقة، لأن الاستخدام العام لتلك الأسلحة لا يسمح بخروج منتصرين في حرب سيحل الدمار بجميع أطرافها.

2- على الرغم من مقدرة الجيوش الحديثة وضخامة الأسلحة التي بحوزتها وقدرتها على التحشد والإسناد الإداري فإنها أصبحت شبه عاجزة لوحدها عن تحقيق الحسم العسكري بشكله الاعتيادي رغم تفوقها على خصم أصبح ونتيجة للتطور يتمتع بفرص جيدة للمناورة وإمكانات عالية في استجلاب الدعم والإسناد وحرية معقولة لتأمين الاتصالات بمستويات زادت من فرص مقاومته.

3- التطور الكبير الذي طرأ على وسائل الاتصال ونقل المعلومات جعل عالم اليوم صغيراً للحد الذي يستطيع فيه المرء أن يرى أحداثاً تقع في مختلف أنحائه لحظة وقوعها وهو جالس في بيته مما جعل هذه الوسائل ذات تأثير كبير على تشكيل الآراء والتوجهات والقناعات يمكن استثماره وبأقل ما يمكن من الخسائر.

ثانياً: إن المعطيات أعلاه أثرت على رؤية القوى المتنفذة في العالم (أمريكا والغرب) على وجه الخصوص، ودفعتهما إلى التفكير بوسائل جديدة قادرة

على إحداث فعل التأثير على تشكيل الآراء والقناعات المناسبة، وتكوين الاستجابات المطلوبة، تتوافق في واقع الحال ومساعيهما الحثيثة لتسيير واستغلال الشعوب الأخرى بطرق مقبولة لا تثير احتمالات المقاومة كما يحدث عادة في التعامل مع الأساليب القديمة المتمثلة بالحرب التقليدية، وبكلفة أقل بالمقارنة مع الكلف الباهظة للحروب التقليدية، وسعة تدمير أقل بالمقارنة مع تلك الحروب.

ولذا فقد بات التعامل على المستوى النفسي يحتل الحيز الأكبر بين الأسلحة المستخدمة في النظام الدولي الجديد للتأثير على وعي المستهدفين، أخذت فيه الحرب النفسية إطاراً أكثر شمولية وأصبح فيه الإعلام أحد أدواتها المعروفة، وبات مفهومها الدقيق: استخدام المعطيات النفسية السرية والعلنية لإيجاد القناعات والآراء والاتجاهات التي تسهل تأمين المصالح وتعين على إدارة وتحليل الصراع.

لكن الحرب النفسية مفهوم لم ترتبط نشأته بتطور تقنيات الإعلام ولا بشيوع تطبيقات النظام الدولي الجديد بل ويعود إلى الحروب، عندما أدرك بعد القادة العسكريين أن جنودهم يقاتلون قتالاً شرساً تارة، ويتبلدون حد الجبن تارة أخرى، وكذلك جنود العدو الذي يستبسلون في الدفاع عن مواضعهم تارة، وينسحبون متقهقرين تارة أخرى حتى عزوا ذلك التناقض الانفعالي إلى العامل النفسي- وتوجهوا إلى المختصين لدراسته وتطوير وسائل تقويته عندهم، وإضعافه عند خصومهم، فكانت إجراءاتهم العملية في هذا المجال شملت العديد من الوسائل والأدوات وضعت تحت عنوان الحرب النفسية التي عرفت ما بعد الحرب العالمية الثانية بالاستخدام المخطط من جانب الدولة في وقت الحرب أو في وقت الطوارئ لإجراءات عاتية بقصد التأثير على أراء وعواطف وسلوك جماعات أجنبية عدائية أو محايدة أو صديقة بطريقة تعبر عن تحقيق سياسة الدولة وأهدافها.

وعرفت بعد ذلك بقليل بأنها حملة شاملة تستعمل كل الأدوات المتوفرة وكل الأجهزة للتأثير في عقول جماعة محددة بهدف تدمير مواقف معينة، وإحلال مواقف أخرى تؤدي إلى السلوكية تتفق مع مصالح الطرف الذي يشن هذه الحملة.

لكن تلك التعريفات قد تغيرت مع تطورات الأحداث والتقنية والنضج الفكري في مجالها لتكون الاستخدام المنظم لمعطيات علم النفس التطبيقية في تحليل وإدارة الصراع كما ورد في الفقرة 2 أعلاه.

ثالثاً: إن التصور المذكور للحرب النفسية واعتمادها في تحليل وإدارة الصراع أعطاها أهمية بالغة ودفع العالم الغربي وأمريكا (القطب الواحد) في النظام الدولي الجديد على وجه الخصوص، إلى استخدامها سلاح كأحد أفضل الأسلحة المؤثرة لاعتبارات أهمها:

1- إنه سلاح غير مباشر يعتمد على المعرفة النفسية وتطبيقاتها في التعامل مع الوعي الإنساني تلك المعرفة التي قطعت فيها تلك الدول أشواطاً بعيدة المدى وتمرست في استخداماتها بمستوى يحقق لها التفوق المطلوب في العديد من بقاع العالم.

2- إن أمريكا في النظام العالمي الجديد امتلكت السلطات التشريعية والتنفيذية العالمية معاً وبموجبهما حرمت على سبيل المثال التشويش على الإذاعات المرئية المسموعة ومنعت الرقابة على المطبوعات والرقائق السينمائية وبقية وسائل الاتصال، وغيرها من ضوابط وقوانين مهدت لفتح الأبواب على مصارعها أمام أسلحتهم النفسية دون أية مقاومة أو بقليل منها في أحسن الأحوال.

3- إن الابتعاد جهد الإمكان عن التدخل المباشر باستخدام الجيوش التي ارتبطت حركتها بالاستعمار التقليدي المقيت أمر يحتاجه أولئك المعنيون في الوقت الحاضر لتجميل صورتهم التي تشوهت في أكثر من مكان على الكرة الأرضية، إلا أن هذا الاتجاه يعني تقييد لحركتهم وخسارة لمصالحهم الآنية والمستقبلية لا يمكن قبوله تماماً، وكتعويض لذلك فسح المجال واسعاً لاستخدام السلاح النفسي- الذي يلبي الطموحات دون أية مشاكل جانبية.

4- أمريكا والدول المتنفذة الأخرى هي دول رأسمالية يدير معظم مفاصل القرار فيها أصحاب رؤوس الأموال وفق نظام يضع في الحسبان الكلف المادية ومؤشرات الربح والخسارة لكل الفعاليات وبينها العسكرية، وبمقارنة بسيطة بين ما تتطلبه الحرب التقليدية أو النووية من مصاريف ضخمة، وما تحتاجه الحرب النفسية من أموال وجهود معقولة نجد أن ميزان المفاضلة تميل كفته لصالح الأخيرة بفارق كبير جداً.

5- يمتاز السلاح النفسي عن غيره من الأسلحة التقليدية كون إجراءاته متعددة ومتغيرة تتلون باستمرار تبعاً للظروف، والمواقف، كذلك يتوجه إلى أهداف ليست معلنة واتجاهاته على وجه العموم غير مباشرة. وسلاح بهذه الخصائص يكتسب قوة التأثير غير المباشرة دون مقاومة المستهدفين أو ممانعة من قبل المجاورين في المنطقة.

6- إن اللجوء إلى استخدام الجيوش في الحروب عبر كل الأزمنة يتمحور حول فرض إرادة أطراف الصراع بالقوة عندما تعجز الوسائل الأخرى عن فرضها. وهذه نتائج لا يدوم أمدها طويلاً لأنها وبقدر قوة الصدمة وقسوة الشروط التي يفرضها المنتصر ستخلق مشاعر للعدوان ويتشكل سلوك للمقاومة عند مواطني

الطرف المقابل يدفعهم إلى تكثيف جهودهم لإزالة تلك النتائج بأسرع ما يمكن، أما السلاح النفسي- الذي لا يتوقف تأثيره عند حالة معينة يمتاز بالاستمرارية وبسهولة التكرار والمرونة في اختيار الوقت والوسيلة، والمناورة بالجهد المتيسر، وهي مبادئ توفر له فرصاً جيدة لإدامة زخم التأثير بدرجات أشد وفترات زمنية أطول.

7- تمثل الحرب الاعتيادية مواجهة ساخنة بين أطراف الصراع يتلقى العسكريون فيها قوة الصدمة التي قد تمتد آثارها إلى المدنيين في العمق الاستراتيجي تبعاً لشدتها واتساع رقعتها(شموليتها) وخلالها يحتفظ القادة المعنيون أحياناً بجهود تحمي المدنيين أو تقلل من تأثيراتها عليهم جهد الإمكان. بينما تختفي الحدود والفواصل في استخدامات السلاح النفسي(إلا إذا أريد له ذلك) وساحته على وجه العموم شاملة لكل المجتمع المستهدف.

وبمعنى آخر إن تأثيراته السلبية لا تقتصر- على جبهة القتال، والعبء الأكبر فيها لا يقع على العسكريين بمفردهم، وهو ما تسعى أطراف الصراع إلى تحقيقه في الوقت الحاضر.

8- إن سياقات تطبيق الحرب النفسية في كثير من الأحيان تعتمد على التعامل مع ميول الإنسان وحاجاته ورغباته ومن ثم غرائزه بأساليب إشباع مرغوب، أو تجنب منفر، وهي معطيات تستهوي في معظمها المتلقين وتمهد الطريق أمام السلاح النفسي للوصول إلى الهدف المطلوب في الزمان والمكان المحددين.

رابعاً: الحرب النفسية على وفق ما ورد أعلاه: عمل لا يتعلق إنجازه بالمؤسسة العسكرية فقط، لأن استخدام الجيش أو القوة العسكرية كان وما زال بيد الساسة بقصد فرض الإيرادات وخلق القناعات" لصالح المنتصر أو تحوير أخرى بالاتجاه الذي يريده المنتصر، وبالتالي أصبح الجيش وفعله أثناء الحرب وقبلها أو بعدها إحدى أدوات الحرب النفسية.

وهو كذلك لا يقتصر فعله على الدبلوماسية فقط، في ممارسة الضغط والعزل وقطع العلاقات، ولا على الاقتصاد والتجارة وعمليات التجسس والاستخبارات فحسب، بل على كل جهد مدني أو عسكري الطابع، أو اقتصادي أو اجتماعي أو معلوماتي يمكن استثماره في تحليل وإدارة الصراع:

1- فإن كان أحد الأطراف في أحد كفتي الصراع على سبيل المثال يمتلك القدرة العسكرية الجيدة فقد يستخدمها أو يلوح باستخدامها ضد خصمه لخلق قناعات أو قبول واقع جديد، والقناعة والقبول مسألة نفسية.

2- وإن كان الاقتصاد هو الأقوى في جعبته فإنه سيلجأ إلى استخدامه على شكل عقود خاصة، ومنع تصدير وحصار وغيرها لتكوين تصورات وأفكار، والأفكار والتصورات مسألة نفسية.

3- وإن امتلك وسائل الاتصال وتقنية المعلومات، فسيبادر إلى استخدامها لتأثير في تكوين الاتجاهات والميول والرغبات، وهذه هي الأخرى معالم نفسية.

خامساً: عليه أصبحت معظم الإجراءات التي يقوم بها الطرف المعني لإدارة صراعه مع الطرف المقابل ذات أبعاد نفسية، ومن خلالها يمكننا القول: إن الحرب النفسية على وفق مفهومها الحالي في تحليل وإدارة الصراع، يحاول القائمون عليها استثمار معطياتها في أكثر من اتجاه، بينها:

أ- يلجأ من خلالها كل طرف من أطراف الصراع لأن يثبت في عقل الطرف الآخر نقاط قوامها الأفكار، والمفاهيم، والتصورات التي تدفعه للقيام بفعل معين، أو تجنب القيام بآخر.

ب- وفيها يسعى كل طرف أن يهزم عدوه عملياً أو عقلياً، وإن وجد نفسه غير قادر على ذلك يتحول بجهوده صوب التقليل من عدوانيته، أو تحييده.

ج- وفيها أيضاً يسعى كل طرف إلى جعل المحايدين في دائرة صراعه أصدقاء له لتفادي نتائج تحولهم إلى الكفة الأخرى مستقبلاً، وكذلك يسعى لزيادة أواصر العلاقة مع أصدقائه، لجلبهم إلى صفة دعماً لكفته في الصراع مع الآخرين.

وهكذا تبقى الحرب النفسية عملية مستمرة دائمة، لا تقتصر على الحروب والأزمات، ولا على الأزمنة والأوقات، وبات هذا التصور الأكثر ملائمة لفهمها في وقتنا الراهن.

سادساً: عموماً فإن الحرب النفسية عمل شامل يتم تحقيقه بأساليب متعددة متنوعة من بينها:

أ- المباشرة:

أولاً: النشاط الدبلوماسي: اتفاقيات، أحلاف، تدخل في شؤون الآخرين، تكتلات، عزل، الخ.

ثانياً: العمل العسكري: الهجمات الشاملة، الضربات الإجهاضية، مناوشات حدودية، استعراضات عسكرية، قصف أهداف استراتيجية، احتلال مناطق حيوية، أو التهديد به، أي العمل العسكري.

ثالثاً: الجهود الاقتصادية، حصار، مقاطعة، تضخم، إلغاء اتفاقيات، تزوير عملة، قروض، مساعدات، خطابات ضمان... الخ.

ب- غير المباشرة (النفسية): السرية منها والعلنية، التي تشمل:

أولاً: الأنشطة الإعلامية لأغراض التحوير الفكري والخرق القيمي وتغيير الميول والاتجاهات.

ثانياً: استعراض القوة وشراء الذمم والتآمر والتجهيل والتخريب النفسي والقيمي، والتلاعب بالآمال والطموحات واستغلال المشاعر الإنسانية وغيرها.

سابعاً: تأسيساً على ما ورد أعلاه يمكن استنتاج:

أ- إن معطيات الصراع وطبيعته التي كونت شكل النظم السياسية في عالم اليوم تؤكد أن محاولات الهيمنة وتأمين المصالح واحتمالات المواجهة حالة موجودة بين الحلفاء والأصدقاء مثلما هي واقعة بين الخصوم والأعداء، وفرقها الوحيد لا يتعلق بمنتديات وجودها واستمرار بقائها، بل بوسيلة التنفيذ وطريقة التوصيل ووقت الشروع التي عادة ما تكون محكومة بالظروف المحيطة ووسائل الضبط المتيسرة، وهذا استنتاج يتطلب أيضاً ديمومة التعامل معه دون توقف، لذا نجد في عالمنا اليوم اندفاعاً لمعظم النظم باتجاه تقوية جيوشها وتمتين اقتصادها ودعم دبلوماسيتها وتطوير وسائلها النفسية وإعداد شعوبها للدفاع الكفء مادياً ومعنوياً من جانب وتهيئة فرص أفضل للهجوم وظروف أحسن لفعل التأثير في عقول المستهدفين عندما تقتضي المصالح وضرورات استمرار الوجود من جانب آخر.

ب- وعلى نفس الأسس الواردة لن يبقى مجال للدول العربية والإسلامية على وجه الخصوص إلا السعي لتطوير قدراتها في تحليل وإدارة الصراع وزيادة هامش مرونتها في التعامل مع الدول ذات التأثير الأقوى من عقول المتلقين من مواطنيها.

ج- ومن حيث التطبيق نرى أن للحرب النفسية بمفهومها الحديث فعاليات شاملة وإجراءات متداخلة يكمل بعضها البعض. فأعمال السياسة الخارجية على سبيل المثال ذات الصلة بالعلاقات والخطب والمؤتمرات والرسائل والاتصالات والمذكرات تهدف في بعض جوانبها إلى تكوين قناعات تساعد في كسب ود الأصدقاء وتمتين عرى صداقتهم وجلب المحايدين إلى دائرة الصداقة ومن ثم التخفيف من عدوانية الخصوم ومحاولة تحييدهم، وهي معطيات نفسية قد يطلب المعنيون بالتعامل معها مساعدة الإعلام بكل وسائله وأدواته وأنشطته المعروفة لتجسيدها على أرض الواقع، وقد يستعينوا بالمقاطعة والمساعدات

المالية لنفس الغرض، كذلك تقتضي الضرورة اللجوء إلى العمل الاستخباري السري لتنفيذ بعض فقراته، وهذه التصورات تنطبق متغيراتها على معظم أهداف القوى السياسية الحالية في النظام وهذه التصورات تنطبق متغيراتها على معظم أهداف القوى السياسية الحالية في النظام العالمي الجديد الذي أصبح فيه استمرار تسجيل النقاط في وعي الآخرين أمراً أساسياً.

الإعلام والحرب النفسية:

1- على ضوء مفهومنا للحرب النفسية المذكور في أعلاه يصبح الإعلام أحد أهم الأدوات الميسورة للحرب النفسية، حيث الاستخدام المنظم لوسائله ومواده للتأثير على قناعات الطرف المستهدف، دون تجاوز استخدامات القوى العسكرية والإمكانيات الاقتصادية والتحركات السياسية وغيرها، لكن الإعلام من ناحية أخرى يتميز عن كل تلك الأدوات كونه القاسم المشترك لها جميعاً والناقل الأساس لأهدافها وتوجهاتها في التأثير على الطرف المستهدف لأنه:

أ- هو الذي ينقل أخبار العسكر وتفاصيل الحروب بصيغ تزيد المعنويات أو تضعفها.

ب- هو الذي يقلل من قيمة انتصار عسكري حصل بالفعل، أو يزيد من وقع خسارة لم تكن كبيرة في الواقع بغية تكوين حالة إحباط مؤلمة.

ج- وهو الذي يهول أيضاً من أثر الحصار الاقتصادي على بلد ما بهدف سحبه لتنفيذ أهداف محددة.

د- وهو الذي يضخم كذلك من القدرة الدبلوماسية لدولة معينة لإجبار الآخرين على السير مع توجهاتها المرسومة.

وإذا ما أضفنا إلى ذلك كله مهامه وطريقته في نقل الأفكار والأخبار والمعلومات، وحاجة الجمهور إليه في المتابعة والترويج وإشباع الحاجات، وكذلك قدرته وشموليته في التأثير، يكون الإعلام في هذه الحالة الأداة الأكثر فاعلية من بين أدوات ووسائل الحرب النفسية المتاحة في وقتنا الراهن خاصة مع تطور تقنيات التوصيل وسبل التأثير في نظام كوني شامل(النظام العالمي الجديد).

3- وإذا ما عدنا إلى موضوع الإعلام كأحد أدوات الحرب النفسية في النظام العالمي الجديد تبين لنا بعض الحقائق ذات الصلة به أن وجوده أو بالمعنى الأدق غالبية وجوده الفاعل بات بيد واحدة (القطب الواحد)، إذ :

أ- غالبية الشركات العملاقة (متعددة الجنسيات) للصحافة والبث التلفازي والأقمار الصناعية الناقلة للبث الفضائي موجودة في اليد الأمريكية التي أنشأت النظام العالمي الجديد.

ب- أساس عمل شبكة المعلومات (الإنترنت) أمريكي ورأس مالها أمريكي ومراكزها عبر العالم أمريكية، والقدرة على مراقبتها والتحكم بها في يد أمريكية تسعى لتعميم النظام العالمي الجديد.

ج- 80% من الأنباء العالمية التي تتداولها وكالات الأنباء في الدول النامية مصدرها الوكالات الأمريكية الغربية القادرة على الفبركة والصياغة حسب توجهات النظام العالمي الجديد.

د- خمس عشرة شركة إعلامية أمريكية غربية تتحكم في المواد والوسائل والمؤسسات والتقنيات الإعلامية، والإعلانية في العالم. وأن 75% من إجمالي الإنتاج العالمي من البرامج التلفزيونية أمريكي. و90% من إجمالي الأخبار المصورة و 82% من إنتاج المعدات الإعلانية والإلكترونية. و 90% من المعلومات المخزنة في الحاسبات الإلكترونية جهد أمريكي.

هـ- رأس المال البالغ نحو 489 مليار دولار الذي يتحكم في سوق التقنية الإعلامية غالبيته أمريكي، يسعى أصحابه إلى استثماره للامتداد إلى السوق العالمي بدفع من النظام العالمي الجديد.

3- إن العرض الموجز لمفردات الإعلام والحرب النفسية وعلاقتهما بالنظام العالمي الجديد يدفع إلى جملة استنتاجات أهمها:

أ- إن الدول النامية وبينها العربية والإسلامية ينبغي أن تعيد الكثير من حساباتها فيما يتعلق بالعلاقات وأساليب التعامل مع شعوبها، والغير وبما ينسجم ومعطيات النظام الدولي الجديد.

ب- إن تقنيات الاتصال التي تتطور بسرعة مطردة لا تسمح بالتوجه للتعامل معها على أساس المنع والتشويش كإجراءات وقائية. بل يتطلب الواقع التوجه بكل القدرات المتاحة لأعمال الوقاية، أو ما يسمى بالتحصين النفسي الذي يتأسس على :

أولاً: المحافظة على النظام القيمي.

ثانياً: زيادة مستويات التحصيل العلمي والثقافة العامة لعموم المجتمع.

ثالثاً: رفع مستوى المعنويات والروح الوطنية للمجتمع.

ج- إن النظام العالمي الجديد وبعد أن امتلك زمام المبادرة لم يعد مهتماً كما في السابق بالحروب العسكرية التقليدية رغم عدم الاستغناء عنها نهائياً لكلفتها العالية وكثرة الخسائر البشرية فيها.

المراجع

المراجع العربية:

1- أحمد شرف- مسيرة النظام الدولي الجديد قبل وبعد حرب الخليج، دار الثقافة الجديدة، 1992، ص 22.

2- عبد القادر فهمي- النظام السياسي الدولي- دراسة في الأصول النظرية، عمان- دار وائل للنشر- 1997، ص 16-17.

3- بطرس غالي ومحمود خيري- المدخل في علم السياسة- القاهرة- مكتبة الانجلو المصرية 1984 ص 245-246.

4- ناصيف يوسف- أي هيكل للنظام الدولي الجديد- مجلة الفكر العدد 423، ص 107.

5- توفيق حصوة ورفاقه- قضايا ومشكلات معاصرة- ص5.

6- ودودة بدران- مفهوم النظام العالمي الجديد في الأدبيات الأمريكية- مجلة الفكر العدد 3،4، 1995، ص 21-30.

7- محمد أحمد عواد- النظام الدولي الأمريكي الجديد- عمان- دار البشير للنشر 1992، ص 15-23.

8- د. حميد سعدون- فوضوية النظام الدولي الجديد- دار الطليعة العربية- عمان 2001، ص (37-38).

9- حسين توفيق إبراهيم- النظام الدولي الجديد في الفكر العربي- مجلة عالم الفكر 1995، ص (58-60).

10- صلاح بسيوني- المراحل الأخيرة لنهاية الامبراطورية السوفيتية- الفرسان- الكتاب السنوي 1991.

11- أسامة أمين الخولي- ثورة المعلومات ومجتمع ما بعد الصناعة- الهلال 1990، ص (26-51).

12- د. السيد نصر- ثورة المعلومات والمنظومة القومية للمعرفة- الهلال- 1992.

13- مارسيل ميرل- أزمة الخليج والنظام العالمي الجديد (ترجمة د. حسن نافعة)- القاهرة- دار سـعاد الصباح 1992، ص 57 وما بعدها.

14- حسين توفيق إبراهيم- النظام الـدولي الجديـد- قضـايا وتسـاؤلات- القـاهرة- المطبعـة العربيـة للكتاب 1992، ص 54-56.

15- علي الدين هلال- النظام الدولي الجديد- الواقع الراهن واحتمالات المستقبل عـالم الفكـر الجديد 1995، ص 9-12.

16- محمد سيد أحمد- التحول إلى القطب الواحد- الأهرام 1992/1/16.

17- عبد العزيز الشربيني- الأهرام- 1990/4/16.

18- إسماعيل صبري- نحو نظام اقتصادي دولي جديد- القاهرة 1977

19- د. حسين نافعة- النظام العالمي الجديد ومستقبل الديمقراطيـة- ورقـة بحـث مقدمـة إلى نـدوة التطور الديمقراطي في الوطن العربي/القاهرة/مركز الدراسات السياسية 9/29-1990/10/1.

20- د. خليل صابات- النظام الجديد للإعلام الدولي- مجلة عالم الفكر يناير 1984.

21- د. أسامة الغزالي- الآلام والتفكك والاندماج- السياسة الدولية عدد 111 يناير 1993، ص 4-5.

22- أحمد إبراهيم محمود- الولايات وضبط التسليح في الشرق الأوسط الأهرام 1993/4/9.

23- د. حسين نافعة- الأمم المتحدة والقضايا العربية- المستقبل العربي عـدد 175 عـام 1993، ص 4- 28.

24- صلاح الدين حافظ- كيف نتفادى الحرب القادمة بين الأغنياء والفقراء- الأهرام 1992/5/4.

25- حميد سعدون- حدود الصراعات في سياسة الشرق والغرب- مجلة آفاق عربيـة- العـدد 17-18 بغداد.

26- محمد السيد سعد- اطروحة النظام العالمي الجديد بين الاستبداد والمشاركة- مجلة العربي العـدد 3،4 عام 1992، ص 24.

27- ريتشارد نيكسون- أمريكا والفرصة التاريخية السانحة- ترجمة زكريا إسماعيل- دار بيـان- بـيروت 1992.

المراجع الأجنبية:

1- Mauric A. East, the international system perspective and foreign .

2- K J. Holsh, internional polices, A from work for analysis prentice – hall, Inc 1967. P. 9.

3- Morton A kaplan system and procession international politics N.Y John wiley and sons 1962, p. 12.

4- Kenneth waltzes theory of international politics reading mass addition – wesley publishing company. 1979, p. 162.

الفصل الثالث

المبحث الأول: الجريمة والمخدرات

المبحث الثاني: التلوث البيئي

المبحث الثالث: الارهاب الدولي

المبحث الرابع: الارهاب الصهيوني والارهاب الأمريكي

المبحث الخامس: كشمير المسلمة وصراع الهوية

المبحث الأول

الجريمة والمخدرات

مقدمة

إن زيادة الصعوبة والتعقيد في الظروف الاجتماعية خلق مجالاً لزيادة السلوك الاجرامي من افراد لديهم ميل واستعداد لذلك – لذا ركز العلماء في بحوثهم على دراسة الظروف التي تحيط بالشخص المجرم سواء داخلية أو خارجية.

إن تزايد الاهتمام بدراسة الجريمة من كافة جوانبها– أصبح علم الاجرام أساسياً للدراسة في أقسام علم الاجتماع في امريكا– برزت النظريات والمؤلفات في الغرب بعد الحروب العالمية وما تولد من مشكلات اجتماعية أسهمت في ارتفاع الجريمة.

وتطور الامر وزاد البحث وظهرت اتجاهات ومدارس فكرية لتحليل السلوك الاجرامي وهذا دليل على عدم تفسير الجريمة في ضوء عامل واحد وبالتالي انعدام النظرة الشمولية ولد خلاف بين أصحاب الاتجاهات النظرية.

تعريف الجريمة:

1- النظرة ليست متطابقة اختلفت على مر العصور – الاختلاف حذا بماكسويل للقول ان "السلوك الانحرافي– الاجرامي عمل نسبي لا يقبل التعريف المطلق لأن نسبيته تمنع او تعيق ايجاد تعريف محدد وثابت له".

2- جان جاك روسو ونظريته العقد الاجتماعي يشير إلى أن الجريمة: "كل فعل او عمل يسهم في تفكيك روابط العقد الاجتماعي".

3- دور كايم "الجريمة ظاهرة اجتماعية ضرورية وسليمة ما دامت مكروهة او ممقوتة" لأنها استثارة للوعي الجماعي للدفاع عن الاعراف والتقاليد.

4- رادكلف براون الجريمة "هي خرق للعادات والتقاليد مما يتطلب تطبيق العقوبة الجنائية على هذا السلوك".

5- توماس "فعل مضاد للجماعة يشكل تناقضاً مع وحدتها كونها متجانسة متضامنة خاصة بالفرد".

6- التعريف الاجتماعي "الفعل الذي تعتقد الجماعة الضرر بمصلحتها ومهدد لكيانها" أو "لكل انحراف عن المعايير والضوابط المتعارف عليها بغض النظر عن وجود نص قانوني في تجريم هذا السلوك" أي أن الجريمة "سلوك مخالف للسلوك المرغوب فيه ويعود بالضرر على المجتمع".

الجريمة ظاهرة اجتماعية

- الجريمة ظاهرة مرتبطة بالاجتماع الإنساني - وجود التجمعات الانسانية وجود جريمة- حجمها ونوعها مرتبط بحجم المجتمع ونوعه قديم - حديث- بدائي- بسيط - يعني أن الجريمة موجودة في كافة المجتمعات الانسانية لكنها تختلف من مجتمع لآخر.

- علماء يؤيدون كون الجريمة أمر طبيعي مرتبط بالوجود الانساني- بل هي ضرورية للتطور- أميل دوركايم يبرر رأيه "الرقي والتقدم بحاجة لحرية المجتمع الذي يسعى للتطور عليه توفير قدر من الحرية لأفراده".

- يرى دوركايم أن البعض يفهم الحرية خطأ فيستغلها ويرتكب جريمة- والحرية كأحد عوامل التطور فوقوع الجريمة في المجتمع لدليل على أنه من علامات التطور- توقف الجريمة في أي مجتمع دليل على الجمود والتصلب فان المجتمع في طريقه الى الفناء.

- ربط دوركايم اختفاء الجريمة بزيادة عوامل الضغط والقسوة والاكراه مما يسهم في شل حركة المجتمع بالتالي يؤكد على طبيعة الجريمة وضرورتها فهي ضريبة تطور وتضحية بجزء من تماسك المجتمع.

- تمتاز الجريمة بكافة خصائص الظاهرة الاجتماعية ولأهمية ما تشكل في حياة المجتمع إلا أنها يجب أن تقف عند حدود معينة.

اتجاهات تفسير الجريمة

تتميز الجريمة بالتشعب وتعدد أسبابها - لذا نجد الباحثين لم يتوقفوا عند تفسير واحد لظاهرة الجريمة وبحثوا عن أسبابها واتجاهاتها- فتعددت الاتجاهات التي حاولت تفسير الجريمة، ومن هذه الاتجاهات:

1- الاتجاه الفردي

أ- فردي بيولوجي.

ب- فردي نفسي.

العوامل المحركة:

1- دوافع غريزية

2- مكونات الجهاز التنفسي

3- التخلف العقلي

2- الاتجاه الاجتماعي.

3- الاتجاه التكاملي .

عوامل وأسباب الجريمة:

1- عوامل داخلية.

2- عوامل خارجية.

وسيتم توضيح هذه الاتجاهات كالآتي:

1- الاتجاه الفردي: يهتم بالعوامل العائدة للشخص - خصائصه وسماته- قد تكون ثابتة لا تقبل التحوير والتبديل ومكتسبة ويقسم هذا الاتجاه قسمين:

أ- فردي بيولوجي - يفسر السلوك لخصائص ومميزات يمتلكها الافراد.

ب- فردي نفسي - يفسر على ضوء خصائص نفسية ودوافع محركة للسلوك- تعمل على تحريك السلوك الاجرامي، وهذه المحركات نتيجة العوامل التالية:

دوافع غريزية - مكونات جهاز نفسي - تخلف عقلي

2- الاتجاه الاجتماعي

مرتبط بعوامل خارجة عن الفرد ومكوناته الذاتية- عوامل خارجية تحيط بالفرد وتكون السلوك الاجرامي:

عامل اقتصادي - المحيط الطبيعي - التنشئة الاجتماعية

3- الاتجاه التكاملي

هذا الاتجاه لا يركز على عامل واحد أو علم يبحث عن كل ما يتصل بالفرد من نواحي عضوية- نفسية- اجتماعية تتفاعل معاً لإبراز الجريمة وأية عامل له أهمية.

عوامل وأسباب الجريمة:

يصعب تفسير الجريمة في ضوء عامل واحد- للجريمة عواملها وأسبابها المختلفة متميزة بالترابط والتشابك، وهذه العوامل:

1- داخلية

مؤثرات مرتبطة بشخص المجرم تدفعه لارتكاب السلوك الاجرامي- قد تكون ثابتة أو متغيرة مكتسبة. ومن العوامل المهمة في ظهور السلوك الاجرامي: الوراثة- السلالة - الجنس – الذكاء – التكوين البيولوجي والنفسي.

2- عوامل خارجية:

نابعة من المحيط رغم ارتباطها بشخصيته والتأثير في سلوكه سواء أكانت عوامل طبيعية أو اجتماعية. فقد تسهم العوامل الجغرافية – البيئة- المناخ – الاوضاع الاقتصادية والسياسية- العادات والتقاليد في السلوك الاجتماعي عند الأفراد.

ظاهرة المخدرات في الأردن:

عند الحديث عن المخدرات يتوجب علينا أن نشمل المؤثرات العقلية أيضاً، فالمخدرات والمؤثرات العقلية تشترك بكونها تؤثر على الجهاز العصبي المركزي، إما مثبطة له منشطة له أو مهولوسة له. فالمخدرات والمؤثرات العقلية تشمل العقاقير التي يمنع القانون تعاطيها مثل الهيروين، أو العقاقير التي تصرف بغرض العلاج الطبي بكافة أشكاله ولكنها تصب في خانة الإدمان على استعمالها عند تناول هذا العقار او المستحضر- دون الإشراف الطبي الكامل ودون الحصول على وصفة طبية، أو تناول العقار الموصوف من قبل الطبيب بجرعات تزيد عما يحدد الطبيب، أو لمدة زمنية أطول من تلك التي أوصى لها الطبيب، أو لاستعماله لأغراض غير طبية. وفي المملكة الأردنية الهاشمية ينطبق ما سبق ذكره على سبيل المثال بإساءة استعمال عقار الأرتين (ARTANE) وهذا العقار يوصف من قبل الأخصائيين النفسيين لمنع ظهور الأعراض الجانبية للمعقلات التي تعطي للمرضى العقليين.

وهنا تجدر الإشارة إلى إساءة استعمال عقار الريبوتوريل (RIVOTRIL) وهذا العقار يوصف كعلاج لمرض الصرع، وهذا العقار مشهور بين المدمنين باسم (صليبا) لأن الحبة مصلبة فهي تشبه الصليب ومنها أشتق اسم "سلبياً".

لابد لنا تحديد بعض المفاهيم والتعاريف الخاصة بموضوع الإدمان لنتمكن من إيجاد لغة مشتركة للحوار.

المخدر أو المؤثر العقلي:

هو كل عقار أو مستحضر يتم تعاطيه بشكله الطبيعي "كالقات والحشيش والماريجوانا"، أو مصنعا "كالهروين والكوكائين"، وفي كلتا الحالتين يؤدي تعاطيه إلى تغير في مستوى الوعي (Level of Consciousness) مؤثرا على الجهاز العصبي المركزي، أما مثبطا له (Sedation) أو منشطا (Elation) أو مهلوسا.

الإدمان أو الاعتماد:

الإدمان هو عبارة عن حاجة جسمية أو نفسية أو الاثنين معا لمادة ما بحيث يشعر المدمن برغبة قهرية لتناول تلك المادة. كما أنه يضطر أن يزيد الجرعة المتناولة بين فترة وأخرى حتى تؤدي هذه المادة التأثير المطلوب منها، وبدونها يعاني المدمن من آلام جسدية بالإضافة إلى المعاناة النفسية، وتسمى بالأعراض الانسحابية ويمكن أن تؤدي إلى الموت في حالة الانقطاع المفاجئ، ومثالا على ذلك الانقطاع عن الكحول في حالة الإدمان عليه.

فالإدمان إذن هو حالة تسمم دورية أو مزمنة ناتجة عن الاستخدام المتكرر لمادة مخدرة معينة وتتصف بأعراض الإدمان الآتية:

1- رغبة غلابة أو حاجة قهرية تدفع الشخص إلى الاستمرار بتعاطي المخدر والمحاولة الدؤوبة للحصول عليه مهما كان الثمن ومهما كانت الوسيلة.

2- ميل إلى زيادة الجرعة المتعاطاة رغم المعرفة المسبقة بأضرارها.

3- اعتماد جسدي ونفسي على آثار المخدر.

4- تأثير ضار بالفرد جسديا ونفسيا وسلوكياً ومادياً واجتماعياً.

التحمل (الاطاقة) Tolerence :

هو عبارة عن تدني تجاوب الجسم مع تكرار تناول الجرعات ذاتها من مخدر معين. أي أن الجرعة ذاتها لم تعد تعطي الفاعلية المرغوبة لدى المتعاطي وهو بذلك يكون بحاجة إلى الزيادة المستمرة للجرعة من ذلك العقار للإبقاء على نفس الدرجة من الاحساس بالنشوة المطلوبة.

الأعراض الانسحابية أو الامتناع Withdrawal Symptoms :

هي مجموعة من الارجاعات النفسية أو الجسدية أو الاثنين معا التي ترافق المدمن حينما تمنع عنه المادة المخدرة التي يعتمد عليها.

ومجموعة الأعراض هذه تختلف من مخدر إلى آخر، ففي بعضها تظهر هذه الأعراض معتدلة بينما تكون حادة إلى درجة الموت في بعضها الآخر. كما وأن هذه الأعراض تختلف من فرد إلى آخر حسب الكمية وفترة الإدمان أو حسب سرعة إستقلاب المادة في الجسم.

المخدرات والمؤثرات العقلية:

أ- المنشطات:

وهي المستحضرات أو العقاقير التي عندما يتناولها المتعاطي تحدث عنده حالة من النشوة وارتفاع المزاج والشعور بالقوة الجسمية والنشاط الفكري واليقظة والإثارة والمتعة.

ومن هذه المواد:

1- المواد الكافيينية مثل القهوة والشاي والكولا.

2- الكوكائين.

3- القات.

4- مركبات الأمفيتامين ومشتقاتها ومشابهاتها.

5- عقاقير الريتالين والكيباغون.

ب- المسكنات:

تشمل هذه المجموعة تلك العقاقير أو المواد التي تحدث عند تناولها تثبيط للنشاط في الجهاز العصبي المركزي وتظهر على صورة تسكين للألم محدثة النعاس مع خفض الشعور بالقلق ومنها:

1- الكحول.

2- مسكنات الألم مثل المورفين والبيثيدين والكودايين.

3- البربيتوريت مثل اللومينال.

جـ- المهدئات:

تعرف هذه المجموعة بالمهدءات الصغرى وتندرج ضمنها:

1- مركبات الدبازيبام.

2- فيروبامايت.

3- الأفيونات منها اليرويين.

د- المهلوسات:

تشمل هذه المجموعة طائفة من المستحضرات الطبيعية والمحضرة كميائيا والتي تحدث عند تناولها مشاعر من تجاوز الواقع، وتحسس بأحاسيس هلوسية أو محرفة ومن هذه المواد:

1- مستحضر مسكالين.

2- مركب ل. س. د.

3- مواد فنساللدين (غبار الملائكة).

4- مواد ومركبات أخرى مهلوسة.

هـ- القنابيات:

1- الحشيش.

2- المروانا.

3- مستحضرات قنابية أخرى.

و- المشتقات الطيارة:

وهي مجموعة المواد والمستحضرات التي تذيب مواد أخرى وتنبعث منها غازات وأبخرة يمكن استنشاقها:

1- المذيبات الصناعية (التنر).

2- الغازات التخديري.

3- غازات الإشعال.

وسائل تعاطي المخدرات والمؤثرات العقلية

البلع:

1- تناول المشروبات الكحولية.

2- تناول شراب محضر من المواد القنابية (bhang) في الهند.

3- تناول الحبوب المهدئة والمسكنة للألم والمنومة.

4- تناول حبوب الافيتامينات.

المضغ والمص:

1- تناول أوراق نبته الكولا (الحاوية على الكوكائين).

2- النباتات القنابية (الحشيش).

3- القات.

4- بعض أنواع التبغ.

الاستنشاق (عن طريق التدخين):

يعتمد الاستنشاق على توفر المادة على صورة دخان ناجم عن تعريض المادة للحرق.

1- التبغ السجار والغليون والسجاير.

2- المواد القنابية مثل الحشيش والمروانة.

3- تدخين مستحضر الكراك (الكوكائين المصنع).

4- المواد المهلوسة.

5- استنشاق دخان الهروين وذلك بوضع المادة الصلبة للهيروين على طبق قصدير فوق النار وهو ما يؤدي إلى تحول المادة إلى غاز.

الشم (الاستنشاق):

1- الكوكائين.

2- الهيروين.

3- التنر.

4- بعض المواد المهلوسة.

الحقن:

1- تحت الجلد.

2- العضل.

3- الوريد.

ومنها: أ- المواد الأفيونية خاصة الهيروين والمورفين ب- الكوكائين جـ- مركبات الباربيتورابت د- المركبات الامفيتامينية.

لماذا يسئ الناس استعمال المؤثرات العقلية ويتعاطون المخدرات

1- توفر المادة أو العقار:

أ- البعد الجغرافي والسكاني: يلعب دوراً هاماً في توفر المواد والمستحضرات الطبيعية في منطقة جغرافية محددة باقبال مجتمعاتها وسكانها على تعاطي المادة المخدرة كما هو معروف في المجتمعات الأكثر إنتاجا للأفيونات أو الحشيشة وكذلك الذين يعملون في إنتاج وبيع وتوزيع وتخزين المواد الكحولية.

ب- الاستعمالات الطبية: لما كان لبعض المواد والمستحضرات مجالاتها من الاستعمال في النطاق الطبي ونظرا لوجود بعض الثغرات في أنظمة المؤسسات الصحية اتضح من الدراسات أن نسبة المدمنين على المورفين والبيثيدين بين العاملين في الحقل الطبي يبلغ خمسة أضعاف نسبتها في المجتمع عامة.

جـ- النقل والمتاجرة: أفادت معظم الدراسات بأن عملية النقل والمتاجرة بالمخدرات والمؤثرات العقلية وتصريفها تعتبر من أهم العوامل التي تقرر وفرة هذه المواد في مجتمع ما، وبالتالي إساءة استعمالها. ومن الطبيعي أنه كلما ضعفت الرقابة على عمليات النقل والمتاجرة والتصريف لهذه المواد كلما زاد توفرها وبالتالي إساءة استعمالها وتعاطيها. ويعتبر الأردن دولة مرور (ترانزيت) لعبور المواد المخدرة بين مناطق الإنتاج ومناطق الاستهلاك.

2- عدم كفاية القوانين والتشريعات:

لما كان للقانون والتشريعات السارية في دولة أو مجتمع ما تأثيرها المباشر على ظاهرة الإدمان على المخدرات والمؤثرات العقلية في ما يختص بالعقاب والردع لذا يجب أن تميز أحكام القانون بين ثلاث فئات من المتعاطين وهم:

أ- الفئة الأولى: وهم الأشخاص الذين يتسمون بالشخصية السيكوباثية أو الضد اجتماعية (ويكون إدمانهم على المخدرات جزء من الاضطراب السلوكي لديهم وكونهم لا يرتدعون من العقاب فيجب معاملتهم كمعاملة مروج المخدرات.

ب- الفئة الثانية: وهم المدمنون والمروجون للمخدر كوسيلة للحصول على المال لتأمين المزيد من المخدرات لاستعمالهم الشخصي.

جـ- الفئة الثالثة: المدمن: الضحية: وبشكل عام يجب التمييز بين المروج والمدمن فالمروج يعتبر مجرما وجريمته تعادل جرم الخيانة العظمى. أما المدمن فلسان حالة يقول عالجوني ولا تعاقبوني.

3- الثمن والبعد الاقتصادي للمجتمع:

يلعب مستوى أسعار المواد المخدرة والمستحضرات القابلة لإساءة الاستعمال والواقع الاقتصادي السائد في مجتمع أو دولة دوراً في مدى انتشار وتعاطي هذه المواد وبالتالي الإدمان عليها. وقد أثبتت الدراسات في الولايات المتحدة الأمريكية على سبيل المثال أن تعاطي الكوكائين ظل فترة طويلة منتشراً فقط بين أفراد الطبقة الاجتماعية الموسرة غير أن توفر مستحضر الكوكائين الصناعي مثل (الكراك Crack) وبكلفة زهيدة أدى إلى انتشار تعاطيه بين الطبقات الاجتماعية الأقل يسرا مما نتج عنه زيادة أعداد المدمنين في المجتمع ككل. فقد لوحظ أنه وبالرغم من أن تعداد سكان الولايات المتحدة الأمريكية يبلغ سدس عدد سكان العالم فهي تستهلك ما نسبته 40% من إنتاج المخدرات في العالم بشكل عام وما نسبته 60% من إنتاج الكوكائيين في العالم على وجه الخصوص.

4- خصائص المادة أو العقار المستهلك:

تلعب خصائص العقار المساء استعماله دوراً هاماً في إمكانية حدوث الإدمان والتعود عليه ففي الطرف الأول تندرج المواد والمركبات الأفيونية التي يؤدي تعاطيها إلى حدوث حالة من التشوق والرغبة لمعاودة تعاطيها وهي بالتالي تحدث الاعتماد الفسيولوجي والنفسي عليها. أما في الطرف الآخر من العقاقير نجد عقاقير لا تحمل بحد ذاتها السبب المؤدي للإدمان وإنما لها تأثير يؤدي إلى قيام حالة من التعود (Habituation) على تناولها، وليس حالة من الاعتماد عليها (Dependence) والتوقف عن تناولها يحدث شعوراً بعدم الارتياح يشعر متناولها بالحنين إليها غير أنه لا يعاني من أعراض إنسحابية (Withdrawal Symbptos) مثل القهوة والشاي ومشروب الكولا.

تندرج بين هذين الطرفين فئة ثالثة وهي الفئة من المواد التي يؤدي تعاطيه إلى تكوين حالة من الاعتماد الفسيولوجي والنفسي على متعاطيها فقط إذا ما كان يملك هذا الشخص الاستعداد النفسي-والجسدي لذلك، ومن هذه الأنواع القنابيات (الحشيشة والماريجوانا) والكحول.

5- الإيقاع والتغرير:

دأب بعض المروجين بحكم خبرتهم إلى تجنيد بعض زبائنهم للاختلاط بالفئات المستهدفة من المجتمع بغرض تقديم المخدر مجانا في الأربع مرات الأولى، لمعرفتهم التامة أن هذه كافية لأحداث حالة من الإدمان تضطر صاحبه للبحث عن الجرعة الخامسة، مستخدمين بذلك أساليب من الترغيب والتشويق بأيهامهم أن هذه

المادة تحدث متعة ونشوة عظيمة أو أنها تقوي الفرد جنسيا.. الخ من أساليب اكتسبوها بخبرتهم.

6- الجهل بمخاطر تعاطي المخدرات والمؤثرات العقلية:

من شأن الجهل بالمخاطر أو نقص المعلومات الكافية عن مخاطر المخدرات أن يجعل الفرد عرضة لغور أسبار المجهول والخوض في هذه التجربة الغامضة بحثا عن الإثارة وإشباعا لحب الاستطلاع، غير مدرك لمخاطرها خاصة إذا كان الفرد من ذوي الاستعداد النفسي والفسيولوجي وبالتالي أن يقع في شرك التعاطي والإدمان.

العوامل المؤدية إلى الإدمان:

1- عوامل خاصة بالفئة العمرية للشباب في سن المراهقة:

وهي العوامل التي يشترك بها المراهقون ويمكن اعتبارها مهيأة لاحتمال تعاطي المخدرات أو المؤثرات العقلية إذا ما تهيأت لهم الظروف لتعاطي المخدرات بصورة أو بأخرى.

أ- نزعة المراهقين إلى الاكتشاف والتجربة والتوسع بالخبرة على أمل أن يكون في ذلك ما يحقق المراهق المتعة والاعتزاز.

ب- نزعة المراهق إلى المغامرة لما توفره له من الإثارة والثقة بالنفس.

جـ- نزعة المراهق إلى المخاطرة ومن خلال ذلك التمتع بشعور القوة والغلبة.

د- النزعة إلى تحدي السلطة بكافة أشكالها من سلطة الأب في البيت والمعلم في المدرسة ورجل الأمن في المجتمع بشكل عام وهذا يمنحه الشعور بالاستقلالية والاكتمال وتحقيق الذات.

هـ- ما تتصف به مراحل المراهقة من ارهاصات وصراعات نفسية بعضها يتأتى من عدم انسجامه مع العائلة أو المجتمع وبعضها يتأتى من مواقف عاطفية أو جنسية وبعضها يتأتى من عوامل ثقافية أو اقتصادية وكل هذه العوامل مجتمعة تجعل المراهق في موقف لا يستطيع معها تحمل كل هذه الضغوط النفسية مما يؤدي بالمراهق إلى الهروب من الواقع الصعب إلى عالم المخدرات الوهمي.

2- العوامل العائلية:

تفيد البحوث المختلفة بوجود عوامل عائلية ذات تأثير فعال تدفع الفرد لتعاطي المخدرات وسوء استعمال العقاقير الخطرة وبالتالي الإدمان عليها ومن أهم العوامل ما يلي:

أ- وجود علاقات عائلية مضطربة في حياة المدمن.

ب- دلت الدراسات أن نسبة المدمنين على الهيروين والذين يعيشون في ظل أحد الأبوين فقط تبلغ 50% من إجمالي عدد المدمنين.

جـ- في بعض العائلات التي تكثر فيها المشاكل والمنازعات والخلافات بين الوالدين يلجأ الابن إلى الادمان لا شعوريا لكي يصبح هو مركز الاهتمام وبالتالي يصبح هو الموضوع الرئيسي- لاتصال العائلة بعضها ببعض.

د- تعاطي أحد الوالدين أو أحد الأخوة الكبار للمخدرات مشكلين قدوة لذلك الفرد دافعين به إلى تقليدهم ووقعوه ببراثن الإدمان.

3- العوامل النفسية:

أ- إن معاناة بعض الذين يقبلون على تعاطي المخدرات لإضطرابات نفسية لا يمكن تفريغها إلا باستعمال المخدر وبذلك يكون تناول المادة المخدرة وسيلة للسيطرة على هذه الاضطرابات النفسية مثالاً على ذلك أن يعاني الشخص من قلق مرضي أو اكتئاب أو حتى مرض عقلي فبدلا من الذهاب إلى الطبيب النفسي يلجأ إلى تعاطي المخدر (علاج ذات Self-medication).

ب- معاناة بعض الأفراد من دوافع قصرية إلزامية تؤدي إلى اللجوء إلى تعاطي المخدرات.

جـ- يعاني الشخص المدمن من نقص أساسي في تكوين الذات (الأنا-Ego) جاعلا منه نرجسي- الشخصية في الظاهر. أما في (اللاشعور - Conscious) فيحصل تفاعل آخر فهنا يتجمع عنف هائل (Great Aggression) نحو أناس عزيزين عليه ولأنهم عزيزون عليه لا يستطيع أن يفرغ ذلك الغضب الهائل وإنما يوجهه نحو الذات مدمراً لها وبذلك يقوم الشخص المدمن بعملية انتحار بطيء.

د- يعاني الشخص المدمن من فراغ روحي وعاطفي (He is Bank rubbed emotionaly and spiritualy).

هـ- يحدث الإدمان عند نسبة كبيرة من الأشخاص الذين تعرضوا في طفولتهم للحرمان العاطفي أو عانوا من الفشل في التحصيل معوضين عن ذلك بالاتجاه

إلى العصيان والخروج عن عادات السلوك السوي والاتجاه إلى السلوك المعادي والمناهض للمجتمع.

و- عند بعض المدمنين يكون تناول المدمن للمخدر بسبب لاشعوري (unconsciously) يحقق له الشعور بأنه ضحية العائلة والمجتمع والشعور بأن الغير هو المسؤول عن تعرضه للظلم وهذا النوع يكون مزاجي النزعة (Maxochistic) ويجد عادة هذا النوع لذة فائقة بتعذيب الذات.

4- العوامل الاجتماعية والحضارية:

دلت الدراسات الاجتماعية أن العوامل المدرجة أدناه تلعب دوراً رئيسياً في:

أ- السكن الغير ملائم والاكتظاظ السكاني.

ب- البطالة وقلة فرص العمل.

جـ- الدرجات المنخفضة في التعليم.

د- عدم توفر الاسناد الاجتماعي (Social Support) للفرد الاعتيادي في مواقف الحاجة إلى العون والرعاية الاجتماعية.

هـ- العيش في مناطق محدودة الاتصال الاجتماعي أو الانفتاح على الغير.

و- حجم العائلة فكل ما كبر حجم العائلة كلما كان الاقبال على الإدمان أمراً اكثر احتمالاً.

ز- المجتمع غير المنضبط الذي لا تتوفر فيه وسائل السيطرة المعنوية أو القانونية يؤدي إلى الانفعالات بالسلوك الفريد وإلى فقدان الضوابط الكابحة للسلوك غير السوي وإلى انحلال مفهوم مؤسسة العائلة.

وفي رأي الباحثين الاجتماعيين أن العوامل الاجتماعية هذه هي الأكثر أهمية في الدفع نحو الإدمان وأنها قد تكون وحدها دون توافر العوامل الأخرى من نفسية وشخصية أو عائلية دافعا كافيا للجوء إلى الإدمان على المخدرات.

ومن الأبحاث في هذا الموضوع بحث مميز للعالم (SOLOMON) في العام 1977 والذي استنتج منه بأن هناك خمس عوامل اجتماعية تهيء الشخص للإدمان على المخدرات وهي:

- السكن في المدينة.

- سلوك ينفي أو يقيد المسؤولية العائلية في الرقابة على الفرد.

133

- التغرب بالمجتمع وبالتالي الشعور بعدم الانتماء يظهر بوادر سلوكية انعزالية كاستجابة الفرد للفشل في محاولته للحصول على مكانه اجتماعية.

- الشعور بالعجز في إيجاد المكان اللائق للفرد في البنية الاجتماعية.

- معاشرة الفئات الجانحة والمنحرفة مما ينجم عنه تعلم أنماط سلوكية منحرفة يكون الإدمان على المخدرات أحدها.

5- العوامل السياسية والاقتصادية التي لها علاقة بالإدمان:

ومن الأبحاث حول هذا الموضوع:

أ- ما يراه أيجار (EGGER- 1980) من أن التغيير السريع في النمو الاقتصادي وغير الواضح له أن يشجع على الإدمان مباشرة بتكوينه محيطا اجتماعياً يعمل على التغريب وعدم الشعور بالانتماء نتيجة للنمو الاقتصادي السريع الذي يؤثر على الحياة الاجتماعية وعلى معاني الحياة الجديدة على الشخص مما يدفعه إلى اللجوء إلى الإدمان كنوع من أنواع الهروب من الواقع الجديد الذي لم يستطيع أن يتأقلم معه نفسيا.

ب- ما لاحظه نافارو (NAVARRO-1977) من أن النمو الاقتصادي السريع في بلد ما يكون حالة سابقة للتوسع في سوء استعمال العقاقير الخطرة وذلك عن طريق فعل النمو الاقتصادي المخل بالوضع الاجتماعي القائم.

6- الشخصية والإدمان:

أ- عدم التوافق الاجتماعي بين الفرد والمجتمع.

ب- انخفاض مستوى تقدير الفرد لذاته (Low Selfe Steem) .

جـ- المشاعر الاكتئابية .

د- فقدان السيطرة على المشاعر الداخلية والحاجة إلى وجود منبع خارجي يعطيه الشعور بالسيطرة على الذات.

هـ- شخصية تتسم بالسعي المتواصل نحو الإثارة الحسية نتيجة الفراغ الروحي.

- الحاجة إلى الإرضاء الذاتي دون الأخذ بعين الاعتبار مشاعر الآخرين.

- النقص في المقدرة على ضبط الدوافع.

- انخفاض مستوى التحمل للإحباط.

- تدني مستوى المقدرة على الارتباط الاجتماعي.

- الاتسام بصفة عدم الصبر واللجوء إلى العدوانية.

- ميلا أعظم للبحث عن الإثارة والسعي نحو تجارب المغامرة والبحث عن تعدد حالات تغيم الوعي
(Variation of level of consciousness)

الإجراءات المتخذة من قبل الإدارة للحد من مشكلة المخدرات:

أ- في مجال المكافحة:

إن مشكلة المخدرات كما نعلم هي مشكلة ذات أبعاد متعددة منها ما يتعلق بالإنتاج والعرض ومنها ما يتعلق بالتسويق والنقل ومنها ما يتعلق بالعرض والاستهلاك ولمواجهة هذه الأبعاد من كافة جوانبها كان لابد من تبني سياسة عامة لمكافحة المخدرات لدينا في الأردن تنطلق أساساً من هذه الأبعاد.

وانطلاقا من ذلك فقد تبنت إدارة مكافحة المخدرات استراتيجية عامة لمكافحة المخدرات اعتمدت أساسا على مواجهة محور العرض ومحور الطلب وتمكنت الإدارة وبدعم متواصل من تعزيز جهود المكافحة المبذولة محليا بالتعاون مع الأجهزة الأمنية الأخرى وتمكنت من ضبط الكثير من قضايا المخدرات وضرب عصابات التهريب المختلفة كما دفعت الإدارة أيضا بجزء من جهودها نحو تقليل الطلب على المخدرات من خلال جانب العلاج الذي تبنته خلال السنوات الماضية إيمانا منها بأهمية هذا الجانب الإنساني.

ب- في مجال الوقاية:

تمكنت إدارة مكافحة المخدرات من إثارة مشكلة المخدرات على المستوى الوطني من خلال وسائل الإعلام المختلفة والمشاركة بالندوات المتخصصة في هذا المجال إذ بلغ مجموع الندوات التي شاركت بها الإدارة خلال عام 1997 (10) ندوات كما ساهمت مديرية الأمن العام من خلال الإدارة في عمليات التوعية والتثقيف عن طريق المحاضرات إذ بلغ مجموع المحاضرات التي غطيت من قبل الإدارة العام الماضي (424) محاضرة.

ولأهمية إعطاء المعلومات الصحيحة المتعلقة بالمخدرات لجأت الإدارة إلى إعداد منشورات ومطويات تتعلق بالتعريف بالمخدرات وأخطارها وسبل الوقاية منها لاستعمالها وتوزيعها على مختلف الفئات الاجتماعية للإفادة منها، وفي مجال الوقاية أيضا ساهمت الإدارة في توعية رجال الشرطة والجمارك العاملين في مراكز الحدود من خلال تعريفهم بأنواع المخدرات وطرق الكشف عنها إضافة إلى حث المجتمعات المحلية على تأسيس جمعيات للوقاية من أخطار المخدرات دعماً لجهود الوقاية.

جـ- في مجال العلاج:

إن التشريع المعمول به حاليا هو قانون المخدرات والمؤثرات العقلية رقم (11) لسنة 1988 يساعد على التقدم للعلاج دون التعرض للمساءلة القانونية وعليه فقد ساهمت مديرية الأمن العام من خلال الإدارة بعملية علاج المدمنين ضمن الإمكانيات المتاحة بالتنسيق مع وزارة الصحة وحسب برنامج متكامل يخضع له النزيل بلغ مجموع الذين عولجوا بالمركز لدينا منذ نشأته ولغاية الآن (228) شخصا، ومن الجدير بالذكر أن وزارة الصحة ستتبنى قريبا موضوع العلاج منه خلال المستشفى الخاص الذي أنشأته لهذه الغاية وهو الآن في مراحله النهائية ونقترح أن يكون للإدارة قسم خاص في هذا المستشفى للإشراف الأمني ولمتابعة الحالات التي قد تحول من القضاء للعلاج.

كيف نقي مجتمعنا من خطر المخدرات؟

إن أساليب الوقاية من المخدرات لها ارتباطات بخصائص المجتمع الإنساني التي تشمل عاداته وتقاليده وأعرافه وقيمه الدينية فكلما كانت النتائج أفضل وفي هذا المجال لابد من التركيز على محاور الوقاية الرئيسية التالية والتي تساعد في أبعاد مجتمعنا عن هذه الآفة الخطيرة.

1- العائلة: تعتبر العائلة خط الوقاية الأول في مجال التصدي لخطر المخدرات فكلما كانت العائلة متماسكة ومترابطة ومتواصلة فإن ذلك سوف ينعكس على التربية الأسرية للأفراد الذين يعيشون في هذه الأسرة ولذلك يجب على الآباء أن يكونوا حذرين وحريصين كل الحرص على تربية أبنائهم على التربية الإسلامية ونجعلهم يتصفون بالأخلاق الحميدة والابتعاد عن كل ما هو منكر أو حرام.

2- المدرسة: تعتبر المدرسة الوسط الثاني بعد العائلة وهي تعزيز للجهود التي تبذلها الأسرة في مجال تربية الأبناء ولذلك فإن المدرسة من خلال إدارتها وهيأتها.

3- المجتمعات والأندية الثقافية: أيضا لها دور مهم في تعليم المجتمع وتبصيره بالأخطار المحدقة به لان الجمعيات والنوادي هي مجالات مهمة نستطيع من خلالها تنمية روح الخلق والابداع لدى الشباب والسير بهم نحو طريق الأمان.

4- وسائل الاعلام: إن العملية الاعلامية ذات أثر بالغ في توجيه الناس وتبصيرهم وبالتالي خلق مفاهيم صحيحة لديهم ضد الأخطار المتنوعة التي تحيط بالمجتمعات الإنسانية لأن المادة الإعلامية كما هو معلوم تتجه لكل فئات

المجتمع ومن هنا يجدر بنا استغلال وسائل الإعلام المتاحة (تلفزيون، راديو، سينما، صحف..الخ) في برامج التوعية والتثقيف ضد أخطار المخدرات.

5- العمل الجماعي: وذلك مـن خـلال النشـاطات الجماعيـة للشـباب والمخـيمات الكشـفية حيـث يمكـن استغلالها للقضاء على الفراغ القاتل لدى الشباب مما يحميهم بالتالي من الانحراف والوقوع في براثن الانحرافات والتي من الممكن أن تكون المخدرات على رأسها.

6- التدابير القانونية: وفي هذا المجال يمكن لفت انتباه الناس إلى الانحرافـات السـلوكية والمخـاطر الناجمـة عن ارتكاب مثل هذه الانحرافات والعقوبات المترتبة عليها.

المراجع

1- د. محمد عاطف غيث، المشاكل الاجتماعية والسلوك الانحرافي، دار المعرفة الجامعية، الاسكندرية.

2- د. علي حسن خفاجي، دراسات في علم الاجتماع الجنائي، ورقة عمل بعنوان أثر تعاطي المخدرات والعقاقير الخطرة على أمن الاسرة الاردنية، انعقاد ندوة (نحو أسرة أردنية آمنة عام 2000) 1997.

3- د. مؤمن الحديدي، نحو أسرة آمنة عام 2000 ورقة عمل العنف البدني ضد الاطفال، 1997.

4- د. وليد سرحان، ورقة عمل مقدمة لندوة نحو أسرة أردنية آمنة عام 2000 عن علاقة تعاطي المخدرات بالجرائم المرتكبة ضد الأطفال والاسر وانعكاس ذلك على التنشئة الاجتماعية وعلاقته بالتفكك الاسري.

5- فريال حسن صالح، ندوة نحو اسرة أردنية آمنة عام 2000 ، جمعية مركز الاتحاد الاجتماعي، الايذاء النفسي للأطفال وعلاقته بالانحراف.

6- نويل تايمز ترجمة د. غريب محمد سعيد أحمد، علم الاجتماع ودراسة المشكلات الاجتماعية، دار المعرفة الجامعية، الاسكندرية، 1985.

7- Search by Web 2et:
    a) www.google.com
    b) www.yahoo.com

8- صالح السعد، المخدرات والمجتمع.

9- سلوي علي سليم، الاسلام والمخدرات، القاهرة، مكتبة وهبة. 1989.

10- ناصر ثابت، المخدرات وظاهرة استنشاق الغازات.

11- عمر الشيباني، الأسس النفسية والتربوية لرعاية الشباب.

12- علياء شكري وآخرون، دراسة المشكلات الاجتماعية.

13- صالح السعد، المخدرات.

14- صخر راشد علي، المخدرات بداية النهاية.

15- مصطفى صويف، ايديولوجية الحشيش.

16- كمال علي، النفس، انفعالاتها وامراضها وعلاجها، بيروت، الدار الشرقية للطباعة والنشر، 1976.

المبحث الثاني

التلوث البيئي

المقدمة :

مع اطلالة القرن الحادي والعشرين والنظام العالمي الجديد يتعرض للفوضى وسط انتشار ارهاب التلوث واخطار بيئية وشيكة تهدد البشرية والانسان في وجوده على أي بقعة من الارض انتمى، وان هذه المخاوف باتت تطال العالم برمته من استخدام اسلحة الدمار الشامل النووية المحدوده والشاملة او الكيميائية او الجرثومية "البيولوجيه " .

واذا كان استعمال القوة النوويه محصوراً في من يمتلكها بتعقيداتها ، واذا كانت الاسلحة الكيميائية تتطلب تقنيات عالية ، فإن الحرب البيولوجيه الجرثومية تكاد تكون في متناول الجميع وهي لم تغب عن الحروب القديمة والحديثه ، وقد طوّر الروس منتصف الثمانينات جرثومه مرض الطاعون الرئوي الذي يصيب الدماغ بالنزف ، فكيف مع تطور الاسلحة والتقنيات وتوليد الجراثيم في المختبرات وثورة علم الوراثة والجينات في مطلع الالفيه الثالثة بعد ان ظهر مؤخراً ميكروب الجمره الخبيثة .

أن أهمية البيئة هي بالمحافظة على الحياة الطبيعية وبقاء الموارد المتجدده تلقائياً ، وفي الماضي كان الانسان يعيش وسط بيئة خالية من التلوث نظيفه بريئة جميلة ، اما مؤخراً فلم يترك مكان إلا ولوثه وعمد الى تخريب التوازن البيئي وتدميرها فأفقدها نواحي الحياة ، وهي بدورها أفقدته اياها وانعكست عليه سلباً .

في هذه الايام يعيش العالم وسط اخطار كبيرة معرضه للانفجار في أي وقت منها على سبيل المثال لا الحصر انتشار اسلحة الدمار الشامل وتطويره المستمر والمفاعلات النوويه في الفضاء ، وارتفاع حرارة الارض والتغيرات المناخيه وارتفاع عدد السكان في العالم ، ونضوب الخيرات والعواصف الشمسية , وغيرها الكثير من الاخطار .

فالبيئة هي التي تحافظ على نقاوة الهواء ونظافة الماء وبراءة الارض وجمالها لبقاء واستمرار حياة الانسان الذي خلقه الله وسخر له كل شيء على الارض وسلطه عليها لينعم بخيراتها وملاذها ، والانسان مخلوق عظيم ميزه الله عن باقي المخلوقات بالعقل والتفكير وحسن التدبير ، والتطور نحو الافضل ،

والبيئة هي بمثابة الروح للتوازن الطبيعي ، وايضاً معنيه في بقاء الحياة لكوكب الأرض .

وتبين أن الانسان منذ زمن بعيد هو المساهم الأول في خلل الطبيعة فطموحه للتطور طيلة مائة عام مضى ، ألحقت الضرر في التوازن الطبيعي لكوكب الارض بشكل مذهل توازي المتغيرات الطبيعية عبر ملايين السنين .

أستيقظ الانسان مؤخراً فوجد نفسه في عالم محاط بالتلوث الاشعاعي والكيميائي والبيولوجي والنفايات السامة والخطره طالت الهواء والماء والتربة والغذاء ، واصبحت نواحي الحياة مهددة و ازدادت الامراض المستعصيه في العالم، كمرض الايدز والسرطان وجنون البقر والحمى القلاعيه ... وغيرها من الامراض القاتلة الاخرى .

ان الاوضاع التي تعاني منها البشرية اصبحت لا تطاق فهي اشبه بقنبلة نووية موقوته لا احد يعلم متى ستنفجر لان الاسباب متوافره والظروف ملائمه في ظل ارتفاع عدد سكان العام ، والتردي الحاصل من جراء تلوث البيئة و الطبيعية سوف يقود الى جوع عام تتأثر فيه الدول النامية أو ما يسمى بالدول المتخلفه و تبعتها الاقتصادية والسياسية وحاجاتها الغذائية والصناعية للدول العظمى ، وهي التي تعاني الان الفقر والعوز والتي ترزح تحت عبء الديون .

لقد اصبح هذا الواقع الخطير المعيوش في بداية القرن الحادي والعشرين في ظل عالم تقوده الولايات المتحدة الاميركيه وتفرض سياسة القوة وفقاً لمصالحها وتهمين على الدول الضعيفة ، ومن يخالف القاعدة تلصق التهم به تمهيداً لفرض عقوبات اقتصادية عليه مما حدا بالدول الخضوع لهذه القاعدة حفاظاً على مصالحها وانظمتها تجنباً لشرها وقوتها .

لم يسد دائماًَ حكم القوي من التاريخ السحيق الى الان ، فلا بد أن يستيقظ العالم الحر ويرفض السيد المطاع ، فكم من دول كثيرة هزمت وانهارت بعد أن مرت بحقب سطيرت بها على العالم .

ان عودة الخلافات الداخلية والنزاعات الاقليمية والدولية الى الواجهة ، والتسابق الى تطور أسلحة الدمار الشامل على الكرة الأرضية وفي الفضاء الخارجي ، وانتشار الفوضى النووية واهتراء المنشآت في الكتلة الاشتراكية السابقة، لعدم توفر الأموال اللازمة للصيانة وارتفاع الغازات بمعدل (26) مليار طن سنوياً ، بالاضافة الى مواد كلوريد ، فلوريد ، كربون ، الى الاجواء ودفن بمعدل (62) مليار طن من النفايات سنوياً في التربة ، وقطع الغابات بمعدل (60) هكتار كل دقيقة في العالم ، والانتشار المتواصل لكل أنواع التلوث الذي لا يقدر

ولا يحصى ، فهو يزداد مع عدد الصناعات و ارتفاع السكان في العالم ، وسوف يـؤدي ولا شك الى مايسمى بالقضاء الحتمي على العالم .

ان مخلفات التكنولوجيا وخاصة طيلة الفترة الممتدة في زمن السباق الى التسلح من بداية حتى نهاية الحرب البارده والى يومنا هذا احدثت اضراراً مذهلة بالطبيعة خربت النظم الايكولوجيه وأحدثت خللاً في النظام الطبيعي ، يشهد الحاضر أكبر عملية تخريب بالبيئه والتنمية والكمائن المنصوبة لشعوب الكرة الأرضية في المستقبل ، وعلت اصوات الاف العلماء تناشد الأمم المتحدة وتنبه من أخطار البيئه ، وتصاعد الغازات ، واهمها: غاز ثاني اوكسيد الكربون والكلوريد والفلوريد والكربون، (C.FC) وتلوث الاجواء (طبقة الاوزون) وتغير المناخ .

ان النفايات النووية والكيميائية التي ترمى بالبحار والمحيطات ونفايات الصناعات الثقيلة والسموم على اختلافها من دول المعسكر الشرقي والغربي قضت على قسم كبير من موارد الثروة السمكية والحيوانية ، مورد أغلب شعوب الارض وخاصة الفقيره التي تقطن معظمها على طول الشريط الساحلي وهي مورد رزقهم وعيشهم الاساسي ، ان قطع الاشجار في الغابات و الاحراج توازي مساحة القارة الاميركية الشمالية ، ومن المعروف ان الاشجار تعطي الاوكسجين وتمتص ثاني اوكسيد الكربون ، وبفقدان هذه الاشجار تطور ظاهرة تغير المناخ وارتفاع الحرارة مع مرور السنوات بسبب تمزق طبقة الاوزون التي تحمي الحياة البشرية والحيوانية والنباتية على الارض ومن دونها لا امكانية لحياة على كوكب الارض.

التصحر يشكل مساحات شاسعة في العالم ، واستناداً الى تقارير الأمم المتحدة عام 1992 ان افريقيا الوسطى تعاني من جفاف قاس يهدد أكثر من (18) مليون نسمة بالموت جوعاً ، وكذلك تشير التقارير الى ان مايزيد عن المليار نسمة ترضخ تحت وطأة الفقر في البلدان النامية و (600) مليون نسمه في عوز شديد وان اكثر من (14) مليون طفلاً في العالم يموتون سنوياً بسبب الأمراض وسوء التغذية .

بالواقع مانخشاه ان تبقى المعالجات هشه بغياب الحلول الناجحة وتفاقم الازمات الدولية البعيدة عن منأى الحل كالتي لا تنسجم ومصالح الولايات المتحدة الاميركيه المتربعة على قيادة العالم لتدمر بعض مقومات الحياة ، في حين تعاني الارض من مواردها غير المتجدده لتأتي الاخطار التي تهدد البيئه والتي لا تعترف بحدود الدول ولا بسيادتها لتطال النظام الدولي الجديد جارفه معها اقتصاد العالم برمته لتطال كل شعوب الكرة الارضية .

البيئــــة :

في مطلع التسعينات بدأت وسائل الاعلام المرئي والمسموع والمكتوب تتحدث بشكل متواصل عن شؤون البيئه في العالم والاهتمام بها ، وعن مستقبل نظام الارض، حفاظاً على حياة البشرية من ازمات البيئية والكوراث الكامنه، بحيث اصبح اليوم علم البيئة اكثر العلوم أهمية لمستقبل الانسان من اي وقت مضى .

قبل سنة 1960 لم يعط العالم علم البيئة الاهتمام الذي يستحقه مع أن الدعوات كانت ملحة قبل ذلك التاريخ لفهم علاقة الانسان العضوية بالوسط الذي يعيش فيه وبسائر الكائنات الحية ، فأطلقت قبل ثلاثماية سنة في كتابان الباحثين غراونت وباخون ومالتوس وفي منشورات لعشرات من العلماء الباحثين من كافة العلوم التي تؤكد ان الانسان هو المستفيد الاكبر من المحيط وموارده الطبيعية .

اولاً : تعريف البيئة :

أول من صياغ كلمة ايكلوجيا العالم هنري ثورو عام 1858 ، ولكنه لم يتطرق الى تحديد معناها وأبعادها [1].

أما العالم الالماني المتخصص في علم الحياة أرنست هيكل فقد وضع كلمة ايكولوجي بدمج كلمتين يونانيتن (OLKOS) المنزل او مكان الوجود و (LOGOS) أي علم .

وفي سنة 1866 عرف أهدافها بدراسة العلاقات بين الكائن الحي والوسط الذي يعيش فيه ، وبعد النصف الاخير من القرن التاسع عشر ترجمت باللغة العربية بعبارة علم البيئة نقلاً عن اللغة الانكليزية العلمية .[2]

عرف بيار أغيس في كتابه (مفاتيح علم البيئة) علم البيئة بأنه علم معرفة اقتصاد الطبيعة ورصد علاقات حيوان ما بمحيطه العضوي واللاعضوي ، تتضمن الصلة الطبيعية والعدائية مع الحيوانات والنباتات التي لها علاقة مباشرة بها، مشيراً الى أهمية علم البيئة داعياً لتصبح أحد ركائز الفلسفة الانسانية الحديثه .

يعرف العالم الآن بومبار البيئية في كتابه (الاستقصاء الاخير) يتناول دراسة التوازن بين الانواع الحيوانية والنباتية والمعدنية مشيراً الى وجود تناقضان

---

(1) ريكاردوس الهبر ، بيئة الانسان ، اليونسيف بيروت 1982 ، ص 38 .

(2) د. احمد رشيد ، علم البيئه ، معهد الانماء العربي ، بيروت 1981 ، ص 5 .

في علم البيئة الا انها ليست أساسية ، يمكن التوصل في الاتفاق عليها بعد مرور طويل من الزمن ، والاهتمام بها يتطلب تكاليف باهظه [1] .

عرف الدكتور محمد الخولي رئيس دائرة الجيولوجي في الجامعة الأميركية في بيروت البيئه بأنها " تشمل نواحي الحياة كافة " وحث الدول على المطالبة بمساعدات لإدارات مختلفة للمحافظة على الطبيعة ومعالمها ومخلوقاتها ، وعلى المحيط ، (تربه وهواء وماء) ، ودعا الى حماية البيئه من التلوث والمحاذير المختلفة والرقابة على الاعمال الانشائية لجهة توافقها مع البيئة ورفاه الانسان [2] .

الباحث ريكاردوس الهبر مؤسس جمعية أصدقاء الطبيعة ومدرس في كلية الآداب والعلوم البيولوجيه في الجامعة الامريكيه في بيروت خص تعريف البيئه في كتابه (طبيعة الانسان) ، انها مجموعة العوامل الطبيعية المحيطة التي تؤثر على الكائن الحي او التي تحدد نظام حياة مجموعة من الكائنات الحية متواجدة في مكان، وتؤلف وحدة ايكولوجية مترابطة .

ومن خلال مجموعة هذه التعاريف يمكننا القول في تعريف شامل ، إن البيئة تعني بمحيط ما جميع الكائنات الحية والجماد ، وعلم البيئة علم ناشئ و حديث جاء نتيجة هذه البيئة فهو شامل كامل ذو أهمية كبيرة ، يدرس القوانين الطبيعية ويعني بابقاء التوازن لذلك المحيط .

لقد اصبح العالم يعيش يومياً هلع اقتراب الكوارث الطبيعية ، وبات الوضع امراً بائساً وميؤوساً منه في ظل غياب المعالجات ، وعلى العكس من جميع التوقعات التي بالامكان قراءتها او سماعها بوسائل الاعلام لدى الدول الغربية، فإنها لا تفي بتعهداتها في حماية البيئة وانفاق الأموال اللازمة للمخلفات التي أحدثتها ومنافسيها بالكتله الاشتراكية في تلوث البيئة ، وهذا ما يدفعنا الى الاعتقاد بأننا غير قادرين على حماية العالم كي نعيش فيه .

هل سنستمر في الصراع من أجل الدفاع عن المستقبل ؟ ام ان الامر لا يعنينا ! لنرى من هو المنتصر الطبيعة ام الانسان .

ثانياً : البيئة والأرض :

تعرف الأرض بالكميات المادية من حيث معالمها الجغرافية المتنوعه، وهي دمج لكل الموارد الطبيعية ، اي ما تتضمنه من أنواع التربة والمعادن والمياه والنباتات والحيوانات ، وتحدد هذه العناصر في نظم مثاليه تؤدي مجموعة متنوعة

(1) د. احمد رشيد ، المرجع السابق ، ص 5 .

(2) بيئة الانسان ، اللجنة الوطنية والتعليم ، الاونسكو ، بيروت 1981 ، ص 51 .

من الوظائف الضرورية بغية الحفاظ على سلامة هذه النظم وتوزانها التي تكفل استمرار الحياة والطاقة الانتاجية المتجددة .

وتستخدم موارد الاراضي طبقاً لاساليب تستفيد من جميع هذه الخصائص والارض مورد محدود في حين أن الموارد الطبيعية التي تحتوي عليها تتباين بمرور الوقت وحسب شروط إدارتها واستخدامها ، وتشكل التوسع في الاحتياجات البشرية والانشطة الاقتصادية ضغوطاً متزايدة باطراد على موارد الاراضي ، مما يخلق التنافس والنزاعات ويفضي الى استخدامها بأقل مثالية للأراضي ومواردها معاً .

وتقتضي الضرورة تلبية الاحتياجات البشرية بشكل متواصل ، لذلك أنهى لزاماً حل هذه النزاعات والسير قدماً في طريق استخدام الاراضي ومواردها الطبيعية بمزيد من الكفاءة والفعالية ، ان التكامل وتخطيط وادارة العمران واستخدام الاراضي هي من الوسائل العملية البارزه لتحقيق هذا الهدف ، ذلك ان دراسة جميع استخدامات الاراضي دراسة متكاملة تتيح امكانية تقليل النزاعات الى ادنى حد كما تتيح امكانية ربط التنمية الاجتماعية والاقتصادية بحماية البيئة وتحسينها ، مما يساعد على تحقيق هدف تعزيز التنمية ويتمثل جوهر هذا النهج بشكل متوازي ومتكامل في التنسيق بين انشطة التخطيط وادارة القطاعات المعنيه في شتى المجالات لجهة استخدام الاراضي ومواردها ، التي توفر الفوائد القصوى بتشخيص استخدامها على مر الزمن ، والتشجيع على الانتقال الى الاستعمال المتواصل والمتكامل لموارد الارض الطبيعية ، ومن أجل بلوغ هذه الغاية ينبغي ان تؤخذ في الاعتبار قضايا مختلفة أهمها البيئة والنمط الاجتماعي والاقتصادي .

لماذا الأرض ؟

لأنها المكان او الوسط الذي نعيش عليه ، فعلماء القانون الدستوري قالو أن الدولة تتألف من الأرض ، وشعب ، وسلطه ، وشددوا على الحفاظ على هذه العناصر الثلاث بحيث ان فقدان اي عنصر يفقد الدولة صفتها القانونية ، وكل عنصر من هذه العناصر الثلاث لا يقل أهمية عن الاخر بنظر علماء الدستور ، ماذا يبقى لنا إذا ما انتفضت الارض على الشعب والسلطة من جراء تخريب أبنائها للنظم الأيكولوجيه ؟ وتعافي هذه السلطة عن قصد او عن عدم القدرة في حماية البيئة قد يؤدي الى الزوال في غياب المعالجات الجدية ، وهذا ما اثبته علماء البيئة في ابحاثهم خلال مؤتمر قمة الأرض [1].

(1) جريدة السفير ، بيروت ، 1992/6/1 ، ص 3 .

ثالثاً :   البيئـة و التصحـر :

أن مكافحة التصحر يتطلب جهوداً كبيرة جداً على المستوى المحلي والوطني والاقليمي والـدولي ، فهو عائق في استمرار الانتاج ويساعد في تزايد الفقر وانتشاره بشكل واسع .

ان التصحر كما هو معروف في قاموس علمـاء الاقتصاد هـو تـردي الاراضي في المنـاطق القاحلـة وشبه القاحلة والمناطق الجافة نتيجة عوامل عدة بينها تغيـر المنـاخ والانشطة البشـرية ، ويـؤثر التصحر علىنحو سدس سكان العالم ، وان حوالي ثلثي الأرضي الجافة التي تبلغ 6ر3 مـن ملايين الهكتارات ، وربـع مجموع مساحة اليابسة في العالم ، وان اوضح اثر للتصحر هو تردي 3ر3 من ملايين الهكتارات من مجموع أراضي الرعي مما يشكل 73 بالمئة منها تنخفض امكانياتها لاستيعاب البشر والحيوان ، وانخفاض خصـوبة التربة وبنية التربة في نحو 47 بالمئة من مناطق الاراضي الجافة التي تشكل أراضي مزروعة بعليـة حديـة ، وتـردي الأراضي المزروعـة المرويـة التي تبلـغ نسبتها 30 بالمئه في مناطق الاراضي الجافة ذات الكثافـة السكانية العالية والامكانات الزراعية [1]، أنها أحد مشاكل البيئة البارزة ، والتصدي لها هو الحد من انتشار الفقر الواسع النطاق والذي يتطلب مشاركة المجتمعات المحلية والحكومـات الوطنيـة والمنظمات غير الحكومية والمنظمات الدولية والإقليمية ، والتنسيق والتعاون في هذا السياق هو الاساس الصالح .

رابعاً :   البيئـة والغابـات :

الغابات هي احدى عناصر النظم الطبيعية (ايكولوجي) التـي تعتمـد عليهـا البيئة في تلطيف الاجواء وانتاج الاوكسجين ، والحد من التصحر ، فهي تساهم مساهمة فعالـة في استمرار حيـاة الانسان و تلبية احتياجاته ورفاهيته منذ سنوات، وبتهدد الغابات في جميع انحاء العالم خطر التحول الى انواع اخرى من الاستخدام للأراضي بفعل الاحتياجات الانسانية المتزايدة وتوسيع الزراعة وسوء الاستعمال بيئياً ، مثال على ذلك :

النقص في مكافحة حرائق الغابات وتدابير مكافحة الصيد غير المرخص، وقطع الاشجار العشوائي للأغراض التجارية والرعي غير المنظم ، ناهيك عن الاضرار الجسمية الناجمة عن الملوثات المحمولة جـواً ، بالاضافة الى الحوافز الاقتصادية وفقدان نحات التربه ، وتسبب في فقدان التنوع البيولوجي مما يلحق

---

(1)   دراسة الأمين العام للامم المتحدة بعنوان (التصحر والجفاف) ، مكتب الاعلام ، بيروت ، حزيران 1992 .

الضرر بموائل الكائنات البرية ، وتدهور مناطق أحواض الصرف ونوعية الحياة وتقلص خيارات التنمية [1].

ان الحفاظ على الغابات القائمة في العالم وخاصة في مناطق مناسبة في البلدان النامية والبلدان المتقدمة على حد سواء ، يتطلب حماية هذه الغابات واصلاح الاحراج والتجدد والتشجير واعادة التشجير بغية استمرار واستعادة التوازن الايكولوجي ، وتوسيع نطاق مساهمة الغابات في تلبية احتياجات الانسان .

لم ندرك ابعاد امكانات الغابات واراضي الغابات بصفتها مورداً رئيسياً من موارد التنمية ، فإن الاستعمال الرشيد لها لا يتعارض والبيئة ، وتحسينها باستمرار وزيادة انتاج السلع والخدمات ، لا سيما المحاصيل الخشبية ، والمنتجات الحرجية غير الخشبية ، مما يساعد على توليد عمالة وتساهم في موارد الدعم القومي للبلدان، ولما كان اعادة التشجير بصورة دائمة يتمشى مع صون البيئة ويراعى وضع السياسات الحرجية .

أننا بحاجة الى تدابير جدية من أجل زيادة ادراك الشعوب لقيمة الغابات ولما تنتجه من فوائد كثيرة في رفاة الانسان ، وتضافر الجهود على الصعيد المحلي والاقليمي والدولي في سبيل انجاح هذا الجهد .

خامساً :البيئة و الهواء :

ان الهواء عنصر اساسي له الأهمية المطلقة في حياة الانسان والحيوان والنبات ، وأبرز عناصر تكوين الطبيعة بالاضافة الى المياه والتراب ، فبإمكان الانسان والكائنات الحية الاستمرار في البقاء لدهور طويلة على الأرض وترابها وبمقدوره ان يحيا أياماً معدودوة بدون مياه ، ولكنه لا يمكنه العيش دقيقة واحدة بدون هواء .

ويلعب الهواء دوراً أساسياً في صحة الانسان إذ أن الكمية التي يتنفسها منه في اليوم تزيد (اكثر من عشر مرات وزن كمية المياه التي يشربها) ، لذا يقتضي المحافظة على الهواء نظيفاً نقياً .

إن الهواء له تأثير فعال في المناخ فهو عامل أساسي في المتغيرات البيؤية ، مثلاً فالمناطق الباردة تختلف عن المناطق الحارة والمنطقة المعتدلة تختلف في حياة الانسان عن المنطقتين معاً ، علماً أن الانسان يتأثر به بيولوجياً وتنعكس عليه سلباً أم ايجاباً على كافة الصعد اجتماعياً - اقتصادياً - بيؤياً - من حيث

(1) د. احمد رشيد ، علم البيئة ، معهد الانماء الحربي ، بيروت 1981 ، ص 128 .

المكان الذي يعيش والظروف المناخية التي تتخلله ، كذلك ما ينطبق على الانسان في الصحة والنمو ينطبق ايضاً على الحيوان والنبات .

لذا ، المحافظة على البيئة ضروري جداً وخاصة في حفظ طبيعة المناخ وعدم تلوث الهواء ، فالتغير في المناخ يطال الجنس البشري بكامله ليتعدى التقسيم السياسي للعالم بين شمال وجنوب ، فهو يفوق كل الخلافات السائدة السياسية والايدولوجيه والتي كانت سبباً لنزاعات وحروب مدمره في مناطق معينه على الكرة الأرضيـة ، وتلافياً لما ذكرنا أعلاه سارعت بعض الدول لتوقيع معاهدة " تغير المناخ "[1] في حزيران 1992 ، ومعلوم ان الهدف الرئيسي للمعاهدة التي تسمى رسمياً (اتفاقية الامم المتحدة الاطارية بشأن تغير المناخ) هو الحد من الغازات " اوكسيد كربون وغازات دفيئة " التي يخشى ان تشكل ما يشبه غرفة زجاجية حول الكرة الأرضية تهدد باحداث تغيرات خطيرة في المناخ ، واعتبر السيد موريس سترونغ أمين عام مؤتمر الريو بالبرازيل عام 1992 ان التوقيع على هذه المعاهدة بمثابة الاعتراف القانوني الدولي بتغير المناخ ، فإن المساومة لا بد منها ، وبنفس السوقت ولا رضى عنها ، مثالاً على ذلك ان الاوروبين طالبوا بتضمينها قيوداً قانونية ، أما الولايات المتحدة الاميريكية فقد لعبت دوراً في تجسيدها خوفاً من ان يؤدي تنفيذها الفعلي الى تعطيل الصناعات وتغير اسلوب الحياة الاميركي .

اما الدول النامية فقد اعتبرتها مشكلة الاغنياء وحدهم واغتنمت الفرصة للمساومة معهم على تقديم المساعدات ، اما دول النفط فقد رفضت دفع ضريبة بيئية على النفط [2]. وهذا ما يدلنا على الصعوبات في تطبيقها بالمحافظة على المناخ وبالغرم من توقيعها ان زيادة التلوث يؤدي الى انعكاسات خطيرة على العالم مما يجعل البشرية مستعدة لاتخاذ خيارات قاسية للدفاع عن حياتها .

سادساً : حادث تشرنوبل :

تقع تشرنوبل في جمهورية اوكرانيا احدى جمهوريات الاتحاد السوفياتي سابقاً ، وتبعد حوالي 100 كلم عن عاصمتها كييف .

وقع بين يدي الكاتب عامر محمود طراف مقالاً كتب فيه عن الخطر النووي وحادث تشرنوبل ، ومن خلال قراءته لهذا المقال تبين له أن أسباب الحادث منقول عن كتاب يحظر نشره خارج الاتحاد السوفياتي السابق والذي ينقصه الدقة في المعلومات ، وبالرغم من البحث عن هذا الكتاب او ما يشبهه في دور النشر في

(1) جريدة السفير ، بيروت ، 1992/6/11 ، ص 2 .

(2) مجلة الحوادث ، بيروت ، 1992/6/11 ، ص 3 .

بيروت لم يعثر على الكتاب ، ولكن فيه من الصحة كما تناولته وسائل الاعلام العالمية حينذاك عام 1985 .

وقد أجرى الكاتب عامر محمود طراف مقابلة مع احد المهندسين الذين انهوا دراستهم في كييف ، وقد ادلى بالمعلومات التالية [1]:

تشرنوبل هي احد المدن في جمهورية اوكرانيا يوجد في ضواحيها محطة نووية لتوليد الطاقة ، وحصل تسرب إشعاعي نهاية عام 1985 من جراء عطل أحد الانابيب ، الا ان هذا التسرب انتشر الى جمهورية روسيا البيضاء وروسيا ، ووصل الاشعاع الى داخل حدود بعض دول اوروبا الشرقية منها رومانيا .

وبسبب الاهمال في عمليات الانجاز لم تعط ذات الأهمية لاسباب تقنية والمقصود انه حصل تغيير بيولوجي لم تظهر عوارضه الا بعد عدة سنوات من تاريخ التسرب ، ولكن في البدء ذهب الاف الضحايا نتيجة لذلك . سبب هذا الانفجار تلف المزروعات وحتى تاريخه ، تتأثر المزروعات وخاصة البطاطا بالشعيعات التي تعرضت لها التربة ، واصبح عدداً كبيراً من النسل مشوهاً حيث ان معظم الاطفال يولودون مشوهين في منطقة تشرنوبل وضواحيها بعد خمسة سنوات تقريباً من حادث التسرب الاشعاعي .

لم تزل السلطة ترسل الاطفال المشوهين سنوياً الى دول اوروبا واميركا للمعالجة ، وتحدث المصدر نقلاً عن احد الاختصاصين بالذره في مدينة كييف ان السنوات المقبلة قد يتعرض النسل لامراض اشد قساوة من السنوات الماضية ، ان لم تجد السلطات الحلول الجذرية لها . وان حادثة تشرنوبل كانت تنبهاً خطيراً للجمهوريات في الاتحاد السوفياتي السابق لدول العالم . علماً انه حصل خلاف بين اوكرانيا و روسيا بسبب رفض روسيا استقبال النفايات الناجمة عن مصنع تشرنوبل بعد الحادثة ، مما دفع بالأوكرانيين الى رميها في بحيرة بيكال ، التي تبلغ مياهها العذبه سدس المياه الصالحة للشرب في العالم ، اضافة الى ان رمي نفايات المصانع المدنية والعسكرية التي تختص بصناعة الورق والتي تشكل الثروة العمرانية مع العلم ان بحيرة بيكال تزود اغلب مناطق المانيا الاشتراكية السابقة بالمياه العذبه .

التلـــوث :

أجمع بعض الباحثين في علم البيئة على تعريف التلوث بشكل عام على أنه الطارئ أو غير المناسب الذي أدخل في التركيبة الطبيعة أي الكيميائية والفيزيائية والبيولوجية للمياه أو للأرض او للهواء ، فأدى الى تغير او فساد او تدن في نوعية

(1) مقابلة مع مهندس لبناني عاين الحادثة في عاصمة كييف من عام 1985 حتى عام 1992 .

تلك العناصر مما يلحق الضرر بحياة الانسان او مجمل الكائنات الحية ، ويتلف الموارد الطبيعية [1].

اولاً : تلوث الهواء :

1) الهواء النقي :

يتكون الغلاف الجوي المحيط بالكرة الارضية من مواد ذات مقادير محددة، حيث يشكل غاز النيتروجين مانسبته (78)% والاوكسجين (21)% ، وثاني اكسيد الكربون (033ر0)% والاغون (9ر0)% ، واثار بسيطة من غازات النيون والهيليوم والكربتون والهيدروجين وبخار الماء وغيرها ، وقد تتواجد المواد الصلبة مثل الغبار والدخان على شكل حبيبات تتراوح اقطارها مابين (30-01ر0) ميكرون ، وحبيبات صغيرة جداً تتراوح اقطارها مابين (1ر0-01ر0) ميكرون ، وهي مواد ناتجة عن البراكين والنيازك المتحللة والاشعاع الطبيعي ، فهذه هي المكونات الاساسية في الوضع الطبيعي او فيما يعرف بالهواء النقي .

2) الهواء الملوّث :

بسبب فعاليات الانسان المختلفة وعبثه في مقومات التوازن الطبيعي للهواء، اصبحت النسب الطبيعية للهواء النقي غير ثابته ، وان اي خلل أو اضطراب يدخل الى مكونات الهواء الطبيعية ، وسيحدث انتكاسات على الصحة العامة وعلى البيئة تتجلى بأشكال شتى ، حيث ان خطورة الأفه واهميتها يتناسبان مع مدى هذا الاضطراب في الاتزان الذي قد يطرأ على نسبة الغازات المهمة مثل الاوكسجين وثاني اكسيد الكربون واكاسيد النيتروجين وغيرها .

وتبعاً لطبيعة الشوائب يمكن لبعض ملوثات الهواء ان تكون سامة اذا وجدت في الهواء ، حتى ولو بتراكيز ضئيلة في حين لا تصبح بعض الملوثات مؤذية الا عندما يصبح تركيزها عالياً جداً ، ويعتمد ذلك ايضاً على مدة التعرض لهذه الملوثات ، ولقد تأثرت منطقتنا العربية حيث ان التغير في مواصفات الهواء اصبح واضحاً بسبب تضاعف تركيز الملوثات عدة مرات نتيجة لنشاط الانسان، فمثلاً لقد زاد استهلاك الفرد من الكهرباء في السعودية الى اربعة اضعاف، وخمسة اضعاف في الاردن وستة اضعاف في عمان ، وتسعة اضعاف في اليمن خلال الفترة (1970 – 1987) مما زاد من انبعاث ملوثات الهواء الى درجة كبيرة[2].

(1) ريكاردوس الهبر ، بيئة الانسان ، المطبعة العربية ، بيروت ، 1992 ، ص 53 .

(2) احمد عبد الوهاب عبد الجواد ، نحو استراتيجية اقليمية وعربية لحماية البيئة .

وقد عرف خبراء في منظمة الصحة العالمية (WHO) الهواء الملوث بأنه الحالة التي يكون فيها الجو خارج أماكن العمل محتوياً على مواد بتراكيز تعتبر ضارة بصحة الانسان او بمكونات البيئة ضمن طبقة التروبوسفير من الغلاف الجوي المحيط بالكرة الارضية والتي تمتد الى مسافة (8-15) كيلو متر ، حيث ان هذه الطبقة تحتوي على الاوكسيجين والنيتروجين وثاني اكسيد الكربون والأرغون وبخار الماء بنسب ثابتة .

وهناك ملوثات أدت الى تلويث الهواء ومنها الغازات الناتجة عن احتراق الفحم ، كما ان المركبات الكيميائية وتفاعلاتها المختلفة تسهم هي الاخرى في تلويث الهواء واحداث خلل في تركيبه الطبيعي ، هذا بالاضافة الى عوادم السيارات والطائرات والمصانع التي تترك تأثيراً سيئاً على البيئة ، حيث تعتبر هذه المواد والغازات الناتجة تركيزات ضارة بالانسان او بمكونات البيئة .

3) تلوث الهواء بالملوثات الصناعية :

تعتبر الغازات المنبعثة الى الجو والناتجة عن عوادم السيارات والمصانع ومولدات الطاقة و غيرها من فعاليات الانشطة الصناعية من أخطر الملوثات التي تلوث الهواء ، ومنها أكاسيد الكربون والنيتروجين والكبريت ، وغيرها من الغازات التي اخذت تتراكم في الجو بنسب عالية جداً .

4) تلوث الهواء بالجسيمات :

يمكن تقسيم الجسيمات التي تعمل على تلويث الهواء الى قسمين :

القسم الأول : الجسيمات الصلبة التي تحتوي على العناصر المعدنية وحبيبات الغبار والاتربة القلوية و الاتربة الاسمنتية ، اضافة الى مصانع الاسفلت والطوب والسيراميك و الزجاج وجسيمات الهيدرودكربونات التي تنبعث من عوادم السيارات وجسيمات المبيدات الزراعية التي تحتوي على الزئبق و الزنك والخارصين وجسيمات السناج ، وجسيمات الرماد وجسيمات الدخان .

القسم الثاني : الجسيمات السائلة التي تشتمل على جسيمات الرذاذ التي تتكون من سائل معلق في الهواء وجسيمات الايروسولات وهي عبارة عن دقائق صلبة او سائلة لا تتراكم مثل جسيمات الضباب المرئية ، هذا بالاضافة الى جسيمات الابخرة التي تنتج عن طريق التكثيف او التصعيد او التفاعلات الكيمائية للعناصر المعدنية .

وتتراوح قطر حجم الجسيمات الصغيرة بين (01ر-10) ميكرون التي تصل الى الرئتين محدثة اضراراً بالصحة ، اضافة الى ان عمليات الاحتراق غير

الكامل تؤدي الى اطلاق عشرات الانواع مـن الجسـيمات الملوثة للهـواء ، وكذلك الافران التي تستعمل في مصانع الاسمنت ، حيث تعرض المـواد الأولية التي تـدخل في صناعة الاسـمنت مـن الحجر الجيري والرمل والجبس وخبث الحديد الى 1400 درجة مئوية ، وينتج عنها الغـازات وكميـات مـن الغبـار والاتربة الناتجة عن حرق المواد الاولية .

ثانياً :   تلـوث الميـاه :

1)   الماء النقـي :

قال تعالى (وجعلنا من الماء كـل شيء حـي) [1]، المـاء النقـي هـو الـذي يشـتمل علـى المكونـات الاساسية للماء دون أية شـوائب او ملوثـات تغيـر مـن خصائصه الكيميائية او الفيزيائية او الحيوية ، ويتصف بأن يكون خالياً من اللون او الطعم او الرائحة .

والتركيب الكيميائي للماء هو (H_2O) بنسبة ذرة واحدة من الاكسجين الى ذرتين من الهيـدروجين ليتكون هذا المركب الكيميائي الحيوي والمهم لجميع الكائنات الحية من انسان وحيوان ونبـات الـذي يمـد الحياة بالاكسجين اللازم للتنفس ، ويساعد علـى تحريـر الطاقة الشمسية التي كـان قـد إدخرها النبات الاخضر وحولها الى روابط كيميائية تربط بين عناصر الكربون والهيـدروجين ($C-H$) ، الكربـون والاكسجين ($C-O$) ، والكربون والنيتروجين ($C-N$) ، بعد أن يقوم النبات الأخضر بالاستفادة من طاقة الشمس وذلـك بتحليل الماء الى الهيدروجين والاكسجين .

وللماء دور في حمل الغذاء للجنين وهو في بطن أمه حيث تقوم بالغدد بفرز مستحلبات مائية تحت تأثير الهرمونات وتشتمل على 7% من سكر اللاكتوز (اللبن) و3% من الدهن وعلى الكالسيوم اللازم لبناء عظام الطفل واسنانه ، كما ان الماء يعتبر أساساً للخواص الحيوية للكائنات كافة بـاعتباره مـن افضل المذيبات القطبية ، وهو الذي يلعب الدور الرئيسي في العلميات الكيميائية والحيوية في الجسم ويعمل على تخليص المواد العضوية من الفضلات ، وعلى تنظيم درجة حرارة الجسم بالتعرق .

ويعتبر الماء مذيباً جيداً كونه مستقطباً جزئياً وتسمى الرابطة التي تربط بين ذرات الهيـدروجين بالرابطة الهيدروجنية التي تعمل على شد الجزئيات بعضها مع بعض ، ويحتوي المـاء الاكسـجين حيـث ان اللتر الواحد من الماء يحتوي 100 ملغم تقريباً عند درجة الصفر المئوي وتحـت الظروف العاديـة ، ويقـل هذا التركيز

---

1   سورة الانبياء (30/21) .

بارتفاع درجة الحرارة حيث تصبح كمية الاكسجين 65/ ملغم لتر عند درجة حرارة 20مئوية .

ويعد الاكسجين الموجود في الماء ضرورياً جداً لأن الاحياء المائية تحتاجه كغاز في عملية التنفس لانتاج الطاقة لدعم نموها ، وادامة حياتها واضافة الى ان كمية الاكسجين في الماء تعتبر احدى العوامل الكيميائية المهمة للبيئة المائية .

كما ينتج عن عملية تحلل المواد العضوية وعملية التنفس في الاحياء المائية غاز ثاني اكسيد الكربون (CO_2) ، ويتحد هذا الغاز كيميائياً مع المياه منتجاً حامض الكربونيك (H_2CO_3) ، الذي يؤثر بدوره في تركيز الهيدروجين (+H) في المياه، ويحتوي لتر المياه الواحد على (5ر0) مليلتر من غاز ثاني اكسيد الكربون.

وتشكل المياه العذبة مانسبته 8ر0% من مجموع المياه في هذا العالم من مياه المحيطات والبحار والانهار وجميع مصادرالمياه ، ونظراً لقلة المياه العذبة النقية وعدم انتظام توزيعها ، و بسبب التزايد السكاني الذي يشهده العالم فالواجب يحتم على البشرية ان تحافظ على هذه الثروة من الهدر والضياع .

وهناك عوامل تحدد نوعية مياه الري النقية منها ، الصفات الكيميائية مثل الرقم الهيدروجيني (PH) والمواد الصلبة الذائبة (TDS) وتركيز الايونات السالبة (الكربونات CO_3 ، البيكربوناتHCO_3 ، الكلوريد -CI، والكبريتاتSO-24)، والايونات الموجبه (الكالسيوم(Ca) ، المغنيسيوم +Mg2، والصوديوم NA)، الذائبه في مياه الري ومنها ايضاً الصفات الطبيعية مثل درجة الحرارة واللون والعكاره المقاسة بوحدات (NTU) و (JTU) ، والصفات الحيوية التي تتمثل في تعين نوعية المياه من الناحية الحيوية كتقدير عدد البيوض للديدان المعوية والقولونات البرازية في مياه الري وذلك لتنادي الاصابة بالامراض وتلويث المياه.

ونلخص هنا الى ان الماء النقي الصالح للشرب هو الذي يخلو من أية كائنات حية دقيقة او اية ملوثات كيميائية او صناعية على طبيعته الكيمائية والفيزيائية والحيوية ، ويتصف الماء النقي في انه عديم اللون والطعم والرائحة .

2) **الماء الملوث :**

بسبب التزايد المضطرد في عدد سكان العالم ، حيث من المتوقع أن يصل الى 5ر12 بليون في منتصف القرن القادم ، فإنه يترتب على ذلك زيادة في الاستهلاك ، علماً ان متوسط استهلاك الفرد في السنة يتراوح بين (300-400) متر مكعب ، ويقدر العلماء انه في عام 2040 كون الانسانية قد استهلكت كامل

احتياطي الماء الموجود في الارض وهذا يعني ان البشرية مهددة بكارثة عطش حقيقي .

وفي منطقتنا العربية هناك تحديات تواجه المنطقة حالياً ، فمعدل النمو السكاني يصل الى 1ر3% وهي أعلى النسب في العالم ، ويعني ذلك انه خلال جيل واحد يتكاثر عدد سكان المدن من 32 مليون نسمة الى اكثر من 130 مليون نسمة اي مايعادل 4% من مجموع السكان حسب ماجاء في الدراسة التي أعدها البنك الدولي ونشرت في كانون الأول عام 1994 حول برنامج شراكة للعمل البيئي وتضمن الدراسة ان الوضع المائي في المنطقة العربية اصبح محفوفاً بالخطر حيث يوجد 45 مليون نسمة محرومين من الوصول الى مياه الشرب النقيه الامنه و 85 مليون نسمة يفتقرون الى وجود خدمات صحية و 20% فقط من المياه العادمة يتم معالجتها مقارنة بـ 60-70% في امريكا و اوروبا .

ولقد ازداد استهلاك البشر لحياة في منطقتنا العربية الى درجة أن نصيب الفر من هذه المياه سوف يقل الى نصف ماكان عليه عام 1970م ، وان اكثر من 60% من المواطنين يعانون عدم توفر مياه صالحة للشرب ، واوضحت التقارير القومية على مستوى العالم العربي انه لا توجد عينة مياه شرب واحدة خالية من التلوث بالعناصر الثقيلة كالنترات او النيتريت او بالمبيدات ، وان تلوث المياه وعدم توفر مياه صالحة للشرب في الوطن العربي قد يسبان رفع الاصابة بالفشل الكلوي والسرطان والفشل الكبدي[1].

كما يعاني الأردن من عجز في مياه الشرب وفي مياه الاستعمالات المنزلية، وذلك بسبب ندرة المياه وعدم انتظام توزيعها حيث ان المعدل السنوي لهطول الامطار يقدر بحوالي 8400 متر مكعب[2] يفقد منها سنوياً 2ر9% بالتبخر، وتتغذى احواض المياه الجوفية على 4ر5% من هذه الامطار ، ويوجد في الأردن 12 حوضاً للمياه الجوفية التي تشكل المصدر الرئيسي للاستعمالات المنزلية ويزور نهر اليرموك الاردن بـ 40% من المياه السطحية التي تستعمل في الري ، كما تعد مياه نهر الأردن عاليةحة وقد كشف احد تقارير وزارة الشؤون البلدية والقروية عن حدوث تلوث جرثومي في مياه نهر الاردن بعد التقائه بنهر اليرموك بسبب القاء مياه الصرف الصحي والمياه العادمة الصناعية ، الامر الذي يلحق اضراراً كبيرة بالمزارع الأردنية المحاذيه للنهر ، وجاء في التقرير ان نتائج التحاليل التي أجرتها الجمعية العلمية الملكية والمؤسسة العامة لحماية البيئة قد اسفرت عن وجود

---

(1) د. احمد عبد الوهاب عبد الجواد ، نحو استراتيجية اقليمية عربية لحماية ،

(2) بشار كلوب ، جمال ردايده ، حالة البيئة في الأردن ، ص 65 .

تلوث جرثومي ناتج عن بكتيريا القولون اللكلية والبرازية ، وبينت نتائج التحاليل ان هناك ارتفاعاً في خواص الاكسجين الممتص حيوياً وكيميائياً والكالسيوم والفينول و الكلوريد والصوديوم والمواد العالقة في مياه نهر الأردن .

وأكدت احدى الدراسات العلمية ان هناك ارتفاعاً في نسب المواد الصلبة المذابة في نهر الأردن وتلوثه بالصوديوم والكلور والبوتاسيوم والامونيا والنتيرات، وتلوث نهر اليموك بالنترات والامونيا ، وبينت الدراسة [1] ان معظم تركزيات الايونات المقاسة في نهر الأردن اعلى بعدة مرات من تركيزها في المياه العذبة وان مياه النهر تعكس الحالة المتوسطة مابين الانهار ومياه البحار المالحهة ، وعزت الدراسة اسباب التلوث بالنتيرات والامونيا الى مصادر عضوية مبينة ان المصادر غير الطبيعية للايونات المقاسة في نهر الأردن والتي تعتبر سبباً في التلوث تعود الى مياه الصرف الصحي والفضلات البيئية و سيول الزواع المطرية في المناطق الحضرية اضافة الى النشاطات الزراعية والتأشيرات البشرية كعمليات سحب المياه الجائرة من النهر وجر المياه المالحة الواردة من الينابيع غرب النهر الى النهر نفسه .

وأكدت الدراسة أيضاً ان ازدياد تركيز النيرات والامونيا مؤشر الى وجود جراثيم ضارة بصحة الانسان كجراثيم الكوليرا والتيفوئيد ، وان ازدياد النتيرات يمكن أن يؤثر على قدرة الدم في نقل الاكسجين ، وزيادة استعمال المياه التي تحتوي على كيمات كبيرة من الصوديوم يمكن ان تسبب اضطرابات في القلب، كما تؤثر زيادة المغينيسيوم على سلامة الامعاء .

وبسبب تجاوز الطلب على الماء للإمكانات المتاحة وطرح كميات ملوثه متزايدة تتعدى قدرة استيعاب البيئة ، فقد أدى ذلك الى ظهور بوادر العجز المائي وتدهور مصادر المياه .

لذلك لا بد من القيام بخطة شاملة للاستفادة من المياه الجوفية ووضع سياسة مائية تهدف الى عملية ضبط استخدام المياه بطريقة مثلى والعمل على صيانة شبكات المياه من أجل نقص الكميات المفقودة خلال هذه الشبكات ، وكذلك يجب الاعتماد على مصادر مياه غير تقليدية مثل تحليليه مياه البحر وتحلية المياه الجوفية للاستفادة من اعادة استعمال المياه المستصلحه واستخدامها في الري لتوفير المياه السطحيه لاستخدامها لمياه الشرب ، كما يمكن الاستفادة من المياه المعالجة في الصناعة .

(1) فارس الهواري ، الوضع البيئي لنهر الأردن وروافده نهر اليرموك ، رسالة ماجستير .

إن التقدم الصناعي الذي شهدته الكثير من المجتمعات أدى الى احداث خلل كبير في نوعية المياه ، نظراً للتزايد المستمر في الحاجة الى استعمالات المياه لانتاج المواد الاساسية لحياة الانسان بشكلها المتطور والمستمر ، ولقد تمثل هذا الخلل في تلوث المياه بسبب اضافة المواد الضارة بتركيزات عالية من جراء تداخلات الانسان التي اشتملت على قذف الملوثات بكميات كبيرة من المخلفات الصناعية والاسمدة الكيماوية والنفايات المنزلية ومواد التنظيف ومساحيق الغسيل ، بالاضافة الى تلوث مياه البحر بالنفط حيث تتسرب من خلال حوادث ناقلات النفط، وكل ذلك ساهم بشكل مدمر في انهيار النظام البيولوجي للجسم المائي ، كما ان المياه تتلوث بالمعادن الثقيلة مثل الرصاص والزئبق والكادميوم وغيرها التي تترك آثاراً خطيرة على صحة الانسان ، بالاضافة الى تلوث المياه بالمواد العالقة الترسبات والامطار الحامضية التي يتكون بسبب اكاسيد الكبريت واكاسيد النيتروجين عند تفاعلها مع بخار الماء في الجو مكونة سحباً من الامطار على شكل حامض الكبريتك وحامض النيرتك وتتساقط هذه الامطار على مياه البحيرات والانهار مسببه ارتفاعاً في حموضتها وتلوثها ، وقد يؤدي ذلك الى انعدام الحياة المائية في قسم كبير منها .

ما هو المقصود بتلوث المياه ؟!

لقد عرف الخبراء في جنيف عام 1961 تلوث المياه بـ (يعتبر مجرى الماء ملوثاً عندما يتغير بشكل مباشر او غير مباشر او حالة مياه ذلك المجرى، وذلك نتيجة عمل الانسان بمعنى ان تصبح تلك المياه اقل صلاحية منها في حالتها الطبيعية) ، فمثلاً ان زيادة الحموضة في المياه يؤثر على سلوك الاسماك وحياتها وزيادة وجود النترات والفوسفات يؤدي الى وجود الهائمات النباتية .

ويمكن ان يعرف التلوث المائي بأنه (عبارة عن أي تغير يطرأ على العناصر الداخله في تركيبه بطريقة مباشرة او غير مباشرة نتيجة نشاط الانسان ، الامر الذي يجعل هذه المياه أقل صلاحية للاستعمالات الطبيعية او للاستهلاك المنزلي والصناعة والزراعة) ، ومن هنا أكدت قوانين حماية المصادر المائية من التلوث على ضرورة بقاء المياه في حالة كيميائية وفيزيائية وحيوية لا تسبب نفوراً او ضرراً للانسان والنبات والحيوان .

3) تلوث المياه بالمواد الكيميائية :

ان للمواد الكيميائية العضوية التي تستخدم في مختلف الانشطة الصناعية والزراعية والصحية والمنزلية تأثيراً كبيراً على المياه التي تنعكس على صحة الانسان وتلحق اضراراً كبيرة حيث ثبت ان بعضها مسؤول عن الاصابة بالعديد

من انواع السرطان ، كما أوضحت التحاليل الكيمائية الخاصة بالمياه الملوثه وجود مواد تستخدم في صناعة المحولات الكهربائية والدهان والبلاستيك التي تترسب الى المياه بعد ان تهتريء الادوات والمواد دخلت في صناعتها وتقذف في أكوام النفايات ويتغلفل الى باطن الارض او يتسرب الى المجاري المائية او انه ينتشر عند حرق الفضلات ، فيلوث الهواء الذي يعمل بدوره على احداث تلوث المياه .

ويمكن تقسيم الكيماويات التي تؤثر على نوعية المياه ، وتؤدي الى تلويثها :

أ . **الكيماويات الزراعية :**

يزيد عدد الكيماويات المستخدمة في مكافحة الحشرات والقوارض على عدة مئات ، وهي تستعمل بخلطات تزيد على الالف خلطة وتشتمل على الهيدروكربونات المكورة لمكافحة الحشرات ، وحوامض الكلور و فينوكسي لمكافحة العفن ، والفوسفات العضوية لمكافحة القوارض والديدان المجهرية وكلها تستخدم بطريقة مباشرة او غير مباشرة في تلويث المياه واخلال التوازن في طبيعته .

لقد كان للمبيدات المستخدمة في الزراعة اثرها في هذا النوع من التلوث خاصة مركبات الكلور العضوية التي تتسرب الى المياه وتكون عاملاً رئيسياً في تلويثها ، وتؤدي الى القضاء على الكائنات الحية في المياه مثل الاسماك ، وتدهور الحياة المائية .

وقد ثبت ان المبيدات الزراعية تؤثر على الجهاز العصبي ، فمثلاً ان تأثير D.D.T السام يقترن بتأثيراته على أغشية الجهاز العصبي ، كما يتأثر الكبد بدرجة كبيرة اذ تسبب نخراً بؤرياً لخلايا الكبد في الحيوانات ، وان اكثر من 90% من D.D.T المخزون في جسم الانسان مستمد من الطعام، وحددت لجنة الخبراء المشتركة بين منظمة الاغذية والزراعة ومنظمة الصحة العالمية المعنية بمقتضيات المبيدات الجرعة المقبولة يومياً بـ 1% كأساس للقيم في مياه الشرب ، وبمقدار لا يتجاوز 0٫005 ملغم من المبيد لكل كيلو غرام من وزن جسم الانسان .

وبالنسبة لتأثير المتبقيات الزراعية على مصادر المياه في الأردن ، فقد أثبتت الدراسات انها تسهم في زيادة نسبة النترات في مياه الشرب ، كما ان تأثير انظمة التصريف يعتبر عاملاً مقلقاً لان ارتفاع نسبة النترات يسبب مرض الازرقاق عند الاطفال للذين قد يمتصون النتران من مياه الشرب للناتج في الاساس عن تصريف المياه المنقاه الى الأدوية او انسياب نواتج الحفر الامتصاصية الى المياه الجوفية . كما تؤثر المبيدات على طعم المياه ورائتحها عند تلوثها .

ب. المنظفات الكيمائيـــة :

تعتبر المنظفات ومساحيق الغسيل ملوثاً رئيسياً للمياه ، حيث تمثل اكثر من 80% من حاجة السوق العالمية الى مواد التنظيف .

ولقد دخلت المواد الكيمياوية في صناعة هذه المنظفات وتركيبها مثل المركبات الفوسفاتية والمنتجات البترولية التي لها تأثير كبير على صحة الانسان اذا وصلت الى داخل الجسم وبعضها يعتبر من المسرطنات ، كما أدخل في تركيب بعض هذه المنظفات انزيمات عضوية تكونها الخلايا الحية لها القدرة على أحداث مواد كيميائية عضوية اخرى ، وقد ظهرت اضرار واضحة للانزيمات على الجلد بعد تكرار الاستخدام مما يؤدي الى حدوث اكزيما في اليد كما اثبت ذلك اخصائيو الامراض الجلدية ، حيث ان الانزيمات تهاجم الطبقة الخارجية الميتة من الجلد ، اضافة الى ظهور حالات ربو ، وامراض شبيهه بالانفلونزا نتجت عن استنشاق هواء محمل بتلك الانزيمات .

وادى كثرة استخدام المنظفات الى تلويث مياه الصرف التي تصل الى الانهار والبحار ، ويعود جزء من هذه المنظمات الى الانسان مع مياه الشرب خلال محطات التنقية لمياه الانهار او تحليه مياه البحر ، وقدرت الكميات التي تصل الى الانسان في بريطانيا عام 1980 بـ 3 مليغرام مع مياه الشرب يومياً و 2 مليغرام يومياً مع الاكل والشرب نتيجة ما يتبقى بالانية بعد غسلها بالمنظفات ثم شطفها بالماء ، كما ان المنظفات تستعمل في غسل الخضراوات والفواكه ، حيث تتشرب اجزاء النباتات الخارجية في حالة المحاصيل الورقية كالسبانخ والخس وكميات كبيرة من المنظفات يصعب التخلص منها بالشطف بعد ذلك ، كما ان مزيلات البقع لها سمية عالية تسبب اضراراً للكبد والكلى .

وتتلوث المياه بالمنظفات بسبب عدم قابلية المكوّن النشط الاساسي للمنظف على التحلل ، فالمفاعل السطحي الكيل سلفونات البزيت يتكسر بسهولة ويؤدي الى تكوين كميات كبيرة من الرغوة على أحواض معالجة مياه المجاري والاضرار وتصبح بذلك المياه ملوثه فتتراكم هذه المنظفات في الاجسام المائية وتؤثر على الكائنات الحية فيها ، ولذلك بحثت الصناعة عن منظفات قابلة للتحلل لتحل مكان المنظفات القديمة التي تسبب التلوث .

ج. ملوث المياه بالفلزات الثقيلة :

تتلوث المياه ايضاً بالفلزات مثل الزئبق والكادميوم والرصاص والزرنيخ وغيرها التي تقذف في المياه مسببة تلويثاً لها وتترك اثار خطيرة على نوعية المياه.

4) **تلوث المياه بالنفايات الصلبة :**

ان القاء مخلفات الري والتلوث الغائطي (التبرز) في المياه يؤدي الى تلويثها بالطفيليات التي تسبب مرض البلهارسيا ، حيث تدخل الى الجسم اثناء الشرب من مياه ملوثه ، وقد ثبت ان اكثر المصابين بمرض البلهارسيا معرضون للاصابة بسرطان المثانة وحمى المثانة والحالب وتليف الكبد وتضخم الطحال ، وقدرت الاحصائيات موت 200 مليون انسان بسبب مرض البلهارسيا ، وهناك 600 مليون في طريقهم الى الموت بسبب هذا المرض الناتج عن تلوث المياه في العالم ، كما ان الاسهال الذي تسببه البكتيريا والفيروسات والطفيليات يقضي على 6 ملايين شخص سنوياً في العالم ، بالاضافة الى ان ارتفاع نسبة الفطريات في مياه الشرب بكمية تزيد عن 1 ملغم / لتر يؤدي الى امراض الاسنان والمعدة .

كما تؤدي مياه المجاري عند اختلاطها بمياه الشرب الى انتشار طفيل الدودة الكبديه التي تصب الكبد ، وتسبب أعراض المغص الكبدي مع حدوث سعال وقيء والام في الامعاء وقد تصل الدودة الكبدية الى الدورة الدموية لتصل الى القلب والرئتين ، ومن الطفيليات التي تصل الى امعاء الانسان عن طريق مياه الشرب (انتاميبا هستوليتكا) الذي يسبب الدزنتاريا الامبيه .

ان الجراثيم الممرضه التي تنشط بسبب تلوث المياه تكون ذات خطورة على صحة الانسان ، فهناك انواع من الاحياء المجهرية التي تنتقل بواسطة المياه وتصيب الجهاز الهضمي مثل جراثيم شلل الاطفال والزحار المعوي وغيرها ، والاتصال بهذه الميكروبات يتم خلال الشرب او من خلال الفعاليات ذات العلاقة بالماء .

ويرتبط تلوث المياه الجوفية كذلك بدرجة وصول الفضلات التي تتسرب الى التربة حتى يصل منسوب المياه الجوفية ، ويعتمد مايقارب 50 مليون نسمة في امريكا على نظم الخزانات الصحية في التخلص من تلوثها بترشيح المياه المتدفقة اثناء مرورها الى اسفل داخل التربة ، وهذا لا يكفي احياناً حيث يمكن ان تلوث المياه الجوفية مما يسبب الالتهابات الكبدية التي انتشرت بهذه الطريقة عندما يشرب الانسان من المياه الجوفية .

ان نسبة التلوث البكتيري لمياه الشرب الذي يسبب امراضاً وبائية مثل الكوليرا والتيفوئيد والتهاب الكبد وصلت في العراق نتيجة حرب الخليج الثانية عام 1991 الى 41ر7% بسبب حصول انسدادات في شبكات مياه المجاري كسور في الانابيب ، ويسبب طرح الغازات والمياه الصناعية غير المعالجة الى الانهار مما ادى الى تكوين 27ر1 مستنقع بسبب هبوط كفاءة منظومات التصريف وارتفاع

مستوى المياه الجوفية ، وهذه الافرازات التي نتجت عن هذه الحرب ادت الى اكبر تلـوث بيئـي يشهده العراق في تاريخه الحديـث .

5) **تلوث المياه بالنفط ومشتقاته :**

ينتج هذا النوع من التلوث من خلال عبور ناقلات النفط عبر البحــار والمحيطات حيث تتسرب زيوت النفط ومشتقاتها الى المياه نتيجة انفجار الناقلات او بسبب غرق بعض البواخر او تنظيـف خزاناتها او قذف الزيوت المحروقة والمنتجات والاخطار على صحة الانسان ، وافساد مزايا مياه البحر .

وهناك الكثير من البحار التي تحتضر بمعنى ان الكائنات الحية فيها اصبحت مهـددة بـالموت ، فمثلاً يحتوي بحر الشمال على مايزيـد عـن 140 منصـة للتنقيـب عـن الـنفط ، وتتعـرض هـذه المنصات للكوراث ولعل أبرز هذه الحوادث ماحصل في صيف عام 1988 عندما انفجرت منصة الباير الفا للتنقيب عن النفط و انسابت ملايين الاطنان من النفط على مدى ثلاثة اسابيع ، هذا بالاضافة الى تلـوث ميـاه بحـر الشمال بما يقارب 5ر2 مليون طن سنوياً ، بسبب غرق بعض البواخر و قذف الصناعات النفطيـة والزيـوت المحروقة الى مياه البحر .

وتصل كمية النفط التي تتسرب الى مياه الخليج العربي الى 500000 طن سنوياً ، وان حرق حقل نوروز الايراني عام 1983 ادى الى انطلاق النفط من آبار هذا الحقل ونتج عن ذلك نفوق 1500 سمكة مـن ثعابين البحر و 150 طير و 32 من الحيوانات الثدية و 33 دلفيناً .

ولا يعرف بالتحديد مدى تأثير تسرب النفط في الخليج الغـربي ، الا ان الزيـت يحـرم الاعشـاب البحرية اشعة الشمس الضرورية لبقائها ، و تهدد بقع النفط الاسماك في الخليج والنباتـات التـي تطفـو في المستنقعات العراقية الجنوبيـة[1].

وفي اوائل عام 1984 شوهد قطيع من مئـات الحيتـان يسـبح عـلى سـواحل جزيـرة (تسـمانيا) جنوب استراليا في عملية انتحارية امام جمهور من سكان المنطقـة لاقـت حتفها بعـد قليـل عـلى الصـخور الساحلية ، ويعتقد ان سبب ذلك يعود الى تلوث المياه بكميات كبيرة من النفط ولجأت هذه الكائنـات الى الهروب من مياه البحر تخلصاً من المعاناة التي تلقها من تلوث المياه بالنفط .

(1) فاضل سعدوني ، اثر التلوث النفطي في النظام البيئي في الخليج العربي .

ان التفاؤل حليف العلماء والباحثين في ان البتكريا اكلة النفط هي الحل العلمي لتلوث البحار بالزيت حيث يعتقد ان بقع التلوث النفطي لم تعد مصدراً للخطر على الاحياء المائية في البحار والمحيطات واصبحت غذاء لبكتيربا خاصة اكتشفها باحثون فرنسيون ، كما تقوم البكتيريا بالعمل على تكسير واكسدة وتحلل النفط ومشتقاته خلال سنة او اكثر ، ويمكن تلخيص طرق التخلص من البقع النفطية في استعمال وسائل الازالة الميكانيكية والتدمير بالبكتيريا وبودرة الاسمنت والكيماويات المبيدة للبقع النفطية وهي تتفاوت في القدرة على ازالة التلوث .

6) **التلوث الحراري :**

يقصد بالتلوث الحراري ارتفاع درجة حرارة المياه لاي سبب مما يؤدي الى التأثير على التوازن البيئي لذلك المسطح المائي من خلال تأثيره على العمليات الايضيه للاحياء المائية التي قد تحد من نشاطها ، او تؤدي الى قتلها .

ان تزايد الطلب على الطاقة لدى بعض الدول يؤدي الى زيادة في التلوث الحراري ، حيث يستخدم الماء كمبرد في محطات توليد الطاقة وفي بعض العمليات الصناعية الأخرى ، كما ان بناء المولدات الحرارية والنووية على ضفاف الأنهار والشواطيء تسهم في رفع درجة حرارة الماء ، وقد لوحظ ان الانهار الملوثة حرارياً لا تحتوي مياهها على الاسماك واللافقريات عند وصول درجة حرار المياه الى (50) درجة مئوية او اكثر .

وهذه الانشطة الصناعية تؤدي الى ارتفاع جرحة حرارة مياه الانهار والبحيرات بسبب الاستهلاك الكبير للمياه ، فمثلاً ان انتاج طن واحد من الاسمدة النيتروجنية يحتاج الى (6000) متر مكعب ، كما يتطلب انتاج طن واحد من الحديد ما مقداره (300) متر مكعب من المياه في عمليات الحفر والتصنيع والتبريد والعمليات الاخرى .

ان ارتفاع درجية حرارة المياه يؤدي الى تغييرات كبيرة في الحياة المائية حيث تقل كمية الاكسجين المذاب في الماء ، مما يسبب نقصاً في القدرة على التنفقية الذاتية للمياه ، وهناك الكثير من البحيرات التي توقعت فيها الحياة بسبب التلوث الحراري الناجم عن مخلفات المصانع مثل بحيرة اورتا الايطالية التي توقفت فيها الحياة منذ اكثر من ستين عاماً ، وبحيرة ايري الامريكية التي يقذف فيها سبعة ملايين متر مكعب من المياه المستعملة من المدن المحيطة وثلاثة ملايين متر مكعب من المياه الملوثة الساخنة الناتجة عن استعمال الصناعة .

7) **معالجة المياه :**

بسبب الطلب المتزايد على المياه في مختلف الانشطة من جهة وبسبب االاهدار والتبذير في استعمالات المياه الذي يشكل نمطاً سلبياً يلحق بهذه الثروة الحيوية والمهمة تهديداً حقيقياً يتمثل في نزف هذه الموارد ونضوبها من جهة ثانية، فقد عملت معظم الدول المتطورة صناعياً على وضع قوانين وتعليمات وضوابط من أجل صيانة مواردها المائية ، ويتمثل ذلك بضرورة خلو مياه الشرب من جميع اشكال الموارد الكيميائية والبكتيريا والعناصر المشعه ، وخلوها من اللون والطعم والرائحة وغيرها من الملوثات ، علماً ان المياه التي بحاجة الى معالجة تشكل كميات كبيرة من مجموع المياه المستعملة تشكل نسبة مياه الشرب 1% والمياه المستعملة لطبخ الاطعمة 3%، ولغسيل الثياب 13% ولجلي الأوعية 13% ، ولدورات المياه والتواليت والحمام 40% ، بالاضافة الى ري المزروعات وغسيل السيارات وغيرها من الاستعمالات الاخرى ، والمتأمل في هذه الارقام سينتج ان اكثر من 70% من هذه المياه بحاجة الى معالجة واعادة استعمال .

ويعالج في الأردن حوالي 85% من مجموعة المياه العادمة التي تنتج ويستعمل حوالي 85% من المياه المعالجة التي يبلغ مجموعها 40 مليون متراً مكعب سنوياً في الزراعة استعمالاً مباشراً وغير مباشر ، ولهذه الغاية يمتلك الأردن اربع عشرة محطة تنقية للمياه العادمة ويتم حالياً انشاء اربع محطات اخرى[(1)] .

ومن الطرق المستخدمة في إزالة الملوحة وطريقة التقطير والاسموزية الرجعية والتبادل الايوني والتحليل الغشائي الكهربائي ، ويتوقف استخدام الطريقة المناسبة على كمية الماء المراد الحصول عليه وتركيز الاملاح ، وما يتوفر فيها من مصادر الطاقة .

ولمعالجة مياه المجاري تستخدم طريقة المعالجة الاولية ويتم فيها الترشيح والغربلة الميكانيكية وعزل المواد الصلبة القابلة للركود ، وبعد ذلك تستخدم عملية اللكورة لتطهير المياه المعالجة ومن ثم تصل الى مستودع التخزين ، والطريقة الثانية هي المعالجة الثانوية ويتبع في هذه الطريقة نفس خطوات طريقة المعالجة الاولية بدون كلورة كخطوة اولى ، وتوفر هذه المعالجة الظروف المناسبة للاكسدة البيولوجية للفضلات العضوية بما يماثل ما يحدث في الطبيعة الى حد كبير حيث تزيل 90% من الاجزاء الصلبة العالقة ، كما يتم ازالة 50% من النيتروجين و 30% من الفسفور ، ولكنها تؤدي الى انخفاض الاكسجين المذاب في المياه

(1) موفق الصقارة ، مبادئ الاستراتيجية الوطنية لقطاع المياه العادمة في الأردن .

المستقبلة ، وتستخدم ايضاً طريقة المعالجة الثالثية ولها كفاءة في ازالة المواد الغذائية وتحسين ازالة المواد الصلبة ، وتشمل طرقاً كيميائية مثل (النيترة البكتيرية او انتزاع النيتروجين البكتيري) ، وتعرف الطريقة الثالثية كذلك بالطرق المتقدمة في معالجة فضلات المياه على اعتبار انها متقدمة على الطرق الثانوية في المعالجة.

ويبين الشكل التالي مخططاً لتسلسل اجراء عمليات المعالجة التي تهدف الى ازالة المواد الطافية والعالقة الكبيرة الحجم .

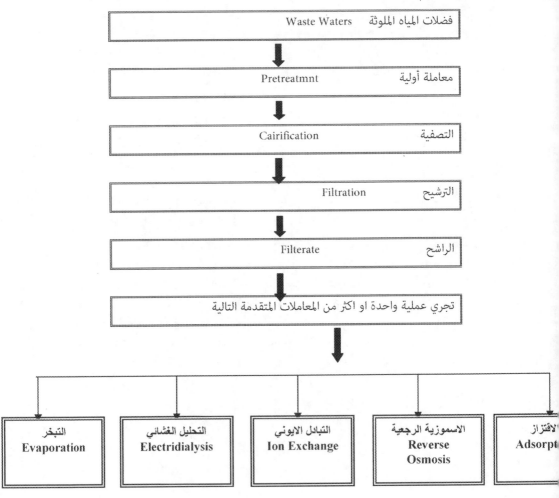

وتستعمل عملية التصفية لازالة كميات اضافية من المواد الصلبة المتبقية بعد العملية الابتدائية وتضاف الكيماويات مثل النسب وكلوريد الحديديك لتساعد على تكتل المواد الصلبة العالقة وتركيدها ، بالاضافة الى ازالة كافة المواد العالقة تقريباً .

وفي عملية الترشيح يتم ازالة كافة الدقائق التي بقيت عالقة من التركيز وبالنسبة لعمليات المعاملة المتقدمة التي يلخصها الشكل ، فإنه يستعمل في عملية الاقتزاز مواد لها القدرة على سحب بعض المواد المذابة غير المرغوب فيها والروائح والالوان ، وفي عملية الاسموزية الرجعية أغشية نصف نفاذه لازالة المواد العضوية واللاعضوية المذابة في المياه ، وفي عملية التبادل الايوني يتم استبدال الاملاح غير المرغوبة المذابة المسؤولة عن العسر المؤقت او العسر الدائم، اما في طريقة التحليل الغشائي الكهربائي فتستعمل أغشية خاصة لازالة الاملاح من المياه الملوثة ، وتصنيع الاغشية من مواد بلاستيكية معاملة كيميائية ، اما في عملية التبخر فيتم التخلص من الاملاح غير الطيارة الموجودة مع فضلات المياه حيث يتبخر الماء تاركاً الاملاح والفضلات الثقيلة وراءه وتستعمل هذه الطريقة في تحلية مياه البحر .

وتضاف بعض المواد الكيميائية الى مياه الشرب لضمان سلامتها وخلوها من التلوث بمسبباته المختلفة ، ويبين الجدول قائمة باسماء بعض المواد الكيميائية المضافة والغاية من اضافة كل منها :

اسم المادة	الغاية من اضافتها
الكلور	لقتل البكتيريا والاحياء المجهرية الضارة
الفوسفات	لتقليل تأكل الانابيب المعدنية
مركبات اللغلور	لتقليل نخر الاسنان
الفحم المنشط (الكربون)	لتحسين الطعم وازالة الرائحة
الشب ALUM	لتركيد المواد العالقة
اللايم CAO	لمساعدة الشب في التركيز ولتقليل تاكل الانانبيب المعدنية
الامونيا NH_3	للتفاعل مع الزيادة من الكلور وازالة رائحته ، كما ان المركب كلورامين الذي يتكون من التفاعل هو معقم اكثر ثباتاً من الكلور

ثالثاً : تلـوث التربــة :

1) **مصادر تلوث التربة :**

تعد التربة عنصراً مهماً في الحياة ، فهي المصدر الذي يمد الكائنات بالحياة من خلال ما ينبت فيها من زرع مختلف الوانه يلزم الانسان والحيوان كغذاء ليتمكن الكائن الحي من الاستمرار في الحياة ، فالتربة إذاً هي مصدر السلة الغذائية التي تحفظ الامن الغذائي للانسان أنّى وجد ، لذا فإن المحافظة على التربة سليمة ونظيفة وقوية فيما تحتوي عليه من عناصر يعتبر حفاظاً على الحياة .

ومع هذا تمتد ايدي العبث والاستهتار الى تلويث عناصر التربة بقصد او غير قصد ، مما اثر على نوعية انتاجها ومدى جودته وصلاحيته للاستهلاك، وانعكس ذلك بالتالي على مصادر الغذاء فاصبحت ملوثة ، وتعتبر الكيماويات من أهم مصادر تلوث التربة وخاصة مبيدات الافات الزراعية والاسمدة الكيمياوية حيث تشير الاخصائيات الصادرة عن منظمة الاغذية والزراعة الدولية الى وجود اكثر من 1000 مادة كيميائية تستعمل لابادة الأفات الزراعية ، وتمتاز هذه المواد بخاصية التراكم في داخل التربة ، الامر الذي أدى الى موت وانقراض عدد كبير من الطيور والاسماك والحيوانات ، بالاضافة الى تراكمها في السلسلة الغذائية للكائنات الحية ، كما تتلوث التربة بالفضلات المنزلية والصناعية الصلبة والسائلة والامطار الحامضية والاشعاع .

رابعاً : تلوث البيئة بالاشعاع :

ان التسرب الاشعاعي من خلال الحوادث التي تحدث في المفاعلات النووية او بسبب التجارب النووية في البحار او النفايات المشعة التي تتسرب من خزانات الصواريخ والمركبات والاقمار الصناعية او بسبب القمامة الخطرة الناتجة من المصانع التي تستعمل الكيماويات المعاملة اشعاعياً حيث تصل هذه الاشعاعات الى الارض ملوثه الهواء والماء والتربة ، مما يؤدي الى ارتفاع نسبة المواد المشعة في هذه المقومات الاساسية للحياة ، تاركة مخاطر مميته وقاتلة للانسان والحيوان والكائنات الحية حيناً ، واحداث تشوهات واختلالات في النظم الحيوية حيناً اخر، وذلك حسب الجرعات التي تمتصها الكائنات الحية من هذه الاشعاعات الخطيرة والمدمرة .

ويمكن تعريف التلوث الاشعاعي بانه (انبعاث اشعاعات خطيرة نتيجة حوادث تحصل في المفاعلات النووية او من النفايات المشعة او اي مصدر يستعمل فيه الاشعاع بجرعات ضارة تعمل على تدمير خلايا الكائن الحي بشكل مباشر عند التعرض للاشعات مباشرة او بشكل غير مباشر من خلال تركيزها في الهواء او

الماء او التربة) ، ويتسبب التلوث الاشعاعي بامراض خطيرة وقاتلة ومنها السرطان بانواعه .

الأمراض الخطـرة :

اولاً :   التلـوث البيولوجـي :

الامراض الناتجة عن التلوث البيولوجي او البكترولوجيا ، والتي تسبب الوفاة تنتشر في حالتين :

الحالة الأولى : حالة الحرب حيث تجري العمليات العسكرية ، احياناً بالطرق الملتوية .

الحالة الثانية : حالات السلم عندما يتم توزيع بعض الاعانات الى الدول المسماة العالم الثالث او البلدان المتخلفة او النامية او البلدان الفقيرة ، من ادوية منتهية صلاحيتها ، او مساعدات غذائية ملوثة ، حيث تسبب الكثير من الامراض وتضعف القدرات البشرية والثروة الحيوانية والزراعية ، ويؤدي بعضها الى الوفاة[1] .

والامراض الناتجة عن التلوث البيولوجي كثيرة :

1. الطاعون والحمى الخبيثة ، وهي اخطر مـن الحمـى القلاعيـة ، وهـي مميتـة تصيب الانسان والحيوان على السواء .

2. حمى الغدد والكوليـرا .

3. الفيروسات المسببة لامراض الجدري و الحمى الصفراء ، ومرض الورم المخي .

4. الفطريات التي تسبب الالتهابات الرئوية للانسان .

ويتم نشر هذه اميكروبات البيولوجية بواسطة افراد او مؤسسـات الى المناطق المـراد اصابتها ، يتلويث عمليات انتاج مواد الغذائية مثل : معامل الالبـان والاجبـان ، ومصانع تعبئـة الاسمـاك واللحـوم المجمدة والمشروبات والدخان ، او تلويث المراعي والحقـول الزراعيـة بواسـطة المبيـدات وتلويـث مصـادر المياه العذبه والبحار .

(1)   مركز الدراسات الاستراتيجية ، القاهرة ، دراسة رقم 28 .

ثانياً : الحمى القلاعية :

تشكل الحمى القلاعية تهديداً خطيراً عالمياً هكذا وصفته منظمة الفاو للامم المتحدة للاغذية والزراعة بتاريخ 14 آذار 2001 ، وناشد المجتمع الدولي لاتخاذ الاجراءات الشديدة لمواجهة المرض .

وبالفعل وضعت القيود على المهاجرين والسياح وعلى واردات الاغذية ومنها ما يحمله المسافر او شحنه خاصة من الدول المصابة بالحمى القلاعية ، وبعد ان تأكد للمنظمة ان العدوى منه سريعة الانتقال بالاغذية ، سارعت كل من المجر وسلوفاكيا والمغرب وتونس والامارات العربية بتاريخ 15 آذار 2001 ، وكانت من اولى الدول الى منع استيراد الحبوب من دول الاتحاد الاوروبي بعد ان تبين ان عدة انواع من الحبوب الملوثة كانت احد مصادر التغذية للماشية كالعدس والفول والحمص ، وحذرت بعض الدول استيراد الصوف والجلود لهذه الاسباب قبل اكتشاف مسببات المرض ، نظراً لخطورته ، حتى لمجرد الشك بمسبباته كانت الدول تتخذ فوراً قرارها بحرق الماشية والمراعي مهما كانت التكلفة باهظة والخسائر فادحة تلافياً لانتقاله الى الانسان ، علماً بان العديد من المجتمعات تعتمد مواردها على جلود الحيوانات .

ومنعاً لانتشار هذا المرض يفضل التوقف عن اصطياد الطيور المهاجرة الموسمية التي تقطع الاف الاميال وتحط في اماكن قريبة من حظائر الماشية - المحتمل اصابتها - والتي من الممكن ان تلتقط فيروسات الحمى القلاعية من اماكن ترحالها ، وتنقلها من مكان الى اخر حيث تهاجر ، والعمل على عدم اكل لحومها او اقتناء ريشها فهي اكثر عرضة للاصابة .

والمعلوم ان الأرانب والحمام الاكثر عرضة للاصابة ونقل امراض الحمى القلاعية لانه من السهل تدجينها ، وتستيطع التعايش مع الحياة البريه والاليفة معاً ، فمن السهولة تنقل الفيروس من الحياة البرية الى الحياة الاليفة وبالعكس وقد سمي اول ظهور لهذا المرض بحمى الارانب .

ثالثاً : التلوث وجنون البقر :

في هذا العصر الجديد المتطور جداً والذي تشهد فيه التكنولوجيا تطوراً مذهلاً لم تتمكن الدول من وضع علاج لتفشي- جنون البقر وخاصة تلك الدول التي طورت الاسلحة البيولوجية والكيميائية والنووية ، واجرت عليها تجارب عدة في اماكن تواجدها وفي مناطقها وان هذه الدول تتخبط بأزمة من الصعب الخروج منها

لسنوات طويلة [1] ، في حين تم القضاء على ثروات ضخمة يلزم سنوات من الجهد لاستعادة حجمها وبناءها ونموها الطبيعي ، ولا شك ان مسارعة السلطات المعنية الى ذبح الماشية واحراقها لمجرد الشك هو الحل الوحيد .

رابعاً : الايــدز :

الايدز هو مرض خطير وقاتل بحيث اصبح عدد المصابين به مطلع لعام 2001 يتجاوز 360 مليون شخص اكثرهم في قارة افريقيا و اوروبا وامريكا، هناك شبه اجماع ان ابرز مسببات مرض الايدز هي الملوثات الناقله للعدوى ، ولم تكتشف عوارضه الا منذ بضع سنين والبحث جار الان عن مصدره وانتشاره ، وهناك تضارب بين العلماء حول مسبباته ، والبعض يقول أنه يبدأ في الحيوان قبل الانسان وهو ناتج عن تلوث من التجارب النووية واسلحة جرثومية (بيولوجية) لوثت الاعشاب والمراعي والغابات وانتقلت واصابت الحيوانات ومنه انتقلت الى الانسان ، والبعض الاخر يقول انه من تعاطي المخدرات وسببت تلوث الدم ونقلت العدوى ، ولم يزل هذا المرض يشغل جميع مراكز الابحاث لتحديد اسبابه وعلاجه وان كلفة هذه الدراسات المستمرة والبحث عن مضادات له تعادل نصف كلفة التسلح تقريباً في العالم والبالغة 550 مليار دولار تقريباً .

دور البعد التربوي في الحد من مشكلة التلوث البيئي :

يعتبر البعد التربوي من ابعاد مشكلة التلوث البيئي التي لها أهمية كبيرة ، وذلك من خلال نشر الوعي البيئي المرتكز على الاخلاقيات بيئية تدعو الجميع لضرورة الانتماء الى هذه القرية الكونية بايجابية وتفاعل ، وان نقطة انطلاق الاهتمام في هذا الجانب بدأت من مؤتمر ستوكهولم الذي عقد خلال الفترة مابين 5-16 حزيران عام 1972 تحت عنوان (عالم واحد فقط) ، حيث تضمن المؤتمر ان الانسان الطبيعي الذي يوفر له الفرصة للنمو الفكري والاجتماعي والروحي .

والسؤال الذي يطرح نفسه هنا : **ماذا نقصد بالبعد التربوي او التربية البيئية ؟!**

لقد عرّفت جامعة الينوي الامريكية التربية البيئية بأنها (نمط من التربية يهدف الى معرفة القيم وتوضيح المفاهيم وتنمية المهارات اللازمة لفهم وتقدير العلاقات التي تربط بين الانسان وثقافته وبيئته البيوفيزيائية ، كما انهاتعني التمرس على اتخاذ القرارات ووضع قانون للسلوك بشأن المسائل المتعلقة بنوعية البيئة).

---

(1) جريدة المستقبل ، آذار 2001 .

وعرّفها القانون العام للولايات المتحدة بأنها (عملية تعليمية تُعنى بالعلاقات بين الانسان والطبيعة وتشمل علاقة السكان والتلوث وتعدد السكان والتلوث وتوزيع الموارد واستنفاذها وصونها ، والنقل والتكنولوجيا والتخطيط الحضري والريفي مع البيئة البشرية الكلية) .

وتهدف التربية البيئية كمفهوم الى بناء المواطن الايجابي الواعي بمشكلات البيئة وتنمية الوعي باهمية البيئة وتنمية القيم الاجتماعية ودراسة المشكلات البيئية وتحليلها من خلال منظور القيم وتنمية المهارات اللازمة لفهم وتقدير العلاقات التي تربط بين الانسان وبيئته البيوفيزيائية ، وتهدف ايضاً الى تنمية اخلاق بيئية تسعى الى ايجاد التوازن البيئي ورفع مستوى المعيشة للافراد وتنمية مفهوم جماهيري اساسي للعلاقات الانسانية والتفاعلات البيئية ككل ، بالاضافة الى تزويد المواطنين بمعلومات دقيقة وحديثة عن البيئة ومشكلاتها بهدف معاونتهم على اتخاذ القرارات السليمة لاسلوب التعايش مع البيئة وتوعية المجتمع بأن من حق كل مواطن اتخاذ القرارات بشأن المشكلات البيئية .

ويقع على عاتف التربية البيئية مسؤوليات ضخمة لتحقيق التعاون بين الدول لتوفير حياة كريمة لكل البشر عن طريق الاستغلال العلمي للموارد المتاحة، وتوجيه الاهتمام الى المشكلات البيئية المعاصرة ، وضرورة دراسة المشكلات الناجمة عن التغيرات التكنولوجية التي أحدثها الانسان وكانت لها اثار سيئة على الانظمة البيئية كالتلوث .

وتتمثل مسؤولية التربية البيئية ايضاً في دراسة المشكلات البيئية وتحليلها من خلال منظور شامل وجامع لفروع المعرفة تتيح فهمها على نحو سليم ، كما دعت ندوة بلغراد عام 1975 الى أهمية التربية البيئية التي تهدف الى تكوين جيل واع مهتم بالبئية وبالمشكلات المرتبطة بها ولديه المعارف والقدرات العقلية والشعور بالالتزام مما يتيح له ان يمارس فردياً وجماعياً حل المشكلات القائمة وان يحول بينها وبين العودة للظهور .

وهنا فإن التربية البيئية اصبحت بعداً مهماً من ابعاد مشكلة التلوث البيئي من خلال غرسها لاخلاقيات بيئية عند الفرد ، وفي هذا الاتجاه يقول (ليوبولد) استاذ البيئة الشهير (اننا نحقق فكرة اخلاقية المحافظة على الارض حين ننظر على انها مجتمع ننتمي اليه ، وبذلك يمكننا ان نستخدم الارض بطريقة تنم عن الحب والاحترام .

والتربية البيئية المرتكزة على وعي بيئي كبير واخلاق بيئية ورفيعة كفيلة في ان تسهم في الحد من التلوث وتدهور الحياة ، بالاضافة الى دور العقيدة التربوية في غرس القيم الايمانية والسلوكيات الايجابية للتعامل مع البيئة .

ونظراً ، لأن منطقتنا العربية تأثرت بافرازات مشكلة التلوث البيئي فقد أولت مفهوم التربية البيئية كل اهتمام من خلال المؤتمرات والندوات التي تم عقدها في مواقع شتى من عالمنا العربي ، ومنها ندوة التلوث التي عقدت في القاهرة عام 1972 تحت اشراف المنظمة العربية للتربية والعلوم والثقافة التي أوصت بضروة الوعي المعرفي بموضوع التلوث من خلال المحاضرات والندوات والنشرات والحد من انشاء المصانع داخل الاراضي الزراعية ، ودعت الى زيادة التشجير ومنع التعدي على المناطق المشجرة لمنع التلوث ، كما اوصت الحلقة العربية للتربية البيئية التي أنعقدت في الكويت عام 1976 الى ضرورة ابراز دور التربة البيئية في تنمية سلوك الافراد تجاه الحفاظ على المصادر الطبيعية في البيئة والمشكلات البيئية العربية والمحلية ، وضرورة ايجاد فلسفة تربوية تؤكد على واجبات الفرد ازاء صيانة وتنقية وتجميل البيئة .

وفي وطننا العربي علينا ان ندخل التربية كبعد اساسي ومهم من ايجاد النظام التربوي الشامل ، الذي لا يغفل كذلك جانب العقيدة التربوية الدينية التي تسهم في الحد من مخاطر مشكلة التلوث البيئي ، من خلال غرس اخلاقيات بيئية رفيعة عند الافراد بدءاً من الروضة وحتى اعلى مراحل التعليم ، ومن الضروري ان تمارس هذه الاخلاقيات عملياً من خلال انخراط الافراد بشكل مجموعات عن طريق المشاركة لان ذلك يقوي روح الانتماء للبيئة ويجعلها جميله ونظيفه ، لا سيما وان هناك مساحات شاسعة من الوطن العربي ومازالت جرداء بدون تشجير ، وان نسبة مساحة الغابات في الوطن العربي منخفضة حيث لا تتجاوز 2% من مجموع المساحة الكلية للوطن العربي .

ان التربية البيئية تحرص كذلك على بناء الانسان المتطور في عقليته وفكره ، وهذا امر من الاهمية بمكان ، لاننا اذا نجحنا بذلك نكون قد تخلصنا من مظاهر الاستهلاك غير المبرر ، ونتخلص من السلوكيات الخاطئة والاخلاقيات غير السليمة التي تحكمها نوازع الانانية وحب الذات ، ونغرس قيماً بيئية جديدة يحكمها الايثار وحب الطبيعة والجمال ، وبالتالي نحافظ على التوازن البيئي في بيئتنا المحلية والعربية من خلال استثمار الموارد دون ان يكون انفلات او فوضى في التصرفات ، فنكون قد اسهمنا في انقاذ هذا التوازن من الاستمرار في الهبوط و الانحدار نتيجة ادخال عناصر جديدة أدت الى رد فعل عنيف في النظام الجوي .

وخلاصة القول ، فإن التربية البيئية تسهم في الحد من مشكلة التلـوث البيئـي عـن طريـق نشر ـ الوعي الذي يتمثل في مساعدة الافراد والجماعات على اكتساب الوعي والتفاعل مع البيئة ومشكلاتها وبناء المواطن الايجابي الواعي لمشكلات بيئته ، بالاضافة الى تزويد الافراد بالمعرفة التي تساعد على اكتساب فهـم اساسي بالبيئة الشاملة ومشكلاتها ، والمساعدة على اكتساب القيم الاجتماعية والمشاعر القوية بـالاهتمام بالبيئة والدوافع للمشاركة في صونها وحمايتها ، وكذلك مساعدة الافراد عـلى اكتسـاب المهـارات لحـل المشكلات البيئية وغرس روح المشاركة الايجابية والعمل على تطوير الشعور بالمسؤولية وضرورة المسـاهمة في وضع الحلول الملائمه للمشاكل البيئية المختلفة .

ونخلص ايضاً الى ان التربية البيئية تعتبر رسالة سامية من خلال اهدافها ووسائلها تجاه الانسان ، وعلينا ان نوظفها في منطقتنا العربية لانها تسعى الى الحفاظ على الانسان والحياة بعد ان كـادت تفقـد الكثير من مصادر نضارتها وجمالها، ويدرك الانسان ضرورة ان يتبـع منهجـاً يكـون دافعـاً للعمـل في داخل بيئته فيعتبرها الصديق الوفي ، وما اعظم قول **جان جاك روسو** الذي خاطب الانسان المتعب الذي انهكتـه متاعب الحياة بقوله ((**عد الى الطبيعة واستلق في أحضانها**)).

نعم علينا ان نعود للطبيعة ونكون أوفياء لها ، وهذا يتطلب الالتـزام باخلاقيـات تربويـة تجـاه البيئة لكي نشعر بالهدوء والامان ، لان هذه الاخلاقيات تعتبر ثـورة قويـة تعمـل عـلى تعـديل الاتجاهـات السلوكية للانسان نحو احترام البيئة مما يضمن اعادة التوازن البيئي بعـد ان هددتـه الكثير مـن المخـاطر بسبب غياب الاخلاقيات البيئية عن الممارسات التي كان يمارسها الانسان وهـو يسـير في عكس التيار ضد نفسه وبيئته .

المراجــع

1. د. احمد رشيد ، علم البيئة ، معهد الانماء العربي ، بيروت 1981 .

2. ريكارردوس الهبر ، بيئة الانسان ، اليونسيف ، بيروت 1982 .

3. احمد دلاشه ، حسين ياسين واخرون ، التربية البيئة ومشكلاتها ، الطبعة الاولى 1983.

4. احمد عبد الوهاب عبد الجواد، نحو استراتيجية اقليمية وعربية لحماية البيئة.

5. بشار كلوب ، جمال الروابده ، حالة البيئة في الأردن .

6. زغلول راغب النجار ، واخرون ، اسهام علماء المسلمين الأوائل في تطوير علم الارض ، مكتب التربية العربي لدول الخليج العربي .

7. د. شفيق محمد يونس ، تلوث البيئة ، دار الفرقان ، عمان 1999 .

8. عدنان مساعدة ، كيمياء التلوث البيئي .

9. عامر محمد طراف ، ارهاب التلوث البيئي .

10. فارس الهواري ، الوضع البيئي لنهر الأردن وروافده نهر اليرموك ، رسالة ماجستير .

11. فاضل سعدوني ، اثر التلوث النفطي في النظام البيئي في الخليج العربي .

12. موفق الصقار ، مبادئ الاستراتيجية الوطنية لقطاع المياه العادمة في الأردن.

13. الجمعية الأردنية لمكافحة التلوث ،ندوة حماية المصادر المياه في الأردن من التلوث ، عمان - الأردن 1990 .

14. الجمعية الملكية ،المحميات الطبيعية في الأردن ، عمان - الأردن 1995.

15. مركز الدراسات الاستراتيجية ، القاهرة ، دراسة رقم 28 .

16. بيئة الانسان ، اللجنة الوطنية والتعليم ، الاونسكو ، بيروت .

17. جريدة السفير ، بيروت ، حزيران 1992 .

18. دراسة الامين العام للامم المتحدة ، التصحر والجفاف ، مكتب الاعلام ، بيروت 1992 .

19. مجلة الحوادث ، بيروت ، حزيران 1992 .

20. جريدة المستقبل ، آذار 2001 .

المبحث الثالث

الإرهاب الدولي

مقدمة:

يعتبر العنف من أبرز الثوابت في الحياة البشرية، فمنذ أن وجد الإنسان على سطح الأرض وهو يمارس العنف ضد أخيه الإنسان، وقد بدأت أول عملية إنسانية بين هابيل وقابيل ابني آدم عليه الصلاة والسلام ولم تنته بعد، ومع ظهور التنظيمات المختلفة للحياة البشرية أخذت ظاهرة العنف تأخذ أشكالاً وصوراً اختلفت وتطورت تبعاً لاختلاف وتطور تلك التنظيمات، إن ظاهرة العنف ما هي إلا وسيلة في يد القوى للحفاظ على الوضع القائم وتطويره لمصلحتها، كما أنها وسيلة في يد الضعيف لاسترداد حقوقه وحماية وجوده، ومع تأجج النضال المسلح ضد أشكال الهيمنة الاستعمارية والعنصرية اتجه الفكر الغربي نحو اعتبار العنف المتجسم في الإرهاب الدولي آفة تتحمل وزرها حركات التحرر الوطني، وكذلك القوى الثورية في الكثير من بلدان العالم الثالث. لقد تم خلط واضح وبشكل مقصود بين النضال الثوري التحرري والعمل الإرهابي، مما أدى إلى غموض بالرؤيا وإلى تشويه سمعة حركات التحرر الوطني أمام الرأي العام العالمي.

إن موضوع الإرهاب بالذات محور صراع مرير بين بلدان العالم الثالث والبلدان الغربية بمعنى بين الدول المستعمرة (بفتح الميم) والدول المستعمرة (بكسر الميم) وعلى رأسها الولايات المتحدة الأمريكية.

حيث يعتبر الاستعمار تجسيداً متطوراً لممارسة العنف في العلاقات الدولية عن طريق القوى العسكرية ولتحقيق الهيمنة والاستغلال، الامر الذي جعل من موضوع الإرهاب مادة من اكثر المواضيع إثارة للجدل ضمن التحليلات الحديثة في علم العلاقات الدولية، وأسباب ذلك التطور السريع في أشكال الممارسات الإرهابية إذ تجاوزت آثارها الحدود الوطنية لتصبح ظاهرة تعني مستقبل كل أعضاء المجتمع الدولي، كما أن التعامل مع هذه الظاهرة اتخذت اتجاهات مختلفة ترتبط أساساً بالانتماء العقائدي والخلفيات المرتبطة بالمصالح السياسية والاقتصادية للأطراف المعنية.

نقف لنسأل عن الإرهاب الذي نحن بصدده ماذا عنه؟ وكيف تشكل؟ وما هي أشكاله؟ إلى غير ذلك من التساؤلات التي ستكون الإجابة عنها مادة الموضوع الذي نبحث.

أولاً: تعريف الإرهاب

لا بد من تعريف الإرهاب لكي يسهل علينا فهم الظاهرة ليتسنى لنا إدراك ما تعنيه وما وراءها، ففي القواميس العربية العتيقة تكاد تخلو الكلمة من مفهومها الاصطلاحي المقصود والدقيق، فأقدم القواميس تطرقت لاشتقاقات الكلمة وتواردها على لسان العرب، كما اننا لا نجد أثرا لمفهوم الإرهاب كمنهج[1] في المعاجم العربية باستثناء ما نجده في بعض القواميس الحديثة التي تطرقت للإرهاب ككلمة مفردة شرحها الإزعاج والإخافة كقولهم: "ويقشعر الإهاب إذا وقع الإرهاب"[2]، في حين نجد القواميس نفسها تعرضت لمفهوم (الإرهابي) فعرفته: "بمن يلجأ إلى الإرهاب لإقامة سلطته"، وعرفت الحكم الإرهابي بأنه: "نوع من الحكم يقوم على الإرهاب والعنف تعمد إليه الحكومات أو الجماعات الثورية"[3]، وعرف (الإرهابيون) بهذا الوصف وأطلق على الذين يسلكون سبيل العنف والإرهاب لتحقيق أهدافهم السياسية[4]، إن كلمة الإرهاب مفهومها الاصطلاحي في لغة الضاد لم تكن متداولة إلا في الفترة الأخيرة، كما أن التباينات التي يتميز بها المفهوم من خلال الاشتقاقات المختلفة للكلمة في لغة العجم لم تكن لتسعها كلمة موحدة كمصطلح "إرهاب"، وتقابل كلمة (إرهاب) [5] باللغة العربية كلمة (Terrorisme) بالفرنسية و (Terrorism) بالإنجليزية، وهي كلمات مشتقة من الكلمة اللاتينية (Terrere) التي تعني أرعب او أرهب أو أفزع، ويتفق الايديولوجيون الإنجليز والفرنسيون على أن كلمة (Terrorism- Terrorize) لم تدخل قيد الاستعمال إلا بعد تطور كلمة (Terrorisme- Terroriser) عقب الثورة الفرنسية في الفترة الممتدة بين (1793-1798)، وتدل المعاجم الفرنسية على أن الكلمة (Terrorisme) قد استعملت منذ عام 1794، لتعني سياسة الرعب لسنوات (1793-1798)، وإن المصطلح لم يستعمل إلا سنة 1922م، ليعني مجموع المحاولات وأمال التخريب المقترفة من طرف منظمة بغية خلق جو من الاضطراب والتأثير على السلطة القائمة أو قلبها، كما يعني أيضاً نظاماً للعنف المنصب من طرف الحكومة من اجل

(1) مطيع المختار، محاولة في تحديد مفهوم الإرهاب وممارسته من خلال النموذج الأمريكي، مجلة الوحدة، العدد (67)، 1990، ص59.

(2) المعتصم السعدية، محاولة في المسألة الإرهابية وأبعادها الدولية، رسالة لنيل دبلوم الدراسات العليا في القانون العام، الرباط، كلية الحقوق، 1985، ص85، عن محمد مرتضى الحسيني الزبيدي، تاج العروس من جواهر القاموس، ج2، الكويت: مطبعة حكومة الكويت، 1966، ص541.

(3) المنجد في اللغة والأعلام، بيروت، دار المشرق، 1984، ص82.

(4) المعجم الوسيط، ج1، ص376.

(5) مطيع المختار، مرجع سابق، ص59.

البقاء في السلطة، وأدخلت الأكاديمية الفرنسية مصطلح الإرهاب في ملحقها الصادر عام 1829م حيث أصبحت كلمة (Terrorisme) يقصد بها (نظام أو نسق الإرهاب) الذي ساد في فرنسا خلال الثورة[1].

وأما تعريف الإرهاب والإرهاب الدولي اصطلاحياً فهناك خلافات عميقة بشأن هذا التعريف لكون مصطلح الإرهاب يقبل تفسيرات متنوعة، تختلف باختلاف المفاهيم الفلسفية والسياسية والاجتماعية، فالمصطلح أوجدته واستعملته دول الاستعمار والاحتلال والعنصرية والقهر في وصف المقاومين لسياساتها، كما استعملته أنظمة الحكم لتجريح خصومها والنيل من سمعتهم، وعلى أية حال إن الاختلاف لا يمنعنا من تقديم عدد من التعريفات الخاصة بالمصطلح، على الرغم من تعدد الإشكاليات التي تحف بالموضوع، هذه الإشكاليات جعلت الموسوعات والمعاجم الأجنبية لا تقبل على تعريف الإرهاب، بل تحدثت عن بعض ملامحه، فحينما بدأت الجمعية العامة للأمم المتحدة بحث موضوع الإرهاب الدولي، اصطدمت بخلافات عميقة بشأن تعريفه، واقتنعت بأنه لا يمكن الاتفاق على تعريف يوفق بين مختلف وجهات النظر الكثيرة، بل اتفق على كثير من صور الأعمال التي تعد إرهاباً مثل: الاغتيالات والتعذيب واختطاف الرهائن واحتجازهم وبث القنابل والعبوات المتفجرة واختطاف الطائرات ووسائل النقل الأخرى والرسائل الملغومة[2]، وقد شكلت الجمعية العامة للأمم المتحدة "لجنة خاصة تعني بالإرهاب الدولي" وأثناء مناقشات اللجنة عرضت بعض الدول تعريفا للإرهاب فذكرت: "أنه مجموعة من الأعمال التي تدينها جميع الدول، أيا كانت مشاعرها تجاه القضية التي يدعي مرتكبو هذه الأعمال أنهم يناصرونها"[3]، واستنادا إلى هذا التعريف، طلبت هذه الدول من حركات التحرير الوطني أن تعدل سلوكها حتى لا تقترن بالجماعات الإرهابية أو الإجرامية التي تسعى لربط نفسها بهذه الحركات بشكل من الأشكال بغية تحسين صورتها. كما انبثق عن اجتماع لجنة الخبراء العرب التي عقدت في تونس من (22-24) آب 1989 لوضع تصور عربي أولي عن مفهوم الإرهاب والإرهاب الدولي والتمييز بينه وبين نضال الشعوب من أجل التحرير التعريف الآتي: "فهو فعل منظم من أفعال العنف أو التهديد به، يسبب فزعاً أو رعباً من خلال أعمال القتل أو الاغتيال أو حجز الرهان أو اختطاف الطائرات أو تفجير المفرقعات وغيرها، ويخلق حالة من الرعب والفوضى والاضطراب، والذي يستهدف تحقيق أهداف سياسية سواء قامت به دولة أو مجموعة من الأفراد ضد

(1) المرجع السابق، ص58-59.
(2) أحمد التل، الإرهاب في العالمين العربي والغربي، عمان، المؤلف 1980، ص11.
(3) هيثم الكيلان، إرهاب الدولة بديل الحرب في العلاقات الدولية، مجلة الوحدة، العدد 67، 1990، ص34.

دولة أخرى أو مجموعة أخرى من الأفراد، وذلك في غير حالات الكفاح المسلح الوطني المشروع، من أجل أعمال القتل أو الاغتيال أو حجز الرهان أو اختطاف الطائرات أو تفجير المفرقعات وغيرها، ويخلق حالة من الرعب والفوضى والاضطراب، والذي يستهدف تحقيق أهداف سياسية سواء قامت به دولة أو مجموعة من الأفراد ضد دولة أخرى أو مجموعة أخرى من الأفراد، وذلك في غير حالات الكفاح المسلح الوطني المشروع، من أجل التحرير والوصول إلى حق تقرير المصير في مواجهة كافة أشكال الهيمنة أو قوات استعمارية أو محتلة وعنصرية وغيرها، وبصفة خاصة حركات التحرر المعترف بها من الأمم المتحدة ومن المجتمع الدولي والمنظمات الإقليمية، بحيث ينحصر أعمالها في الأهداف العسكرية أو الاقتصادية للمستعمر أو المحتل أو العدو، ولا تكون مخالفة لمبادئ حقوق الإنسان، وأن يكون نضال الحركات التحررية وفقا لأغراض ومبادئ وميثاق الامم المتحدة وسواه من قرارات اجهزتها ذات الصلة بالموضوع[1]، كما عرفته (الإرهاب الدولي) وكالة المخابرات المركزية الأمريكية فقالت: "إنه العمل العنفي الذي يرتكبه أجنبي في دولة ما، أو العمل العنفي الموجه ضد شخص أجنبي في بلد المجرم"[2] وهناك عدد كبير من التصريفات الفردية بمعنى أدلى بها اشخاص، وهذه التعريفات عبرت وجهات نظرهم في ظاهرة الإرهاب، فهذا الفقيه القانوني سوتيل يقول: "الإرهاب هو العمل الإجرامي المقترف عن طريق الرعب أو العنف أو الفزع الشديد من اجل تحقيق هدف محدد"[3] أما الفقيه الفرنسي (جورج لافسير) فيعرف الإرهاب بأنه: "الاستخدام العمدي والمنظم لوسائل من شأنها إثارة الرعب بقصد تحقيق بعض الأهداف"[4]، وذهب الفقيه جيفا نوفيتش إلى اعتبار الإرهاب: "بمثابة أمال من طبيعتها أن تثير لدى شخص ما الإحساس بتهديد أيا كان، وتتمخض عن الإحساس بالخوف بأي صورة"[5]، وهذا جيمز آدم يعرف الإرهابي بأنه: "فرد أو عضو في جماعة ترغب في تحقيق أهداف سياسية باستعمال أساليب عنيفة، ويكون ذلك غالبا على حساب ضحايا مدنيين أبرياء، وبدعم من أقلية من الشعوب التي يدعون بأنهم يمثلونها"[6]، واعتبر البعض أن الأعمال الناتجة عن الإرهاب جريمة إرهابية وقد عرف المساهمون في مؤتمر (فرسوفيا) عام 1930م هذه الجريمة بالقول: "بأنها الاستعمال العمدي لكل وسيلة قادرة على إحداث خطر

(1) أحمد التل، مرجع سابق، ص13.

(2) هيثم الكيلاني، مرجع سابق، ص34-35.

(3) محمد تاج الدين الحسيني، مساهمة في فهم ظاهرة الإرهاب، مجلة الوحدة، العدد (76)، 1990، ص23.

(4) المرجع السابق.

(5) المرجع السابق.

(6) أحمد التل، مرجع سابق، ص14.

جماعي"، إلا أن الاتجاه الثاني الذي ذهبوا إليه وهو اعتبار الإرهاب في حد ذاته جريمة مقوضة لأسس كل تنظيم اجتماعي، وقد برزت فكرة الجرائم الاجتماعية لأول مرة ضمن إحدى توصيات معهد القانون الدولي بجنيف سنة 1892 عندما اعتبرت أن مفهوم هذه الجرائم ينبني على ارتكابها من أجل "قلب أسس المجتمع كما هو منظم حالياً"[(1)].

ولما كنا نحن بصدد إيراد تعريفات لعدد من رجال الفقه القانوني، فإننا نعتبر ذلك مدخلاً للتعرف على ما تعنيه كلمة الإرهاب في التشريع المصري، حيث أشار هذا التشريع على أن الإرهاب هو[(2)]: "كل استخدام للقوة أو العنف أو التهديد أو الترويع يلجأ إليه الجاني لمشروع إجرامي فردي أو جماعي إذا كان من شأن ذلك:

- إيذاء الأشخاص أو إلقاء الرعب بينهم أو تعريض حياتهم أو حرياتهم أو أمنهم للخطر.
- إلحاق الضرر بالبيئة أو بالاتصالات أو بالمواصلات أو بالأموال أو بالمباني أو بالأملاك العامة والخاصة أو الاستيلاء عليها.
- تعطيل تطبيق الدستور أو القوانين أو اللوائح.
- استهداف الإخلال بالنظام العام أو تعريض سلامة المجتمع وأمنه للخطر.

بعد استعراض هذا العدد الوافر من التعريفات التي تناولت الإرهاب فإنه يمكننا استخلاص عدد من سمات العمل الإرهابي هي:

1- الإرهاب عمل عنيف يعرض الأرواح والممتلكات للخطر أو يهدد بتعريضها.
2- الإرهاب موجه إلى الأفراد أو مؤسسات أو مصالح تابعة لدولة ما.
3- الإرهاب يقوم به أفراد أو جماعات مستقلون أو مدعومون من دولة ما.
4- الإرهاب قصده تحقيق أهداف.
5- الإرهاب يخلق حالة من القلق والخوف ويسلب الناس أمنهم.
6- الإرهاب يحتمل أكثر من تفسير فالإرهابي في نظر جماعة هو محارب من أجل الحرية في نظر الآخرين.

---

(1) محمد تاج الدين الحسيني، مرجع سابق، ص23.

(2) محمد غنام، المواجهة التشريعية للإرهاب بين القانون الإيطالي والقانون المصري، مجلة السياسة الدولية (القاهرة)، العدد (113)، 1993، ص72.

7- الإرهاب سلوك يستهدف مساحته أوسع من مساحة الضحايا المباشرين.

8- الإرهاب له عواقب تتعدى الحدود الوطنية وربما الإقليمية.

9- الإرهاب قد يكون في بعض الحالات رداً على حالة ظلم قائمة، وفي هذه الحالة ينتفي وجود الإرهاب إذا كانت هناك عدالة سياسية واجتماعية.

10- الإرهابيون أناس أدى بهم فقدان الأمل والإحباط إلى القيام بأعمال إرهابية.

هكذا هي التعريفات الاصطلاحية، لا يمكن بأي حال من الأحوال ضبطها؛ لأنها تخضع لعدة عوامل تختلف من شخص إلى آخر ومن هيئة إلى أخرى، لذا من العسير جدا العثور على تعريف جامع مانع لظاهرة الإرهاب، شأنها كشأن بقية الظواهر الإنسانية الأخرى التي تحتمل أكثر من رأي.

ثانياً: النشأة التاريخية للإرهاب[1]

الإرهاب أحد ظواهر الاضطراب السياسي في العصر الحديث[2] وهو كتعبير وممارسة ظهر بشكل أوضح وتجسد فكراً وواقعاً في أواخر القرن الثامن عشر، ففي العهد الذي يطلق عليه في فرنسا عهد (الرهبة) من (10 آذار عام 1793-27 تموز عام 1794)، أي أثناء الثورة الفرنسية، مارس زعماء ذلك العهد، وفي مقدمتهم: روبسبيير، وسان جوست، العنف السياسي على أوسع نطاق، فقد قطع هؤلاء بالمقصلة رؤوس أربعين ألفاً من الفرنسيين الذين كانوا يعدون يومئذ (27) مليون نسمة، أما المعتقلون فقد بلغ عددهم (300) ألف إنسان. وبناء على هذا إن جاز لنا التعبير بالقول فإن الإرهاب المعاصر ظاهرة أوروبية المنشأ، وقد شنت الثورة الفرنسية عام 1789 الإرهاب بمفهومه الحديث، ومارسته (باسم الشعب، ودفاعا عن الشعب، وتتولى امره لجان منبثقة عن الشعب).

وما ان حل القرن التاسع عشر حتى فاقت أوروبا على ظهور حركات ومنظمات سياسية في أفيائها، استخدمت الإرهاب وسيلة لبلوغ أهدافها السياسية، ومن أبرز هذه الحركات هي الفوضوية والعدمية، ويجمع بينهما أساس فكري واحد، وهو رفض السلطة بكل أشكالها، وتهديم المؤسسات السياسية والاقتصادية بالقوة وتمجيد حرية الفرد، وقد تكون خيوط فكرية تجمع بين هاتين الحركتين والحركات السياسية الإرهابية الأوروبية المعاصرة مثل: (الألوية الحمراء) في إيطاليا، و (جماعة بادر - ماينهوف) في ألمانيا، و(العمل المباشر) في فرنسا، فهي جميعاً

---

(1) هيثم الكيلاني، بشيء من التصرف، مرجع سابق، ص35-36.

(2) يبدأ العصر الحديث من عام 1453م وهو عام سقوط القسطنطينية بعد الفاتح العثماني ولغاية قيام الحرب العالمية الاولى عام 1917.

تنتهج الأسلوب الإرهابي نفسه، وتعتمد مفاهيم فلسفية قائمة على العنف وتتقارب مع المفاهيم الفوضوية والعدمية.

ومع إطلالة القرن العشرين ظهر في اوروبا مفكرون وفلاسفة أسبغوا الشرعية على العنف كرد فعل على الاستلاب الذي يمارسه المجتمع الاستهلاكي الرأسمالي تجاه الفرد، فهذا (هربرت ماركوز) وصف نظام المجتمعات الصناعية المتقدمة بالعدو، وسوغ الاستعانة حتى بالوسائل غير الشرعية إن لم تجد الوسائل الشرعية في مواجهة مظالم ذلك النظام.

لقد تطور استخدام مصطلح الإرهاب بعد الحرب العالمية الثانية، وذلك بعد وراثة الولايات المتحدة الامبراطوريات الاستعمارية المنهارة، وظهور ظاهرة الاستعمار الجديد ومحاولة الولايات المتحدة مد سيطرتها ونفوذها على اكبر مساحة من العالم، بواسطة الأحلاف والتكتلات العسكرية والاقتصادية. بالإضافة إلى اللجوء للتآمر وإثارة المشكلات وإيجاد الصعوبات المالية للدول، ومن هنا انطلقت تهمة (الإرهاب الدولي) لتلصق بهذه الدول الخارجة عن إرادة الولايات المتحدة، وبحركات التحرر الوطني التي تناضل من اجل استقلال بلادها، والتخلص من الاستعمار والاحتلال والعنصرية، من هنا جاء الخلط المقصود بين (الإرهاب الدولي) من جهة، وبين حق تقرير المصير للشعوب، وهو خلط قامت به المدارس الفكرية وأجهزة الإعلام المكتوبة والمسموعة والمرئية في أوروبا وأمريكا وعملت على تثبيته وتعميقه في فكر الآخرين [1]، وبعد استعراض النشأة والتطور التاريخي لظاهرة الإرهاب نخلص إلى حقيقتين هامتين هما:

1- إن الإرهاب ظاهرة أوروبية النشأة، استحدثت أوروبا هذه الظاهرة من الفلسفات التي سوغت استخدام الإرهاب وسيلة.

2- إن مصطلح الإرهاب طور في المخابر السياسية الأمريكية، بعد أن ظهرت كزعيمة استعمارية بعد الحرب الكونية الثانية، لتحقيق اهدافها المتمثلة في الهيمنة والسيطرة والنفوذ.

ثالثاً: أسباب ومسوغات الإرهاب

لا شك ان هناك أسباباً تقف وراء ظاهرة الإرهاب، وتسوغ القيام بعمليات إرهابية، بمعنى أن هذه الظاهرة لا تأخذ مكانها على خريطة الزمن دون دوافع تعمل على كينونتها، فهي لا تأتي من فراغ مطلق، وقد حمل الأمين العام للأمم

---

(1) هيثم الكيلاني، مرجع سابق، ص36.

المتحدة (كورت فالدهايم)[1] الدول الكبرى القسط الأكبر من مسؤولية تفشي ظاهرة الإرهاب التي تهز العالم، وذكر عدة أسباب من أبرزها[2]:

1- ممارسة حق النقض في مجلس الأمن الدولي، وتهاون الدول الكبرى عن القيام بواجباتها، مما أدى إلى عجز الأمم المتحدة عن تحقيق أهدافها المحددة في ميثاقها، وفي شرعية حقوق الإنسان.

2- عن تواطؤ الدول الكبرى وتميزها، أدى إلى شل المنظمة الدولية في تحقيق التعاون الدولي، وحل المشاكل الاقتصادية والاجتماعية بين الدول.

3- إن اغتصاب الشعوب المستضعفة، ألحق بها ظلما وحرمانا أخفقت الأمم المتحدة في التعويض عنه.

إننا نشارك الأمين العام في الأسباب الآنفة الذكر على اعتبارها أسباباً ومبررات للقيام بأي عمل إرهابي، وفي اعتقادنا لو لجأت الأمم المتحدة إلى توخي العدالة في قراراتها لحذف من قاموس الإرهاب أكثر من ثلث الأعمال الإرهابية.

هذا وقد ربط الكثير من الأعمال الإرهابية بعدة أسباب متنوعة لكل حادثة سببها التي دفعها لتأخذ مكانها في قائمة الإرهاب، إلا ان الاجتهادات اتجهت إلى تصنيف أسباب الإرهاب في قائمتين هما[3]:

1-أسباب ذات طبيعة سياسية، ويندرج تحت ظل هذه القائمة عدة أسباب فرعية منها:

أ-الاستعمار والاستعمار الجديد والحفاظ على السيطرة الاستعمارية.

ب-العنصرية والتمييز العنصري والفصل العنصري والصهيونية[4].

---

(1) الغريب بالامر أن هذه الشخصية (كورت فالدهايم) مارست وظيفة الأمين العام للأمم المتحدة لأكثر من دورة رئاسية، وفي الوقت الذي نادى بإعطاء الفلسطنيين حقوقهم ورفع الظلم عنهم، اتهم "بالإرهابي النازي"، وعملت الصهيونية العالمية على إقناع النمساويين بعدم انتخابه رئيساً لهم، إلا ان محاولاتها باءت بالفشل واعتلى كرسي الرئاسة في بلده.

(2) محمد السماك، الإرهاب والعنف السياسي، دار النفائس، 1992، ص176.

(3) راجع في ذلك: محمد السماك، مرجع سابق، ص198، أحمد التل، مرجع سابق، ص19-20، هيثم الكيلاني، مرجع سابق، ص36-37.

(4) لقد وصمت الامم المتحدة الكيان الصهيوني بفلسطين بالوصمة العنصرية عام 1973، ولكنها عادت فلغت هذا القرار بعد أزمة الخليج، وهذا يعد بمثابة ترضية قدمتها الأمم المتحدة لدولة الكيان، وهذا له دلالاته، دلالات الهيمنة الهيونية على الولايات المتحدة المهيمنة على الأمم المتحدة- انظر- رجاء الجارودين الأساطير المؤسسة للسياسة الصهيونية- القاهرة، دار الغد، 1996، ص68.

ج- العدوان، واستخدام القوة لانتهاك الاستقلال السياسي للدول أو سيادتها أو سلامتها الإقليمية[1].

د- التدخل في الشؤون الداخلية للدول الاخرى.

هـ- محاولة فرض السيطرة على الشعوب، وما ينجم عن ذلك من تهجير الأهالي عن ديارهم.

و- سياسة التوسع والهيمنة التي تنتهجها الدول ذات الشوكة.

2-أسباب ذات طبيعة اقتصادية واجتماعية، وهناك عدة أسباب فرعية أخرى تندرج تحت ظل هذه القائمة منها:

أ- استمرار النظام الاقتصادي الدولي الجائر وغير المنصف.

ب- الاستغلال الأجنبي لموارد البلاد الطبيعية (المستعمرة) (بفتح الميم).

ج- قيام دولة أجنبية بالتدمير المنظم للهياكل البشرية أو السياسية أو الاقتصادية أو الاجتماعية لبلد آخر.

د- عرقلة التنمية المستقلة للبلدان النامية[2].

هـ- الظلم الاجتماعي، والاستقلال السياسي والاجتماعي والاقتصادي.

و- انتهاك حقوق الإنسان وحرياته الأساسية، والحبس الجماعي والتعذيب والانتقام واللامساواة والتهجير الإجباري والطرد الجماعي والاستعباد والقهر.

إن دراسة الأسباب يلقي مزيداً من الضوء على المسألة التي قد تدفع للقيام بعملية إرهابية من اجل تحقيقها، فتوجه الأنظار إلى الأوضاع التي تحيط بها، فتدفع أهل الحكمة إلى معالجة الأمر قبل وقوعه، فيتفادون بذلك ما ينجم عنه من آثار قد تلحق أضراراً يصعب التنبؤ بها، كما أن دراسة الأسباب تساعد كثيراً على توضيح مفهوم الإرهاب الدولي والتقليل من حوادثه.

(1) لا أدل من الانتهاك السياسي للدول أو سيادتها من تدمير الولايات المتحدة لمصانع الأدوية في العاصمة السودانية الخرطوم عام 1998، بعد أن نفذ بعض الإفريقيين عمليات التدمير التي لحقت بالسفارة الأمريكية في مدينة (نيروبي) في كينيا، ومن ثم اتهمت (بن لادن) على أنه الممول والمخطط للعملية التي دمرت السفارة.

(2) إن مظاهر هذه العرقلة في واحدة منها احتكار العامل التكنولوجي وعدم تصديره للخارج إلا ذلك العالم الذي أصبح خارج الخدمة في دولة الإمتلاك.

رابعاً: وسائل وأشكال الإرهاب

إن فلسفة الإرهاب واحدة في جميع الحالات، فهي تهدف إلى إنهاك او إعاقة أو قتل أو تدمير المؤسسة التي يعتقد الفاعل أنها هي العدو، غير أن الأسباب المؤدية إلى استخدام العنف في بلوغ الأهداف يختلف عن بعضها البعض، فإذا طرحت جانباً الأفعال التي يرتكبها أصحابها بهدف الانتقام الشخصيـ أو بدوافع إجرامية فيمكن تصنيفها إلى فئات ثلاث هي [1]:

1- إرهاب ضد نظام قائم، بهدف الإحاطة به، واستبداله بنظام آخر، وإرهاب مضاد يقوم به النظام ضد أعدائه.

2- إرهاب تلجأ إليه الثورات بعد وصولها إلى السلطة، بغية تصفية آثار العهد القديم.

3- إرهاب قد تمارسه بعض منظمات التحرير الوطني، في حال عجزها عن شن حرب تحرير واسعة النطاق، أو في حالة مواجهة قوة مسلحة أقوى منها بكثير، أو من اجل نشر القلق أو الفزع بين قوات الاحتلال، وهذا الشكل من (الإرهاب) مشروع، يدرجه أعداؤه بطلانا تحت مصطلح (الإرهاب الدولي)، ومثالها: الحرب التي شنها الجزائريون ضد الاستعمار الفرنسي، والحرب التي شنها الانقوليون ضد الاستعمار البرتغالي، والحرب التي شنها الفيتناميون ضد الاحتلال الأمريكي وغيرها الكثير.

وهناك آراء أخرى حول عملية تقسيم أشكال الإرهاب، هذا التقسيم قائم على أساس طبيعة الجهة التي تقوم به، وقد صنف إلى شكلين رئيسين هما [2]:

1- الإرهاب الذي تقوم به مجموعات أو منظمات غير حكومية وهو الإرهاب غير الرسمي.

2- الإرهاب الذي تقوم به الدولة وهو الإرهاب الرسمي الذي يقصد به تخويف المعارضة، وأعداء النظام والمتمردين الخارجين على القانون، وذلك بقصد إجبارهم على الطاعة.

وهناك رؤيا ثالثة في تصنيف الإرهاب يعتمد على امتداد نشاط الإرهاب والشعوب التي تشارك فيه، وصنف في شكلين هما [3]:

(1) محمد السماك، مرجع سابق، ص32.
(2) إسماعيل غزال، الإرهاب والقانون الدولي، القاهرة، المؤسسة الجامعية للنشر، 1990، ص19.
(3) المرجع السابق.

1- الإرهاب الداخلي: وهو الإرهاب الذي يقتصر نشاطه على مجتمع واحد وبين الشعب الواحد ونشاطه ينحصر فقط على هذا المجتمع وهذا الشعب ولا يتعداه.

2- الإرهاب الخارجي: وهو الإرهاب الذي تشترك فيه أطراف خارجية مع النزاع المحلي.

وقد يكون هناك دمج في التقسيم بين إرهاب وآخر فإذا نظرنا إلى التقسيم القائم على طبيعة الجهة التي تقوم بالإرهاب وجدنا الإرهاب الرسمي الذي تمارسه الحكومة على شعبها وفي هذا دخلنا إلى شكل جديد من أشكال الإرهاب وهو (الإرهاب الرسمي الداخلي) وهذا يأخذ بدوره عدة أشكال هي[1]:

1- الإرهاب السياسي: وهو الإرهاب الذي يمارسه الفريق الحاكم للدولة، ضد أولئك الذين يتحدونه لإجباره على التنازل والتخلي عن مكاسبه وامتيازاته التي حصل عليها بفضل توليه زمام الامور بالدولة، لذا فهو يمارس الإرهاب السياسي من أجل الاحتفاظ بالمكاسب والامتيازات التي يجنيها من وراء وجوده في السلطة.

2- الإرهاب الاقتصادي: وهو الإرهاب الذي يمارس على الصعيد الداخلي، عندما تعمل الدولة أو الفئة الحاكمة لصالح البرجوازية والطبقات المميزة أو لصالح الفئة التي تستند إليها السلطة.

3- الإرهاب الاجتماعي: وهو الإرهاب الذي يقوم بين فئات المجتمع الواحد ويكون بالدرجة الأولى قائم على التفاوت بين فئات المجتمع، فئة تسعى إلى إقامة المساواة بين أفراد المجتمع، وفئة تحاول الاحتفاظ بالامتيازات والمكاسب التي تتمتع بها، ويكون سبب ذلك هو الجانب الحكومي لكونه لم يراع العدالة في التوزيع بين فئات المجتمع.

4- الإرهاب الانفصالي: وهو الإرهاب الذي تسعى من خلاله فئة عرقية او دينية تقطن منطقة جغرافية محددة للانفصال عن الدولة المركزية، نتيجة شعورها بالإهانة والاضطهاد من قبل الأكثرية العرقية أو الدينية الحاكمة.

5- الإرهاب الأيديولوجي: وهو الإرهاب الذي له صلة بنوعية النظام الرأسمالي أو الاشتراكي، ويقوم بين مؤيدي كل من النظامين، ومحاولة كل فريق الوصول للسلطة لتطبق النظام الأيديولوجي الذي يعتنقه.

---

(1) المرجع السابق، ص21-29.

6- الإرهاب الديني: وهو الإرهاب الذي له صلة بالدين ويقوم كل فريق من مؤيدي هذا الدين او ذاك بالعمل للوصول إلى السلطة وذلك لتعميم مبادئ دينه الذي يعتنقه.

وكذلك إذا نظرنا إلى التقسيم القائم على طبيعة الجهة التي تقوم بالإرهاب وجدنا الإرهاب الرسمي يتعدى الشعب الواحد إلى الشعوب الأخرى فتشترك فيه عدة شعوب وهذا ما يسمى بالإرهاب الرسمي الخارجي، وركز فقهاء الغرب جل اهتمامهم على إرهاب المنظمات أو ما سموه (بالإرهاب الثوري) الذي تقوم به حركات التحرر الوطني وخصوصا منظمة التحرير التي سعت إلى تحقيق أهدافها المشروعة. وفي نهاية عرض أشكال الإرهاب لا بد من الإشارة إلى ملاحظتين يجب أن ننظر من خلالهما إلى تلك الأشكال، وهما ملاحظتان تعتبران جزءاً لا يتجزأ من إدراك فكرة تقسيم أعمال الإرهاب إلى فئات أو أشكال متعددة، فمنهم من فهم معنى (الإرهاب) كعمل مرفوض ومدان وغير إنساني، ومنهم من فهم معناه النضال من اجل الحق والعدالة وانه مقبول ومصان بالقانون الدولي ويجب عدم إغفال ما يلي[1]:

1- إن عمل العنف هو عمل نسبي، ففي حين ترى الجماعة الفاعلة أن هذا العمل نضال، ترى الجماعة الاخرى أنه إرهاب، والحكم الفصل هو القانون الدولي وما سنه المجتمع الدولي من مبادئ وقواعد وأعراف.

2- إن إطلاق مصطلح (الإرهاب الدولي) على أعمال النضال في سبيل التحرر من الاستعمار والاحتلال والسيطرة والعنصرية والصهيونية والظلم هو تعميم غير عادل من وجهة نظر القانون الدولي وما أقرته الامم المتحدة من حقوق ثابتة للشعوب، ومنها حق تقرير المصير والاستقلال.

وسائل الإرهاب:

للإرهاب وسائل وأساليب عديدة تمارسها الجهات الفاعلة للإرهاب منها[2]:

1- **الاغتيالات السياسية:** وهذه وسيلة تقوم على أساس استخدام العنف والتصفية الجسدية بحق شخصيات سياسية كأسلوب من أساليب العمل والصراع السياسي ضد الخصوم، كمثل ما جرى عام 1914 حينما اغتيل ولي عهد النمسا في سيراييفو[3].

---

(1) هيثم الكيلاني، مرجع سابق، ص38.

(2) أحمد التل، مرجع سابق، ص34-43، هيثم الكيلاني، مرجع سابق، ص38.

(3) مثال ذلك قام به الموساد لتصفية (خالد مشعل) في عمان أحد المنفذين في حركة الجهاد الإسلامي حماس.

2- **احتجاز الرهائن:** وهي عملية توقيف قصري لشخص ثالث ليس طرفاً مباشراً في نزاع يقصد المحتجزون أو الخاطفون بواسطتها فرض شروطهم السياسية او العسكرية أو المالية على الذين هم في نزاع معه ومفهوم الرهائن يشمل الأناس غير العسكريين وغير المقاتلين الذين لا يحملون السلاح [1].

3- **خطف الطائرات:** هو الاستيلاء على الطائرة عن طريق اللجوء إلى التهديد المقنع باستخدام العنف وإجبار طاقمها على تغيير وجهة سيره والتوجه نحو مطار آخر، وذلك بقصد عقد صفقة والحصول على تنازلات مقابل الإفراج عن المختطفين والطائرة، وقد شهد العالم ما بين عام (1951-1970) (164) حادثة اختطاف أي معدل (82) في العام الواحد.

4- **حجز السفن:** وهو إجراء مقتضاه أن تقوم دولة بحجز السفن التابعة لدولة أخرى، لإرغام الدولة صاحبة السفينة إلى إجابة طلبات أو القيام بتعهدات معينة، ولحين إجابة هذه الطلبات أو القيام بتعهدات وانتهاء النزاع بشانها ونسبة هذا النوع قليلة إذ لم تقع في الثمانينات سوى حادثة واحدة.

5- **الاستعمار الاستيطاني:** وهو الاستعمار الذي ينظر إلى خارج حدوده السياسية ويلجأ إلى إنشاء مزارع وسط محيط سكان البلاد الأصليين وهذا ما هو قائم في فلسطين المحتلة وجنوب أمريكا وروديسا.

6- **إلقاء القنابل:** وهو الإرهاب الذي يهدف إلى القتل والجرح وإثارة الرعب والخوف ويبعث إلى عدم الأمن والاطمئنان.

ويضاف إلى ذلك حرب العصابات وحرب التحرير الشعبية مصدران هامان لاستخدام وسائل الإرهاب المختلفة، وبخاصة للرد على الأعداء الذين يلجؤون إلى استخدام جميع وسائل الإرهاب المتاحة لهم.

خامساً: نماذج من الأعمال الإرهابية الدولية:

إن لجوء الأنظمة الاستعمارية والإمبريالية والدكتاتورية القمعية في العالم إلى تضخيم ما تطلق عليه (الإرهاب الدولي)، وإلصاق كل منهم الإجرام والإرهاب دون البحث في البواعث يعد عملاً تضليلياً الهدف منه إبعاد الأنظار عن الإرهاب الذي تمارسه ضد شعوب العالم الثالث وضد شعوبها، وعليه فإنه مقاربة ما يسمى

---

[1] إن أقرب الأمثلة على ذلك هو ما قامت به مجموعة (أبي سياف) في الفلبين في شهر آب وأيلول عام 2000م، باحتجاز عدد من الأشخاص ومن جنسيات مختلفة، وذلك لفرض شروط خاصة بالمجموعة على الحكومة الفلبينية، وجرت عدة محاولات لإطلاق سراح المحتجزين إلا أنها لم تفلح عن نتائج حاسمة الأمر الذي أصدر الرئيس الفلبيني القيام بعمليات حربية ضد الجماعة لتخليص الرهائن.

بظاهرة (الإرهاب الدولي) تستلزم التمييز بين نوعين من أعمال العنف المصنفة كأعمال (إرهابية دولية)، الأول: إرهاب الدولة، والثاني: إرهاب الأفراد والجماعات، وسنبين نموذجاً من إرهاب الدولة.

إرهاب الدولة:

يرى بعض خبراء القانون الدولي أن الدولة تلجأ إلى وسائل الإرهاب في حالتين رئيستين هما: عندما تكون الفجوة واسعة بين أهداف الدولة المعلنة وبين أهدافها الحقيقية غير المعلنة، والتي تتستر عليها الدولة بسبب أو لآخر، وعندما تصبح ممارستها السياسية في حالة اختناق تعجز عن تجاوزها بالعمل الدبلوماسي عبر القوانين الدولية المعمول بها، وقد جسّد الإرهاب الأمريكي ضد ليبيا عام 1986 صورة من صور إرهاب الدولة لكون الولايات المتحدة استبدلت الحرب بالإرهاب وكان بديلاً عن إعلان الحرب حتى لا تتعرض لأية إدانة من المجتمع الدولي[1]، واتخذ هذا الإرهاب صورة غارة جوية أمريكية على طرابلس وبنغازي، وقد تم التخطيط لها وتنظيمها وتوقيتها من قبل مجموعة صغيرة من المدنيين والعسكريين وهم مستشار رونالد ريغان ومدير المجلس القومي للأمن الأميرال (جون بوندكستر)، ومساعدة الملازم (يولفرنورث) والجنرال (جون للرنق) والقبطان (جيمس ستراك) وآخرون من جنرالات البنتاغون الأمريكية وتسببت في قتل أشخاص أغلبهم من المدنيين[2] وقد بررت الولايات المتحدة هذه الغارة بسبب ما وصفه الرئيس الأمريكي ريغان وقوف ليبيا وراء (أوكار الإرهاب) في حين كانت الأسباب الحقيقية كما تشير بعض المصادر تعود إلى عام 1969 عندما تم قلب نظام الإقطاع في ليبيا ومجيء نظام ينادي بمعاداة الامبريالية والصهيونية، وإنهاء الوجود العسكري الأجنبي في ليبيا وذلك بإغلاق القواعد العسكرية الأمريكية، وقيام ليبيا بتأميم نفطها من الشركات الاحتكارية، ووصل التوتر أقصى درجة له عام 1979 حيث امر الرئيس الأمريكي كارتر بإغلاق السفارة الأمريكية في طرابلس، تبع ذلك أن أحرق المتظاهرون مقر السفارة في العاصمة الليبية عام 1981، تبعه إغلاق السفارة الليبية في واشنطن، وفي نفس السنة أسقطت طائرتين امريكتين من طائرات الأسطول الأمريكي فوق خليج سرت، ومن ثم تصاعد التوتر بين الطرفين توج بالغارة الأمريكية فوق خليج سرت، ومن ثم تصاعد التوتر بين الطرفين توج بالغارة الأمريكية المنوه عنها وبهذا العمل العدواني الإرهابي تكون الولايات المتحدة التي لها الباع الطويل في هيئة الأمم المتحدة الدولة قد خرقت ميثاقها وقواعد القانون الدولي التي تطالب الأسرة الدولية بمراعاتها. ورغم حجة

---

(1) إبراهيم ابراش، مرجع سابق، ص89.

(2) مطيع مختار، مرجع سابق، ص77.

الولايات المتحدة أن ما قامت به لا يخرج عن كونه ممارسة لحق الدفاع عن النفس، لكون ليبيا هي التي بدأت بالهجوم تبقى حجج لا يقبلها العقل ولا تستسيغها الأفهام [1].

إن إرهاب الدولة يأخذ أشكالاً أخرى مثل القمع الذي تمارسه الأنظمة وخاصة الدكتاتورية ضد شعوبها، وتسعى الأنظمة من خلال ممارستها للإرهاب قمع المعارضة الجماهيرية، فرض نمط سياسي اجتماعي معين يخدم مصالح وأهداف الفئة الحاكمة وحاشيتها، وقد كشفت محكمة العدل الدولي عن وجود أكثر من خمسين دولة يمارس فيها الإرهاب والتعذيب ضد مواطنيها. [2]

إن إرهاب الدولة أبشع أنواع الإرهاب، وخاصة إذا كان هذا الإرهاب موجها نحو الشعب، الذي يرى بالدولة عنوان سيادته والراعية لمصالحه، والموجه الحقيقي نحو بث كل عوامل الأمن والاستقرار لكافة المواطنين.

سادساً: الإرهاب وحق تقرير المصير

إن النضال المسلح لحركات التحرير الوطني وهي ساعية لتقرير مصير شعوبها لا يعتبر إرهاباً ويعتبر عملاً مشروعاً، وذلك لأن هذا النضال تنطلق مشروعيته من العديد من الإتفاقيات والقرارات الدولية سواء تلك المتعلقة بحق الدفاع عن النفس، أو حق تقرير المصير ونشير هنا إلى اتفاقية جنيف لعام 1949 (المادة 13) حيث أكدت على حماية شعوب الأقاليم المحتلة الثائرة ضد محتليها الأجانب، وإلى قرارات مؤتمر جنيف الدبلوماسي للعمل على إنماء وتطوير القانون الإنساني المطبق على النزاعات المسلحة عام 1977 حيث أكدت القرارات على ما ورد في اتفاقات جنيف لعام 1949 بالإضافة إلى العديد من القرارات والتوصيات الصادرة عن الجمعية العامة للأمم المتحدة المنادية بإعطاء الشرعية لنضال الشعوب من أجل تقرير مصيرها وهذه القرارات هي:

قرار الجمعية العامة رقم (1514) لعام 1960، قرار الجمعية العامة رقم (2531) لعام 1965، وقرار رقم (2621)، البرنامج الصادر عن الجمعية العامة بتاريخ (22) تشرين الأول عام 1970، وقرار رقم (1034) لعام 1972، وقرار رقم (3070) لعام 1973، وقرار رقم (3103) لعام 1973، وقرار رقم (3246) لعام 1974، وقرار رقم (4/32) لعام 1977 [3].

---

(1) المرجع السابق، ص77.

(2) إبراهيم ابراش، مرجع سابق، ص91.

(3) إبراهيم ابراش، مرجع سابق، ص95-97.

وأما ما يخص الشعب الفلسطيني فقد أكدت الأمم المتحدة في قرارات متعددة على حق الشعب الفلسطيني في تقرير مصيره، كما حظي الشعب الفلسطيني بالتأييد الدولي سواء على مستوى دول عدم الانحياز أو منظمة الوحدة الإفريقية أو المؤتمر الإسلامي وفي العديد من المؤتمرات الدولية، ويرجع ذلك إلى وضوح عدالة قضيته وعدوانية الكيان الصهيوني وعدم شرعية وجوده، وأصدرت الجمعية العامة قرارها بهذا الخصوص عام 1970 والمنادي بضرورة انسحاب إسرائيل من الأراضي العربية المحتلة، وقرار الجمعية عام 1974 والذي أكد على الحقوق الأساسية للشعب الفلسطيني.

سابعاً: الإرهاب الصهيوني في فلسطين:

هناك الكثير من الأعمال الإرهابية التي تمارسها الصهيونية، ضد أبناء الشعب الفلسطيني خاصة والشعب العربي عامة، وقد تنوعت ما بين الاعتقال والسجن والضرب وتكسير العظام والإبعاد والاغتيالات ومصادرة الأراضي ونسف المنازل وغيرها من الأعمال الإرهابية التي لا يختلف فيها اثنان، وكانت الأعمال الإرهابية بمجملها موزعة بين إرهاب تمارسه الدولة، وإرهاب يمارسه أفراد وجماعات يهودية تحت مظلة ورعاية وحماية الحكومة، وانطلاقا من ضيق العمليات الإرهابية والجهة الفاعلية لها فإننا سنتناول الإرهاب الصهيوني على أساس تصنيفه إلى إرهاب رسمي وإرهاب غير رسمي.

الإرهاب الصهيوني الرسمي: إن هناك سياسة صهيونية حكومية ذات تخطيط مدروس ووضعت بعناية فائقة، تتشابك حلقاتها لتغرز شبكة متكاملة من أعمال القمع والإرهاب التي لاقت استهجان مختلف قطاعات المجتمع الدولي وتشمل هذه الأعمال الإرهابية على[1]:

1- التوسع في مصادر الأراضي العربية في الضفة وبناء المستوطنات عليها[2]، وفي هذا الإطار بلغ إجمالي الأراضي الفلسطينية التي تمت مصادرتها في الضفة منذ 1967 وحتى عام 1987 نحو 2,480,000 أي ما يساوي 52% من إجمالي مساحة الضفة الغربية التي تبلغ 5.5مليون دونم، وفي قطاع غزة صادرت (160) كم2 وهذا يساوي 42% من إجمالي مساحة القطاع التي تبلغ

(1) عماد جاد، الإرهاب الصهيوني في الأراضي الفلسطينية المحتلة، العدد (67)، 1990، ص122.

(2) للمزيد حول هذا انظر عبد الهادي، المستوطنات الإسرائيلية في القدس أو الضفة الغربية المحتلة، 1967-1980، القدس، جمعية الملتقى الفكري 1978، صص62-63، نظام بركات، الاستيطان الإسرائيلي في فلسطين، الرياض، مطابع جامعة الملك سعود، 1985.

(363) كم2[1]. وقد وضعت السلطات اليهودية خطة لجعل اليهود أغلبية في المناطق المحتلة عام (2025)م، وذلك بافتراض نجاحها في جلب اليهود من الخارج وطرد العرب في ظل سياسته بالترانسفير.

2- سحب الهويات من المقدسين وحرمانهم من المواطنة: فقد سحبت وزارة الداخلية خلال عام 1996م هويات (689) مقدسيا ومنذ مطلع عام 1997 سحبت هويات (385) مقدسيا، كما أشارت بيانات وزارة الداخلية إلى أن هناك (402) هوية قيد التحقيق، كما وضعت السلطات مخططا يقضي بتجريد (50-70) ألف مواطن فلسطيني من حق المواطنة في القدس.[2]

3- التوسع في أعمال قمع وإرهاب أبناء الشعب الفلسطيني: وهذا النوع من الإرهاب تتجلى صورته في سلوكيات جنود الاحتلال الهمجية في مواجهة أطفال وشباب الحجارة، ولا أدل على صورة السلوكيات البربرية لجنود الاحتلال من قول قائد المنطقة الوسطى (عمرام ميتسناع) في كتاب استقالته (بأنها أعمال قذرة ودنيئة)[3]، إن الوسائل الإرهابية التي نفذ بها الجنود أوامر قادتهم متنوعة فكانت ما بين:

الرصاص الحي المطاطي، واستخدام الغازات السامة، وصلب الشبان العرب على واجهات العربات المدرعة اليهودية، الضرب حتى الموت، الرجم بالحجارة، الدفن وهم على قيد الحياة، سلخ الجلد لإزالة الرموز الوطنية الفلسطينية من الأجساد، واتباع سياسة تكسير العظام لشباب الانتفاضة ولمواجهة الانتفاضة شكلت الحكومة فرقا إرهابية وبأسماء مختلفة مثل فرق الموت للقيام بأعمال إرهابية كاغتيال قادة المنظمات[4]، وكانت تنقسم إلى فرقتين الأولى (ثمرة الكرز) وينتشر أفرادها في مدن وقرى الضفة الغربية، والثانية (شمشون) وينتشر أفرادها في مدن وقرى القطاع، وينتحل أفراد الفريقين صفة الصحفيين والمصورين الأجانب لتصوير المظاهرات وتحديد قاداتها تمهيداً لاغتيالهم، ويكفي أن نشير أن حصيلة الإرهاب الصهيوني منذ اندلاع الانتفاضة في 9 كانون الأول عام 1987 وحتى منتصف أيلول عام 1989 كانت: سقوط (936) شهيداً و (46) جريحاً و (6) آلاف

(1) عماد جاد، مرجع سابق، ص123.

(2) محمد عوض الهزايمة، القدس في الصراع العربي- الصهيوني، عمان، مطابع دار الحامد، 2000، ص184-185.

(3) عماد جاد، مرجع سابق، ص124.

(4) للاطلاع على الشخصيات الفلسطينية التي تم تصفيتها جسدياً على يد دولة الكيان الصهيوني، انظر احمد التل، مرجع سابق، ص313-318.

حالة إجهاض و (9392) معتقلاً، والملاحظ أن أكثر الفئات تعرضاً للإصابة والاستشهاد ممن تتراوح أعمارهم من (10-20) سنة، أي الجيل الذي ولد في ظل الاحتلال والإرهاب الصهيوني غير الرسمي: ونقصد به الإرهاب الذي تمارسه جماعات وعصابات لا تحمل صفة رسمية، ولكنها في اعتقادنا تعمل في ظل إطار تنسيق كامل مع السلطات الصهيونية، نظراً لأن هذه الجماعات تشارك تلك السلطات في نفس الأسباب وتقسم هذه الجماعات إلى ثلاث فئات هي:

1- جماعات تحظى بوضع رسمي تحت أسماء مدنية، سياسية، استيطانية وأشهرها: حركة الهاجانا[1] وحركة كاخ[2] وجوش ايمونيم[3] وتعد كاخ نموذجاً لهذه الجماعات وقد ولدت على يد الحاخام المتطرف (مائير كاهانا) والذي كان عام 1984 أحد أعضاء الكنيست وأهم منطقات الحركة[4]: إن الشعب اليهودي هو شعب الله المختار، أرض إسرائيل بكاملها للشعب اليهودي، يحظر على اليهود التنازل عن شبر واحد من أرض إسرائيل، ليس هناك شعب فلسطيني وليس هناك عرب معتدلون، يحق لغير اليهود العيش في إسرائيل كأجانب، ضرورة إزالة الأماكن الإسلامية والمسيحية[5].

2- جماعات سرية أخرى: ووظيفتها القيام بأعمال الإرهاب من اغتيال ونسف المنازل والممتلكات الفلسطينية ومثال هذه الجماعات: جمعية المحافظة على الأمن في شوارع الضفة، جماعة الإرهاب في مواجهة الإرهاب أو (ت.ن.ن) جماعة البرناريون، جماعة البوريم، جماعة الكابتن.

---

(1) أنشئت عام 1921 وبموافقة اللجنة العامة للهستدروت، وهي أول منظمة صهيونية سرية في فلسطين، وأصبحت فيما بعد الذراع القوي للوكالة اليهودية وللمنظمة الصهيونية العالمية، انظر جورج المصري، العنف الصهيوني في الفكر والممارسة، مجلة الوحدة، العدد (67)، 1990، ص116.

(2) انشئت عام 1969 على يد الحاخام مائير كاهانا الذي قتل (27) عربيا مسلما وهم يؤدون صلاة الفجر في شهر رمضان المبارك، وعندما أنشئت خطط لها لتكون منظمة إرهابية ضد المؤسسات العربية.

(3) كانت بالأصل مجموعة هذه الحركة كممثل كتلة داخل المغوال، لكنها انفصلت عنه عام 1974، وترتبط بعدة منظمات منها منظمة (امناه) التي كانت في الأصل مستعمرة أقامتها الحركة في صيف عام 1976، جورج المصري، مرجع سابق، ص118.

(4) عماد جاد، مرجع سابق، ص125.

(5) هناك حركات إرهابية أخرى بالإضافة إلى ما سبق منها: هتحيا- تسومت ويعود ظهور هذه الحركة في تموز عام 1979، وحركة إرهاب ضد الإرهاب أنشئت في أواخر السبعينات التي قامت للرد على الإرهاب العربي، ومنظمة لجنة الأمن أنشئت عام 1979، حركة الرائد السرية كشف النقاب عنها عام 1983، حركة أمناء جبل الهيكل ويتزعمها رجل دين متطرف (جرشون سلمون)، حركة الحشمونيين أو (اللرنريم) تم التعرف على هذه الحركة عام 1982.

3- تشكيلات المستوطنين الإرهابية: وهذه التشكيلات من المستوطنين أنفسهم مزودين بالأسلحة الحديثة وترعاهم الحكومة ويقومون بـالتجول في المنـاطق المحيطـة بمسـتوطناتهم وتشـن غاراتهـا وحملاتهـا المسلحة على التجمعات الفلسطينية.

إن الإرهاب في الكيان الصهيوني سـواء كـان الرسـمي أو غـير الرسـمي، ذا علاقـة ارتباطيـة قويـة بـين الاجهزة الصهيونية وجماعات الإرهاب الصهيونية بمختلف فئاتها سواء العلنيـة أو السريـة، وتقـوم الاجهـزة الصهيونية في إطار هذه العلاقة بإمداد هذه الجماعات بالسلاح وتوفير مظلة الحماية لهم مقابـل مشـاركة هذه الجماعات في تنفيذ أحد مكونات السياسة الإرهابية الصهيونية، كما أن هذه الجماعات تتمتع بحماية حزبية داخل الكنيست.

ثامناً: الإرهاب الدولي الأمريكي

بعد أن ظهرت الولايات المتحدة كوريثة للاستعمار القديم والذي توج بانحسار النفـوذ البريطـاني والفرنسي والامبريالي، عمدت إلى تغيير (تكتيكي) في خططها الاستعمارية هذه الخطط جمعت بـين المفهـوم الامبريالي القائم على احتلال الأراضي والبلدان وغزوها بالقوة، وبين الهيمنة والسـيطرة والتـدخل في شـؤون الدول تحت مسميات وأشكال عديدة متنوعة عبر تاريخ الولايات المتحدة، وقد تبلورت هذه المسـميات في عدة أسماء تحمل في خفاياها الطابع الاستعماري المنطوي في جوهرة على الإرهاب وهذه المسميات هي:

أ- قوة التدخل السريع: وتحمل في خفائها الرعب والخوف في كونها قوة عسكرية جاهزة لضـرب أي مكـان تراه مناسباً لتحقيق مصالحها.

ب- المعونات الأمريكية المتنوعة وتحمل في أثنائها الرعب وتهديد الدول الفقيرة في قطع هذه المعونات وبالتالي قد يؤدي الى تفشي المجاعة.. وغيرها.

ج- الغزو الثقافي والاجتماعي وهذا ينطوي على رعب فقدان البلدان هويتها وخضوع أهلها للسيطرة الأجنبية، وهذا الغزو أقوى وأشد على الأمم من السيطرة العسكرية.

د- العمل وبكل الوسائل على إبقاء العدو الصهيوني الأقوى في المنطقة، وتفـوق قوتـه قـوة الـدول العربيـة مجتمعة لا بل الدول الإسلامية كذلك.

هـ- محاصرة النفوذ الشيوعي - سابقاً- وهـذا الإرهـاب يتمثـل في تخويـف العـرب مـن المـد الشـيوعي في منطقتهم، وهذا يدفعهم لزج أنفسهم داخل الحصن الأمريكي.

و- لجأت الولايات المتحدة إلى نشر الديمقراطية الأمريكية في العالم، ولو كانت الديمقراطية تخالف عادات وتقاليد وأعراف الأمم الأخرى، وعلى من لا يأخذ بها فهو إرهابي ومن نوع خاص وهذا النوع اتهام تلك الدول بالديكتاتورية وعدم مراعاتها لحقوق الإنسان.

ز- التدخل في الدول الأخرى بسبب عدم مراعاتها لحقوق الإنسان واتهامها بأنها دولة إرهابية أو داعية للإرهاب.

ح- السيطرة على الأمم المتحدة خاصة مجلس الأمن والجمعية العامة للأمم المتحدة من خلال استصدارها قرارات أعطيت صفة (الشرعية الدولية)، أعطت الولايات المتحدة إجازة لممارسة الإرهاب باسم هذه الشرعية، وما تطبيق القرارات الدولية على العراق، وغض النظر عن تطبيقها على الكيان الصهيوني، ما هو إلا دليل على تطبيق شريعة الغاب في القرن الحادي والعشرين.

إن قمة الإرهاب الدولي الامريكي جاء في معرض الرد على العدوان الإسرائيلي على قواعد منظمة التحرير الفلسطينية في تونس في (7) تشرين الأول عام 1985 ومع حادث اختطاف السفينة السياحية الإيطالية (اكيهي لاورو) قامت به مجموعة من العناصر الفلسطينية والتي استسلمت في يوم (9) من الشهر نفسه للسلطات المصرية بعد جهود مصرية أشادت بها الدول الأوروبية، إلا أن الولايات المتحدة طلبت من مصر تسليمها الخاطفين، فرفضت مصر بشكل قاطع طلبها هنا، وبسبب الأسلوب البذيء الذي لجأ إليه السفير الأمريكي في الطلب، أبعدته السلطات المصرية فلجأت الولايات المتحدة إلى خصم مليار دولار من المبلغ المخصص للمعونات الاقتصادية لعام 1985 (هذا شكل من أشكال العنف المسمى قطع المعونات أشرنا إليه). غادر المختطفون القاهرة على متن طائرة مصرية إلى تونس بعد إذن مسبق إلا أن تونس عادت ورفضت هبوط الطائرة في أراضيها بعد أن أقلعت من القاهرة، وبعد خمسة وأربعين دقيقة تعرضت لمحاصرة طائرات (1 ف14) أمريكية وقادتها إلى مطار (سيجونيلا) في سقليا، وقد استنكر العالم كله هذا العمل الإرهابي من الدولة التي تنادي بنبذ الإرهاب، ووصف هذا الإرهاب من نوع إرهاب الدولة وقرصنة أمريكية يكشف من الوجه الحقيقي للولايات المتحدة [1].

(1) معالي عبد الحميد حمودة، مرجع سابق، ص148-149.

وهكذا أثبتت الولايات المتحدة الأمريكية مجدداً انها تظل الزعيمة الأولى للإرهاب الدولي، وهناك دروس على قادة العالم العربي والإسلامي وما تبقى من دول العالم الثالث أن تعيها وهي [1]:

1- إن الصداقة مع الولايات المتحدة لا تعطي أية حماية لأصدقاء واشنطن.

2- إن التسهيلات العسكرية الممنوحة للولايات المتحدة في بعض الدول لا يمكن ان توفر أية حماية لتلك الدول، فقد لعبت القواعد العسكرية الأمريكية في إيطاليا بالدور الرئيسي ـ في قصف الطائرات الصهيونية لمقر منظمة التحرير الفلسطينية في تونس، وفي عملية خطف الطائرة المصرية، وتم هذا من وراء ظهر الحكومة الإيطالية.

3- أن أية تسهيلات عسكرية تعطي الولايات المتحدة في أية أرض عربي، يمكن أن تكون في النهاية موجهة ضد أصحابها، وليس للدفاع عنهم.

4- إن الصداقة مع الولايات المتحدة (وبالذات مع الدول العربية)، لا تعني حسب المفهوم الأمريكي لهذه (الصداقة) إلا الخضوع الكامل لإدارة مخططات الولايات المتحدة الأمريكية.

تاسعاً: موقف الدول العربية من الإرهاب

لقد أدانت الدول العربية واستنكرت كل أشكال الإرهاب الفوضوي المزهق للأرواح البريئة، وأدانت الحملات الدعائية المغرضة المواكبة لإثارة موضوع الإرهاب الدولي إبان أدراج الأمر في جدول أعمال الجمعية العامة للأمم المتحدة، هذا يتضح من دورها الفعال ومساهمتها في بلورة القرار الذي اتخذته الجمعية العامة رقم (3045) بتاريخ 18 كانون الأول 1972، كما أن الدول العربية كان لها حضور في لجنة الإرهاب الدولي حيث مثل الدول العربية في هذه اللجنة: الجزائر وموريتانيا وسوريا وتونس واليمن بشطريها.

وهناك عدة مواقف اتخذتها الدول العربية خاصة بالإرهاب أهمها [2]:

1- إصدار تشاريع قاسية لمعاقبة الإرهابيين، وقراصنة الجو، ومراقبة المطارات، واتخذت إجراءات أمنية خاصة لحماية الأجانب.

(1) المرجع السابق، ص150-151.

(2) علي كريمي، موقف الدول العربية من الإرهاب، مجلة الوحدة، العدد (88)، 1992، ص126-128.

2- تؤكد الدول العربية إن حركات التحرر الوطني في فلسطين والقارة الإفريقية، لا تقوم إلا بالأعمال المشروعة، ولا تتصرف إلا بوحي الاتفاقات الدولية والقرارات الصادرة من هيئة الأمم المتحدة.

3- تنفي الدول العربية أي صلة أو تشابه بين الإرهاب وبين حركات المقاومة والتحرير الوطني، كما تركز لنفي ودحض أي تشابه على اتفاقية جنيف (1949) التي تحمي حقوق المقاومة النظامية، كما تحمي سكان الأراضي المحتلة عندما يهبون في ثورة ضد قوات الغزو الأجنبي.

4- تؤمن الدولة العربية بمشروعية حركات التحرر القائمة على مبدأ حق تقرير المصير، وعلى حق الدول المشروع في الدفاع عن النفس ضد عمليات الإبادة وما شابهها من جرائم ضد الإنسانية.

وأخيراً:

إن ظاهرة الإرهاب وجدت منذ القدم منذ أن قتل هابيل أخاه قابيل، وتبقى مقاومة الإرهاب على لسان الدول العدوانية كلمات حق يراد بها باطل، الحق لأن الإرهاب نقيض الطمأنينة والسلام والباطل في نكران الحق واستلابه وممارسة العدوان باسم مقاومة الإرهاب، إن المواقف السياسية والأيديولوجية لكل دولة هي التي تحدد ما هو الإرهاب، وما هو النضال المشروع، وهذا ينطلق من مصلحة الدولة المعنية، بمعنى هل المصلحة تكمن في إلصاق صفة الإرهاب بالعمل المعني أو إضفاء صفة الشرعية، وما دام المجتمع الدولي محكوم بمفهوم المصلحة الضيقة ومهيمن عليه من قبل الدول الكبرى تفرض إرادتها وجبروتها على الدول الصغرى، وشعوب العالم المغلوبة على أمرها، يبقى مفهوم الإرهاب دون تحديد لأن مصالح الدول الكبرى تقتضي ذلك.

المراجع

1. مطيع المختار، محاولة في تحديد مفهوم الارهاب وممارسته من خلال النموذج الامريكي- مجلة الوحدة- العدد 67، 1990، ص59.

2. المعتصم السعدية، محاولة في المسألة الإرهابية وابعادها الدولية- رسالة لنيل دبلوم الدراسات العليا في القانون العام، الرباط، كلية الحقوق 1985، ص85.

3. محمد مرتضى الحسيني الزبيدي- تاج العروس من جواهر القاموس، ج2، الكويت، مطبعة حكومة الكويت 1966 ص541.

4. المنجد في اللغة والاعلام، بيروت، دار المشرق، 1984، ص82.

5. المعجم الوسيط، ج1، ص376.

6. أحمد التل، الإرهاب في العالمين العربي والغربي، عمان، المؤلف 1998، ص11.

7. هيثم الكيلاني، إرهاب الدولة بديل الحرب في العلاقات الدولية- مجلة الوحدة، العدد 67، 1990، ص34.

8. محمد تاج الدين الحسيني، مساهمة في فهم ظاهرة الإرهاب، مجلة الوحدة العدد 76، 1990، ص23.

9. محمد غنام، المواجهة التشريعية للإرهاب بين القانون الايطالي والقانون المصري، مجلة السياسة الدولية، القاهرة، العدد 113، 1993، ص72.

10. محمد السماك، الإرهاب والعنف السياسي، دار النفائس، 1992، ص176.

11. اسماعيل غزال، الإرهاب والقانون الدولي، القاهرة، المؤسسة الجامعية للنشر، 1990، ص19.

12. عماد جاد، الإرهاب الصهيوني في الأراضي الفلسطينية المحتلة العدد 67، 1990، ص122.

13. مهدي عبد الهادي، المستوطنات الاسرائيلية في القدس أو الضفة الغربية المحتلة 1967-1980، القدس، جمعة الملتقى الفكري 1978، ص62-63.

14. نظام بركات، الاستيطان الاسرائيلي في فلسطين، الرياض، مطابع جامعة الملك سعود 1985.

15. محمـد عـوض الهزاعـة، القـدس في الصـراع العـربي الصـهيوني، عـمان، مطـابع دار الحامـد، 2000، ص184-185.

16. جورج المصري، العنف الصهيوني في الفكر والممارسة، مجلة الوحدة العدد 67، 1990، ص116.

17. علي كريمي، موقف الدول العربية من الارهاب الـدولي، مجلـة الوحـدة العـدد88، 1992، ص126-128.

المبحث الرابع

الإرهاب الصهيوني والإرهاب الأمريكي

يصادف عبور الانتفاضة المباركة .. انتفاضة الأقصى والقدس والاستقلال والعودة عامها الثالث في مقاومتها للإرهاب الصهيوني، مع استفحال موجة الإرهاب العالمي التي تصادمت مع أهم رمزين لعظمة الولايات المتحدة الأمريكية، البنتاغون ومركز التجارة العالمي. ومن الطبيعي أن يطير صواب الولايات المتحدة لهذه الكارثة التي تعاطف معها الجميع إنسانياً، وأن كان يشوب التعاطف نوع من التساؤل عن السبب الذي يجعل الولايات المتحدة هدفاً للإرهاب على هذا المستوى. الجواب بالنسبة لنا أننا تعاطفنا مع الأبرياء ضحايا الإرهاب إنسانياً باعتبارنا نحن الشعب العربي المثل الأوضح في هذا العصر- لضحايا الإرهاب الصهوني.

وحين تختلط المشاعر العاطفية الإنسانية مع الفكرة المنطقية يتساءل الإنسان هل يمكن لهذه المصيبة التي حلت بأمريكا أن تجعلها تعيد حساباتها تجاه ممارساتها ضد شعوب العالم؟ وهل يمكن أن لا يطير صواب الإدارة الأمريكية التي تمتلك، رغم ما أصابها، القوة العسكرية والاقتصادية والأهم في العالم، فلا تنحو لعودة الروح الإنسانية الديمقراطية إلى سياسة الولايات المتحدة بدلاً من الجنوح نحو الانتقام من كل من اختلف معها سابقاً او قد يختلف معها مستقبلاً؟ هل يمكن ان توظف الأساه الانسانية العودة الروح الانسانية الديمقراطية الى سياسة الولايات المتحدة بدلاً من الجنوح نحو الانتقام وكبح الديمقراطية ورفع شعار محاربة الإرهاب بسيف الإرهاب.

هذا التساؤل المشروع لا يجوز أن يبقى في الصدور، ولا يجوز أن تتحول المشاعر الإنسانية إلى حفلات نفاق للإدارة الأمريكية التي رغم ما أصابها لا تزال ترعى الإرهاب الصهيوني الذي يكثف عدوانه ويصعده ضد شعبنا. إضافة إلى ممارساتها إرهاب الدولة المباشر. الذي يعطي لنفسه حرية قتل المدنيين في العراق. إضافة إلى سلسلة العقوبات التي يفرضها على خصومه ضارباً عرض الحائط بالشرعية الدولية وحقوق الإنسان.

بعد أن حاول السفاح شارون استغلال الكارثة المأساة التي حلت بالشعب الأمريكي ليربط بين ما أصاب أمريكا من اعتداء إرهابي وبين ما يعانيه الكيان الصهيوني من الانتفاضة والمقاومة التي يصنفها شارون بالعنف الإرهابي، عمدت الإدارة الأمريكية إلى كبح محاولاته على أمل تهدئة الوضع على الساحة الفلسطينية ليتسنى لها تشكيل دولي لمناهضة الإرهاب يحتوي على دول عربية وإسلامية لا

يمكن الاستغناء عنها. ولقد حرصت معظم الدول العربية والإسلامية أن تنأى بنفسها عـن الجريمـة التي ألحقت بالإدارة الأمريكية هذه الكارثة، فقامت باستنكارها وقدمت التعازي والاستعداد للوقوف إلى جانب الولايات المتحدة ضد الإرهاب.

لقد كان واضحاً منذ البداية أن أمريكا التي ابتدأت بـإطلاق اسم عدالة بـلا حـدود عـلى عمليـة مكافحة الإرهاب إنما كانت تتطلع إلى استغلال هـذه الفرصة لفرض هيمنتها عـلى العـالم، وإلى ممارسـة الطغيان بلا حدود.

لقد وجدت أمريكا أن التعاطف الإنساني المبدئي بـدأ تـدريجياً يختلط بالمصالح الذاتيـة للـدول والمجموعات الدولية، بحيث أن أحداً لا يريد أن يعطي للولايات المتحدة صكاً على بيـاض للتصرف ، الأمـر الذي جعل التوجه العربي يتطلع إلى موقف موحد يحدد من خلاله طبيعة العلاقة العربية مع أمريكا تجاه الإرهاب الذي لا بد من تحديد هويته حتى لا يتم الخلط بين حقوق الشعوب في تحرير أوطانها المحتلـة وبين إرهاب الدولة الذي يمـارس العدوان ويحتـل أراضي الشعوب. فالمقاومـة مشروعة دوليـاً في حـين أن الإرهاب هو الذي يخرج عن قرارات الشرعية الدولية. ويلحق الانتهاك الكامل بحقوق الإنسان.

ولقد مارست الإدارة الأمريكية ضغوطاً على السفاح شارون للعودة إلى طاولة المفاوضات والالتـزام بتقرير ميتشل القاضي بوقف إطلاق النار وإعادة بناء الثقة وتنفيذ قرارات الشرعية الدولية.

ولكن شارون يدرك أن مجرد إيقافه لإطلاق النار والعودة إلى طاولة المفاوضات فإنه يصبح ملزمـاً بوقف الاستيطان بشكل كامل، حتى الذي تحت ذريعة الزيادة الطبيعية. وهذا الموقف هو مقدمة لإعادة الاعتبار للموقف الأمريكي الأساسي الذي بدأ مع عملية السلام في مدريد والـذي عـبر عنه وزيـر الخارجيـة آنذاك جيمس بيكر بأن المستوطنات غير الشرعية وهي عقبة في طريق السلام.

إن الصهاينة الذي لا يؤمنون أصلاً بعملية السلام لا يعتبرون أن من حـق الفلسطينيين أن يمتلكوا أية ذرة من تراب فلسطين باعتبارها كلهـا أرض إسرائيـل الكبرى. وأنه لـو أرادوا التراجـع عن أفكارهم العنصرية واستجابوا لطروحات الوزير بيريز فإن وزراء آخرين سيقفون ضد تراجعه وسيهددون بكنس حكومته الائتلافية الهشة، فرحبعام زئيفي وليبرمان دعاة الترانسفير والتطير العرقي لا يقبلان بتقرير ميتشل ولا يقبلان بلقاء بيريس مع الأخ أبو عمار. ولكن الضغط الأمريكي الأخير تحـت عنوان العـودة إلى التهدئـة من أجل بناء التحالف الدولي ضد الإرهاب، جعل شارون يخضع تكتيكيا ليتم اللقاء ويمـارس اسـتراتيجياً لينسف أي نتائج إيجابية من جهة أخرى، ففي ظل اللقاء تكثـف العـدوان وتصاعد بشكل جنوني. الأمـر الذي استدرج ردود فعل انتقامية تحاول حكومة شارون استغلالها إعلامياً

لتحميل السلطة الوطنية مسؤولية استمرار التدهور، وتطالب بإجراء حملة اعتقالات في صفوف نشطاء الانتفاضة والمعارضة في الوقت الذي يتفاخر ضباط الاحتلال وزعماء قطعان المستوطنين بعد الضحايا التي الحقوها بالمدنيين الفلسطينيين. وهذه المعادلة التي يتمسك بها شارون وبيريز تهدف إلى دق أسافين الفرقة داخل الساحة الفلسطينية تحت عناوين الاعتقال. فالسلطة الوطنية تمارس ضبط النفس وضبط الشارع الفلسطيني من الانفجار من خلال التنسيق المستمر مع القوى الوطنية والإسلامية للسيطرة في هذه المرحلة على طبيعة العمليات ومكانها وزمانها بحيث يتحقق الالتزام بوقف إطلاق النار من مناطق سيطرة السلطة الوطنية، مع التوجه إلى الابتعاد عن أي عمل من شأنه أن يكون موجهاً للمدنيين. ولكن السلطة الوطنية لا تستطيع أن تقوم بدور الحارس للكيان الصهوني في المناطق التي يحتلها. والتي يقيم عليها مستوطنات غير شرعية. ومن الطبيعي أن يتوقف أي عنف فوري ضد الاحتلال والاستيطان عندما ينسحب الاحتلال وتنتهي ظاهرة الاستيطان وتعود الأرض إلى أصحابها. أما المفاوضات فهي أمر ضروري لكل من يريد أن يصل في النهاية إلى تحقيق السلام، وهو ما تطرحه السلطة الوطنية دائماً، ولكن ذلك لا يعني أن تعود دوامة التفاوض والتكاذب التي أهدرت سبع سنوات عجاف في ظل خداع رؤساء حكومة الكيان الصهيوني الذين لا يؤمنون بعملية السلام من نتنياهو مروراً بباراك وأخيراً السفاح شارون.

أن شعبنا يدرك أنه لا يريد الانتفاضة من أجل الانتفاضة، وأنه لا يهوى المقاومة والتضحية ومعاناة التصدي لمجرد أن يقال عنه أنه الشعب البطل . وأنه الظاهرة الأنبل في الأمة العربية والإسلامية .. أنه يقوم بذلك لأنه يريد الوصول إلى هدف والهدف هو إنهاء الإرهاب الصهيوني المتمثل:

أولاً: بالاحتلال العسكري الذي يتناقض مع قرارات مجلس الأمن 242 و 833 ومبدأ الأرض مقابل السلام وهذا الاحتلال الذي كان من المقرر، حسب الاتفاقيات الموقعة، أن يكون قد اختفى كلياً عن الأرض الفلسطينية المحتلة عام 1967 في الرابع من أيار عام 1999. ولكنه لا يزال مستمراً ولا يزال يتصاعد ويمارس الإرهاب في أسوأ أشكاله. بل ويحاول إعادة احتلال المناطق المحررة.

ثانياً: الاستيطان وهو أحد أخطر مظاهر الاحتلال الذي يمارس اغتصاب الأرض وطرد المواطنين والتهجير والتطهير العرقي وهو ما يعني الاحتلال في أبشع أشكاله. ورغم الالتزام اللفظي بتقرير ميتشل إلا أن حكومة شارون مستمرة في تسمين المستوطنات وإضافة مستوطنات جديدة.

ثالثاً: القدس والاعتداء المستمر على المقدسات الإسلامية والمسيحية ومحاولة تهويدها وضمها الأمر الذي ينتهك قرار مجلس الأمن 252 الذي يؤكد أن

القدس هي جزء لا يتجزأ من الأرض الفلسطينية المحتلة. ولا يزال حجر الأساس للهيكل المزعوم يستخدم فزاعة من قبل العنصريين الصهاينة.

رابعاً: حق العودة الذي كفلته المواثيق وقرارات الشرعية الدولية وخاصة القرار 491 ولا تزال حكومات الكيان الصهيوني تنتهك هذا الحق بشراسة وترفض مبدأ التفاوض حوله.

خامساً: الممارسات الإرهابية التي وصلت ذروتها بعمليات الاغتيال والقتل المكثف بالصواريخ وطائرات الاباتشي وآلاف 61 الأمريكية، إضافة إلى انتهاك حقوق الإنسان الفلسطيني بالحصار المكثف وتقطيع أوصال الوطن الفلسطيني بالحواجز وقطع الأشجار واغتصاب الأرض.

كل هذا الإرهاب كان ساري المفعول قبل الأحداث المأساوية التي أصابت شعب الولايات المتحدة. وهذا الإرهاب الصهيوني لا يزال مستمراً، بل أنه تكثف وتصاعد بعد أن حلت المأساة في الولايات المتحدة الأمريكية، وفي ظل هذا الإرهاب الصهيوني الذي ترعاه أمريكا، وهل يمكن أن تكون هنالك مواجهة لإرهاب آخر غير مكتمل الوضوح؟! فالعمل ضخم وخطير ومصيبة ولا يزال مجهول الهوية. حتى لو تم تحديده فإنه حالة ونتيجة تتعلق بالولايات المتحدة وطريقة تعاملها مع الشعوب، ولدرجة تفرز رجالاً بأفكار جهنمية ومستعدون للموت في سبيل تنفيذ مخططهم.

هل تكون الأولوية لحرب الإرهاب الأمريكية طويلة الأمد؟ ويتم بذلك تجميد الوضع في الشرق الأوسط وقضية فلسطين كما جرى يوم قامت أمريكا ببناء التحالف الثلاثيني ضد العراق لتجعل القضية الفلسطينية في الدرجة الثانية. كانت النتيجة أنه بعد انتهاء العدوان ثم القيام بشطب منظمة التحرير الفلسطينية وشطب قضية القدس وقضية اللاجئين.

أن الدرس الذي لا يمكن أن يغيب عن عقولنا هو أنه لا يمكن الركون إلى وعود الولايات المتحدة المحكومة باللوبي الصهيوني الذي قد تراجع دوره تكتيكاً كما حصل في مرحلة العدوان على العراق، ولكنه يظل المسيطر استراتيجياً فيما يتعلق بسياسة أمريكا في الشرق الأوسط.

الوضع الآن يختلف كثيراً عن الوضع السابق، والتحالف الدولي المنشود لا بد أن يعود إلى قرارات الشرعية الدولية التي تحدد مفهوم الإرهاب وطبيعة مقاومته حتى لا تتحول إلى عملية انتقامية. وعلى الرغم من أن أمريكا هي صاحبة النفوذ الأقوى في الأمم المتحدة فإنها لا تستطيع ان تفرض رؤيتها على المجتمع الدولي الذي بدأ يتبلور حول مصالحه ليقلل من دور نظام وحيد القرن. فاختيار افغانستان

هدفاً أولياً من قبل الولايات المتحدة له علاقة بأطماعها وبمدى هيمنتها الاستراتيجية على العالم. وهي بذلك تقترب من المناطق القاتلة التي تحيط بها قوى عظمى ذات مصالح مختلفة تتناقض مع مصلحة الولايات المتحدة استراتيجياً، وأن التقت معها تكتيكياً في بعض المصالح، كما هي حال روسيا وطهران، ولكن الموقف الذي يظل صاحب التأثير الأكبر هو موقف الدول العربية مجتمعة أولاً. ثم موقف الدول الإسلامية التي دعت إلى عقد مؤتمر. الموقف الموحد يجب أن يقف إلى جانب شعار القضاء على الإرهاب والإرهابيين في العالم. وعدم دعم الإرهاب، وعدم الخلط بين الإرهاب وحق الشعوب في مقاومة الإرهاب وأبشع أشكاله الاحتلال. هنا يكون السؤال. من أين يبدأ التحالف الدولي المناهض للإرهاب والساعي إلى تحقيق الحرية والعدالة في العالم؟

ومن هنا من فلسطين من القدس مفتاح السلام يأتي الجواب صريحاً واضحاً. من هنا تبدأ مناهضة الإرهاب. فالإرهاب الصهيوني هو ابشع انواع الإرهاب الدولي، وخاصة ذلك الذي يستهدف الولايات المتحدة يتلاشى بأسرع مما تساقط برجا مركز التجارة الدولي في نيويورك، فمعظم أسباب الإرهاب ضد أمريكا تنبع من دعمها للإرهاب الصهيوني. وهي تمتلك مفتاح الإرهاب ومفتاح السلام. وعليها أن تختار ، أما نحن العرب الفلسطينيين والمسلمين فاخترنا السلام ومقاومة الإرهاب الصهيوني.

11 سبتمبر دمار ونكسة على الأمريكان

رغم مرور سنوات على الزلزال المدمر الذي ضرب امريكا وهو هجمات 11 سبتمبر التي استهدفت نيويورك وواشنطن وأسفرت عن مقتل حوالي 3000 شخص، وقيام واشنطن بشن حربين ضد دولتين إسلاميتين هما أفغانستان والعراق، وفرض سياسة " إما أن تكونوا معنا أو تكونوا مع الإرهابيين" التي دشن لها الرئيس الأمريكي جورج بوش بعد وقوع الهجمات بساعات قليلة، إلا أن الهجمات الإرهابية لم تنته بل أن خطرها آخذ في الاستفحال كما أن زعيم تنظيم القاعدة أسامة بن لادن ما زال طليقاً حراً، الأمر الذي يؤكد فشل إستراتيجية أمريكا المتمثلة في الحروب الوقائية. التي جلبت الدمار على الشعبين العراقي والأفغاني وحتى الشعب الأمريكي نفسه الذي يروعه صور أبنائه الذين يقتلون بصورة شبه يومية في العراق وأفغانستان.

أن النتائج أظهرت أن أكثر المتأثرين نفسياً بالهجمات ليسوا بالضرورة ممن تعرضوا لتأثيرات مباشرة، وأن الأفراد الأكثر عرضة للإصابة بمتاعب نفسية طويلة الأمد هم من عجزوا عن مواجهة ما حدث ورفضوا تصديقه.

وجاء هذا بعد أن أقنع رئيس الحكومة الإسرائيلية إدارة بوش بأن الحرب التي تشنها بلاده ضد الشعب الفلسطيني إنما هي جزء لا يتجزأ من حرب أمريكا الجديدة ضد ما يسمى بالإرهاب، وأن إسرائيل تمثل جبهة من جبهات الحرب العالمية ضد ما اسماه بالإرهاب الإسلامي. واختلطت الأمور على واشنطن بحيث أصبحت ترى مقاومتهم للاحتلال الإسرائيلي جزءاً من الحرب التي اعلنتها ضد الإرهاب العالمي.

وعرقلت العمليات القتالية غير المسبوقة بين القوات الأمريكية وفلول طالبان وتنظيم القاعدة في الشهور الثلاثة الأخيرة من تحركات المنظمات الاغاثية في افغانستان وسط توقعات بأن تتدهور الأوضاع الأمنية بصورة بالغة في الفترة التي تسبق وتلى الانتخابات التشريعية .

الآثار الأمنية:

قامت الولايات المتحدة في أعقاب الهجمات بتطبيق إجراءات أمنية مشددة طالت في الأساس العرب والمسلمين ، حيث اعتقلت المئات منهم دون تهمة محددة، كما زادت الجرائم العنصرية وانتشرت موجة من العداء ضد العرب والمسلمين الأمريكيين.

وفرضت سلطات الهجرة الأمريكية اثر وقوع الهجات على الرعايا الذكور من 25 دولة مسلمة وعربية تسجيل أسمائهم لدى أجهزة الهجرة، وبالفعل سجل حوالي 82 ألفاً أسماءهم واتضح أن 13 ألفاً منهم من المهاجرين غير الشرعيين الأمر الذي يعرضهم للطرد من الولايات المتحدة، لانتهاك قوانين تأشيرات السفر أو أذونات الإقامة.

وأعربت الأوساط العربية والإسلامية عن قلقها، وقال أحد المسؤولين في المجلس الأمريكي الإسلامي: " إننا قلقون جداً" الإدارة تخطط لتخفيض عدد المسلمين الذين يعيشون على الأراضي الأمريكية" ـ واتهم السلطات الأميركية باستخدام سلاح الأبعاد من أجل مكافحة الإرهاب.

كما نظم ائتلاف من منظمات الحقوق المدنية الأمريكية من بينها مجلس العلاقات الإسلامية الأمريكية (كير) جلسة استماع مفتوحة بمجلس الشيوخ الأمريكي حضرها أكثر من مائتي ناشط في مجال الحقوق المدنية بالولايات المتحدة وعدد من أعضاء مجلس الشيوخ والنواب الأمريكيين لسماع شهادات عدد من ضحايا انتهاكات الحقوق المدنية في فترة ما بعد أحداث سبتمبر 2001 وخاصة من المسلمين والعرب.

وقد استمع المشاركين في الجلسة لشهادات هامة وخطيرة من أفراد انتهكت حقوقهم وحقوق ذويهم المدنية بعد أحداث سبتمبر.

وأثارت طالبة مسلمة أمريكية من أصل عربي تدعى نادين مشاعر الحضور بقوة بعد إدلائها بشهادة باكية عن معاناة أسرتها بعد أحداث سبتمبر، وقالت أن الشرطة الأمريكية داهمت منزل عائلتها في أحد أيام العيد وألقت وأوضحت نادين أن الشرطة اعتقلتها هي وأمها لمدة تسعة شهور واعتقلت أبيها لمدة عشرة شهور سعياً إلى ترحيلهم، وأنها وأمها تعرضتا لمعاملة سيئة جداً خلال فترة الاعتقال أدت إلى تفاقم مرضها بحصوات الكلى وإلى نقل أمها إلى المستشفى 11 مرة.

وأضافت نادين أن السلطات تريد ترحيل أبيها بتهمة أنه يمثل تهديداً للأمن القومي في الوقت الذي تسعى فيه أسرتها لشيء واحد فقط وهو ضمان حريتها وآمنها وحياة كريمة لها في الولايات المتحدة، كما تحدث رجل أعمال مسلم من أصل باكستانية يدعى عاصف إقبال عن خبرته في المطارات الأمريكية بعد أحداث سبتمبر وقال إنه كثير السفر وإنه يتعرض للإيقاف من قبل مسئولي المطار في كل مطار يزوره خلال أية رحلة يقوم بها بسبب تشابه اسمه (الشائع جداً في باكستان مثل شيوع اسم جون سميث في أمريكا) مع اسم أحد الأشخاص الموجودين على قوائم المطلوبين في جرائم تتعلق بالإرهاب.

وأوضح إقبال أن المعاملة المسيئة التي يتعرض لها في كل مرة يتم إيقافه دفعته إلى الاتصال بمنظمات الحقوق المدنية المسلمة والعربية والأمريكية وببعض أعضاء الكونجرس ومطالبتهم بالتدخل لمساعدته.

واعترف المفتش العام لوزارة العدل الأمريكية جلين فاين مؤخراً بأن عدداً من المهاجرين الأجانب لا يزال محتجزاً في سجون الولايات المتحدة منذ هجمات الحادي عشر من سبتمبر 2001 دون السماح لهم بمقابلة محاميهم.

كما اعترف في تقرير له بأن هؤلاء المحتجزين يتعرضون إلى انتهاكات بدنية واساءات معنوية وقال : " انهم كانوا يقضون 23 ساعة من يومهم مكبلي الأيدي والأرجل وأنهم يعيشون في زنازين مضاءة طوال 24 ساعة كما تعرضوا كذلك لسخرية الحرس الذين كانوا يبلغونهم دوما بأنهم سيلقون حتفهم في هذا السجن".

وندد بالطابع التعسفي لاعتقال حوالي 800 مهاجر غير شرعي بعد أحداث سبتمبر، منتقداً وزير العدل الأمريكي السابق جون آشكروفت الذي أعد سلسلة من القوانين المناهضة للإرهاب سيميت "باتريوتيك أكت" وصوت الكونجرس عليها في أكتوبر 2001 وهاجمها المدافعون عن الحريات الشخصية بشدة.

وبالإضافة إلى الاعتقالات غير القانونية داخل الولايات المتحدة ، تحتجز واشنطن أيضاً في قاعدة جوانتانامو الأمريكية في كوبا حوالي خمسمائة شخص من حوالي أربعين دولة ألقى القبض على معظمهم أبان الحرب في أفغانستان في خريف عام 2001 للاشتباه في صلتهم بحركة طالبان وتنظيم القاعدة.

وأعلن الرئيس الأمريكي جورج بوش عن إجراء محاكمة عسكرية لمعتقلي جوانتانامو وأطلق عليهم وصف "مقاتلون من الأعداء" ما يسمح للحكومة الأمريكية باحتجاز المشتبه فيهم إلى أجل غير مسمى، إلا أن قاضية اتحادية أمريكية أصدرت حكماً بعدم دستورية المحاكم العسكرية الاستثنائية التي تحاكم المشتبه بهم في قضايا إرهابية، مؤكدة أن سجناء جوانتانامو يتمتعون بحق دستوري يقضي بعدم حرمانهم من محاكمة عادلة. وقالت قاضية المحكمة الجزئية الأمريكية جويس هينز جرين إن المحاكم العسكرية الاستثنائية المعنية بتحديد ما إذا كان المحتجز مقاتل من الأعداء تنتهك حق معتقلي جوانتانامو بحرمانهم من محاكمة عادلة، كما أن المحاكم الاستثنائية تعتمد على شهادات يحتمل أنه تم الحصول عليها بالإكراه والتعذيب.

كما أكدت المحكمة العليا الأمريكية في عام 2004 أن المعتقلين المحتجزين في قاعدة جوانتانامو الأمريكية في كوبا يملكون الحق القانوني للاحتجاج على سجنهم.

نتائج التحقيقات في هجمات سبتمبر:

انشأ الكونجرس الأمريكي في أواخر عام 2002 "اللجنة الوطنية للهجمات الإرهابية على الولايات المتحدة" بغرض تقديم "عرض وتفسير كاملين" لملابسات هجمات 11 سبتمبر وإصدار توصيات حول كيفية الحيلولة دون وقوع هجمات مماثلة في المستقبل.

وخلال 20 شهراً من التحقيق، التقت اللجنة بأكثر من ألف شاهد، من بينهم الرئيس بوش نفسه، وراجعت أكثر من مليوني وثيقة.

وأصدت اللجنة في يوليو عام 2004 تقريرها النهائي بشأن هجمات سبتمبر والذي أشار إلى "إخفاقات مؤسسية عميقة " وعدم إدراك الزعماء لـ " خطورة تهديد القاعدة".

وقالت اللجنة أن الولايات المتحدة لم تكن مستعدة عندما تعرضت لهذه الهجمات ولم تكن نشيطة إلى حد كاف لمواجهة الإرهابيين الذين نفذوا الهجمات.

وأوضح رئيس اللجنة أن أحداث سبتمبر كانت لحظة فريدة لا يمكن مقارنتها بالهجمات التي تعرضت لها الولايات المتحدة في بيرل هاربور عام 1941.

وأضاف أن الولايات المتحدة فشلت بعد الهجمات في قتل أو أسر بن لادن أو إلحاق الهزيمة بمنظمة القاعدة، واتهم أجهزة المخابرات بأنها لم توزع المعلومات بينها وأنه لم يكن هناك تنسيق بين المنظمات المسؤولة عن الهجرة وخفر السواحل.

وأوضح أن وكالات الاستخبارات قد أخفقت في حالات عدة، بما في ذلك المحاولات الفاشلة لوكالة الاستخبارات قد أخفقت في حالات عدة، بما في ذلك المحاولات الفاشلة لوكالة الاستخبارات المركزية "سي آي إيه " في القبض على بن لادن أو قتله.

وخلص إلى أن الاستخبارات الأمريكية ارتكبت "أخطاء" قبل 11 سبتمبر، وفشلت في وضع إمكانات كافية لتعقب أعضاء تنظيم القاعدة التابع لأسامة بن لادن.

وقال لا يوجد مسؤول بعينه يمكن تحميله المسئولية لأن المسئولية تشمل جميع المؤسسات الحكومية ولكن المهم هو النظر إلى المستقبل لتجنب وقوع أي هجمات مماثلة قد تكون أكبر. وأضاف أن منظمة القاعدة تتسم في عملياتها بالنظام والدأب كما أنها تكره الولايات المتحدة الأمريكية التي تواجه بذلك أكبر تحد أمني في تاريخها. ورغم التأكيد على الكم الهائل من المعلومات التي توافرت للجنة أثناء التحقيق إلا أن اللجنة قالت أن هناك أسئلة ليس لها إجابات بعد لأن منفذي الهجمات ماتوا وإذا تم إلقاء القبض على بن لادن وأجاب على هذه الأسئلة فربما يتم التوصل إلى معلومات جديدة.

وحول علاقة العراق بهجمات سبتمبر، قال اللجنة " ربما كانت هناك علاقة من نوع ما في التسعينات بين العراق والقاعدة في صورة اتصالات بين الجانبيين ولكن ليس هناك أي معلومات حول وجود تعاون كيميائي بين العراق والقاعدة، كما أن العراق ليس له أي علاقة بهجمات سبتمبر على الإطلاق. وبالنسبة للسعودية، أكدت اللجنة رفضها للإجراء الذي اتخذته إدارة بوش بالسماح بالسفر بسفر أفراد عائلات سعودية دون أن يتم التحقيق معهم وذلك بمجرد فتح المجال الجوي الأمريكي في أعقاب الهجمات، مؤكداً في الوقت ذاته أنه ليس هناك أي تورط للحكومة السعودية في هجمات سبتمبر، ولكن هناك فقط براهين على أن أشخاص بعينهم كانوا يعملون في المجالات الخيرية وسواء بعلمهم أو بغير علمهم وجدت أموالهم طريقها للقاعدة وللإرهاب، كما أشار إلى أن التعاون السعودي مع الحكومة الأمريكية زاد في أعقاب الهجمات فيما يتعلق بمكافحة الإرهاب وتضييق الخناق على مصادر تمويله.

وأوصى تقرير لجنة التحقيق بأن تكون الإستراتيجية المتبعة في مجال مكافحة الإرهاب، متوازنة وتشمل كافة المنظمات المعنية مع استغلال كافة الموارد

المتاحة لدى الولايات المتحدة لاعتقال الارهاربيين وحرمانهم الملجأ ومنعهم من القيام بعملهم وأن يتم في ذلك ضمان استقرار الدول الرئيسة في هذا الصدد مثل أفغانستان والسعودية، وتشكيل تحالف من الدول لتعمل على أداء هذه المهمة وإجراء حوار بين الغرب والعالم الإسلامي مع تسليط الضوء على ضرورة الحد من انتشار أسلحة الدمار الشامل ونشر رسالة تدعو الشباب في العالم الإسلامي إلى حب الحياة وليس الموت. كما أوصى التقرير بتأمين وسائل النقل في الولايات المتحدة، ضرورة تأمين الحدود ووضع نظام للهجرة يسمح للصالحين بالدخول ويمنع الارهابيين من العبور للولايات المتحدة. وأكد أيضاً ضرورة الاستعداد للرد على أي هجوم في المستقبل وتثقيف الشعب الأمريكي وتدريب الكوادر لتوقع السيناريوهات المحتملة وإنشاء مركز لمكافحة الإرهاب للتنسيق بين الوكالات الاستخبارتية المختلفة والمنظمات العاملة في مجال تأمين الولايات المتحدة ومنها مكتب التحقيقات الفيدرالية وإدخال إصلاحات على الكونجرس الأمريكي لتوحيد الجهود وإعطاء السلطات الكافية لأجهزة الاستخبارات للقيام بوظيفتها في تأمين الأراضي الأمريكية مع الحفاظ على الحريات المدنية.

وفي نفس اليوم الذي أصدرت فيه اللجنة تقريرها النهائي، تم الكشف عن شريط فيديو صورته كاميرات أمينة في أحد مطارات الولايات المتحدة يوضح التفتيش الذي تعرض إليه بعض منفذي عملية الحادي عشر من سبتمبر.

وكانت تلك هي المجموعة التي اختطفت الطائرة التي اصطدمت بالجدار الخارجي لوزارة الدفاع الأمريكية. البنتاجون بواشنطن من بينها خالد المحضار ونواق الحمزي اللذان كانت وكالة الأمن القومي الأمريكي تعرف عنهما ارتباطهما بمنظمة القاعدة منذ مطلع التسعينات. ويظهر الشريط عمليات تفتيش إضافية لأربعة رجال بعد أن انطلق رنين جهاز كشف المعادن في مطار جون فوستر دالاس بالعاصمة واشنطن قبل أن يسمح لهم بالصعود على متن الرحلة رقم 77 لشركة أمريكان ايرلاينز. وبدا احد موظفي الأمن في الشريط وهو يمرر جهازا لكشف المعادن يحمله بيده على أجسام الأشخاص الأربعة الواحد تلو الآخر إلى جانب تفتيش حقيبة يد أحدهم بجهاز الكشف عن المواد المتفجرة.

ويعتقد المحققون أن منفذي الهجمات لم يكونوا مسلحين إلا بسكاكين مطبخ عادية، وهي أشياء كان استخدامها وحملها مع المسافر مسموحاً به وقتها. وكان كل من المحضار والحمزي قد وضعا على القائمة الأمنية لترقب الإرهابيين في الولايات المتحدة في الرابع والعشرين من أغسطس 2001 أي قبل أقل من ثلاثة أسابيع من تنفيذ الهجمات. ونشر الشريط محامي بعض أسر الناجين من الحادث الذين يقاضون شركة الطيران عن الـ " ثغرات الأمنية" التي أدت إلى الحادث.

تنظيم القاعدة بعد أحداث سبتمبر

يرى المراقبون أن الولايات المتحدة هي التي صنعت القاعدة حيث أنها في فترة الاحتلال السوفيتي لأفغانستان وخلال الحرب الباردة عظمت من أسطورة بن لادن، وجعلت منه رمزاً، وأنها الآن تعمل جاهدة لاغتياله، لقتله ليس لرمزه، أو ليس لذاته فحسب، وإنما لما يمثل وما قد يمثل من معاني ومن ظواهر لا تريد الولايات المتحدة لها أن تستمر على صعيد دول العالم. محذرين من أن التركيز على القاعدة وأسامة بن لادن وحده ينطوي على خطر في الوقت الذي يكون فيه الواقع أكثر تعقيداً وربما أخطر.

وأوضحوا أنه رغم أن جوهر تنظيم القاعدة قد تأثر كثيراً حيث فقد مأواه ومعسكرات التدريب الخاصة به في أفغانستان كما أنه يجد صعوبة في إعادة تنظيم صفوفه بعد اعتقال أو قتل عدد ليس بالقليل من أعضائه، لكن إعداد الضحايا ليست ليست بالضرورة أكثر الطرق إفادة للحكم على التقدم لأن القاعدة ليست كياناً عسكرياً "عادياً" كما أن الحرب التي تورطت فيها الولايات المتحدة ليست صراعاً عسكرياً "عادياً" وأن تفسير واشنطن القضاء على قادة بارزين في القاعدة على أنه " انتصار" يحمل خطر اساءة فهم أهداف القاعدة وطبيعتها كمنظمة.

وأشار المراقبون إلى أن القاعدة تنشط حالياً في تجنيد أعضاء جدد، كما انتشرت الجماعات المحلية التي تدين بالولاء للقاعدة في عدد من الدول العربية والإسلامية، وضربوا مثلاً على ذلك بالجماعة الإسلامية في اندونيسيا التي زادت هجماتها ضد أهداف دولية لكنها مستقلة نسبياً عن القاعدة، وهذا هو الخطر الذي يهدد امريكا لأنها ركزت على القاعدة كمنظمة فقط وليس معتنقي فكر بن لادن.

وأضافوا أنه قد لا يكون للجيل الجديد من المسلحين علاقات وثيقة مع جوهر القاعدة، فالمجموعة التي نفذت تفجيرات مدريد في مارس 2004 لم يكونوا أشخاص الذين اختيروا للمهمة وتلقوا تدريبات ونفذوا أوامر مباشرة من أسامة بن لادن بالطريقة التي نفذ بها خاطفو الطائرات في 11 سبتمبر، ولم يظهر أن أي منهم ذهب إلى أفغانستان ، وإنما أغرتهم القاعدة بلغتها وبياناتها.

وحذر المراقبون من أنه كلما كانت الشبكة أكثر تشتتا كلما تركز اعتمادها على خلايا محلية من اناس يسافرون إلى بلد لتنفيذ عملية لأن هؤلاء الفاعلين المستقلين بإمكانهم أن يجعلوا من الصعب تحديد موقعهم وتعقبهم، ولأنهم أيضاً يعملون بطريقة مستقلة فإن التخلص من الخلية التي ينتمي إليها لا ينهي المشكلة ولا اعتقال بن لادن سينهيها.

وأضافوا أن بن لادن وسط هذا الهيكل التنظيمي المترامي الأطراف أقل أهمية كقائد يصدر أوامر للعناصر التي تعمل تحت أمرته، بل أصبح أكثر أهمية كمصدر للترويج للتنظيم كمفهوم وفكر، ويضع الأهداف الاستراتيجية الكبرى ويترك للجماعات الأصغر بالقاعدة تحديد توقيت تنفيذ الهجمات وأماكنها، إلا أن هذا لا يعني أن قلب التنظيم توقف عن التخطيط لهجمات كبرى بنفسه، فهو ربما يوفر جهوده للتخطيط لهجوم "صاعق" على الولايات المتحدة.

ويؤكد المراقبون أن ما يزيد من خطر القاعدة أن الهجمات التي تشنها ليست وسيلة يستخدمها عناصرها لتحقيق غاية في أنفسهم بل هدف أعلى يصب في مصلحة التنظيم ذاته، موضحين أن الهدف الرئيس لتنظيم القاعدة هو أن يكون بمثابة قاعدة أو طليعة ثورية تستقطب أكبر عدد من المسلمين في جميع أنحاء العالم للمشاركة في الجهاد ضد أمريكا وحلفائها.

وأشاروا إلى أن القاعدة في إطار سعيها للوصول لهدفها الأكبر من تحقيق بعض النجاحات، حيث نفر العديد من المسلمين المعتدلين من الولايات المتحدة بسبب غزوها للعراق ومساندتها لإسرائيل، كما بدأت فكرة الجهاد في الانتشار بين أرجاء العالم الإسلامي بقوة، لكن المراقبين أشاروا في الوقت ذاته إلا أن العالم الإسلامي لم يستقبل أفكار القاعدة بنفس العمق والاتساع الذي أرداه بن لادن خاصة وأنه لم تظهر حتى الآن أية مؤشرات تدل على إفراز العالم الإسلامي لإعداد هائلة من الناشطين الإسلاميين وإسقاطهم لحكوماتهم كما كان يأمل بن لادن.

وأكدوا أيضاً أنه بعد مرور أربع سنوات على أحداث الحادي عشر من سبتمبر، لا يمكن القول أن أي من طرفي الصراع حقق انتصار، حيث أن المشاعر المعادية للولايات المتحدة في تنامي مستمر، إلا أنه لا يمكن ترجمتها بسهولة إلى مشاعر أو توجهات مؤيدة لأفكار بن لادن.

ومن جانبها، كشفت الأمم المتحدة مؤخراً النقاب عن تحقيق أجرته يشير إلى عدم فعالية العقوبات المفروضة على تنظيم القاعدة وحركة طالبان في وقف عملياتهم.

وقال التحقيق أنه على الرغم من تجميد الأصول التي له صلة بتنظيم القاعدة، إلا أن معظم الهجمات التي نفذها تنظيم القاعدة تضمنت أسلحة لا تغطيها العقوبات المفروضة عليها.

ويعطي التحقيق مثالاً بهجمات الحادي عشر من مارس في مدريد على قطارات للركاب، والتي أسفرت عن مقتل ما يقرب من مائتي شخص بواسطة قنابل صنعت محلياً من مكونات متفجرات المحاجر، وهي قنابل تم تفجيرها عن طريق

إشارات الهاتف. وأوضح تحقيق الأمم المتحدة أن تنظيم القاعدة تكلف في كل هجمة نفذها منذ هجمات الحادي عشر من سبتمبر عام 2001، اقل من خمسين الف دولار، مشيراً إلى أن هجمات سبتمبر هي التي كلفت تنظيم القاعدة ما يزيد على مليون دولار.وخلص التحقيق إلى القول : " لا يوجد أي مؤشر على احتمال انتهاء الهجمات التي تشنها القاعدة أو الموالون لها سيواصلون هجماتهم في الدول الإسلامية والدول غير الإسلامية، والدولة التي تنفذ فيها القاعدة هجومها تتحدد وفقاً للتكلفة، والفرصة السانحة".

شكوك حول وجود تنظيم اسمه القاعدة:

أعلن ماهر كايناك أحد أبرز رجال المخابرات التركية مؤخراً أنه لا يوجد تنظيم اسمه تنظيم القاعدة وقال في حديث لصحيفة راديكال التركية أن جميع فعاليات ما يسمى تنظيم القاعدة هي في واقع الأمر فعاليات وعمليات تقوم بها وكالة الاستخبارات المركزية الأمريكية وتتم جميعها بعلم كامل من الرئيس جورج بوش. وردا على سؤال، ماذا تستفيد المخابرات الأمريكية من مخطط لضرب أبراجها وقتل مواطنيها؟ قال كايناك أن الولايات المتحدة الأميركية تريد الدخول في حرب كبيرة للقضاء على رأس المال الإسلامي، وأن الرئيس بوش هو الذي دفع لتحريك هذا الملف لتصفية رأس المال الإسلامي المعتدل في جميع أنحاء العالم.

وتساءل : هل من المنطق أن أجهزة المخابرات الأميركية والمخابرات الروسية والغربية والقوية لا تستطيع القضاء على تنظيم القاعدة ويزعمون أنه يخطط لعملياته من داخل مغارة صغيرة في مكان مجهول؟

وقال أن المخابرات الأمريكية تستخدم بعض الرجال ويقولون أنهم من عناصر تنظيم القاعدة للقيام بعمليات انتحارية في العديد من دول العالم وأوضح أنه بعد حل وتفكك التنظيمات اليسارية حول العالم بدأ الإسلام السياسي يحل محل الحركات والمنظمات اليسارية، مشيراً إلى أنه ومن أجل القضاء على الإسلام السياسي فقد بدأت الولايات المتحدة في مكافحة الإسلام بطرق مختلفة للقضاء عليه.

أحداث سبتمبر وظاهرة الإرهاب:

كشفت الاعتداءات التي استهدفت مدينة شرم الشيخ المصرية يوم 23 يوليو 2005 وأدت إلى مقتل ما لا يقل عن 88 شخصاً معظمهم من المصريين المدنيين الأبرياء، والتي جاءت بعد الهجمات التي وقعت في لندن بنحو أسبوعين وأدت إلى مقتل أكثر من 50 شخصاً، أن الإرهاب لا وطن ولا دين له.

وفي ضوء تكرار الجرائم المروعة للعمليات الإرهابية في أنحاء مختلفة من العام بعد هجمات سبتمبر من بالي باندونيسيا شرقاً إلى الرياض بالسعودية وصولاً

إلى الدار البيضاء بالمغرب وجربه بتونس واسطنبول بتركيا ولندن ومدريد وليس انتهاء فيما يبدو بطابا وشرم الشيخ في مصر، فقد بات من المهم التأمل ملياً في ظاهرة الإرهاب ومحاولة البحث عن حل لهذا الشر الذي يهدد البشرية جمعاء.

ويضاعف من خطر تلك الظاهرة أنه رغم التعاون الوثيق بين أجهزة مخابرات العالم وبالتحديد منذ أحداث 11 سبتمبر عام 2001 في نيويورك ، في مجال تبادل المعلومات الاستخباراتية حول أنشطة المنظمات الإرهابية، إلا أن كل ذلك فقد أخفق في منع وقوع هجمات إرهابية كارثية، كما في مدريد ولندن وشرم الشيخ، الأمر الذي بات يفرض ضرورة البحث عن سياسات وآليات جديدة للتعاون الدولي الوثيق في مجال مكافحة الإرهاب باعتباره ظاهرة عالمية، لكن على أن يتم ذلك في إطار تفسير أسباب ظاهرة الإرهاب ووسائل التصدي له وليس عن طريق الوسائل العسكرية. ويجب التحذير هنا من أن استمرار الخلط بين مفهوم مقاومة الاحتلال وحق الشعوب المحتلة في مقاومة محتليها، وبين الأعمال الإرهابية، كما تصر على ذلك أمريكا وإسرائيل سوف يؤدي إلى فشل في تحقيق إجماع عالمي على تعريف ظاهرة الإرهاب، ومن ثم بلورة جهود عالمية مشتركة للتصدي للظاهرة الإرهابية، لأن محاولة فرض التفسير للظاهرة الإرهابية، ومحاولة إملاء هذه الرؤية الأحادية على بقية دول العالم وبخاصة الدول العربية والإسلامية سيجعل العالم كله يدور في حلقة مفرغة حول كيفية التعامل مع الظاهرة الإرهابية، التي فشلت القوة التكنولوجية والعسكرية والمعلوماتية والاستخباراتية الهائلة للغرب في التصدي لها.

وأخيراً، فإن هناك حقيقة ليست محل شك وهي أن الأعمال الإرهابية الشنيعة لا علاقة لها بالإسلام ولا يمكن اتهام الإسلام وعقيدته السمحة بها، فالإسلام دين سلام وتسامح وتعايش بين الحضارات، كما أن الإرهاب لا دين له ولا ملة ولا هوية وضحاياه من كل الأديان والملل والأعراق، فإذا كان ضحايا الإرهاب في لندن من البريطانيين المسيحيين، فإن ضحايا الإرهاب في شرم الشيخ هم معظمهم من المصريين المسلمين.

ورغم ذلك، تعهد الرئيس الأمريكي جورج بوش بإكمال المهمة في العراق وأفغانستان وزعم أن أي انسحاب مباشر من العراق أو من أفغانستان لن يؤدي إلا إلى تعزيز موقف الإرهابيين وخلق قواعد جديدة لشن هجمات ضد الولايات المتحدة والعالم الحر. قائلا: " ما دمت أنا الرئيس فأننا سنبقى وسنقاتل وسنكسب الحرب على الإرهاب".

وبحسب الإحصائيات الأمريكية الرسمية، لقي حوالي 500 جندي أمريكي على الأقل مصرعهم منذ بدء الحرب على أفغانستان.

العراق :

أكد مراقبون أن إدارة بوش تواجه فيتنام أخرى في العراق الآن وأنها عاجزة عن إيجاد مخرج فإما تستمر وتزداد خسائرها أو تنسحب وبالتالي تحاصرها الهزيمة وتنهار هيبتها أمام العالم.

وأوضحوا أن بوش كان يعتقد أنه بمجرد الإطاحة بنظام صدام حسين فإنه لن يصبح هناك عراق بعد الآن وأنه سيسطر على البترول الذي كان هدفه الرئيس من شن الحرب، إلا أن المقاومة العراقية أحبطت كل خططه وكبدته خسائر فادحة، ما دفع الرأي العام الأمريكي للمطالبة بسحب جنوده من هذا البلد خاصة بعد تأكيد مفتشي الأسلحة الأمريكيين عدم وجود أسلحة دمار شامل في العراق، مثلما كان يزعم بوش، ما وضع مصداقيته علي المحك.

ووفقاً للإحصاءات الرسمية الأمريكية، فإن حرب العراق راح ضحيتها أكثر من 3800 جندي أمريكي و 30 ألف عراقي، على الأقل، وبلغت تكاليفها 250 مليار دولار، بينما كشفت صحيفة "التايمز" البريطانية مؤخراً النقاب عن العدد الحقيقي للقتلى الأمريكيين في العراق، وقالت أن التقديرات الأولية تشير إلى أن عدد القتلى من صفوف القوات الأمريكية تجاوز حتى الآن 25 ألف قتيل و 25 ألف جريح.

وأكدت الصحيفة أن في العراق تنظيماً للمقاومة العراقية لا يمكن تجاهله وتجاوزه، وأن القوات الأمريكية تواجه حرب استنزاف حقيقية في العراق، وقالت: " أن المقاومة العراقية هي رد فعل عادي لأي شعب في العالم يحترم نفسه، فقد ناضلت أمريكا من أجل الاستقلال والحرية وبالتالي كيف لنا أن نصدق أن كل ما يجري في العراق هو من تخطيط أبو مصعب الزرقاوي. أنها نكتة سخيفة".

وأضافت الصحيفة أنه على الرغم من المحاولات الأمريكية الهادفة إلى إقناع الرأي العام الأمريكي بأن الفلوجة كانت ذات أوضاع خاصة بحكم كونها مدينة إسلامية تقليدية الطابع وأغلب سكانها عملوا في السابق في وحدات الجيش العراقي والوظائف الحكومية فإن ما يجري في سامراء وبعقوبة يجعل هذه الرؤية قاصرة ويؤكد أن في العراق أكثر من فلوجة وأكثر من تنظيم للقاعدة، وقالت: " يستطيع الرئيس الأمريكي جورج بوش أن يمارس سياسة الخداع والكذب والتضليل على الرأي العام ولكنه لا يستطيع أن يخدع الجنود الأمريكيين الذين يرون أكثر من فلوجة في العراق. أن العديد من مدن وبلدات العراق تحمل هذا الاسم والسبب الحقيقي الذي يجب أن لا نتجاهله هو أن الإدارة الأمريكية كذبت عندما احتلت العراق".

انتقادات داخلية للحرب:

أعلن السيناتور الجمهوري الأمريكي تشاك هاجل أنـه كلـما بقيـت الولايـات المتحدة متورطـة في العراق بدا الوضع كأنه حرب فيتنام أخرى.

وقال هاجل، العضو البارز في لجنة العلاقات الخارجية بمجلس الشيوخ والمرشح الرئاسي المحتمل في انتخابات 2008 : " ما أعتقد أن البيت الأبيض لم يفهمه بعد وكذلك بعض من رفاقي هـو أن السـد تحطم بشأن هذه السياسة الخاصة بالعراق".

وأوضح هاجل الـذي حـارب في فيتنـام، أن حـرب العـراق زادت مـن زعزعـة الاسـتقرار في الشـرق الأوسط وأن على البيت الأبيض إيجاد إستراتيجية للخروج منها.

كما أكد رئيس هيئـة الأركـان الأمريكيـة المشـتركة الجـنرال ريتشـارد مـايرز أن الحـرب في العراق وأفغانستان أضعفت من قدرة الولايات المتحدة على حسم أي مواجهات عسكرية أخرى في العالم بالسـرعة المخطط لها. وأبلغ البيت الأبيض والكونجرس الأمريكي في تقرير سري كشفت عنه صحيفة "نيويورك تايمز" الأمريكية في بداية شهر مايو الماضي أن الولايات المتحدة تمر بمرحلة مخاطرة صعبة من النـاحية العسـكرية بسبب وجود قواتها في العراق وأفغانستان، موضحاً أن تركز القوات والمعدات العسكرية الأمريكية بصورة ضخمة ولفترة مطولة، في كل من العراق وأفغانستان ، يحد من قوة البنتاجون علـى التعامـل مـع نزاعـات مسلحة أخرى.

وأوضح أنه إذا ما اضطرت الولايات المتحدة إلى خوض نزاعات مسلحة الآن، فإن هـذه النزاعـات ستكون أطول وتؤدي إلى حدوث خسائر أكبر بـين القـوات الأمريكيـة والمـدنيين في الدولة التي يـتم فيهـا العمل العسكري بسبب الالتزامات العسكرية الأمريكية الضخمة والمتواصلة منـذ فـترة طويلـة في كـل مـن العراق وأفغانستان.

وذكر مايرز في تقريره تحديداً، انخفاض ترسانات "الأسلحة الذكية" التي استنزفت أعـداد ضخمة منها في غزو العراق والضغوط التي تكابدها الوحدات الاحتياطية للقوات الأمريكية التي تقـوم بعمليـات الإسناد في العراق، واصفاً تلك بأنها بعض أهم العوامل التي من شأنها أن تقـل مـن قـدرة البنتـاجون على تحقيق نصر سريع في حال نشوب نزاع عسكري آخر الآن.

وأظهر استطلاع للرأي أجرته شبكة سي إن إن الإخبارية الأمريكية مؤخراً أن ثقة الشارع الأمريكي فيما يتعلق ومجريات الأحداث في العراق في تراجع مستمر.

وعبر قرابة نصف الذين شملهم الاستطلاع وعددهم 1900 شخص عن اعتقادهم بأن الولايات المتحدة لن يكون في مقدورها قط تشكيل حكومة مستقرة في العراق، فيما رأي 53 في المائة منهم أن الحرب كانت خطأ ويعتقد 51 في المائة أن بوش لا يملك خطة واضحة لكيفية إدارة الأوضاع في العراق، مقابل 37 في المائة. ويلقي الاستطلاع بالضوء على مدى تراجع ثقة الأمريكيين في الحرب.

وقد ترجمت هذه المواقف إلى حقائق على الأرض في المناطق الفلسطينية المحتلة، حيث أطلقت أحداث سبتمبر ليد الإسرائيلية لشن حملات أكثر شراسة ضد الناشطين الفلسطينيين ، أما الولايات المتحدة، فقد دعمت وأيدت كل هذه التصرفات الإسرائيلية، إلى أن أعلن شارون عن خطة فك الارتباط والتي جاءت بعد الغزو الأمريكي وأنسحب بموجبها في غزة في منتصف أغسطس 2005.

وبالنسبة للعلاقات السعودية - الأمريكية التي كانت تتميز بالقوة قبل الهجمات، فقدت توترت بشدة بعد اتهام أعضاء بالكونجرس للسعودية بتشجيع الإرهاب ، في أعقاب هجمات 11 سبتمبر، التي تورط فيها 15 سعوديا من أصل 19، على حد الرواية الأمريكية عن الهجمات.

وكانت من نتائج هذا التوتر أن طالبت السعودية أمريكا بسبح قواعدها العسكرية من أراضيها هو ما تحقق بالفعل، إلا أن العلاقات بين الجانبين تحسنت بعض الشيء بعد إعلان السعودية هي الأخرى الحرب على ما أسمته بالإرهاب أثر تعرض الرياض لسلسلة من التفجيرات في 12 مايو 2003، ضربت في وقت متزامن عدداً من المجمعات السكنية التي يقطنها غربيون.

واعتقلت السعودية فعلاً عشرات الأشخاص للاشتباه في صلتهم بتنظيم القاعدة منذ تفجيرات 12 مايو 2003 التي أوقعت 35 قتيلاً بينهم تسعة أمريكيين.

وبالنسبة للعلاقات الأمريكية - الأوروبية، فقد شهدت تعاوناًَ أكبر في أعقاب وقوع الهجمات وخاصة على صعيد العلاقات الروسية الأمريكية، لأن حرب بوش على ما اسماه بالإرهاب جاءت متناغمة مع مساعى روسيا لوأد القضية الشيشانية التي تلقى تعاطفاً اوروبياً وامريكياً وتمثلت ابرز صور التعاون بين الجانبين في الحرب التي شنتها واشنطن على أفغانستان، إلا أن هذا التحالف سرعان ما تعرض للضعف بسبب انقسام الدول الأوروبية ما بين مؤيد ومعارض للحرب على العراق.

الآثار العسكرية:

لم يكتف بوش بتهديد الدول المعارضة لسياسته فقط بل إنه أطلق استراتيجية الحرب الوقائية "غزو أي دولة قد تشكل مصدر تهديد لأمريكا" وشن حربين الأولى ضد أفغانستان في أواخر عام 2001 أي بعد وقوع الهجمات بحوالي شهرين والثانية ضد العراق في 20 مارس 2003.

وكانت مبررات بوش لشن الحرب ضد أفغانستان هي إيواء حركة طالبان التي تحكم هناك في هذا الوقت لزعيم تنظيم القاعدة أسامة بن لادن وللمئات من أنصاره، بينما كانت مبرراته لغزو العراق هي امتلاك العراق لأسلحة دمار شامل وتهديده جيرانه وخاصة إسرائيل وبالتالي تهديد المصالح الأمريكية، إلا أنه بعد فشله في اعتقال بن لادن أو قتله أو فشله في العثور على أسلحة دمار شامل حاول تبرير الحربين بسعيه لنشر الديمقراطية في الدول الإسلامية التي يصفها بالمتشددة فيما أطلق عليه (الشرق الأوسط الكبير).

إلا أن رفض الشعوب للاحتلال أوقع إدارة بوش في ورطة كبيرة لم تستطع إيجاد مخرج لها، خاصة مع تزايد الخسائر في صفوف القوات الأمريكية في أفغانستان والعراق وتطوير المقاومة في البلدين لأساليبها بشكل دفع العسكريين الأمريكيين للاعتراف بعجزهم عن القضاء على تلك المقاومة .

أفغانستان:

رغم نجاح إدارة بوش في الإطاحة بنظام طالبان وتشكيل حكومة برئاسة حليفها حامد قرضاي وإجراء انتخابات رئاسية في تلك الدولة والاستعداد لإجراء انتخابات تشريعية، إلا أن عام 2005 شهد تدهوراً كبيراً في الحالة الأمنية بأفغانستان بعد أن أعادت حركة طالبان تنظيم صفوفها واستأنفت القتال ضد القوات الأمريكية والأفغانية ونجت بالفعل في تكبيد الاحتلال الأمريكي خسائر كبيرة حيث قتل 17 أمريكيا أثر إسقاط مروحية نقل عسكرية أمريكية من طراز CH-47 خلال عملية عسكرية شمالي أفغانستان في شهر يوليو الماضي، كما قتل 16 جندياً أمريكياً أثر تحطم مروحيتهم بالقرب من قاعدة بإجرام الجوية شمالي كابول في 16 ابريل الماضي، وأشار الجيش الأمريكي إلى إسقاط المروحيتين بنيران معادية. وها هي حركة طالبان تستعيد لها في أفغانستان.

الآثار الاقتصادية :

رغم مرور أعوام على تلك الأحداث إلا أن الجراح التي خلفتها ما زال يئن منها الاقتصاد الأمريكي حتى الآن، ورغم أن شركات الطيران والسياحة كانت هي

الأكثر تضرراً من الهجمات، فإن كل مجالات العمل الاقتصادي في العالم واجهت زيادة كبيرة في تكاليف التشغيل.

فشركات التأمين رفعت رسوم التغطية التأمينية بمعدلات كبيرة، وزادت مخصصات الأمن في أغلب الشركات بشدة، كما تعاني الشركات الأمريكية والعالمية من خطر جديد غير خطر التهديدات الإرهابية، وهو القواعد الأمريكية للحصول على تأشيرة دخول البلاد، حيث أن مسئولي الحدود الأمريكية لا يبدون أي قدر من المرونة في التعامل مع زوار الولايات المتحدة، وتقول الشركات الأمريكية أن القيود الصارمة التي تفرضها الإدارة الأمريكية على طالبي تأشيرات الدخول منذ الهجمات كلفت المصدرين الأمريكيين حوالي 30 مليار دولار، كما أن الشركات الأجنبية بدأت تشعر بتأثير هذه القيود على نشاطها.

والمشكلة تزداد حدة بالنسبة للشركات الأمريكية التي تكافح من أجل جذب المستثمرين الأجانب إلى البلاد. فعلى سبيل المثال، يقول بول فريدنبرج أحد مسئولي اتحاد التكنولوجيا والتصنيع أن السلطات الأمريكية رفضت منح عشرات المديرين الصينيين تأشيرة دخول من أجل حضور ثاني أكبر معرض صناعي في العالم في مدينة شيكاغو، وهو معرض التكنولوجيا الدولي، وحذر فريدنبرج من أن الصين سوق رئيس وأن عدم مشاركتها من شأنه أن يؤثر على نجاح تلك المعارض. في الوقت نفسه، فإن العديد من القطاعات الصناعية الأمريكية يحتاج إلى الأسواق الخارجية بصورة أكبر من ذي قبل. فعلى سبيل المثال، تراجع الطلب المحلي الأمريكي على الآلات منذ عام 1998 بنسبة 67%، وهو ما يعني اشتداد حاجة منتجي هذه الآلات الأمريكيين لمشترين أجانب، وفي عام 2002 تجاوزت مشتريات الصين من الآلات مشتريات الولايات المتحدة. وفي عام 2004 أصبحت مشتريات الصين من الآلات ضعف مشتريات الولايات المتحدة.

وأظهرت دراسة أجريت بإشراف ثماني مؤسسات اقتصادية أمريكية دولية كبرى منها مؤسسة "أيه ام تي" ومجلس الأعمال الأمريكي – الروسي أن خسائر المصدرين الأمريكيين بسبب مشكلات تأشيرة دخول أمريكا خلال العامين الماضيين بلغت ثلاثين مليار دولار تقريباً، وتنقسم هذه الخسائر إلى 25 مليار دولار نتيجة فقدان عقود تصدير وخمسة مليارات دولار نتيجة مشكلات أخرى. فعلى سبيل المثال، أصبحت الشركات الأمريكية مضطرة لتنظيم دورات تدريبية في الخارج ليتمكن العمال غير الأمريكيين من المشاركة فيها وهو ما يعني زيادة الأعباء المالية على الشركات الأمريكية، وأخيراً، يمكن القول هذه الهجمات أصابت الاقتصاد الأمريكي بجراح غائرة ما زالت تنزف حتى اليوم، وتحتاج مداواة هذه الجراح التي أصابت جسد الاقتصاد الأمريكي تحركات واسعة من جانب المنظمات التجارية

والاقتصادية والأمريكية من أجل معالجة أزمة تأشيرات الدخول التي يبدو أن تداعياتها أسوأ كثيراً مما يبدو على السطح.

الآثار السياسية:

أصابت أحداث سبتمبر إدارة بوش بحالة من فقدان الوعي دفعتها لمطالبة دول العالم إما بالتحالف معها أو اعتبارها إرهابية وبالتالي أصبحت الدول التي تعارض السياسة الأمريكية تقف في خانة ما أطلقت عليه إدارة بوش (محور الشر) ولم يقتصر الأمر عند هذا الحد بل إن مقاومة الاحتلال اعتبرت إرهاباً، ما سبب ضراراً بالغاً للقضية الفلسطينية، حيث تراجعت بعض الدول العربية والإسلامية عن دعم وتمويل المقاومة الفلسطينية خوفاً من الانتقام الأمريكي.

ويرى مراقبون أن الولايات المتحدة قد كشرت عن أنيابها وتخلت عما تدعيه من التزامها بالديمقراطية وحقوق الإنسان بعد إحداث الحادي عشر من سبتمبر سنة 2001، بسبب الصدمة التي سببتها تلك الأحداث للأمريكيين الذين فقدوا الإحساس بالأمان المستمد من موقع بلادهم الجغرافي البعيد وقدرتها العسكرية المتفوقة، وتعرض أسطورة أمريكا، القوى العظمى والوحيدة في العالم، شرطي العالم الأول، لضربة قاصمة، موضحين أن أحداث سبتمبر أثبتت أن من الممكن لمجموعة صغيرة من الشباب بقليل من الإمكانيات والكثير من الإيمان أن يسببوا أكبر الأضرار لمهابة واقتصاد اعتى الدول.

وقد انتهز المحافظون الجدد الذين كانوا قد تولوا شؤون الحكم بالولايات المتحدة قبل هذه الأحداث بشهور معدودة الفرصة لتنفيذ برامجهم الخاصة بالأمن القومي،، حيث زادت تلك الأحداث من اقتناعهم بصحة نظرتهم في أن تحقيقه لا يمكن أن يتم بحماية حدود الدولة فقط،بل لا بد من الهجوم المسبق على أية دولة تؤوي وتشجع من تسميهم واشنطن بالمتشددين، حتى وإن أدلى الأمر إلى احتلال هذه الدولة وتغيير نظامها وقادتها. وبالتالي أصبح العالم أمام استراتيجية عسكرية جديدة يطلق عليها الحروب الوقائية والتي تمثل انقلاباً كاملاً على المبادئ الأساسية التي قام عليها ميثاق الأمم المتحدة والأساس الذي انبنى عليه النظام العالمي الجديد والقائم على احترام مبدأ سيادة الدولة ومنع التدخل في شؤونها الداخلية.

وبطبيعة الحال، كانت الدول المرشحة لتطبيق تلك الاستراتيجية عليها هي تلك التي زعمت واشنطن أن منفذي الهجمات جاءوا منها، أي الدول العربية والإسلامية التي صارت محلاً لهجوم مستمر وتهديد بشن الحرب. تقفز عدة تساؤلات : " ما هي آثار تلك الهجمات على الأمريكيين والعالم وما هي نتائج التحقيقات في أحداث سبتمبر وهل أمن غزو العراق وأفغانستان أمريكا من خطر هجمات جديدة وهل الحرب على الإرهاب التي دشنتها إدارة بوش قد قضت على

تنظيم القاعدة. وما التداعيات السلبية لتلك الحرب على العالمين العربي والإسلامي بصفة خاصة والعالم بصفة عامة؟!.

كان لأحداث سبتمبر التي لعب دور البطولة فيها 19 شخصاً ممـن يعتقـد أنهـم ينتمـون لتنظيم القاعدة والذين خطفوا أربع طائرات مدنية أمريكية في 11 سبتمبر واصطدموا بها في مركز التجارة العالمي في نيويورك والبنتـاجون في واشنطن بينـما تحطمـت الرابعـة قبـل أن تصـل إلى هـدفها في حقـل في ولاية بنسلفانيا، آثار نفسية واقتصادية وعسكرية وأمنية عميقة عـلى الولايـات المتحـدة، لم تستطع أن تتخلص منها رغم مرور خمس سنوات على وقوعها.

الآثار النفسية

خلص بحث علمي أجرته الدكتورة روكسان كوهين سلفر، بجامعة ولاية كاليفورنيا ونشر مؤخراً إلى أن الهجمات قد خلفت آثاراً نفسية طويلة الأمد على الأمريكيين، وأظهر البحث أن واحداً مـن بين كل سـتة أمريكيين ممن يعيشون خارج مدينة نيويورك أصيب بالتوتر والإجهاد العصبيين نتيجة صدمة الهجمات خلال الستين يوماً التالية للحادي عشر من سبتمبر. كما أشار إلى أن ستة بالمائة من الأمريكيين عانوا مـن متاعب نفسية متنوعة في الأشهر الستة التالية للهجـمات، وأكـد أن الكثيرين مـن الأمريكيين يعيشـون في خوف مستمر من وقوع هجمات إرهابية جديدة.

رغم مرور خمسة أعوام على تلك الأحداث إلا أن الجراح التي خلفتها ما زال يئن منها الاقتصاد الأمريكي حتى الآن.

المبحث الخامس

كشمير المسلمة وصراع الهُوِيّة

لا نبالغ إذا قلنا: إن قضية كشمير المسلمة تتشابه إلى حد كبير مع مأساة فلسطين ؛ فالقضيتان بدأتا في وقت واحد عام 1948م، والشعبان المسلمان يواجه كل منهما عدوا عنيدا يسعى إلى إبادة أصحاب الأرض، واغتصاب حقوقهم المشروعة، والتطرف الهندوسي الذي يعادي الإسلام ،ويسعى إلى استئصاله من الإقليم المسلم، ويسوم المسلمين هناك صنوف التعذيب والاضطهاد، لا يقل خطورة عن التطرف الصهيوني في فلسطين .

وكما شهد الفلسطينيون مذابح بشعة على أيدي الصهاينة عبر نصف قرن أو يزيد، شهد المسلمون في كشمير العديد من المذابح التي ذهب ضحيتها الآلاف منهم، والقضيتان في مجلس الأمن شهدتا تواطؤا دوليا، ترتب عليه ضياع حقوق المسلمين؛ فقد صدرت عشرات القرارات التي تؤيد حق الشعبين في تقرير مصيرهما، وإدانة الاعتداءات الصهيونية في فلسطين والهندوسية في الهند، ولكن هذه القرارات لم تنفذ حتى اليوم، والأمم المتحدة تراخت في تنفيذ القرارات الدولية التي أصدرتها لصالح مسلمي كشمير. وتمارس القوات الهندية جرائم وحشية بربرية لا مثيل لها في التاريخ: من قتل وتعذيب وتشريد للسكان، وهتك للأعراض، وحرق للمنازل والمتاجر والحقول.

ولقد فقدت الولاية المسلمة في ظل الاحتلال الهندوسي زخرفها ورونقها وتحولت إلى قفار منعزلة، وقبور موحشة مهجورة، بعد أن بلغت القوات الهندية 800 ألف جندي هندوسي في كشمير يمثلون 44 % من تعداد الجيش الهندي .

بداية القضية

يعود تاريخ القضية الكشميرية إلى أكتوبر 1947م عندما قامت الهند بإنزال قواتها في الولاية، متخذة من الوثيقة المزورة باسم الملك الهندوسي للولاية آنذاك "هري سينغ" مبرراً لاجتياح الولاية وضمها بالقوة، على الرغم من أن هذا الضم الإجباري يخالف قرار تقسيم شبه قارة جنوب آسيا، الذي أقرته الهند وباكستان، وقام على أساس فكرة "الأمتين" وهو ما يعني أن المسلمين في شبه القارة ليسوا جزءاً من القومية والحضارة الهندوسية، وإنما أمة مستقلة بذاتها لم تُبْنَ على أسس جغرافية، وإنما على العقيدة الإسلامية.

وطبقاً لهذه الفكرة جاء تقسيم شبه القارة الذي نص على أن المناطق والولايات ذات الأغلبية المسلمة ستكون ضمن إطار الدولة الباكستانية، فيما ستنضم الولايات والمناطق ذات الأغلبية الهندوسية للدولة الهندية التي ستقام على أسس علمانية ؛حيث إنها ستضمّ طوائف وديانات أخرى، وعلى هذا الأساس قام المسلمون الذين يقطنون الولايات ذات الأغلبية الهندوسية بالهجرة إلى موطنهم الجديد، وتعرضوا خلال سفرهم وتنقلهم إلى محن ومآسٍ كثيرة، وكان أخطرها المذابح التي تلقوها على أيدي الهندوس وهم في طريقهم إلى باكستان.

ولكي نقف على الأبعاد والتطورات الحقيقية لقضية كشمير لابد من الوقوف على تاريخها القديم والحديث، وجذور الصراع والجهود السلمية المبذولة من قبل الدول المعنية، والموقف الدولي إزاء تلك القضية القديمة المتجددة، ومبادئ القضية وآفاق التسوية.

الموقع الاستراتيجي

تقع كشمير في أقصى الشمال الغربي لشبه قارة جنوب آسيا، وتتمتع بموقع استراتيجي بين آسيا الوسطى وجنوب آسيا، حيث تتقاسم الحدود مع كل من الهند، وباكستان، وأفغانستان، والصين، فتحدها من الجهة الشمالية الغربية أفغانستان، ومن الشمال تركستان الشرقية، ومن الشرق منطقة التيبت، ومن الجنوب كل من محافظة "هيماشال برادش" ومنطقة البنجاب الهنديتين، ومن الغرب إقليما البنجاب وسرحد الباكستانيان.

وتبلغ مساحتها الكلية 86023 ميلاً مربعاً، يقسمها خط وقف إطلاق النار لعام 1949م (الذي يطلق عليه اليوم خط "الهدنة" وفقاً لاتفاقية سملا لعام 1972م)، حيث إن 32358 ميلاً مربعاً منها يشمل الجزء المحرر ويُسمى ولاية جامو وكشمير الحرة، و53665 ميلاً مربعاً منها تحت الاحتلال الهندوسي ويطلق عليها ولاية جامو وكشمير المحتلة.

ويزيد عدد سكانها عن خمسة ملايين نسمة، أغلبهم مسلمون، والقلة القليلة من الهندوس والسيخ والأقليات الأخرى.

دخول الإسلام كشمير

وقد دخل الإسلام إلى كشمير خلال القرن الرابع عشر الميلادي، حيث اعتنق رينجن شا -وهو حاكم كشميري بوذي- الإسلام في 1320م على يدي سيد بلال شاه (المعروف كذلك باسم بلبل شاه) وهو رحّالة مسلم من تركستان، وقويت شوكة الإسلام خلال حكم شاه مير (1338-1344) وقد انخرط العلماء في صفوف

الجماهير لتبليغ دين الله، ومعظم هؤلاء العلماء قدموا من وسط آسيا، ورغم الجهود التي بذلها كل هؤلاء العلماء، إلا أن جهود سيد علي الهمداني (المعروف باسم شاه همدان) قد تميّزت عن غيرها. فقد ولد في منطقة همدان بإيران في سنة 1314م واضطره غزو قوات تيمورلنك لوسط آسيا إلى الهجرة إلى كشمير التي خصها بثلاث زيارات في السنوات 1372م، و1379م و1383م على التوالي برفقة 700 شخص من أتباعه، حيث وفق في نشر الإسلام بين الآلاف من الكشميريين، وقد تعقب ابنه سيد محمد الهمداني خطاه وأقنع الحاكم المسلم آنذاك سلطان إسكندر (1389-1413) بتطبيق الشريعة، فقد تميّز الحاكم المسلم سلطان زين العابدين بن إسكندر (1420-1470) بتسامح كبير تجاه الهندوس، وفي نهاية القرن الخامس عشر الميلادي كان أغلبية سكان كشمير قد اعتنقوا الإسلام.

وقد استمر الحكم الإسلامي في كشمير قرابة خمسة قرون من 1320م إلى 1819م، ويعتبر هذا العهد "العصر الذهبي" لتاريخ الولاية، وذلك لما كان الشعب الكشميري يتمتع به من الرفاهية والحرية والأمن والسلام تحت رعاية حكومة هؤلاء الحكام المسلمين.

الغزو السيخي

وفي سنة 1819م قام حاكم البنجاب السيخي "رانجيت سينغ" بغزو كشمير، وحكمها حتى سنة 1846م وأذاق شعبها الويلات، ففرض الضرائب الباهظة وأجبر الناس على العمل دون أجر، وسنّ قوانين عنصرية ضد المسلمين، وأغلق العديد من المساجد ومنع إقامة الصلوات فيها، وكان دم المسلم أرخص من سواه، في حين كان القانون يعتبر ذبح بقرة جريمة عقوبتها الموت.

وعندما سيطرت بريطانيا على الهند سنة 1846م قامت ببيع ولاية كشمير لـ"غلاب سينغ" بمبلغ 5.7 مليون روبية بموجب "اتفاقية أمريتسار" (مارس 1846م) وذلك غداة الحرب الأولى التي نشبت بين الإنجليز والسّيخ، وقد علّق "بريم ناث بزاز" على هذه الصفقة، وهو أحد الوجوه السياسية المعروفة في كشمير بقوله: "مليونان من البشر في وادي كشمير وجلجت بيعوا كما تباع الشياه والأغنام لمقامر غريب، دون أن يكون لهم أدنى رأي في الموضوع".

وقد استطاع غلاب سينغ بمزيج من الغزو والدبلوماسية أن يسيطر على جامو وكشمير بما في ذلك مناطق لاداخ وبلتستان وجلجت، وأنشأ نظام حكم لعائلة "دوغرا" التي حكمت كشمير حتى سنة 1947م.

وأعقب غلاب سينغ ثلاثة حكام هم رانبير سينغ (1858م) وبارتاب سينغ (1885م) وهاري سينغ (1925م) الذي كان آخر حكام هذا النظام إلى تاريخ انقسام شبه القارة في 1947م.

التنكيل بالمسلمين

وكانت عائلة "دوغرا" شبيهة بالحكم السيخي من حيث إلحاق الأذى بالمسلمين عن طريق فرض الضرائب الباهظة، وسنّ القوانين التمييزية، وسدّ سبل التعليم في وجوههم، ومن مظاهر هذا الاضطهاد كذلك نظام الجباية الذي كان قاسياً، فبالإضافة إلى أخذ 50% من المحاصيل.

وكان المسؤولون يأخذون ضرائب على النوافذ والمواقد وحفلات الزواج، وعلى قطعان الماشية بل وحتى على مداخن بيوت المسلمين، وكان ذبح الأبقار ممنوعاً بموجب القانون وتوقع على فاعله عقوبة الإعدام، وكانت المساجد تابعة للحكومة، كما أن جريمة قتل المسلم كانت تعدُّ أهون شأناً من قتل غير المسلم، إضافة إلى سحق أي مظهر من مظاهر الاحتجاج السياسي بوحشية، ولذا فقد شهدت المنطقة حوادث عديدة تمّ فيها حرق عائلات مسلمة بأكملها بحجة انتهاك القوانين المذكورة، كما أن عمال مصنع الحرير التابع للحكومة الذين احتجوا على الأجور المنخفضة في سنة 1924م، أغرقوا في النهر بأمر من المهراجا.

حركة تحرير كشمير

ولمواجهة هذا الاضطهاد والظلم الذي يتعرض له المسلمون اندلعت الحركة الشعبية الكشميرية في 1931م، حينما قام ضابط شرطة بمنع إمام مسجد من إلقاء خطبة الجمعة، وهو الأمر الذي دفع أحد الأشخاص ويدعى " عبد القدير خان " بإلقاء خطاب حماسي حول القرارات التي يصدرها الملك الهندوسي ضد المسلمين.

وكانت حركة تحرير كشمير حركة إسلامية حيث كانت تستهدف تحرير ولاية جامو وكشمير المسلمة من حكم عائلة دوغرا الهندوسية وإقامة الحكم الإسلامي فيها غير أن هذه الحركة قد انقسمت إلى قسمين، وذلك حينما مال شيخ عبدالله أحد قادة هذه الحركة إلى تبني النظرة العلمانية القومية التي ينطلق منها الكونجرس الوطني الهندي، مما دعاه إلى تغيير اسم مؤتمر مسلمي جامو وكشمير فسماه "مؤتمر كشمير القومي"، إلا أن مخاوف قائد آخر للحركة وهو تشودري غلام عباس من أن يصبح هذا المؤتمر امتداداً للكونجرس الوطني الهندي، دفعته في أكتوبر 1941م إلى بعث الحياة في مؤتمر مسلمي كشمير، والذي استطاع من خلال الأغلبية التي يتمتع بها في المجلس التشريعي للولاية تمرير قرار يقضي بانضمام كشمير إلى باكستان وذلك بتاريخ 1947/7/19م.

ومؤتمر مسلمي كشمير في ذلك الوقت كان يعتبر الممثل الشرعي الوحيد للشعب الكشميري المسلم؛ لأنه تمكن في الانتخابات البرلمانية للولاية التي عقدت في يناير عام 1947م من الحصول على (16) مقعداً من أصل (21) مقعدا خاصا للمسلمين في برلمان الولاية. خاصة وأن المسلمين في الولاية في ذلك الوقت كانوا أكثر من 85% من السكان، فلذلك فإن قرار مؤتمر مسلمي كشمير للانضمام إلى باكستان يعتبر قرار الأغلبية لسكان الولاية.

ولكن رغم ذلك فإن الهند قامت بالمؤامرة للضم الإجباري للولاية مخالفة بذلك قرار تقسيم شبه قارة جنوب آسيا من ناحية، وإرادة الشعب الكشميري المسلم من الناحية الثانية، وذلك لتحقيق أهدافها الخاصة.

إبادة جماعية للمسلمين

يمكن معرفة مقدار المجازر التي أُقيمت للمسلمين المدنيين في إقليم جامو وحدها، حيث قامت القوات الهندوسية بقتل أكثر من (300) ألف مسلم كما قامت بإجبار حوالي (500) ألف مسلم آخر على الهجرة إلى باكستان، محولة جامو من مقاطعة ذات أغلبية مسلمة إلى مقاطعة ذات أقلية مسلمة.

وكان من الطبيعي أن تدفع هذه الأجواء المشحونة أفراد بعض القبائل المسلمة من المناطق الحرة الواقعة على شمال غرب باكستان إلى الدخول في كشمير لمساعدة إخوانهم في العقيدة الذين كانوا يتعرضون للمذابح على أيدي الجنود الهندوس. ومن ناحية أخرى كان المسلمون من مناطق بونش ومظفر أباد وميربور في الولاية قد قرروا أن يرفعوا راية الجهاد لتحرير الولاية، وتمكنوا من تحرير هذه المناطق. بل كادوا يحصلون على ما هو أكثر من ذلك إذ أوشك المجاهدون على الوصول إلى عاصمة الولاية "سرينجر" وقد أعلنوا عن إقامة حكومة ولاية جامو وكشمير الحرة، وذلك في 24 من أكتوبر عام 1947م، فكانت هذه هي الأوضاع حينما قرر الملك الهندوسي للولاية "هري سينغ" أن يهرب من عاصمة الولاية سرينجر إلى مدينة جامو التي تحولت إلى مدينة ذات أغلبية هندوسية بعد المجازر الدامية التي تعرض لها المسلمون هناك وذلك في 26 أكتوبر عام 1947م. وتزامنت هذه الأوضاع مع تزوير الحكومة الهندية وثيقة باسم الملك الهندوسي للولاية (هري سينغ) وجعلتها مبرراً لإدخال قواتها في الولاية في 27 أكتوبر من عام 1947م.

الاجتياح الهندوسي لكشمير

وقد اتخذ الهندوس هذه الاتفاقية المزورة وسيلة لإرسال جيشهم للسيطرة على الولاية، والتحق هذا الجيش مع جيش الملك الهندوسي في الولاية ليشترك معه في

مهمة قتل المسلمين وهتك أعراضهم، كما أعلنت الحكومة الهندية بأن الذين يرغبون في الهجـرة إلى باكستان ستقوم الحكومة بمساعدتهم بتسهيل سفرهم إلى باكستان، وتزويدهم بالسيارات الحكومية، ولهذا عليهم أن يجتمعوا في مكان واحد، ولكنهم عندما اجتمعوا في المكان المحدد، أطلقت عليهم النار فاستشهد حوالي نصف مليون من المسلمين، أما الذين تمكنوا من الوصول إلى باكستان فقد بلغ عددهم حوالي نصف مليون أيضاً، وجدير بالذكر أنه قبل بداية إطلاق النار تم القبض على آلاف من النساء المسلمات الشابات لهتك أعراضهن، وكان ضمن هؤلاء الشابات المسلمات ابنة القائد المؤسس لحركة تحرير كشمير/ شودري غلام عباس.

وثيقة مزورة

وقد أصبح من المعلوم بعد ذلك أن وثيقة انضمام الولاية إلى الهند التي جاءت بها الحكومة الهندية باسم الملك الهندوسي للولاية هي وثيقة مزورة، وذلك لأنها لا تحمل توقيع الملك.

وقد بيّن المؤرخ البريطاني الشهير "ألاسترلامب" في كتابه " كشمير " أن الوثيقـة التـي جعلتهـا الهند مبرراً لاحتلالها للأراضي الكشميرية هي وثيقة مزورة، وذلك لأن مندوب الحكومـة الهنديـة "وي.بي.منين" الذي جاء بهذه الوثيقة لم يتمكن من اللقاء مع الملك الذي لم يوقعها لكونه في سفر، حيث إن الملك قد وصل مدينة جامو في ساعة متأخرة مـن الليـل ومنـدوب الحكومـة الهنديـة "وي.بي.منين" قـد رجـع إلى نيودلهي قبل وصوله وبدون أن يأخذ توقيعه على الوثيقة. فيتبين من ذلك أن هـذه الوثيقـة كانـت وثيقـة مزورة.

ولكن رغم ذلك فقد جعلتها الحكومة الهندية مبرراً لإدخال قواتها في الولاية لضمها إجبارياً.

وثيقة غير شرعية

ولو لم تكن هذه الوثيقة مزورة فإنها تعتبر وثيقة غير شرعية لعدة وجوه أخرى أهمها:

أولاً: لكون هذه الوثيقة تتنافى مع قرار تقسيم شبه القارة إلى دولتين مستقلتين: الهنـد وباكسـتان، وهذا القرار قد وافقت عليه كلتا الدولتين. ولذلك لا قيمة لها من الناحية الشرعية والقانونية .

ثانياً: كما أن الوثيقة تتعارض مع رغبات أغلبية سكان الولاية أي المسلمين الـذين قـد اتخـذوا قـرار انضمام الولاية إلى باكستان قبل ذلك في 19 يوليو عـام 1947م وكانوا يبـذلون جهدهـم مـن أجـل تحقيـق ذلك.

ثالثاً: إن الملك الذي حملت الوثيقة المزورة توقيعه وجعلتها الهند مبرراً لدخول الولاية لم يكن حاكماً شرعياً للولاية؛ لأن اتفاقية (أمريتسار) لعام 1846م والتي أصبحت أساساً للسيطرة الغاشمة لهذه العائلة على الولاية لم تكن اتفاقية شرعية على الإطلاق.

رابعاً: وقبل تلك الاتفاقية وقّع الملك اتفاقية لإبقاء الوضع كما كان مع باكستان، فلهذا ما كان يجوز له أن يوقع أية اتفاقية مع أية دولة أخرى بهذا الخصوص قبل إعلان إلغاء تلك الاتفاقية.

ونظراً لهذه الوجوه يمكننا أن نقول بكل صراحة: إن هذه الاتفاقية المزورة بشأن انضمام ولاية جامو وكشمير المسلمة إلى الاستعمار الهندوسي لم تكن لها أية قيمة من النواحي الدستورية والقانونية والخلقية، وحتى الاستعمار الهندوسي نفسه أيضاً كان يعرف هذه الحقيقة جيداً؛ فلهذا نراه قد وعد الشعب الكشميري المسلم بأنه سيقوم بإجراء الاستفتاء لتقرير مصير الولاية وذلك لخداع الشعب الكشميري من ناحية ولتضليل الرأي العام العالمي من الناحية الثانية.

خداع هندوسي

ويتضح هذا الخداع فيما كتبه الحاكم العام للهند إلى الملك الهندوسي للولاية حين توقيع اتفاقية الانضمام في 27 أكتوبر عام 1947م، حيث قال: " وفقاً لسياستنا، إذا أصبحت مسألة انضمام ولاية ما من المسائل الخلافية يرجع فيها إلى رأي الشعب، فإن حكومتنا ـ بشأن مسألة انضمام ولاية جامو وكشمير إلى إحدى الدولتين تريد أن تحل بالرجوع إلى الرأي العام فور إعادة الأمن والاستقرار في الولاية "، ثم أكد جواهر لال نهرو رئيس وزراء الهند ذلك الوعد في برقيته إلى رئيس وزراء باكستان آنذاك السيد "لياقت علي خان" في 31 أكتوبر عام 1947م قائلاً: "إننا تعهدنا أن نسحب قواتنا العسكرية من كشمير بعد عودة السلام إليها على الفور، وأن نترك مواطنيها ليمارسوا حقهم في تقرير مصيرهم بأنفسهم، وهذا التعهد لا نعلنه أمام حكومتكم فحسب بل نعلنه أمام أهالي كشمير وأمام العالم كله ".

كما أكد المندوب الهندي في مجلس الأمن الدولي السيد "غوبال سوامي أينكر" خلال كلمته أمام المجلس في 15 يناير 1948م أن إعلان الالتحاق من قبل ملك الولاية هو إعلان مؤقت، وسيبقى هكذا ما لم يقرره الشعب الكشميري.

كشمير في مجلس الأمن

من الثابت تاريخيًا أن الشّعب الكشميريّ لم يقبل ضم الهند للولاية، ورَفَع راية الجهاد لتحريرها، وكان على وشك تحريرها إلا أنّ الهند بادرت إلى رفع القضيّة الكشميريّة إلى مجلس الأمن الدّوليّ، في مطلع يناير عام 1948م وذلك لكسب الوقت لترسيخ قوّاتها في الولاية.

وقام مجلس الأمن الدوليّ بعد مناقشة طويلة للقضيّة الكشميريّة بإصدار العديد من القرارات لحل القضيّة بإجراء الاستفتاء لتقرير مصير الولاية حيث يكون انضمامها إلى الهند أو إلى باكستان.

وأهمّ هذه القرارات هي القرار رقم (47) والمؤرخ في 1948/4/21م والقرار المؤرخ في 1948/8/13م والقرار المؤرخ في 1949/1/5م.

وتضمّنت هذه القرارات وقف إطلاق النار في الوِلاية، وأن مستقبل وضع ولاية جامو وكشمير سيتمّ تقريره طبقاً لرغبة الشّعب الكشميريّ. وفي هذا الصّدد وافقت الحكومتان على الدّخول في مشاورات مع اللّجنة لتقرير وضمان أوضاع عادلة ومتساوية للتّأكيد على سهولة التّعبير الحرّ. وأنّ مسألة ضمّ ولاية جامو وكشمير إلى الهند أو باكستان سيتمّ تقريرها من خلال الطّرق الدّيمقراطيّة عبر استفتاء شعبيّ حياديّ.

وقد وافقت الهند على هذه القرارات واستمرت تعلن التزامها بها إلى عام 1957م، والتّصريحات التي صدرت لقادة الهند في ذلك الصّدد كثيرة:

فقال "جواهر لال نهرو" في مؤتمر صحفيّ عقد بلندن بتاريخ 1951/1/16م : "لقد قبلنا دائمًا ومنذ البداية فكرة أن يقرّر شعب كشمير مصيره بالاستفتاء العام.. وفي نهاية المطاف فإن قرار التّسوية النهائيّة - وهو آتٍ بلا ريب - لا بد أن يتّخذه في المقام الأول شعب كشمير أساساً".

وقال "نهرو" أيضا في البرلمان الهندي بتاريخ 1951/2/12م: " لقد تعهّدنا لشعب كشمير، ومن ثَمّ للأمم المتحدة، وقد التزمنا بتعهدنا وما زلنا نلتزم به اليوم، فليكن القرار لشعب كشمير".

رفض الهند للقرارات الدوليّة

ولكنّ سياسة الهند الماكرة والمماطلة والرافضة لتطبيق القرارات الدوليّة الخاصة بالقضيّة الكشميريّة تؤكد أنها لم تكن جادة في يوم من الأيام في تنفيذ هذه القرارات بل كانت تريد أن تكسب الوقت لترسيخ قواعدها وجذورها في الولاية،

ولذلك فإنها في البداية وافقت على هذه القرارات ثم بدأت ترفض تنفيذها بعد 1957م .

مبررات فاسدة

وقامت الهند بإيجاد العديد من المبرّرات والمسوّغات للتنصّل من تنفيذ القرارات الدوليّة، وهي كلّها مبرّرات لا مكانة لها من النّواحي الشرعيّة والقانونيّة، ومن هذه المبررات الفاسدة - كما يؤكد البروفيسور "أليف الدين الترابي" رئيس المركز الإعلامي لكشمير- :

أولاً: إن مصادقة قرار ضمّ الولاية من قبل البرلمان الكشميريّ تعتبر بديلاً لإجراء الاستفتاء وفقاً للقرارات الدوليّة، وهذا المبرر أهم ما جاءت به الحكومة الهنديّة من المبررات، فهي تّعي بأن مصادقة وموافقة برلمان الولاية على قرار ضمّها إلى الهند يعطيها شرعيّة بقائها، ولا تبقى أية حاجة لإجراء الاستفتاء لتقرير مصير الولاية وفقاً للقرارات الدوليّة.

ولكنّ الهند قد تجاهلت وتغاضت عن أن برلمان الولاية لم يملك هذا الأمر في يوم من الأيّام وذلك بموجب القرارات التي صدرت عن مجلس الأمن الدوليّ عام 1951م وعام 1957م، حيث تنصّ هذه القرارات على أن قرار برلمان الولاية لا يمكن أن يكون بديلاً عن إجراء الاستفتاء الشعبيّ لتقرير مصير الولاية.

ثانياً: عدم موافقة باكستان على سحب قواتها من الولاية:

فمن المبررات الهنديّة التي ساقتها للتنصّل من تنفيذ القرارات الدوليّة هو ادّعائها بأنها كانت مستعدة لتنفيذ هذه القرارات وإجراء الاستفتاء لتقرير مصير الولاية، ولكنّها لم تتمكن من ذلك لعدم موافقة باكستان على سحب قواتها من الولاية وفقاً للبند رقم (أ-2) والبند (ب-1) المؤرخ في 1948/8/13م وبناءً على ذلك فإن باكستان هي المسؤولة عن عدم تنفيذ هذه القرارات.

ثالثاً: انضمام باكستان لحلف الناتو:

كما كان من المبرّرات التي جاءت بها الهند لرفضها تنفيذ القرارات الدوليّة في ذلك الوقت، هو انضمام باكستان إلى حلف "الناتو" في عام 1956م؛ وذلك لأن باكستان قد تمكنت من الحصول على الدّعم العسكريّ من الولايات المتحدة الأمريكيّة والدول الأخرى في الحلف، والحقيقة أن هذا المبرر لا يقوم على أيّ دليل عقليّ أو منطقيّ بل على العكس هذا المبرّر ينافي العقل والدليل سوياً، فما ذنب الشعب الكشميريّ في قرار باكستان للانضمام إلى حلف "الناتو"، لتقوم الهند بحرمانه من حقه لتقرير مصيره؟!

رابعاً: إجراء الاستفتاء لتقرير مصير الولاية يخالف علمانيّة الهند:

فمن المبرّرات التي تأتي بها الحكومة الهنديّة في ذلك الصّدد هو القول بأنّ الهند دولة علمانيّة، وإذا وافقت على إجراء استفتاء لتقرير مصير الولاية، فسيكون هذا الأمر منافيًا لمبادئ العلمانيّة، والحقيقة أن هذا المبرر أيضاً لا يقوم على أيّ دليل عقليّ أو منطقيّ، وذلك لكثير من الوجوه أهمها الآتي:

أ- الهند وافقت على قرار تقسيم شبه قارة جنوب آسيا لعام 1947م والذي كان ينصّ على انضمام المناطق والولايات ذات الأغلبيّة الإسلاميّة إلى باكستان والمناطق والولايات ذات الأغلبية الهندوسيّة إلى الهند، فكيف ترفض الآن تنفيذ هذا القرار الدوليّ؟!

ب- كما وافقت الهند على القرارات الدوليّة الخاصة بقضية كشمير واستمرت تعلن التزامها بهذه القرارات العديد من السنوات، وذلك أيضاً مع ادعائها كونها دولة علمانيّ، فكيف ترفض الآن تنفيذ القرارات؟!

جـ- وهناك سؤال يطرح نفسه: ماذا تريد الهند من ادّعائها بكونها دولة علمانيّة؟! وما هو تصوّرها للعلمانيّة؟! هل العلمانيّة تسمح لها باحتلال ولاية مجاورة عنوة وعدواناً ثم تواصل احتلالها للولاية وترفض تنفيذ القرارات الدولية؟!

د- ولكن ما هو أكثر أهميّة من كل ذلك، هل الهند دولة علمانيّة فعلاً؟ فإن أكثر من نصف القرن الماضي من تاريخها لم يمرّ فيه يوم من الأيام إلا وقد أقيمت فيه مجازر دامية ضد المسلمين المدنيّين في الهند، وذلك تحت سمع وبصر بل وبإشراف مباشر من الحكومة الهنديّة وبرعايتها.

خامساً: اتفاقية سملا عام 1972م تُلغي القرارات الدوليّة:

ومن المبررات التي تتذرع بها الحكومة الهنديّة لرفض القرارات الدوليّة هو أن اتفاقيّة "سملا" التي وقّعتها رئيسة وزراء الهند "إنديرا غاندي" مع نظيرها الباكستاني "ذو الفقار علي بوتو"عام 1972م تلغي القرارات الدولية الخاصة بالقضيّة الكشميريّة وتمنع باكستان صراحة من تأييد مطالب الشعب الكشميريّ المسلم لتقرير مصيره، أو رفع القضيّة إلى المحافل الدوليّة، وهذا الادّعاء أيضاً لا أساس له من الصّحة ؛إذ يتبيّن من البند رقم (أ) للاتفاقية بأن العلاقات بين الدولتين ستقوم وفقاً لمبادئ الأمم المتحدة ومواثيقها، وينص البند رقم (103) من ميثاق الأمم المتحدة على أنّ أيّ اتفاقيّة تتناقض مع قرارات الأمم المتحدة تعتبر لاغية، ولذلك فإنّ هذه الاتفاقيّة لا تستطيع أنْ تُلغي القرارات الدوليّة الخاصّة بقضيّة كشمير ولا تمنع باكستان من القيام بواجبها تجاه القضيّة الكشميريّة حيث إنها طرف أساسيّ ورئيسيّ في القضيّة.

موقف المجتمع الدوليّ

وإذا نظرنا إلى موقف المجتمع الدوليّ من قضيّة كشمير نجد أنّ الهيئات الدوليّة وعلى رأسها الأمم المتحدة قد اهتمت بالقضيّة الكشميريّة منذ بدايتها، وأصدرت العديد من القرارات الدوليّة التي جاءت كلّها في صالح المسلمين والحقّ الإسلاميّ وأهمّها قرار الأمم المتحدة الذي أعطى شعب كشمير حق تقرير المصير، وإجراء استفتاء حرّ في الولاية لتحقيق هذا الغرض، ولكنّ الهند وعلى مدى نصف قرن تماطل وتراوغ في تنفيذ هذه القرارات الدوليّة، والهيئات الدوليّة التي أصدرت هذه القرارات تراخت في تنفيذها ولم تمارس أدنى ضغط على الحكومات الهنديّة المتعاقبة حتى تحترم هذه القرارات وتلتزم بها.

واستمرار النزاع الكشميريّ على مدى نصف قرن دون موقف رادع وقويّ من المجتمع الدوليّ لمواجهة التعنّت الهندوسيّ، يدّل دلالة واضحة على ازدواجيّة المعايير الدوليّة والكيل بمكيالين تجاه قضايا العالم، والتي صارت سياسة واضحة للمجتمع الدوليّ اليوم، الذي يفرّق بين المسلمين وغير المسلمين فيما يتعلق بقضايا النّزاع، وهذه حقيقة واقعة فلم يعد بالإمكان التّغاضي عن الظّلم الدوليّ الذي يُمارس بحق المسلمين في كل مكان.

انتهاكات حقوق الإنسان

إنّ الوضع في كشمير قابل للانفجار في أيّ لحظة، وإنّه لا بد من حلّ للقضيّة بالطّرق السلمية، حيث إنّ الحلّ العسكريّ واحتفاظ الهند بـ800 ألف جندي بكشمير لن يوصل إلى حلّ جذريّ، والشّاهد على ذلك استمرار المقاومة الكشميريّة منذ نصف قرن وحتى الآن، وأن رغبة الشّعب الكشميريّ للوصول إلى هدفه لم تُقتلع أو تُستأصل، واستشهد في سبيل ذلك 70 ألف كشميريّ، وأصيب أكثر من 80 ألف بعاهات مستديمة .

ومن المعروف أن 44 % من تعداد الجيش الهنديّ تتمركز في جامو وكشمير وقد كلف ذلك الحكومة الهنديّة كثيراً من الأزمات الماديّة والآثار المعنويّة على مدى 11 سنة منذ اندلاع شرارة المقاومة الإسلاميّة.

ولم تتورع الهند من ممارسة انتهاكات كثيرة وفظيعة لحقوق الإنسان في كشمير، وهناك عشرات الأدلّة والصور على هذه الانتهاكات البشعة لحقوق الإنسان، والتي يتعرض لها الشّعب الكشميريّ ليل نهار، طوال الخمسين عاما الماضية من احتلال الهند لأرضه وشعبه، ومنها عمليّات القتل العشوائيّ المتزايد التي راح ضحيتها العديد من الشباب الكشميريّ على يد الجيش الهنديّ، والمداهمات التي يتعرض لها المواطنون الكشميريّون وبيوتهم، دون سبب وفي أي وقت من

الأوقات، والضّرب والتّعذيب الذي يلحق بهم خلال هذه العمليّات، مصحوبا بفرض السّلطات الأمنيّة الهنديّة حظر التجوّل في المدن والقرى الكشميريّة، والمضايقات الجنسيّة التي تتعرض لها النساء في إقليم كشمير .

والحكومة الهنديّة تعمل للتّغطية على الانتهاكات الكبيرة التي تقوم بها قوات الاحتلال الهنديّ في إقليم كشمير، وتمنع قادة كشمير من حضور مؤتمرات حقوق الإنسان، خوفا من قيامهم بفضح الجرائم التي ترتكبها بحق أبناء الشعب الكشميريّ، ولكي لا يلقوا الضّوء على العمليّات أللإنسانية التي تمارس في الولاية المسلمة .

تجنّب الصّدام النّووي

ومما لاشك فيه أن حل القضيّة الكشميريّة سيحقق الاستقرار لشعوب شبه قارة جنوب آسيا، وهو ما تفتقده منذ أكثر من خمسين عاما، وقد ناشد تحالف الأحزاب الكشميريّة في جامو وكشمير المجتمع الدوليّ التّدخل لوضع حدّ لما يجري على هذه السّاحة، وإحلال الاستقرار والسلام بحل القضيّة الكشميريّة التي مرّ عليها أكثر من نصف قرن من الزمان، وحلّ هذه القضيّة سيسهم في تحقيق الأمن والسّلام ليس في شبه القارة الهندية فحسب بل في منطقة جنوب آسيا كلها، كما أنّه سيجنّب الدولتيْن الباكستانيّة والهنديّة من احتمال وقوع صدام نوويّ، تكون عواقبه وخيمة على المنطقة بأسرها .

تحرك إسلاميّ موحد

ومما يُدْمي القلبَ نكوصُ المسلمين عن أداء واجبهم بشكل قويّ وفعّال تجاه إخوانهم في كشمير والشّيشان وسائر بقاع الأرض، واشتراك العالم الإسلاميّ بصمت مطبق مع العالم الغربيّ إزاء العدوان الهندوسيّ البغيض، والاكتفاء بجمع التبرعات وتوجيه رسائل التّنديد والشّجب، ونداءات المناشدة والرّجاء.. وإزاء ذلك فإنّنا نُنبّه إلى ضرورة ألا يتوقف دور المسلمين في مناصرة إخوانهم على تقديم التبرّعات الماديّة لهم، وإصدار بيانات الشّجب، ومقاطعة البضائع الأمريكيّة والروسيّة والهنديّة، ولكن لابد من قيام تحرك إسلاميّ موحّد لوقف العدوان تجاه كشمير والشّيشان، واتّخاذ خطوات جادّة وإستراتيجية موحّدة تمنع تكرار مثل هذه الممارسات ضدّ أي بلد إسلاميّ في المستقبل، فعدد المسلمين الآن على وجه الأرض يزيد عن المليار مسلم، وعدد الدّول الإسلاميّة 55 دولة تقريباً، ورغم ذلك فإنّ الجميع يتجرأ علينا، ولم يكن للهند أن تقوم بمثل هذا العدوان، وكذا روسيا لو كان للمسلمين كلمة مسموعة، وموقف موحّد يردع كلّ هؤلاء، ويوقف عدوانهم الآثم على إخوانهم في الدّين والعقيدة .

الفصل الرابع
النظام الاقليمي العربي

الفصل الرابع
النظام الإقليمي العربي

أولا: النشأة:

تختلف نشأة النظام العربي عن نشأة غيره من الأنظمة الإقليمية في أكثر من مجال فالنظام العربي لم ينشأ فقط لأن السبع الدول المستقلة وقتئذ قررت إنشاء جامعة الدول العربية أو أنها شعرت بتجاوزهــــــــــا وحريتهــــــا النســــــــــبية في إنشــــــــــاء علاقات وبدأت تتفاعل فيما بينها أو لأن التهديد الصهيوني فرض على هذه الدول التجمع والتفاعل أو لأن القوى الدولية المهيمنة كانت تحبذ إنشاء منظمة إقليمية عربية.

لقد نشأ النظام العربي نتيجة للأمور التالية:

1- الشعوب العربية التي تشكل قاعدة النظام عاشت بصفة دائمة على أرضها لمئات السنين.

2- اللغة العربية التي تجمع شعوب المنطقة وتتحدث بها كدول إسلامية.

3- الدين والعقيدة.

4- خضوع إلى نظام حكم واحد.

5- اختلاط الشعوب وتفاعلها وتوحدها والذي سبق قرار الدول السبع.

6- التفاعل فيما بين هذه الشعوب في شكل منظمة إقليمية.

7- عنصر القومية الذي يشكل أساس النظام العربي.

لقد بدأت الحركة القومية في الوطن العربي في شكل تيار سياسي، في وقت كانت معظم الأبنية القومية تخضع للحكم العثماني أو الحكم الغربي، والحقيقة أنها كانت نقطة البداية للعمل القومي العربي وكانت هذه المرحلة تمثل النواة التي تجمعت من حولها بقية العناصر التي ساهمت في نشأة النظام الإقليمي العربي وهي المرحلة التي بدأ خلالها رسم حدود الوطن العربي كما نعرفه اليوم وهي الحدود التي تختلف عن حدود النظام العثماني القائم وقتئذ وتختلف عن حدود أي دولة إسلامية في أي عصر من العصور.

لقد ولدت الجامعة العربية لتعكس تناقض ظاهرتين في المنطقة العربية وهي:

1- ظاهرة حركة القومية العربية وسعيها نحو الوحدة العربية.

2- ظاهرة وجود دول مستقلة أو في سبيل الحصول على استقلالها وسيادتها.

لذلك جاءت الجامعة ظاهرة فريدة في التنظيم الدولي، منظمة إقليمية تضم دولاً متجاورة جغرافيا، وبحكم ميثاقها تحترم سيادة كل من هذه الدول، ولكنها في الوقت نفسه منظمة تعبر بحكم وجودها عن فكرة قومية.

نشأ النظام العربي في ظل توازنات معينة ومنذ نشأته بدا واضحا أن بعض أطرافه كان يسعى إلى إعادة رسم الحدود على حساب جاراته، وقد ساعد هذا التنافس أن ينفرد هذا النظام العربي عن غيره من النظم الإقليمية أهمها المنطقة بسهولة تغلغل إلى طرف في شؤون الطرف الآخر بحكم التشابك الأسري والقبلي عبر الحدود الجغرافية، وبحكم توافر الحاجز القومي والوحدوي، وبعض ضعف الشعور بالانتماء للدولة باعتبارها ظاهرة ناشئة.

ثانيا: ما هو النظام الإقليمي؟

"النظام الإقليمي هو ذلك النظام الذي تتحدد معاملة ضمن عناصر مشتركة بين كافة الدول التي تنتمي لذلك الإقليم".

ثالثا: الثغرات في جدار النظام الإقليمي العربي

يعيش النظام الإقليمي العربي في حالة مد وجزر ومنذ تأسيس جامعة الدول العربية التي اعتبرت وسيلة أو سبيلا لبناء النظام الإقليمي العربي وظهور ما عرف بالنظام الإقليمي العربي لهذا نجد أن هنالك ثغرات جديدة تتداخل في بنيان هذا النظام مما يؤدي به إلى طريق مسدودة تارة ومفتوحة بها بصيص من الأمل ولو كان ذلك على شكل تحالفات أو غير ذلك. وتجعله يعيش في وضع متكافئ وفي مقدمتها:

1- الحرب العربية الإسرائيلية الأولى التي أدت إلى احتلال أجزاء هامة من الأراضي العربية في فلسطين والتي على أثرها قامت دولة إسرائيل ككيان داخل جدار النظام العربي.

2- قيام تحالفات ثنائية أو ثلاثية هنا وهناك يقصد بها الإخلال أو الوقوف في وجه تحالف آخر.

3- قيام وحدة بين بعض الدول العربية متباعدة الأطراف ليست متجاورة.

4- عدم الاستقرار في النظم السياسية العربية في مرحلة مبكرة وذلك بعد هزيمة الجيوش العربية في فلسطين وإبراز دور العسكريين في الحياة السياسية.

5- هزيمة الأمة في حرب عام 1967 واحتلال إسرائيل إلى باقي الأراضي في فلسطين وأراضي عربية أخرى في مصر وسوريا.

6- حرب الاستنزاف منذ عام 1967-1968 على الواجهة الأردنية ولغاية 1973 على الواجهة المصرية.

7- توقيع مصر على اتفاقية السلام الأولى مع إسرائيل في كامب ديفيد مما أدى إلى زيادة في الفرقة العربية أكثر مما كانت عليه وخروج اكبر دولة عربية من الصف العربي.

8- الحرب العراقية الإيرانية (حرب الخليج الأولى) والتي استنزفت معظم موارد الدول العربية في دول الخليج والعراق.

9- حرب الخليج الثانية والتي قضت على باقي الموارد العربية وزاد أن احتلت الدول الغربية وأمريكا الأمة العربية من جديد وازدادت الفرقة بين مؤيد لحرب الخليج أو غير مؤيد.

10- نزاعات الحدود بين الدول العربية.

11- الخلل في الأمن المائي والأمن الغذائي في الدول العربية والاعتماد على الغير في معظم هذه الأمور.

12- الانكفاء داخل الحدود القطرية ووجود الثغرات الطائفية والقومية وغيرها.

13- ظهور تجمعات جزئية كالتجمع في مجلس التعاون الخليجي والتجمع في مجلس التعاون العربي والمجلس المغاربي وعدم إشراك دول أخرى في هذه التجمعات.

14- توقيع اتفاقية السلام العربية الإسرائيلية مع دول الطوق من خلال الاتفاقية الأردنية الإسرائيلية، واتفاقية أوسلو، وباقي الدول العربية على الطريق.

15- ترك منظمة التحرير الفلسطينية في مواجهة العدو الإسرائيلي منذ عام 1974 بعد الاعتراف العربي بالمنظمة كممثلة شرعية ووحيدة للشعب الفلسطيني مما جعل بقية الوطن العربي يقف مساندا وليس شريكا.

المبحث الأول

الأمن القومي العربي

يعتبر موضوع الأمن القومي العربي من أهم المواضيع التي تناولتها الدراسات والأبحاث، نظرا لأهميته وأثره على الإنسان العربي، سياسيا، اقتصاديا، اجتماعيا، تربويا، ثقافيا.

ولكن هذا الأمن يرتبط بعامل هام وموضوع شامل هو موضوع العمل العربي المشترك والذي تعتبر ركيزته الأولى جامعة الدول العربية ومؤسساتها والتي هي أسس النظام العربي الوحيد المعترف به من الدول العربية منذ تأسيسها عام 1945 حتى اليوم.

ولكن الجامعة العربية والتي كانت آخر النتاج لعدة مشاريع سابقة للوحدة العربية المنشودة قبل وبعد الحرب العالمية الأولى والثانية، لقد كانت فكرة الوحدة العربية والظروف الداخلية والخارجية المحيطة بها تمثل العامل الهام والمؤثر في تاريخ المنطقة العربية خلال القرنين التاسع عشر والعشرين ولكن هذه الفكرة أحدثت مجموعة من التداعيات أخذت مداها في الاستراتيجيات والاتفاقيات والبروتوكولات التي وضعت على مستويات عالمية مختلفة.

ولقد ظلت هذه الفكرة في صراع مستمر ودائم مع الظروف المحيطة بها، (قوة أو ضعف) حسب المعطيات الذاتية الكامنة فيها، ومهما قيل حولها فقد كانت الشغل الشاغل للإنسان العربي باعتبارها الطموح والحلم الذي يسعى إليه تحقيقا لوجوده الإنساني على المستوى العربي والعالمي.

أما الظروف المحيطة بهذه الفكرة فقد أدركت المعاني الكامنة في وحدة الأمة ومدى ما تفجرت من طاقات معنوية ومادية من أجل خلق مجتمع جديد له رسالته وما تحدثه من تغيير في الموازين الدولية، وكان ذلك واضحا منذ أن بدأت القوى الكبرى بوضع مخططاتها واستراتيجيتها في تقسيم أملاك الامبراطورية العثمانية ومحاولات الغزو العسكري للمنطقة، وبداية طرح المشروع الصهيوني أثناء حملة بونابرت على مصر والشام وسعي هذه القوى ما وسعها لإحباط هذه الفكرة حيث عبرت عن نفسها عندما قام محمد علي الكبير بمحاولة الانفصال عن الامبراطورية العثمانية وتشكيل دولة كبرى تضم مصر ـ وآسيا العربية منفذا استراتيجية نابليون بطريقة إيجابية، كما عبرت الظروف بصراعها مع فكرة الوحدة العربية عندما أجبرت بريطانيا محمد علي الكبير على الخروج من سوريا وفرض الحصار على المنطقة وتكبيله بمعاهدة لندن.

ولكن الفكرة استمرت نابضة بالحياة رغم التحديات والعزلة والتخلف ووضع الاستراتيجيات لتمزيق المنطقة واحتلالها فعبرت عن نفسها من جديد في نهاية القرن التاسع عشر ومطلع القرن العشرين من خلال حركة الأحياء العربية التي قادها كتاب ومفكرون وجمعيات واتحادات عربية ظلت تبشر بقيم ولغة وتراث وتاريخ وحضارة الأمة ووحدتها.

وهنا بدأ التصدي لمحاربة الفكرة من جديد حيث قام أحمد جمال (الوالي التركي) على بلاد الشام بإعدام وتشريد العاملين والمؤمنين بالوحدة، فاضطرت الفكرة الدفاع عن نفسها بقوة السلاح مغتنمة ظروف الحرب العالمية الأولى فأعلن الشريف حسين بن علي شريف مكة الثورة متبنيا مطالب العرب في الوحدة والحرية والاستقلال وذلك ردا على التتريك والتشريد والإعدام التي مورست من حزب الاتحاد والترقي ضد العرب.

وظهر الصراع مرة أخرى بين فكرة الوحدة والظروف مرة أخرى في اتفاقية سايكس بيكو ووعد بلفور لتحقيق وطن قومي لليهود، وانتهت الثورة بانتصار الجنرال غورو في ميسلون عام 1920 وسقطت راية الوحدة وبسقوطها كانت آسيا تتمزق بين أيدي الفرنسيين والبريطانيين ورسمت الحدود التي استمرت حتى اليوم في ظلال الدول القطرية وقسمت أفريقيا العربية على أيدي الانجليز والفرنسيين والإسبان والطليان وأقيمت حدود أخرى في ظلال الدول القطرية أيضا.

ولكي تبقى فكرة الوحدة محاصرة ومعزولة تحقيقا لأهداف الدول الكبرى كان لابد من تهيئة الأوضاع في داخل الحدود العربية لصد وإحباط فكرتها فوضعت استراتيجية لإقامة أنظمة متناقضة ومتصارعة بحيث يصعب قيام أي شكل من أشكال الوحدة بين هذه الأقطار كما أقامت وطن قومي لليهود في فلسطين لفصل آسيا العربية عن افريقيا.

وخلال الثلاثينات والأربعينات كان رد الفعل الشعبي على هذه الأوضاع ظهور مجموعة من الأحزاب والجمعيات على الساحة طرحت مشروعات متعددة كان أهمها المشروع القومي المؤمن بالقومية العربية والمشروع الديني الذي يرى في الدين الإسلامي حلا لمشاكل الأمة والمشروع الإقليمي الذي رأى جميع الوطن العربي في وحدات والمشروع الشيوعي الذي قام على أساس الماركسية وصراع الطبقات والمشروع التقليدي وهو أعرق المشروعات والقائم على النظام التقليدي العربي المعتمد على النظام القبلي والدولة القطرية في بناء دولته. وكانت فكرة الوحدة واردة في كل هذه المشروعات بهدف وغاية إلا أن أسلوب وطريقة وآلية تحقيق هذه الوحدة ظل مختلفا بين مشروع وآخر واستمر المشروع القومي وهو أقرب إلى فكرة الوحدة العربية كما كانت القضية الفلسطينية سببا أساسيا في كل

مشروع من هذه المشروعات بحكم الغزو الصهيوني والهجمة الدولية على المنطقة باعتبارها منطقة استراتيجية هامة وازدادت أهميتها بعد ظهور البترول مما زاد في عملية التحدي والتخطيط ضد الوحدة والوطن العربي له أهمية نظرا لموقعه وأثره في التجارة الدولية وتحكمه بممرات البحار والمحيطات وأيديولوجيته وأثرها في انطلاق الأمة لتحقيق رسالتها الكونية التي اتضحت أهدافها في القرن الهجري الأول وصولا إلى (بواتيه) في فرنسا وانطلاقها مرة ثانية في عهد الأتراك وصولا إلى (فينا) من هنا ندرك مدى الخوف والحذر والحيطة والجهد المبذول من القوى الكبرى ضد فكرة الوحدة.

أولا: مفهوم الأمن القومي

يعتمد الأمن القومي لأي دولة على جميع عناصر القوة الموجودة والمستخدمة في أحسن صور الاستخدام، وتشكل القدرة العسكرية جزاء من مجموعة المقدرات كلها والتي تساعد أساسا على بناء تلك القدرة.

فالقدرة الاقتصادية والعلمية والسياسية والتكنولوجيا العسكرية هي عناصر تكمل بعضها في عملية الأمن القومي، ويلعب العمق الاستراتيجي للدولة دورا هاما في امتصاص وإنهاك القوة المعادية. وعليه يمكن القول أن الأمن يتناسب تناسبا طرديا مع مساحة الدولة فكلما زادت الدولة مساحة واتساعا كلما تدعم الأمن وزادت مناعته، والأمن الحقيقي يتمثل في تنمية قدراتها واستغلال عناصر قوتها أحسن صور الاستغلال في جميع المجالات.

ثانيا: تعريف الأمن القومي

وقد عرف الأمن القومي بأنه "قدرة المجتمع في مواجهة جميع المظاهر المتعلقة بالطبيعة الحادة والمركبة للعنف"[1].

وقال آخرون "إنه تأمين كيان الدولة والمجتمع ضد الأخطار التي تشهدها داخليا وخارجيا وتأمين مصالحها وتهيئة الظروف المناسبة اقتصاديا واجتماعيا لتحقيق أهدافها والغايات التي تعبر عن الرضا العام في المجتمع" [2].

كما ذهب آخرون إلى تعريف الأمن القومي "بأنه الإجراءات التي تتخذها الدولة للحفاظ على كيانها ومصالحها في الحاضر والمستقبل مع مراعاة المتغيرات الدولية"[3].

(1) ياسين سويد- كيف يتحقق الأمن القومي العربي مجلة الوحدة العدد 1992/88، ص 11.

(2) المرجع السابق.

(3) نبيل خليفة- حياة الشرق الأوسط وحروب العقد القادم- مجلة الوحدة العدد 1991/76، ص41.

وعرفه آخرون بأنه "مجموعة الوسائل الناجحة والمادية والمعنوية التي تتوفر لدولة ما لحماية كيانها ونظامها ومجتمعها من الأخطار الداخلية والخارجية التي تطالها أو تهددها" [1].

أما تعريف الأمن القومي العربي "فهو قدرة الأمة العربية على حماية كيانها الذاتي ضد الأخطار الخارجية من أجل ضمان بقائها".

واشترط التعريف لتحقيق هذا الأمن شرطين هما[2]

1- وجود أنظمة ديموقراطية حقيقية موحدة أو متحدة أو حتى متفقة على خطة عمل أمنية شاملة لحدودها الجغرافية.

2- وجود تنمية شاملة واقتصاد متكافئ ومتكامل تحت قيادة قومية، مؤمنة بحق شعوب الوطن العربي وبوحدته واتحاده.

ثالثا: أهداف الأمن القومي العربي

هنالك عددا من الأهداف يمكننا تحديدها بما يلي:

أ- أمن الفرد العربي- وهذا يتطلب وعيا لمشاكل الأفراد ومتطلبات الحرية والديمقراطية والعدالة والمساواة وتكافؤ الفرص.

ب- أمن المجتمع العربي- وهذا يتطلب وعيا لمشاكل المجتمعات القائمة سواء كانت عرقية أو قبلية أو طائفية أو طبقية ويتطلب تنمية مشاعر التسامح والتكافل والتضامن.

ج- أمن الدولة أو أمن الأمة أو الأمن القومي: وهذا لا يتحقق إلا بأمن الفرد والمجتمع وتوفير متطلباتهما ضمن إطار مشترك ومتكامل في الكيان السياسي للأقطار العربية.

رابعا: عناصر القوة القومية العربية

القوة القومية مجموعة من العناصر تستوحي مقوماتها من ذات الإقليم، والإقليم هنا هو الوطن العربي بأكمله، واستنادا إلى التحديد الذي وضعه (سبيكمان) العالم الجغرافي لعناصر القوة للدولة أو القوة القومية فإننا نجدها ممثلة بما يلي:[3]

---

(1) ياسين سويد- مرجع سابق، ص 12.

(2) محمد فوزي- واقع الأمن القومي العربي- مجلة الوحدة العدد 1992/88، ص7.

(3) ياسين سويد- الاستراتيجية القطرية الإسرائيلية- الموسوعة الفلسطينية- القسم الثاني، المجد 6 ص 272-280.

1. المساحة وطبيعة حدود الوطن العربي وشكل هذه الحدود.

2. حجم سكان الوطن العربي حيث يبلغ حوالي 272 مليون نسمة تقريبا.

3. وجود المواد الأولية والتطور الاقتصادي والتكنولوجي.

4. القوة المالية ووجود الموارد المالية الهائلة نتيجة توفر النفط وغيره.

5. التجانس البشري لسكان الوطن العربي.

6. التكامل الاجتماعي والتكافل.

7. العادات والتقاليد والدين واللغة والروح القومية ومدى تأصلها في النفوس.

8. الاستقرار السياسي.

ولكن هذه العناصر ليست كاملة ولابد من وجود بعض التخلخلات فيها وهي:

1- وجود الكيان الصهيوني داخل الكيان العربي واحتلاله لأراضي عربية وهذا يعتبر تهديدا لأمن الدولة.

2- وجود بعض العصبيات على حدودة الخارجية منها (القومية الفارسية، والتركية والأرتيرية).

3- معظم الموارد العربية ليست تحت تصرف العرب فهناك أطماع خارجية فيها تتحكم في أسعارها وإنتاجها.

4- وجود بعض القواعد العسكرية للآخرين الطامعين في خيرات الأمة والسيطرة عليها وتمزيقها كلما دعت الحاجة أو مصالحهم لذلك.

خامسا: التحديات للأمن القومي العربي

في ظل النظام الدولي الجديد وسياسات الوطن الواحد فإن الوطن يواجه التحديات التالية والتي تمس أمنه القومي وهي:

التحديات السياسية

1- العمل جار على إعادة قرار اتفاقية سايكس بيكو بما يتلائم وسياسة الوطن الواحد وهـذا يعنـي أن سايكس بيكو ثانية قادمة على المنطقة حيث ترى الولايات المتحدة أنه لابد من تشكيل التحالفـات الإقليمية القديمة- الحديثة لتنفذ من خلال ذلك سياستها في المنطقة والتحكم في المنتج والاحتياط مـن النـفط أو الـذي يتـيح لهـا التـحكم في التسـويق والتسـعير باعتبـار أن النـفط هـو السـلعة الاستراتيجية الأساسية.

2- تحقيق مصالح إسرائيل كحليف استراتيجي وهذا ظهر جليا بعد حرب أكتوبر 1973 عندما سعت الولايات المتحدة لتوقيع أول اتفاقية سلام مصرية إسرائيلية في كامب ديفيد.

3- اتجهت الولايات المتحدة لتكون المرجعية النهائية في موضوع الوطن العربي الإسرائيلي الأمر الذي أدى إلى إصابة النظام الإقليمي العربي بحالة من الاختراق خصوصا بعد تحالف العربي ضد أخيه العربي.

4- جر الأمة العربية بكامل كيانها إلى مؤتمر السلام في مدريد عام 1991 حيث قامت أمريكا بعملية الدفع والضغط لتحقيق الاستقرار الإقليمي بحل الصراع العربي الصهيوني من خلال حصول إسرائيل على اعتراف عربي بوجودها وخروجها من العزلة وفي النهاية الانتقال إلى الترتيبات الأمنية والاستراتيجية والتعاون الاقتصادي وتطبيع العلاقات.

5- التزام الولايات بأمن إسرائيل وتفوقها النوعي والاستراتيجي على جميع ما يحيط بها من دول عربية وغير عربية.

6- تضخيم الآثار السيئة جراء دعم ورعاية التيار الإسلامي والعمل على تفتيته والتأثير على القرار العربي.

التحديات الأمنية

1- تفجر الأحداث والزلازل في المنطقة العربية بعد الثاني من آب 1990، وذلك باحتلال جديد للمنطقة العربية، وتوقيع مجموعات الاتفاقيات الدفاعية التي وقعت مع الدول العربية وخصوصا الدول الخليجية لمدة لا تقل عن عشر سنوات قابلة للتجديد، راعت فيها الولايات المتحدة حاجات دول المنطقة للأمن وحاجاتها الاستراتيجية للنفط والنفوذ في المنطقة.

2- التواجد العسكري البري والبحري والجوي مما يجدد عصرا جديدا للاستعمار بحجة الترتيبات الأمنية والسياسية بوجه- عدو- يشكل وجوده خطرا على الأمن والسلام في المنطقة.

3- الاستباحة للأراضي العربية والثروة العربية والأموال العربية بحجة الدفاع.

4- زيادة الخلافات العربية- العربية الدائمة الارتفاع.

5- زيادة الأطماع الغربية في المنطقة واختراق كل الأعراف والقوانين الدولية والشرعية الدولية.

6- زيادة الهجرة العربية للخارج وزيادة الهجرة الآسيوية والأقليات إلى الداخل مما يشير إلى الخلل في التركيبة السكانية وهذا يثير أكثر من تحد على صعيد الأمن السياسي والاقتصادي والصحي والبيئي.

7- زيادة أطماع دول الجوار (إيران- تركيا) في الأراضي العربية واستباحتها بين الحين والآخر، والتهديد للأمن المائي في المنطقة العربية كتهديد (أثيوبيا وإرتيريا).

8- خطورة التحديات الأمنية التي تقوم بها إسرائيل المتنفذة في عالم اليوم والتهديد للمنطقة العربية شاملا التهديد السياسي والاقتصادي والعسكري.

التحديات الاقتصادية

1- سعي العالم إلى إقامة بنية اقتصادية إقليمية تشمل العرب بجانب إسرائيل وتركيا على أن تلعب هاتين الدولتين المفتاح الاقتصادي في المنطقة.

2- تنمية التعاون في المجالات العلمية والتكنولوجية وتطوير المصادر المائية على أن يتم ذلك من خلال تجاوز المشكلات التي تعرقل العلاقات كالصراع العربي الإسرائيلي من خلال البنية الاقتصادية وفتح الأسواق.

3- السيطرة على النفط من المنبع حتى تحميله وبيعه في الأسواق العالمية، والتحكم بالأسعار والإنتاج.

4- عدم تشغيل الفائض المالي وتوظيفه في بناء قاعدة صناعية متمكنة قادرة على التنافس في الأسواق العالمية، بل استغلال ذلك في العمليات التجارية البسيطة كتجارة الأسهم وبناء الفنادق والأمور السياحية إضافة إلى توظيفه في شراء السلاح وتكديسه في المنطقة.

المبحث الثاني

الأمـن المائي

أولا: مقدمة

إن موضوع الماء والنزاع عليه في المنطقة العربية غاية في الأهمية والخطورة حيث بـدأ الاهـتمام بالمياه كمشكلة تؤرق الدول العربيـة ودول الجـوار الأصـلاء (تركيـا وإيـران وأثيوبيـا) والـدخلاء (إسرائيـل والعالم منذ حوالي عقدين من الزمن ويبدو أن المشكلة تحظى باهتمام خاص لدى (تركيا وإسرائيل).

ولأهمية هذا الأمر فإن هنالك عددا من الجامعات والمراكز البحثية في الولايات المتحدة وأوروبـا يعكفون على دراسة المشكلة من جميع جوانبها، فهناك فريق متخصص في المياه يضمن خبراء متخصصين في (جامعة هارفرد) يبحث هذه المسـألة منـذ عـام 90 وهنـاك فريقـان أحـدهما في لنـدن والآخـر في جامعـة اكسفورد.

كما صدر عددا كبيرا من الكتب تحمل عناوين مثيرة وخطيرة حول المياه في المنطقة العربية مثل أزمة (المياه في الشرق الأوسط) و (الصراع على المياه) و (حرب المياه في الشرق الأوسط) وفي إسرائيل وتركيـا العمل كثير والكلام قليل عن أزمـة الميـاه، أمـا الـوطن العـربي فقـد بـدءوا ينتبهـون لخطـر مشـكلة الميـاه وأصبحت قضية مصيرية للعرب يتوقف عليها وجودهم وحياتهم.

والأمن المائي يعني "المحافظة على المـوارد المائيـة المتـوفرة واسـتخدامها بالشـكل الأفضـل وعـدم تلويثها، وترشيد استخدامها في الشرب والري والصناعة، والسـعي بكـل السـبل للبحـث عـن مصـادر مائيـة جديدة وتطورها ورفع طاقات استثمارها"[1].

أولا: قضية المياه في المشرق العربي

إن المسألة المائية في منطقة المشرق العربي هي مسألة حدود بين دول فيها مصـادر الميـاه، ودول مستهلكة لها وهي صراع بين المستهلك وبين من يمسك بالمنبع في أعلى النهر، وصراع حـدود امتـد لعشرات السنين لم تتمكن فيه دول المنطقة إلى الآن من التوصل إلى اتفاق بشأن المياه لأن الأمر يتعلق بقضايا أخرى سياسية واقتصادية وتاريخية محل خلاف بين تلك الدول.

(1) حسان الشوبكي- الأمن المائي العربي- مجلة الوحدة العدد 76، 1991، ص 25.

إن التحليلات المعاصرة لأزمة المياه تشير إلى أن استهلاك المياه خلال القرن العشرين قد ارتفع وسيزداد خلال القرن الحادي والعشرين لسببين رئيسيين هما: الزيادة الكبيرة في عدد السكان والسعي الحثيث لارتفاع مستوى المعيشة للسكان.

والمياه مصدر حيوي في الاقتصاد والمشكلة في المجتمعات المشرقية والعربية هي قلة المياه وندرتها ومن المتوقع مع سنة 2025 أن هذه المجتمعات ستحتاج إلى أربعة أضعاف ما تستهلكه من المياه.

وتختلط السياسة بالاقتصاد وبالوضع الاجتماعي في مسألة المياه، من هنا نجد أن المشرق العربي يواجه تحدي كبير يتمثل في كيفية استخدام مياه الأنهار الدولية وكيفية مواجهة المشكلات الناجمة من ذلك بين الدول المستفيدة من مياه حوض النهر الواحد، وهناك مشكلات أساسية جعلت استخدام المياه يكون بحدة الأقصى وأدى إلى تنافس ونزاع واستحواذ على المياه أو استخدامها أو تخزينها هي:

1- الزيادة السريعة والعالية في عدد السكان (التغير الديموغرافي).

2- التوسع في الزراعة لتوفير الغذاء لمواجهة الزيادة في عدد السكان.

3- إدارة شؤون المياه.[1]

مع تفاقم الأزمة وتصعيدها وضغط الحاجة إليها يزداد التوتر، ولقد خلقت الأنهار مشكلة سياسية إضافة إلى المشاكل الأخرى التي تعانيها العلاقات الدولية في المنطقة وأصبح التحدي الاستراتيجي هو كيف تحصل هذه الدول على حقوقها وحصتها من المياه بعلاقات سلام وتعاون.

من المهم التوقف لتحليل تأثير أزمة المياه في الوضع الأمني في المنطقة حاضرا ومستقبلا فهناك علاقة متينة بين مسألتي الأمن وندرة المياه، فالمياه المشتركة تخلق النزاعات وندرة المياه تحدث النزعات نفسها عندما يكون الطلب أكثر من المتوافر، والأزمة الحقيقية تكمن في إدارة شؤون المياه وكيفية التعامل معها ويمكن ذكر عدد من الأسباب لندرة المياه في المنطقة وهي:

1- تقلبات الطقس وجفافه.

---

(1) د. عبد المالك التميمي- المياه العربية- التحدي الاستجابة- مركز دراسات الوحدة العربية- بيروت 99، ص (26-15).

2- الإدارة والإجراءات المتبعة للأمن المائي ضعيفة جدا ومتخلفة[1].

3- عدم توفر مصادر بديلة في بعض الدول.

4- استهلاك جائر لمصدر مهم للمياه وهو المياه الجوفية.

5- تلوث المياه.

ولأهمية المياه في الوطن العربي تحركت جامعة الدول العربية وأصدرت تقريرا عنوانه (الأبعاد السياسية والقانونية لمشكلة المياه) ويلخص التقرير مشكلة المياه في الوطن العربي بالآتي:

1- النمو السكاني وازدياد حجم الطلب على المياه.

2- ظهور العجز المائي في عدد من الأقطار العربية وانعكاس ذلك على تطور الفجوة الغذائية.

3- التوزيع غير المتوازن بين مصادر المياه ومناطق الاستهلاك.

4- استثمار معظم الأحواض المائية القريبة من موقع الاستهلاك بعد قيام إسرائيل بالاستيلاء على الأراضي العربية ومنابع المياه فيها، وزيادة البناء للمستوطنات لاستيعاب المهاجرين اليهود.

إن المتتبع لتطور مبادئ القانون الدولي يجد أن المبادئ تؤكد على ما يلي:

أ- كل نظام للأنهار والبحيرات ينتمي لحوض نهر واحد يجب معاملته كوحدة متكاملة.

ب- فيما عدا الحالات التي تنص عليها اتفاقيات أو عرف ملزم للأطراف المعنية فإن كل دولة مطلة على نهر لها الحق في نصيب معقول ومتساوي في الاستخدام المفيد لمياه الحوض.

جـ- على الدول المشاركة في حوض النهر احترام الحقوق القانونية للدول الأخرى المشاركة فيه.

د- يتضمن التزام الدول المشاركة في حوض النهر احترام حقوق شريكاتها بمنع تجاوز الحقوق القانونية لباقي الدول المشاركة في الحوض.

ويبقى أن نذكر بأن الأمر الواقع بالسيطرة على مصادر المياه واستغلالها يعطي الطرف المسيطر حقا قانونيا مكتسبا في المستقبل على الرغم أن ليس له

(1) د. عبد المالك التميمي، مرجع سابق، ص 26.

الحق وأنه معتديا على حقوق الآخرين كما هو الحال بالنسبة لإسرائيل وهنا يكمن الخطر القادم، ويمكن تلخيص بعض الأسس في مسألة المياه والقانون الدولي فيما يلي:

أ- إن الحوار بين الدول المشتركة في المياه الدولية هو السبيل للحل.

ب- إن الاتفاقيات الثنائية والإقليمية بين الدول المشتركة في حوض النهر الدولي أسلم الطرق للاتفاق بشأن مسألة المياه.

ج- الرجوع إلى قواعد ومبادئ القانون الدولي المعتمدة من لجنة القانون الدولي التابعة للأمم المتحدة بهذا الخصوص.

د- وضع تشريعات للمياه على مستوى كل دولة ضمن استراتيجيات وطنية لا تتعارض مع الاستراتيجيات القومية على مستوى الوطن العربي.

هـ- المباشرة لحل مشكلات الحدود وترسيمها ضمن القانون الدولي يساهم إلى حد كبير في حل النزاع حول المياه الدولية.

و- وضع حد لأي تجاوز على حقوق الدول في مياهها وعدم السماح بالأضرار التي تتعرض لها الحياة الاقتصادية والاجتماعية والأمن للشعوب.

ثانياً: المياه العربية وإسرائيل

المسألة المائية قضية أساسية واكبت الحركة الصهيونية منذ نشأتها، فمفهوم الحدود الأمنية تدخل فيها منابع المياه في المنطقة وأساسها نهر الأردن، نهر اليرموك، مياه جبل الشيخ ونهر الليطاني، ففي عام (1899-1901) قام مهندس سويسري أعتنق الديانة اليهودية ويدعى (أبراهام بوكات) بتقديم مشروع لمؤسس الحركة الصهيونية هرتزل تنص على ما يلي:

"إن أرض اسرائيل المقترحة يمكن أن تكون خصبة جدا باستخدام مشروع طاقة وري ضخم وذلك باستخدام مياه نهر الليطاني والأردن إلى الجليل لري أرض إسرائيل الموعودة وتزويد مدينة القدس والمدن الأخرى بالمياه". [1]

إن هذا الطرح المبكر من قبل الحركة الصهيونية يدل على أن الفكر الاستراتيجي كان يتوفر لدى قادتها وأن الحركة الصهيونية بزعامة الوكالة اليهودية

---

(1) المشكلة الفلسطينية في ضوء الصراع على مصادر المياه (الرأي العام) 1992/7/23، ص14.

قد بدأت ببناء الوقائع على الأرض في فلسطين تمهيدا لإقامة الكيـان سـواء في مسـألة الميـاه أو الهجـرة أو الاستيطان أو مشروع الجامعة العبرية. [1]

ولقد أضفى الانتداب شرعية قانونية على تحرك الحركة الصهيونية لبنـاء الـوطن القـومي وسـرقـة المياه حيث جاءت المشاريع وأولها مشروع روتنبرغ عام 1920 لتوليد الطاقة الكهربائية علـى نهر اليرموك ليكون البداية للسيطرة على المياه العربية، ويتخلص المشروع بما يلي:

1- بناء محطة للطاقة الكهربائية بين النهاية الجنوبية لبحيرة طبرية وبيسان.

2- حفر قناة من نهاية بحيرة طبرية إلى المحطة.

3- استخدام مياه نهر اليرموك لتوليد الطاقة.

ثم جاءت بعد ذلك عدة مشاريع كمشروع هـايس الأمـريكي عـام 1938 حيـث استقدم هـايس للقيام بدراسة الأوضاع المائية وتنميتها لصالح الدولة الإسرائيلية المرتقبة وتركز مشروعه علـى تحويـل ميـاه نهر الأردن الأعلى إلى سواحل فلسطين ونقلها الى صحراء النقب مع الاستيلاء على مياه الحاصباني وبانيـاس والليطاني. [2]

وتطورات قضية المياه بين العرب وإسرائيل بعد عام 1948 بعد إقامة الكيان الإسرائيلي في فلسطين حيث بدأت مشاريعها للمياه وأصبحت سياستها المائية نموذجا للتوسع الصهيوني في الأراضي العربيـة إضافة إلى السيطرة على مصادر المياه العربية، وبدأت إسرائيل تطرح مشروعات للمياه في المنطقة دون خوف مـن أي معارضة عربية.

لقد كانت المياه سبباً في حرب عام 1967 حيث شرعت إسرائيل قبل ذلك وفي عـام 1964 بتنفيـذ مشاريعها المائية مع أن العرب قاموا في تلك الأزمة بمشروع عربي لتحويل مياه نهر الأردن ولكـن إسرائيـل قامت بتعطيل المشروع ومنذ ذلك الحين أصبحت المياه قضية استراتيجية مهمة بالنسبة للعرب، كـما أنهـا أصبحت أخطر نقاط التفجير في المنطقة لأن تفكير إسرائيل بالمياه هي مسألة حياة أو موت، مسألة وجود أو عدمه حيث تتعلق بالمياه عدة قضايا هي:

1- المسألة الزراعية لأنه بدونها لا استيطان في المنطقة سكانيا وبدون الاستيطان لا يمكنه أن يقوم أو يبقى الكيان الصهيوني.

---

(1) Letter from the british high commissioner in Palestine, 10/8/1921. H. Samual to the british Government Ret co 733/17 B.

(2) بيان توبهض (حرب 1967 كانت من أجل السيطرة على منابع المياه) الحياة 95/9/24، ص18.

2- المياه والطاقة حيث ركزت إسرائيل منذ بداية العشرينات من القرن العشرين على مشروع تولد الطاقة من المياه (مشروع روتنبرغ).

3- المياه والسكان والأراضي لأن المياه مربوطة بالمستوطنات لجلب السكان وفي هذه الحالة لابد من الاستيلاء على الأراضي لبناء المستوطنات وعمل المشاريع الزراعية والحاجة تزداد بازدياد السكان.

سياسة إسرائيل المائية

تتلخص سياسة إسرائيل المائية أو يمكن القول أن المقترحات الإسرائيلية لمواجهة مشكلة المياه لديها تتلخص بما يلي:

1- جر مياه النيل عبر سيناء الى قطاع غزة والنقب.

2- جر مياه نهر الأردن الى الغور الغربي في وادي الأردن.

3- جر مياه نهر الليطاني لتوفير المياه للضفة الغربية وقطاع غزة مباشرة أو عبر الناقل القطري الاسرائيلي.

4- استغلال مياه الفيضانات في الشتاء في إجراءات التغذية الصناعية للطبقة المائية في الساحل الاسرائيلي.

5- استغلال جزء من مياه الليطاني أثناء فصول الجفاف لتوليد الطاقة.

6- تحلية مياه البحر او نقل المياه من الخارج عن طريق البحر بالبواخر وخاصة من تركيا.

7- القيام بمشروع قناة البحرين بين البحر المتوسط والبحر الميت.

ثالثاً: المياه العربية والتركية

علاقة تركيا بالعرب تمتد الى عدة قرون بحكم الواقع الجغرافي، وبحكم قوتها وامكانياتها في بعض فترات التاريخ، وبعد سقوط الامبراطورية العثمانية تقلصت تركيا الى حدودها الطبيعية، وسارت بعد ذلك تركيا في فلك الغرب لعل ذلك يمنحها القوة، وبدأت تفكر أن تلعب دوراً اقليمياً مستغلة مصادر القوة لديها ومنها (المياه).

من هنا قامت تركيا باقتطاع ارض من سوريا عندما تحالفت مع فرنسا ولا تزال لها أطماع في العراق الغني بالنفط واختارت التحالف الاستراتيجي مع اسرائيل بهدف الضغط على العرب، ومع زيادة الحاجة الى المياه تفجرت مشكلات بين دول الجوار المستفيدة من مياه نهري دجلة والفرات واحتلت صدر الأولويات

الاستراتيجية التنموية في سياسات هذه الدول وهي (سوريا، تركيا، العراق)، من هنا ادعت تركيا بـأن ميـاه (دجلة والفرات) مياه تركية لأن مصدر النهرين ومنابعها في اراضيها، ويرى العرب أنها مياه دولية.

نهر الفرات ودجلة [1] ينبعا من تركيا ويمر في سوريا والعراق ويصب في شط العرب بعد التقائه بنهر دجلـة لتصل مياههما الى الخليج العربي والملاحظات على مياه النهرين ما يلي:

1- ان النهرين يمران بالدول الثلاث (تركيا، سوريا، العراق)

2- ينبع نهر الفرات من تركيا وهي في أعلى النهر لذلك تملك القدرة على التحكم بمياهه.

3- يعتمد العراق كليا على نهر دجلة والفرات وليس له مصادر للمياه غيرهما.

4- كميات مياه نهر الفرات اكبر من كميات نهر دجلة.

5- يدعى الاتراك ان مياه الفرات هي عابرة للحدود وانها مياه تركيه بينما يرى العرب انها مياه دولية ولهم حق تاريخي فيها.

6- كانت مياه نهري دجلة والفرات تحدث الفيضانات في الدول التي يمر بها في فصلي الشتاء والربيع قبـل اقامة السدود عليها.

(يبلغ طول نهر الفرات 2700كم) من منبعه الى مصبه 40% منه في تركيا 25% في سوريا 35% بالعراق. اما نهر دجلة ينبع من تركيا وترفده عدة أنهار من ايران ومعظمه في العراق.

7- لابد من بناء علاقات سياسية واقتصادية بين تركيا والعرب يسودها التفاهم والثقـة وعلاقـات حسـن الجوار واحترام ارادة كل شعب وحقه في المياه حسب حاجته شرط عدم الاضرار بالاخرين.

8- يجب ان تكون قواعد القانون الدولي هي الاساس المرجعي لأي خلاف بشأن المياه بين العرب وتركيا.

9- يجب تقاسم مياه دجلة والفرات ضمن اتفاقيات ثنائية او جماعية وان تحترم تلك الاتفاقيات.

الشيء المؤكد في المنطقة ان اهمية المياه اصبحت لا تقل عن أهمية النفط منذ بداية التسعينات وان تركيا تعتقد بان المياه احد مصادر القوة لديها، لقد تم تسيس المياه

(1) د. عبد المالك خلف التميمي، مرجع سابق، ص 103-106.

والنزاع بشأنها قد يتجه الى الصدام ما لم يحصل تعاون فعلى بين الدول في مياه الأنهار. [1]

وفي هذا السياق يمكن طرح بعض الأسس والمبادئ التي تنطلق منها حقوق كـل دولـة في المياه المشتركة وهي:

1- الأخذ بعين الاعتبار الطقس والانهار لكل بلدان المنطقة المتنازعة على المياه بمعنى الفائض والندرة لدى كل طرف.

2- استخدام المياه من قبل كل طرف في الماضي والحاضر كحق مكتسب.

3- الحاجة الاقتصادية والاجتماعية الى المياه في كل بلد.

4- السكان الذين يعتمدون اساسا في حياتهم الاقتصادية على المياه.

5- التكاليف المقارنة للوسائل البديلة لاستمرار الحاجات الاقتصادية والاجتماعية في كل بلد.

6- وجود المصادر الاخرى البديلة او المساعدة.

7- منع هدر المياه في أي من البلدان الثلاثة (تركيا، سورية العراق)

8- استخدام كل دولة للمياه دون الأضرار بالطرف الأخرى في حوض النهر.

النظرة التركية لمسألة مياه الفرات ودجلة [2]

ماذا تقول تركيا بشأن نزاعها على ميـاه الفرات مـع العـرب؟ ترتكـز وجهـة النظر التركيـة علـى المبررات التالية في نظرتها إلى مياه دجلة والفرات:

1- أن هذه المياه مياه عابرة للحدود.

2- ان كميات الأمطار والثلوج توفر فائضا من المياه وهي أكبر من حاجة دول حوض النهر بالشتاء أما في الصيف فإن الفرات يتعرض لتبخر نظرا لطوله وسيره في أرض مكشوفة وانخفاض منسوبه بسبب مشاريع الري.

3- على الرغم أن تركيا تسيطر على مياه النهرين وتمتاز بوفرة المياه إلا ان 40% من أراضيها الصالحة للزراعة في جنوب شرق الأناضول تعاني شحا

(1) د. عبد الملك التميمي، مرجع سابق، ص 135-136.

(2) حاقان طونش (مشكلة المياه في المنطقة) وجهة نظر تركيا، مركز دراسات الاستراتيجية والبحوث والتوثيق 1994، ص 262، 263.

في المياه من هنا بدأت تركيا مشاريعها الجديدة في جنوب شرق تركيا لامتصاص نقمة الأكراد (الفقراء).

4- تعتبر تركيا ان دمشق وبغداد قد بالغتا في تقدير الآثار السلبية للمشاريع التركية وأن المياه المتدفقة إليهم ستصبح مقننة وموزعة على اشهر السنة.

5- اقامة سورية مشاريع على نهر الفرات خلقت المشكلة للعراق وليس لتركية.

6- تركيا لا تقبل السيادة المشتركة للبلدان الثلاث.

النظرة العربية لمسألة مياه دجلة والفرات

يتلخص الموقف العربي من هذه القضية كالآتي:

1- الجامعة العربية التي تمثل العرب غير قادرة على اتخاذ موقف عملي في قضية خطيرة كالمياه ولا يتعدى الاحتجاج والتنديد والدعوة الى حل.

2- ليس هنالك تنسيق بين سوريا والعراق لأن العلاقات بينهما يشوبها الكثير من الاشكاليات السياسية.

3- ان الخطر على الأمة العربية في مسألة المياه لا يقتصر على اسرائيل وانما تركيا لأنها تشكل خطرا اقليميا على العرب مستقبلا.

رابعاً: المياه العربية في افريقيا

1- نهر النيل

يعتبر نهر النيل اطول نهر في العالم تشترك في مياهه تسع دول افريقية وينتهي في مصر ليصب في البحر المتوسط، ويعتبر نهر النيل المصدر الأساسي لتوفير المياه الى مصر اضافة الى الأهمية التاريخية حيث ان تاريخ مصر والسودان وحضارة مصر القديمة واستيطان الوادي قد ارتبط بالنيل، اما بقية الدول التي تشترك بمياه النيل فهي:

(أثيوبيا، كينيا، أوغندا، تنزانيا، رواندا، بوروندي، زائير، السودان) وتأتي الأهمية لنهر النيل في مصر لأن 97% من أراضيها صحراوية و3% الباقية تزرع بالاعتماد على مياه النيل كمصدر للري وليس لديها مصادر اساسية للمياه غير النيل. اضافة الى زيادة عدد السكان وهذه تتطلب زيادة استصلاح الاراضي الزراعية.

كما وتشكل الزراعة المستهلك الرئيسي للمياه في السودان ولكن السودان تتوفر فيها المياه اكثر من مصر لأن لديها مصادر اخرى ثانوية للمياه مثل الانهار

الفرعية التي تصب في النيل اضافة الى المياه الجوفية وتتوزع احتياجات السودان للمياه (للري، الطاقة الكهربائية، الصناعة، الاستخدام الآدمي).

ان كمية المياه المطلوبة لمصر او السودان لا تعتمد فقط على الكمية المتدفقة في النهر ولكنها تعتمد على عوامل عديدة منها:

1- نوعية المياه.

2- كيفية ادارة شؤونها.

3- المشاريع القائمة على النهر (سدود وخزانات، محطات توليد الطاقة).

4- الاهتمام بالروافد والبدائل.

5- استخدام التكنولوجيا في الري.

2- ازمة المياه بين دول الحوض

التوتر بشأن مياه النيل بين أثيوبيا ومصر يعود الى الخمسينات نظرا لانعكاس العلاقات القوية بين اثيوبيا والولايات الامريكية حيث وضعت امريكا الخبراء الاسرائيلين الذين قاموا بعمل الدراسات والمسوحات الجيولوجية للهضبة الاثيوبية واقتراح اقامة السدود على منابع النيل.

ان اهتمام دول الحوض بمشكلات المياه القائمة تدل على قلقها من المستقبل لأن النيل بالنسبة لها يشكل شريان الحياة وخاصة مصر والسودان وقد عقدت ندوة في عام 1986 لبلدان الحوض نظمها برامج الأمم المتحدة للتنمية. وافق المشاركين في الندوة على توصيات تتعلق بضرورة التعاون في اقتسام موارد المياه على أساس العدالة المشتركة ولم توافق اثيوبيا الدولة الوحيدة في الندوة على التوصيات وكانت أهم بنود الندوة ما يلي:

1- ضرورة التعاون في اقتسام موارد المياه.

2- ملائمة الحاجات الخاصة لبلدان الحوض.

3- التشاور الدائم بين دول الحوض لتعزيز التعاون.

وفي عام 1996 أعلنت أثيوبيا أنها سوف تحتفظ لاستعمالها الخاص مستقبلا بموارد النيل وتصريفاته في الإقليم الأثيوبي أي 86% من ايراد النيل. وهذا يدل على أن أثيوبيا تنتهج النهج التركي فيما يتعلق بالمياه وعلاقاتها بدول الجوار وتأثير ذلك كله لا يقع الا على مصر والسودان لان باقي الدول لا تعتمد على مياه النيل كمصدر رئيسي.

ولما كانت أثيوبيا دولة منبع أساسية في حوض النيل يهمنا التركيز عليها للاعتبارات التالية:

1- إن أثيوبيا تسيطر على مصادر النيل الرئيسية للمياه.

2- ان كميات الأمطار التي تسقط سنويا على أثيوبيا وفيرة بحيث لا تجعل أثيوبيا من الدول التي تعاني ندرة في المياه لو أحسنت استغلالها.

3- شرعت أثيوبيا في إقامة مشاريع وسدود على النيل مما يؤثر في المستقبل في دول الحوض.

4- هنالك تعاون أثيوبي اسرائيلي في تنفيذ مشاريع المياه ولا يخلو ذلك التعاون من الاغراض السياسية والاقتصادية لاسرائيل والمحطة النهائية ليست لصالح العرب.

3- المياه في منطقة المغرب العربي

لا تختلف منطقة المغرب العربي عن معظم أرجاء الوطن العربي في مناخها الجاف نسبيا والقليل من الأمطار ولقد نشأت معظم المدن في المغرب العربي (شمال إفريقيا) على سواحل البحر المتوسط او المحيط الاطلسي أو في الواحات والمناطق التي تتوفر فيها المياه الجوفية حيث اقيمت السدود والخزانات الأرضية لتجميع السيول أو المياه الجوفية والمياه أصبحت سلعة استراتيجية بدأت تأخذ اهتمام الحكومات والشعوب في شمال أفريقيا لان المياه السطحية والانهار محدودة وليست أساسية.

ولقد بدأ الاهتمام لدول المنطقة بالمياه في العقود الثلاثة الماضية حيث وضعت خطط ومشاريع لذلك ولما كانت المياه في المنطقة أو في بعض أجزائها مشتركة سواء بين موريتانيا والسنغال او بين الجزائر وتونس أو الجزائر والمغرب فإن الأمر يحتاج الى تنسيق اقليمي والى وجود اتفاقيات ثنائية وجماعية حول المياه وسوف نقوم بتفصيل كل قطر على حدة لمعرفة وفرة المياه فيها:

أ- موريتانيا

مناخها صحراوي ويبلغ معدل سقوط الأمطار فيها 200ملم في السنة وتعتبر المياه الجوفية مصدرا مهما فيها ولكن المشكلة الأساسية ان معظم المياه الجوفية غير مستغلة لأسباب فنية وادارية وتمويلية. [1]

---

(1) المصطفى ولد مولود، المياه واستخدامها في موريتانيا ورقة قدمت الى ندوة المياه، واستخدامها في الوطن العربي، الكويت 17-20 شباط، ص 429-431.

أما المصادر الأساسية للمياه في نهر السنغال إضافة الى المياه الجوفية غير المتجددة وتتوقف الزراعة فيها على الأمطار لهذا نجد ان انتاجها محدود من هنا نجد ان الزراعة والثروة الحيوانية تعتمد على ماهو متوفر لديها من مياه والتي تحتاج الى عمليات تطوير اكبر مما هي عليه الآن.

ب- المغرب

ليس في المغرب انهار جارية وان كانت هناك مجموعة من الانهار ذات نظام تغذية متوسطي حيث تفيض في الشتاء وتشح في الصيف، ولما كان المناخ موزعا ومختلفا فإن ذلك يؤثر على تساقط الامطار ومن ثم على كمية المياه، وتعتبر جبال الأطلس حاجزا يقف امام التيارات الاتية من المحيط وهي أهم خزان للماء الذي يكون المصدر الاساسي لتغذية اهم الوديان في المغرب. وتمثل المياه السطحية ثلث أرباع مجموع الموارد المائية في المغرب وأهمها في أحواض شمال سلسلة جبال الأطلس.

وتهتم المغرب بالثروة المائية وتطويرها حيث أقامت السدود وعددها 40 سداً كما أقامت المحطات الكهربائية على مساقط المياه للتوسع في الزراعة، وتساهم المياه الجوفية في تزويد الوحدات الصناعية كمنجم الفوسفات ومعامل الاسمنت ومعامل السكر.

ويبقى استغلال المغرب للمياه الجوفية منحصرا في الطبقات المائية غير العميقة اما الطبقات المائية العميقة منها ما زالت في مراحلها الاولى وتبقى المغرب أمام ضغط الحاجة المتزايد للمياه فهي مهددة بالنضوب أو التملح.

3- الجزائر

تقع الجزائر في أسفل الخط الاستوائي وهي شبه قاحلة ويعتبر هطول الأمطار عاملا على جانب كبير من الأهمية، وكميات الأمطار التي تهطل فيها تتراوح بين 150ملم بالنسبة في الجبال بالشمال الشرقي وأقل من 100 ملم بالجانب الشمالي الصحراوي ويكشف ذلك الطابع غير المنتظم لهطول الامطار.

أما المصدر الثاني للمياه فهي المياه الجوفية وهنالك سياسة في التشكيلات الجيولوجية فأنواع الخزانات المائية الجوفية موجودة مثل خزانات شمال الجزائر والتي تعاد تغذيتها واحواض المناطق الصحراوية والتي تكون تغذيتها ضعيفة بهذا أقامت الجزائر عددا من السدود لتوليد الطاقة وتستخدم المياه فيها للزراعة والشرب والأغراض الصناعية.

4- تونس

مصادر المياه في تونس هي المياه السطحية الناتجة من الأمطار والمياه الجوفية والتكوين الجيولوجي في تونس يجعل المياه الجوفية في الشمال والوسط قابلة للتجدد السنوي.

وهنالك مشكلة ملوحة في المياه وتخضع المياه الى ادارة الحكومة والى عمليات التقنين وتواجه تونس مشكلة في موارد المياه.

5- ليبيا

المياه السطحية قليلة جدا ولا توجد أنهار أو وديان دائمة بل معظم الوديان تجري وقت هطول الأمطار معتمدة ليبيا على السدود وعلى الأودية اما المياه السطحية فهي ذات أهمية لانها المصدر الرئيسي- لتغذية المياه الجوفية أما المورد الثاني فهو المياه الجوفية وهي الأساس، وتسعى ليبيا منذ سنوات لايجاد موارد للمياه وقد لجأت الى تحلية مياة البحر، وليبيا دولة نفطية من هنا جاءت فكرة عمل النهر الصناعي.

وذلك لازدياد الحاجة في المناطق الساحلية حيث تتوفر الارض الصالحة للزراعة ويتركز السكان، من هنا جاءت فكرة مشروع النهر لنقل المياه من الصحراء الى المناطق الساحلية، وهو مشروع طموح ومهم ويسهم في حل مشكلات قائمة.

ان بلدان المغرب العربي (دول شمال افريقيا) تعاني الجفاف أحيانا بالنظر الى مناخلها المتذبذب من هنا فهي تعاني نقصا وندرة في المياه لازدياد الطلب عليها ولسوف تواجه مشكلة حقيقية ما لم تتخذ الأساليب في معالجة ذلك، كما ان موريتانيا التي تتغذى على نهر السنغال الحدودي فهي مرشحة ليكون هنالك نزاع على مياهه لأنها تتداخل مع الحدود.

خامساً: المياه في الخليج العربي والجزيرة العربية

1- المياه الجوفية المصدر الرئيسي للحياة في الخليج والجزيرة ومع زيادة عدد السكان والوفرة النفطية ترتب عليها زيادة الاستهلاك للمياه العذبة بحيث أصبح ما هو متوفر لا يفي بحاجة السكان والتنمية.

2- المياه لا توجد في المنطقة بكميات جيدة الا في بعض أطراف الجزيرة، كما أن الامطار لا تهطل بكميات كافية وتفتقر المنطقة الى الانهار أو المياه السطحية، لكن تجري فيها بعض السيول وتوجد كميات من المياه الجوفية المخزونة في الامتداد الصخري الصحراوي.

3- اهم التكوينات الجيولوجية هو تكوين الدمام وهو منكشف في أجزاء منها ويساعد اتساع مساحتها المكشوفة الى تسرب مياه الأمطار والسيول، كما أن اهمية خاصة نظرا لقلة عمقه وسهوله الحفر منه خاصة في البحرين وقطر وشرق السعودية، ولهذا التكوين أهمية خاصة بالنسبة للكويت لأنه احد المصادر الاساسية للمياه الجوفية.

4- ان الازدياد المستمر لاستهلاك المياه في بلدان الخليج ذو مؤشر خطير فالمكونات المائية الجوفية في تناقص مستمر نتيجة الاستهلاك للقطاعات الصناعية والزراعية والاستخدام اليومي.

5- بدا هنالك توجيه الى تحلية مياه البحر بعد ان ثبت ملوحة المياه الجوفية حيث تتسرب مياه الخليج في احواض المياه الجوفية فأصبحت غير صالحة للاستهلاك البشري.

6- يؤدي الافراط في ضخ المياه من خزانات المياه الجوفية الى الانخفاض في مستواها وجفاف العديد من الآبار والينابيع والقنوات.

7- ان النقطة المهمة في مسألة المياه الجوفية والسطحية هو عدم تطابق الحدود السياسية مع حدود مصادر المياه الجوفية مما يؤدي الى نشوب نزاعات في المنطقة.

8- تنقسم مصادر المياه في بلدان الخليج الى ثلاث أقسام:

أ- المياه الجوفية بما في ذلك مياه الابار السطحية والابار العميقة.

ب- تحلية مياه البحر أو المياه الجوفية.

جـ- مياه الصرف الصحي التي يتم تحليتها وتنقيتها واستخدامها في الزراعة.

سادساً: مستقبل المياه العربية

تكمن أزمة المياه في المنطقة العربية في الأسباب التالية:

1- يغلب على المنطقة الصحراء والجفاف وقلة الأمطار بصورة عامة.

2- المياه السطحية المتمثلة بالأنهار الرئيسية في بلدان المنطقة هي أنهر النيل، دجلة والفرات، نهر الأردن، الليطاني، السنغال، العاصي وأنهار المغرب.

3- مياه الأنهار الرئيسية في البلدان العربية تنبع من خارج المنطقة العربية.

3- تشهد المنطقة معدلا عاليا في النمو السكاني وتزداد حاجة السكان ومتطلبات التطوير الى زيادة في كمية المياه المستهلكة.

5- هنالك مشكلات سياسية وتراثا من العداوات بين بعض دول المنطقة وفي مقدمتها مشاكل الحدود. [1]

بعد عرض الجوانب المختلفة وقضية المياه والأمن المائي في الوطن العربي لابد من بلورة بعض الحلول المقترحة لحل الأزمة والتي تشكل استراتيجية عربية مائية كالآتي:

1- يجب ان تتصدر قضية المياه اولويات اهتمام الامة، باقامة مراكز بحثية متخصصة بشؤون المياه والبحث عن بدائل لمصادر المياه المتوفرة.

2- خلق الادارة الجيدة في مجال المياه ومواكبة التطورات في تقنية المياه والاستخدام الامثل للتكنولوجية المعاصرة وبخاصة بالري ومنع التلوث.

3- خلق الوعي الشعبي العام وسن القوانين لتنظيم استخدام المياه والاهتمام بنوعيتها ومحاربة أسباب تلوثها.

4- خلق سياسة مائية رشيدة لعمل خطط مائية لكل قطر عربي ثم خطه للمياه على المستوى الاقليمي ووضع استراتيجية مائية عربية.

5- بناء السدود في الاودية لعدم تسرب المياه وخاصة في فصل الشتاء وعمل السدود الترابية في الاودية ومجاري السيول (عمل حصاد مائي) حيث يمكن استغلال هذه المياه لأغراض الزراعة والمواشي وغيرها.

6- الاهتمام بعقد الاتفاقيات للمياه بين الدول العربية المشتركة في احواض المياه واتفاقيات بين الدول العربية ودول الجوار التي تملك مصادر المياه السطحية مثل تركيا وأثيوبيا والسعي لاقامة علاقات سياسية واقتصادية جيدة معها وحل المشاكل العالقة.

7- مواجهة المخططات الاسرائيلية التي تستهدف الثروة المائية العربية.

8- الاستفادة من تحلية مياه البحر ومعالجة مياه الصرف الصحي.

9- الاهتمام بالمسألة السكانية والاستفادة منها في التنمية.

10- ان التحكم في النزاع بشأن المياه أو غيرها هو بناء الذات وهذا هو التحدي الاساسي الذي يواجه العرب في القرن الحادي والعشرين.

---

(1) Michal Elliot BBC2 series (water wars) Geograraphical Magazin (London) 1991, P. 28.

المبحث الثالث

الأمن الغذائي

أولاً: مقدمة

أصبح الأمن الغذائي على المستوى العالمي بصورة عامة والمستوى الإقليمي بصورة خاصة من أهم المشاكل التي تواجه العالم، فقد شهد العالم في مناطق متعدد نقصا كبيرا في إنتاج المواد الغذائية، وهذا النقص سبب الكثير من المجاعات (كما حصل في أوائل السبعينات في بلدان أفريقيا) ولعل السمة السائدة في عالمنا اليوم هو اختلال التوازن بين احتياجات السكان من المواد الغذائية وبين مقدرة تلك البلدان على انتاج ما يسد تلك الاحتياجات، ولذلك أصبح الاتجار بالمواد الغذائية من أهم الركائز التي يعتمد عليها الاقتصاد العالمي.

ولقد تطور مفهوم الأمن الغذائي مع تطور اختلال التوازن بين الإنتاج الوطني واحتياجات السكان من تلك المواد، لهذا بدأت البلدان التي ينقصها الغذاء باستيراده من الخارج إذا كان لديها المقدرة المادية أو أن تتلقى المساعدات الغذائية من البلدان المنتجة، لهذا انتشرت ظاهرة الجوع في أنحاء العالم وهنا بداء مفهوم الأمن الغذائي يتبلور مفهوم يعني على المستوى العالمي "توافر المواد الغذائية الأزمة لتغذية سكان العالم بشكل يلبي الاحتياجات الضرورية لنمو الإنسان وبقائه في حالة صحية جيدة" أما على المستوى الاقليمي "مقدرة البلدان أو البلد على تأمين المواد الغذائية الضرورية لسكانها" [1] هذا ويمكن القول في الأمن الغذائي بأنه "ضمان توفير الغذاء الأساسي لكل فرد بالكميات التي يحتاج اليها وفي كل الأوقات وتمكينه من تحقيق ذلك، سواء من الناحية الاقتصادية أو من ناحية توفير الغذاء" ويعرف أيضا "مقدرة البلد على تأمين الغذاء لسكانه بمواصفات تحدد الكم والنوع والتوزيع لجميع فئات العمر والجنس وتتفق مع الحالة الاجتماعية والاقتصادية[2] أما الاكتفاء الذاتي فيعرف "أن ينتج البلد معتمدا على إمكاناته الذاتية ما يكفي لتغذية السكان" [3]

(1) سعود شواقفة وفؤاد هزايمة، دراسات في جغرافية الوطن العربي، عمان، دار عمار، 1991، ص 161.

(2)المرجع السابق، ص 139.

(3)المرجع السابق

ويرتبط الأمن الغذائي بثلاث أهداف هي:

1- كفاية الإمدادات.

2- استقرار الأسواق وتوفير الإمدادات بشكل مستمر.

3- ضمان حرية الوصول إلى السلع.

من هنا أن التكامل الاقتصادي عامل هام في توفير كافة المتطلبات التموينية الاقتصادية الشاملة من أجل النفع لجميع أجزاء الوطن العربي لتحقيق الأمن القومي ومواجهة ما تفرزه المتغيرات والتكتلات الاقتصادية الدولية من تحديات سياسية اقتصادية واستراتيجية لتحقيق الأمن الغذائي والمائي والمتغيرات الدولية، خصوصا أن الغذاء أصبح سلاحا مستعملا في الصراعات الدولية، وأصبحت أسعار الغذاء تمثل نوعية من الأسعار:

1- سعر اقتصادي أو مالي يدفعه المشتري من موارده الوطنية.

2- سعر سياسي يدفعه المشتري نفسه من استقلاله أو سيادته.

هذا يقودنا الى أن نبين أثر التكامل الاقتصادي على الغذاء في النظام العربي.

ثانياً: التطورات

التجربة العربية في مجال التكامل الاقتصادي تجربة طويلة تمتد الى خمسين عاما إلى أنها لا زالت تعاني انعدام التنسيق والتكامل الحقيقي في جميع القطاعات لأسباب تتعلق بمجموعة العوامل السياسية والمؤسسية والاقتصادية وقصور السياسات الاقتصادية والإنمائية في تحقيق الأهداف.

لقد انطلقت مسيرة التعاون بعد قيام الجامعة عام 1945 وتركزت على ما يلي:

1- التجارة .

2- المعونات.

3- الاستثمار.

4- القطاعات الإنتاجية .

5- القطاع العمالي .

من هنا تم إنشاء مجموعة من المجالس الاقتصادية ووقعت الاتفاقيات وأنشأت الصناديق ونظمت المشاريع وتجارة الترانزيت وغيرها وأهم ما يخصنا هو إنشاء المنظمة العربية للتنمية الزراعية في عام 1969.

ومن جراء هذا التنظيم والتشكيل ظهر لدينا التضارب والازدواجية وظهور الحاجة إلى بذل الجهود من أجل ترشيد وتقليص أعمال مجموعة هذه الأجهزة ومما تقدم يظهر لنا أن مسيرة التكامل كانت ولا زالت تراوح مكانها ولكن أهم ما ظهر جليا الينا فيتمثل بالاتفاقيات الثنائية التي تعقدها البلدان العربية فيما بينها في معظم المجالات.

ولكن في بداية الثمانينات برز اتجاه نحو التكامل على المستوى الاقليمي عندما قام مجلس التعاون لدول الخليج العربي عام 1981 وتقرر عند قيام مجلس التعاون العربي عام 1989 الذي لم يدم طويلا، ومجلس التعاون المغاربي، حيث لم ينجح سوى مجلس التعاون لدول الخليج بسبب توفر الموارد المالية الضخمة والتشابه الكبير في الأنظمة والسياسات.

ثالثاً: التحديات

يواجه العالم العربي اقتصاديا مجموعة من التحديات والضغوطات ذات أبعاد وتأثيرات مباشرة وهذه التحديات هي:

1- اتفاقية القات ومنظمة التجارة العالمية عام 1994.

2- النمو في السكان والعجز الغذائي والفقر.

3- تباين السياسات في تحقيق الأمن الغذائي.

ويهمنا من هذا كله هو ما يتعلق بالتحديات التي تجابه التنمية الاقتصادية بصورة عامة والتنمية بصورة خاصة.

رابعاً: النمو السكاني

لقد أدى الارتفاع المتسارع في معدل نمو السكان في أقطار الوطن العربي الى نمو سريع في الطلب على المواد الغذائية منذ بداية السبعينات وبسبب القصور الانتاجي في المجال الزراعي للاستجابة لمثل هذا التحدي تفاقم العجز الغذائي في الوطن العربي وأصبحت هذه الظاهرة والفجوة الغذائية الناتجة عنها من أبرز التحديات الاقتصادية في الوطن العربي.

قدر عدد سكان الوطن العربي عام 1997 بحوالي 264 مليون نسمة يتزايد عددهم بمعدل 2.5% سنويا وهو أعلى المعدلات في العالم.

وتشير البيانات لعام 1997 الى استمرار العجز الغذائي وانخفاض نسبت الاكتفاء الذاتي بالنسبة للحبوب والبذور الزيتية، الأمر الذي أدى إلى اتساع الفجوة الغذائية

بنسبة 5.9% خاصة بما يتعلق بالحبوب ويأتي القمح في مقدمة المحاصيل الزراعية ذات الفجوة المرتفعة. [1]

إن استمرار تصاعد تكاليف الاستيراد الغذائي والتي بلغت خلال الفترة 1990-1996 حوالي (11 مليار) سنويا قد يؤدي إلى نتائج اقتصادية خطيرة اذا لم تتخذ الإجراءات الفورية لتغير الاتجاهات الحالية وذلك باتباع استراتيجية تحد من اطراد تزايد هذا التحدي والعمل على وضع حد لهذا التصاعد المستمر في الطلب على المواد الغذائية.

هذا يقودنا الى سؤال ما هو المطلوب؟ هنالك نقص في المواد الغذائية، هنالك طلب عليها ما العمل إذن؟

1- لابد من زيادة الانتاجية والإنتاج في الزراعة.

2- التوسع الزراعي الرأسي والأفقي وفق متطلبات التكامل الاقتصادي الزراعي العربي.

3- زيادة الاعتماد على النفس.

4- التخفيف من الاستيراد .

5- زيادة الاستثمار في المجالات الزراعية.

خامساً: الفقر

مع وجود مشكلة العجز الغذائي والنمو الديمغرافي المتواصل للسكان تنشأ ظاهر الفقر، حيث يزداد عدد الفقراء وينخفض نصيب الفرد منهم من الموارد الاقتصادية، الأمر الذي يجعل من النمو السكاني سببا ونتيجة للفقر في آن واحد.

تشير الاحصائيات أن هنالك ما يزال 73 مليون نسمة (أي ربع سكان الوطن العربي) يعيشون دون خط الفقر ويعاني معظمهم نقص الأغذية وفقدان الأمن الغذائي. [2]

وأن هؤلاء جميعهم من سكان الريف الذي يعتمدون اعتمادا كبيرا على النشاط الزراعي في حصولهم على فرصة العمل والدخل، فلا بد من اختيار

(1) التقرير الاقتصادي العربي الموحد 1995، جامعة الدول العربي، تحرير صندوق النقد العربي، والتقرير الاقتصادي لعام 1996، 1998.

(2) الاتحاد العام لغرف التجارية والصناعية والزراعية للبلاد العربية، التقرير الاقتصادي العربي، بيروت، الاتحاد 1994.

السياسات والبرامج التي تمهد الطريق أمام التنمية الزراعية والريفية في رفع مستوى الإنتاج والإنتاجية والمدخولات للتخفيف من حدة الفقر وفقدان الأمن الغذائي.

لحل هذه المشكلة لابد من إجراءات سريعة لاستئصال الفقر والحد منه على المستوى القطري وذلك:

1- ضرورة زيادة النمو الاقتصادي.

2- عمل برامج محددة للحد من الفقر وزيادة المدخولات.

3- اعادة توزيع الثروات والدخول.

4- زيادة فرص الحصول على الموارد الانتاجية.

5- الاستثمار في رأس المال البشري على شكل:

أ- خدمات التعليم والصحة.

ب- حماية البيئة.

جـ- زيادة فرص الحصول على الغذاء (تحسين التغذية) .

سادساً: تحديات الأمن الغذائي

- لا شك أن هدف تحقيق الأمن الغذائي يمكن اعتباره في طليعة الخدمات الخطيرة التي تواجه الأقطار العربية في ظل الزيادة المطردة على الأغذية الناتجة من الزيادة في معدلات النمو السكاني، عجز الطاقات الإنتاجية الزراعية لغالبية الأقطار من مواجهة الاحتياجات الاستهلاكية للمواطن العربي.

- هنالك اختلال حاد في التوازن الاقتصادي الزراعي مما يساعد في اللجوء الى العالم الخارجي لسد النقص في سلع الغذاء.

- هنالك علاقة بين الأمن المائي والأمن الغذائي.

- يخشى أن تتوسع التحديات الاقتصادية والسياسية في مجال الأمن الغذائي في ظل التطورات والمتحديات الدولية الاقليمية.

- لا يمكن مواجهة التحديات على المستوى القطري ولا بد من تنسيق الجهود وتعزيز القدرات الذاتية.

- تبني استراتيجيات عربية تنموية موحدة.

سابعاً: الاستراتيجية المطلوبة

لابد من التطلع إلى التكامل الاقتصادي العربي كهدف وهذا يحتاج إلى وجود قاعدة متينة لكي يشيد التكامل على أن يسبقه تنمية زراعية لتحقيق نسبة ممكنة من الاكتفاء الذاتي من السلع الغذائية والاستراتيجية بغض النظر عن مدى توفر شرط الميزة النسبية وذلك للأسباب التالية:

1- إن مبدأ الميزة النسبية أو ما يسمى بقانون التكاليف النسبية يدعو كل بلد إلى أن يتخصص في إنتاج السلع والمحاصيل التي يتوفر في إنتاجها اكبر قسط من الميزة من حيث الاستعداد والملائمة وقلة التكاليف.

2- إن وضع شرط توفر الميزة النسبية بالسلع والمحاصيل المراد إنتاجها لتحقيق الاكتفاء الذاتي لا يختلف عن الشروط التي يضعها بعض الخبراء فيما يتعلق بالإصلاحات الاقتصادية وذلك بتنفيذ برامج التكيف أو حماية البيئة من التلوث وهذه شروط تعسفية معرقلة لجهود البلدان النامية في تحقيق الأمن الغذائي والتخلص من التبعية الغذائية.

3- زيادة التقدم العلمي والتقني في مجال تطور الزراعة وانتاج المحاصيل الزراعية الغذائية والارتقاء بمستوى تغذية السكان ودعم النشاطات الاقتصادية الأخرى.

4- لجوء الدول العربية إلى انتهاج استراتيجيات لتحقيق الاكتفاء الذاتي بالاعتماد على المواجهة القطرية أولا في بداية عملية التنمية على أن يكون الهدف من ذلك تحقيق مستوى أعلى مع الاكتفاء على المستوى القومي.

من هنا يمكن القول أن الأمن الغذائي في الأساس قضية قطرية وان التنمية الزراعية لابد أن تبدأ بها قطريا على أن لا تنظر لها بمعزل عن العمل الاقتصادي العربي المشترك.

ثامناً: تحقيق الأهداف

لتحقيق أهداف التنمية الاقتصادية الزراعية والأمن الغذائي العربي يجب العمل بما يلي:

1- اتخاذ موقف عربي محدد في مواجهة المتغيرات الدولية وضغوط النظام العالمي الجديد مما يحافظ على استقلالية القرار العربي وتعزيز الأمن القومي.

4- تبني استراتيجيات لتنمية زراعية مستدامه لتحقيق أعلى نسبة ممكنة من الاكتفاء الذاتي.

3- تكثيف الجهود لزيادة إنتاج الغذاء من خلال سياسات زراعية تركز على الاستغلال الأكفاء للموارد ورفع إنتاجية المحاصيل الزراعية الغذائية وتوفير المستلزمات والإمكانات المطلوبة وتخصيص الاستثمارات لتطوير قطاع الزراعة وتأمين الحوافز والدعم المباشر للمزارعين.

4- تبني سياسة سعرية زراعية مجزية لمنتجي السلع الغذائية وربط الأسعار المحلية بالأسعار العالمية لكي يتمكن قطاع الزراعة من تحقيق التطور والمنافسة العالمية وتحقيق دخل أكبر للمزارعين.

5- بناء مخزون استراتيجي من السلع الغذائية الأساسية يفي باحتياجات البلاد لفترة معقولة.

6- تنمية الموارد المائية السطحية والجوفية وحمايتها من التلوث والتوسع في استخدام المياه غير التقليدية في الزراعة وصيانة شبكات الري والصرف واستخدام الأساليب الحديثة في الري بالرش والتنقيط.

المبحث الرابع

أمن الحدود

أولاً: مقدمة

تبلورت فكرة الحدود لدى الإنسان منذ زمن بعيد، وظهرت إلى حيز الوجود حين عرفت المجتمعات الإنسانية فنون الزراعة وما يتمخض عنها من صناعة وتجارة حيث فرض تعاطي الزراعة والعمل بها على المجتمعات الإقامة الثابتة الطويلة في مكان العمل، وهذا يعني ان الحدود بشكل عام وليدة ظهور حاجة الإنسان إلى التملك والحيازة وارتبطت بها ارتباطا لا تنفصم عراة، فالتملك والحيازة فرديا كان أم جماعيا أوجد الحاجة إلى الحدود أو الفواصل مع صنع الإنسان لتميز الملكيات عن بعضها وتحددها إذ بدت المجتمعات في تلك الأيام تشعر بأن حقوقها وسلطاتها له مجال أرضي محدد لا يجوز أن تتعداه وهذا المجال يخضع لسلطاتها تمارس حقوقها فيه وتعتبر حقا خالصا من حقوقها، لا يجوز للآخرين التعدي عليه، لذلك كان أي خرق من قبل أي طرف خارجي يقود إلى الخصام والاقتتال.

إن الصراعات الحدودية ظاهرة دولية بمعنى لا تقتصر على دولة دون أخرى أو دول إقليم دون إقليم آخر، ولا تقتصر على دول الجنوب وتتعافى منها دول الشمال بل الأسرة الدولية جميعا قد تنتابها مثل هذه الصراعات، نتيجة الاستحواذ على ملك الآخرين فطرية في نفسية الإنسان.

ثانياً: تعريف الحدود

قبل الحديث عن تعريف الحدود لابد أن نفرق بين الحدود والتخوم فالتخوم هي عبارة "عن مساحات من الأرض بين الدول وهي طبيعية لأنها أجزاء من سطح الأرض لا يمكن تحريكها أو زحزحتها لأنها قد تفقد بعض الخصائص التي أعطتها صفة التخوم بل تبقى في موضعها" [(1)]

إن الدول الحديثة لابد لها من حدود، لكون الحدود تبين المدى الذي تمارس فيه الدولة سيادتها بل واللغة التي سيتكلمها الملايين، والأفكار التي ستلقن للناشئة والكتب والصحف التي سيتمكن من قراءتها والعملة التي يستعملها والجيش الذي

---

(1) احمد دلاشه، مشكلات معاصرة، عمان، مكتبة النهضة الإسلامية، 1985، ص153.

سينتمون إليه، والأرض التي سيدافعون عنها أي أن الحدود تعتبر الفاصل بين سيادة دولة وأخرى، فهي ذلك الخط المحدد الذي تتقابل عند سيادتها. [1]

إذن الحدود تعني "الخطوط التي تحدد كيان الدولة وإقليمها الأرضي وتحدد مساحتها الأرضية أو المائية حيث تباشر الدولة سيادتها، فالحدود موضع جغرافي تلتقي عنده قوى دولتين وينتهي عند هذه الحدود نفوذ كل دولة وقوانينها".

ثالثاً: وظائف الحدود

للحدود وظائف تقدمها لبني الإنسان وخاصة بعد أن عرف الإنسان الدولة الحديثة وهذه الوظائف هي: [2]

1- تحدد نوعية الأفكار، والصحف، والجماعات، والمنتجات التي تريدها الدولة لتنتشر داخل تلك الحدود وتمنع من انتشار غيرها من الأفكار وصحف ومنع تسلل جماعات غريبة الى داخلها، وأدوات المنع (الجيش) المرابط هنا وهناك للدفاع عنها.

2- تنظيم انتقال الأفراد سواء كان هذا الانتقال للمهاجرين أو رجال الاعمال والمزارعين ولذلك ظهر ما عرف بتصاريح المرور وجوازات السفر وانتشرت (فأعاقت انتقال الإنسان عبر ما سماه الحدود).

3- تنظيم الاتصال الدولي سواء للمصالح المشتركة عبر نهر من الأنهر واستخدام مياهه أو الكهرباء المتولدة منه أو تنظيم الصيد في المياه الإقليمية.

4- تمنع اختلاط الملكية والسيادة بين الدول المتجاورة فتقلل نزاعات الحدود لكون تلك الخطوط تعتبر مرجعية كلا الدولتين.

رابعاً: أنواع الحدود

الحدود ليست من نوع واحد ولا تقع في قائمة تقسيم واحدة نظراً لطبيعة الأرض التي ترسم فوقها هذه الحدود وللنزاع الذي ينشب بسببها وأكثر الأنواع أو التقسيمات شيوعا هو:

1- الحدود الطبيعية وهي: [3]

---

(1) محمد عبد الغني سعودي، الجغرافيا والمشكلات الدولية، القاهرة 1976، ص 143. وانظر فيليب رفله، الحدود الدولية ومشكلاتها السياسية، المجلة الجغرافية عدد (3)، 1970، ص74-75.

(2) احمد دلاشة، مرجع سابق، ص 156.

(3) احمد دلاشة، مرجع سابق، ص 156-157.

أ- الحدود الجبلية: حدود تساير المنطقة الجبلية وهي وعرة التضاريس.

ب- الحدود المائية: كانت انهر أو بحيرات.

2- الحدود الاصطناعية: [1]

وهذه الحدود من وضع الإنسان وتقسم إلى عدة أقسام هي:

أ- الخطوط الفلكية: أي خطوط الطول ودوائر العرض مثل الحدود بين مصر والسودان.

ب- الخطوط الهندسية: أي خطوط مستقيمة وخطوط منكسرة مثل الحدود بين الجزائر وموريتانيا.

ج- خطوط الاتفاقية: وهي الحدود التي يتم الاتفاق عليها بين دولة أو اكثر وترسم بناء على هـذا الاتفاق.

خامساً: الحدود العربية

معظم الحدود السياسية حدود ذات طبيعة قومية أي تفصل بـين قوميتين باستثناء حـدود المستعمرات او التي كانت خاضعة للاستعمار، والبلاد العربية دول كانت مستعمرة،وإذا نظرنـا الى الحـدود العربية أمكننا أن نميز بين عدة أنواع من الحدود السياسية منها الحدود الخارجية التي تفرق الوطن العربي عن القوميات المجاورة ومنها الحدود الداخلية بين الأقطار الشقيقة وهي مجرد إطارات وضعت لبلـورة الكيانات القطرية وهذه الحدود هي:

(1) الحدود الخارجية

أ- الحدود المائية: وهي المسطحات المائية والتي تبدأ غربا بالجبهة المائية للمحيط الأطلسي- لمساحة تزيد عن ثلاثة آلاف كيلومتر والحد الشمالي والتي تمثل جبهة سواحل البحر المتوسط إضافة إلى الجنـاح الشرقي للبحر المتوسط ولا تعد مياه البحر الأحمر وخلجانه حدودا خارجية للـوطن العربي أمـا في الجنوب فتجده مياه المحيط الهندي وبحر العرب.

ب- الحدود البرية: تتميز هذه الحدود بطولها المفرط وعدم وضوحها فهناك حدود في القسم الشرقي مـن الوطن بين العراق وإيران وفي الشمال حدود مع تركيا وأما الحدود البرية في أفريقية فهـي حـدود طويلة لأنها تخترق القارة من أقصى عرض لها في الغرب إلى الشرق وتعتبر نمـوذج للـنمط الهنـدسي الاصطناعي من الحدود السياسية التي لا تستند إلى معالم تضاريسية واضحة.

(1) ساطع الزغول، إشكالية الحدود العربية العربية، عمان، مؤسسة البلسم للنشر، 1998، ص18.

(2) الحدود الداخلية

إن الحدود الداخلية بين الدول القطيرية العربية وضعت من قبل الاستعمار حسب المخططات حيث جاءت هذه الحدود وفقا للمخططات التي أرادها ولهذه الحدود خصائص هي:

أ- حدود قائمة على مبدأ فرق تسد حيث جاءت الحدود عاملاً أساسياً من عوامل تفتيت الأرض بين العديد من الوحدات الصغيرة، وترسيخ الثغرات الإقليمية والخلافات الطائفية واختلاق مشكلات الحدود لتعكير صفو علاقات الجوار بواضع نقاط ساخنة تثور بين الحين والآخر حسب ما يريد الآخرين.

ب- وجود كيان غريب داخل حدود الوطن العربي هو الكيان الصهيوني في فلسطين هذا الكيان يختلف اختلافا كليا عن العالم العربي وله أطماع توسعية.

ج- ترك مواطن الاحتكاك لخلق سوء تفاهم ومشاحنات بين الجيران حيث ترك الاستعمار هذه المناطق ذات إدارة مشتركة وازدواجية في الحكم (أي لكل دولة حق وسلطان متساوي) (المناطق المحايدة).

سادساً: مشكلات الحدود العربية

إن الملاحظ والمدقق في الحدود العربية يجد بين سطورها عدة مشاكل تبرز بين الحين والآخر بفضل الرسم المشوه للحدود وتارة تختفي لأسباب أخرى وحسب رغبة الآخرين في نبش المشاكل الحدودية، وابرز هذه المشاكل:

1- إشكالية الحدود السعودية مع اليمن، والبحرين وعمان والإمارات وقطر والكويت والعراق. [1]

2- إشكالية الحدود المصرية السودانية.

3- إشكالية الحدود القطرية البحرينية ولو أن هنالك اتفاق بين الطرفين حول الحل وتم ذلك عن طريق محكمة العدل الدولية ولكن ستبقى هنالك إشكالية ستثور بين الحين والآخر.

4- إشكالية الحدود العمانية السعودية والعمانية اليمنية.

5- إشكالية الحدود السورية اللبنانية.

6- إشكالية الحدود المغاربية ما بين تونس والجزائر والليبي التونسي، والجزائري المغربي والمغرب الموريتاني.

(1) راجع الاشكاليات في ساطع الزغول، مرجع سابق، ص 63-71.

من هنا نجد أن الوطن العربي كله مشاكل فيما يخص الحدود وهذه المشاكل تثور بين الحين والآخر حيث يتزعزع الاستقرار فيما بين الدول، إضافة لأن هذه الحدود جميعها هي حدود وهمية رسمها الاستعمار عندما خرج من المنطقة العربية. أما المشكلة الأهم وهي مشكلة وجود الكيان الصهيوني الطامع في كل الحدود العربية.

سابعاً: مدى أمن الحدود العربية

إن الحدود العربية سواء التي تفصلها عن القوميات الأخرى وفي ظل احتكام الشعوب لقومياتها والتخلي عن الاحتكام الإسلامي، لكون القوميات بالصور الدارجة بين الأمم والشعوب ما هي إلا دعوات هدامه لا يقبلها الإسلام، تعتبر هذه الحدود غير آمنة وفي غيابه الهاجس الذي يؤرق صناع القرار في الدول القطرية العربية.

بالأمس نشبت حروب هنا وهناك- كالحرب العراقية الإيرانية، وحرب الخليج الثانية نتيجة غزو العراق للكويت وحرب بين الصومال وأثيوبيا وتحشد تركيا جيوشها بين الحين والأخر على الحدود السورية، ودارت معركة بين قطر والسعودية وقطر والبحرين ومصر والسودان والجزائر والمغرب والاجتياح للحدود الأردنية من قبل سوريا..الخ

إن الدارس لواقع الحدود العربية يجد أنها حدود غير آمنة وهذا أدى بالدول العربية إلى:

1- لجوء الدول العربية للبحث عن حليف استراتيجي من خارج المنطقة وغالبا ما يكون من الدول الكبرى فما من دولة عربية إلا لها حليف استراتيجي. وهذا التحالف أدى ويؤدي إلى استعمار جديد.

2- القبول باستضافة الخبراء العسكريين والانتشار بين الدول الحليفة وهؤلاء يعملون بطبيعة الحال كعيون لبلادهم وتكون مشورتهم لا تتعارض ومصالح دولهم.

3- ارتفاع فاتورة التسليح ويكون هذا على حساب خطط التنمية وإغراق الدول بالديون وفوائدها.

4- استنجاد الدول العربية بالقوى العسكرية العالمية مما زاد ويزيد الطين بله بإعادة الدول العربية الى استعمار جديد.

5- استمرار احتلال اسرائيل الى الأراضي العربية في فلسطين وتشريد الشعب الفلسطيني.

ثامناً: ما هي الحلول لمشكلة الحدود

لابد من وضع حلول من قبل الدول العربية نفسها لمشاكل الحدود القائمة بينها أولا والمشاكل الحدودية ما بينها وبين دول الجوار خصوصا أنها دول إسلامية والعمل لحل جميع المشاكل كالآتي:

1- الاحتكام الى الدين الإسلامي فهو أفضل حاكم خصوصاً أن الإسلام محارب اليوم من الآخرين.

2- حل المشاكل ضمن البيت العربي، جامعة الدول العربية، فهي أفضل من الاحتكام إلى الآخرين.

3- التغاضي عن بعض الأمور العالقة والتسامح من هنا وهناك لأن النهاية أن الوطن العربي كتلة واحدة وهو مهدد كله من الداخل لوجود إسرائيل بداخله ومهدد من الخارج لأطماع الآخرين في خيراته.

4- فتح الحدود بين الدول العربية أسوة بالآخرين وأكثر مثال هو الحدود الأوروبية المفتوحة بعد قيام الاتحاد الأوروبي.

5- السعي للوحدة العربية، اقتصاديا، سياسيا، عسكريا لأن التهديد الخارجي القادم أقوى من فرقتنا كدول كثيرة.

المبحث الخامس

النظام العربي وجامعة الدول العربية في ظل

الأزمة الأمريكية العراقية

بداية يجب أن نعترف دون تردد أن العدوان الأمريكي ضد العراق عمل غير قانوني، ويتم خارج نطاق الشرعية الدولية. فلا قواعد القانون الدولي ولا ميثاق الأمم المتحدة يجيزان الاستخدام المنفرد للقوة المسلحة وسيلة لإدارة الأزمات والصراعات الدولية، وذلك قبل استنفاذ الوسائل السليمة بأشكالها المختلفة، وشريطة أن يأتي العمل العسكري - حال لزومه - كعمل دولي جماعي.

وأياً ما كان الأمر فإن هذا العدوان سيترك - بلا شك - آثاره العميقة على مستقبل النظام العربي وجامعة الدول العربية، على اعتبار أن الدولة المستهدفة من هذا العدوان (أي العراق) إنما هي دوله عربية رئيسية، ناهيك عن أن العدوان عليها لأسباب غير مقنعة، بل ومرفوضة، سيشكل سابقة جديدة وخطيرة، ليس على مستوى منظومة العلاقات الدولية على وجه العموم فحسب، إنما على مستوى العلاقات العربية على وجه الخصوص.

ومن المهم في هذا المقام ولبيان مدى تأثر كل من النظام العربي وجامعة الدول العربية بتداعيات هذا العدوان ان تلقي الضوء على أداء هذا النظام وركيزته المؤسسية (أي الجامعة العربية) تجاه هذا العدوان من جهة وانعكاسات هذا الأخير على النظام المذكور وعلى الجامعة العربية من جهة ثانية. ثم نعرض لتصورنا لما يجب أن تكون عليه خطة عملنا - كعرب - في مرحلة ما بعد الأزمة / العدوان.

على أن التذكير بالإطار الحاكم لأداء النظام العربي، ممثلا في جامعة الدول العربية، إزاء ما قد تتعرض له احدى الدول العربية من عدوان . ربما يكون أمرا مهما كمدخل لتناول الموضوع.

صلاحيات الجامعة

1- ما حدود صلاحيات جامعة الدول العربية في التصدي للعدوان الذي يستهدف دولة عربية، ويهدد سيادتها واستقلالها؟

أشار ميثاق جامعة الدول العربية في المادة السادسة منه الى ما يلي: "اذا وقع اعتداء من دولة (عربية كانت أو غير عربية) على دولة من أعضاء الجامعة،

أو خُشي وقوعه، فللدولة المعتدى عليها، أو المهددة بالاعتداء أن تطلب دعوة المجلس (مجلس الجامعة) للانعقاد فوراً...".

واوضح أن الميثاق قد قصر سلطة الجامعة في مجال التصدي للعدوان الذي يستهدف دولة عربية على الحالات التي يطلب منها (أي الجامعة) التدخل، فالجامعة لا تستطيع التدخل من تلقاء نفسها، وإنما لا بد أن يكون تدخلها بناءً على طلب من إحدى الجهات التي خولها نص المادة السادسة سالفة الذكر ذلك، وهو الأمر الذي يجعل سلطة الجامعة في هذا الخصوص ضعيفة للغاية مقارنة بسلطة الأمم المتحدة من خلال مجلس الأمن.

لكن الإطار الحاكم لدور الجامعة العربية في مجال التصدي للعدوان الذي يستهدف دولة عربية قد طرأ عليه تطور كبير بمقتضى أحكام معاهدة الدفاع العربي المشترك، التي تعتبر وثيقة مكملة للميثاق.

فتنص المادة الثانية من المعاهدة بوضوح على ما يلي: " يعتبر الدول (العربية) المتعاقدة كل اعتداء مسلح يقع على أية دولة أو أكثر أو على قوتها.. اعتداء عليها جميعا .." ، كما تنص المادة الثالثة على ضرورة أن تتشاور (الدول العربية) فيما بينها، بناءً على طلب إحداها ، كلما هددت سلامة أراضي أية واحدة منها أو استقلالها أو أمنها. وفي حالة خطر حرب داهم أو قيام حالة دولية مفاجئة يخشى خطرها تبادل الدول المتعاقدة على الفور الى توحيد خططها ومساعيها في اتخاذ التدابير الوقائية والدفاعية التي يقتضيها الموقف".

أخيراً تنص المادة الرابعة من المعاهدة ذاتها، على أنه " رغبة في تنفيذ الالتزامات سالفة الذكر على أكمل وجه، تتعاون الدول المتعاقدة فيما بينها لدعم مقوماتها العسكرية وتعزيزها، وتشترك - بحسب مواردها وحاجاتها - في تهيئة وسائلها الدفاعية الخاصة والجماعية لمقاومة أي اعتداء مسلح " .

مشكلة الأداء

2. أداء النظام العربي وجامعة الدول العربية إزاء الأزمة وتداعياتها:

أ. على مستوى النظام العربي عموماً:

نلاحظ هنا أن النظام العربي، وإن بدا موحدا إزاء مسألة رفض العدوان الأمريكي على العراق - وذلك على خلاف ما كان عليه الحال في أثناء أزمة/ حرب الخليج الثانية 1990/ 1991 حيث حدث انقسام حاد في الصف العربي - فإن توحده في رفض العدوان لا يعدو كونه توحدا على المستوى الرسمي النظري. فالملاحظ أن هناك على الأقل خمس دول عربية تشارك في الجهود الحربي

الأمريكي ضد العراق من خلال فتح أبوابها وأراضيها لتمركز القوات الأمريكية البريطانية، وهي: الكويت، وقطر والبحرين، والامارات، والمملكة العربية السعودية.

والواقع أن هذا التطور غير مقبول، ويجب رفضه تماما من منطلق المصلحة العربية الجماعية العليا.

نقول ذلك لأن الأزمة/ العدوان إنما تشكل أخطر أزمة يواجهها النظام العربي وجامعة الدول العربية منذ نهاية الحرب العالمية الثانية، وربما تقف على قدم المساواة من حيث خطورتها مع أزمة/ حرب 1948 التي مهدت الطريق لقيام دولة إسرائيل على أرض فلسطين العربية.

كما نلاحظ هنا أيضاً فيما يتعلق بأداء النظام العربي إزاء الأزمة/ العدوان الأمريكي ضد العراق حقيقة أن مصر بوصفها الدولة العربية الأكثر تأثيراً في مجريات الأحداث على امتداد الساحة العربية لم تكن دبلوماسيتها عند المستوى المطلوب، وتصرفت إزاء الأزمة وكأنها دولة عادية.

ب. على مستوى جامعة الدول العربية:

على خلاف الحال في أزمة/ حرب الخليج الثانية في 1991/1990، حيث بادر مجلس الجامعة الى عقد اجتماع طارئ لوزراء الخارجية في نفس يوم الغزو العراقي للكويت، كما اجتمع مؤتمر القمة العربي الطارئ لمناقشة الأزمة في أغسطس 1990، هذا ناهيك عن اجتماع آخر لوزراء الخارجية في آخر شهر أغسطس 1990، على خلاف ذلك، جاء رد الجامعة العربية متأخرا إزاء تطورات أزمة العدوان الأمريكي ضد العراق منذ صيف عام 2002 على أقل تقدير. فالقمة العربية التي كان متوقعا أن تنعقد استثنائيا، لم تنعقد بهذا الوصف، وإنما عقدت كقمة عادية في الأول من مارس 2003.

ويلاحظ على هذه القمة العادية (العاجلة كما أطلق عليها) ما يلي:

- أنها لم تنعقد في مقر جامعة الدول العربية بالقاهرة، وإنما انعقدت في مدينة شرم الشيخ، وتقديرنا أنه ربما كان من الأفضل كتعبير عن وقوف الجامعة الى جانب الشعب العراقي أن تنعقد بمقر الجامعة بالقاهرة.
- أنه غاب عن هذه القمة رؤساء دول: العراق - السودان - موريتانيا - سلطنة عمان - المملكة العربية السعودية - الكويت - فلسطين.
- طرح على القمة بندان رئيسيان، هما: الأزمة العراقية الأمريكية، والأزمة العراقية الكويتية.

والواقع أنه على الرغم من حقيقة أن الأزمة العراقية الكويتية لم يتمكن النظام العربي على مدى الفترة الماضية ومنذ 1991/1990 من احتوائها؛ فإن طرحها على القمة لم يكن أمرا موفقا. فالقمة عقدت لكي تبحث موضوعا اساسيا بل وواحدا، وهو العدوان الأمريكي المحتمل ضد العراق. ومن جهة أخرى فإن الاستغراق في التذكير بأزمة/ حرب الخليج الثانية 1990/ 1991 وبمسئولية العراق عنها ليس مبررا في الوقت الحالي الذي تتعرض فيه دولة عربية مهمة لحرب مدمرة تهدد سيادتها واستقلالها.

لقد كان متوقعا أن يقف النظام العربي وجامعة الدول العربية جنبا الى جنب مع العراق ضد العدوان الأمريكي، تماما كما وقفا(النظام العربي وجامعة الدول العربية) في عام 1991/1990 مع الكويت ضد الغزو العراقي.

وتقديرنا أن العرب قد أضاعوا فرصا كثيرة لدعم العراق ورفض العدوان الأمريكي. ولعل في مقدمة هذه الفرص: القدرة على الالتحام مع الرأي العام العربي الدولي، مستندين في ذلك إلى ما يلي:

- التأكيد على أولوية الحل السلمي للأزمة.

- التشديد على البعدالإنساني، وعلى المخاطر التي تحدث للشعب العراقي، جراء العدوان الأمريكي.

- التأكيد على أهمية الالتزام بوحدة المعايير الدولية، على اعتبار أن العراق بافتراض أنه يمتلك أسلحة دمار شامل ليس بالدولة الوحيدة في هذا الخصوص، سواء على مستوى دول العالم كافة، أو على مستوى دول المنطقة تحديدا.

- إبراز أن أي عدوان يستهدف العراق من جانب الولايات المتحدة وحلفائها من شأنه أن يفتح الباب أمام عناصر التطرف التي سترى في هذه الحالة أنها تباشر حقها في الدفاع عن سيادة بلادها واستقلالها، وهو أمر سيعود في النهاية بالضرر على المجتمع الدولي عموما.

الانعكاسات والآثار

3- انعكاسات الأزمة/ العدوان على النظام العربي وجامعة الدول العربية:

لاشك في أن العدوان الامريكي ضد العراق، منذ بداية الإعداد له في صبف عام 2002 على أقل تقدير، له انعكاساته الخطيرة على منظومة العلاقات العربية برمتها، ومنها:

أ. الكشف عن أوجه الخلل الجسيم في آليات ومؤسسات العمل العربي المشترك، وقدرتها على المحافظة على استقلال الدول العربية.

ب.الأزمة/ العدوان تمثل سابقة خطيرة وحدثا غير مسبوق، وربما تكون مقدمة لسلسلة من الأعمال المماثلة التي تستهدف دولا عربية أخرى كالسودان وسوريا وليبيا ومصر... ناهيك عن أنها ستمكن الولايات المتحدة من تنفيذ برامجها الرامية إلى إدخال تعديلات في منظومات القيم الثقافية والتعليمية والدينية في عموم الدول العربية.

ج. تعميق الانقسامات بين الدول والشعوب العربية. فالشعب العراقي - ومعه قطاعات واسعة من الشعوب العربية في عدوانها المرتقب ضده، تماما كما لم يغفر الشعب الكويتي حتى الآن للعراق عدوانه على أرضه في عام 1990.

د. التأثير السلبي على القضية الفلسطينية، ويتجلى ذلك فيما نشاهده من إطلاق يد آلة الحرب العسكرية ضد الشعب الفلسطيني الأعزل.

ما العمل

4- ما العمل؟

في نقاط محددة وقاطعة نرى الآتي:

- بصرف النظر عن التوقعات بشأن مستقبل جامعة الدول العربية في مرحلة ما بعد العدوان، وعما إذا كانت ستبقى أم ستختفي؟ ستخرج قوية أم هزيلة؟ نقول: بصرف النظر عن ذلك؛ لأن المصارحة العربية باتت مطلوبة الآن تماما:

- مطلوب من الدول العربية ذات الثقل في إطار منظومة العلاقات العربية أن تضطلع بمسئولياتها الحقيقة. إن دولة عربية كمصر مطالبة بأن تعيد النظر في سياساتها ودبلوماسيتها بما من شأنه أن يمكنها من القيام بدورها، على اعتبار أن العدوان على العراق لن تقتصر آثاره السلبية على العراق وحده، وإنما ستمتد إلى عموم الدول في التفكير الأمريكي.

- مطلوب من الدول العربية أن تكون جد حريصة على تنويع علاقاتها، وتعزز هذه العلاقات مع القوى الدولية الأخرى، وعدم الوثوق في الولايات المتحدة وسياستها ووعودها.

المراجع

1- ياسين سويد، كيف يتحقق الامن القومي العربي، مجلة الوحدة، العدد 88، 1992، ص 11.

2- ياسين سويد، الاستراتيجية القطرية الاسرائية، الموسوعة الفلسطيني- القسم الثاني، المجلد 6، ص 272-280.

3- نبيل خليفة، حياة الشرق الأوسط وحروب العقد القادم، مجلة الوحدة العدد76، 1991، ص 41.

4- محمد فوزي، واقع الأمن القومي العربي، مجلة الوحدة العدد 88، 1992، ص7.

5- حسان الشوبكي، الامن المائي العربي، مجلة الوحدة، العدد 76، 1991، ص25.

6- د. عبد المالك التميمي، المياه العربية، التحدى الاستجابة، مركز دراسات الوحدة العربية، بيروت، 1999، ص 15-26.

7- المشكلة الفلسطينية في ضوء الصراع على مصادر المياه (الرأي العام) 1992/7/23، ص 14.

8- Letter from the biritish high commissioner In palestine H. Samual to the british Government Ret Co. 733, p. 17.

9- بيان نويهيض، حرب 1967 كانت من أجل السيطرة على منابع المياه، الحياة، 1995/9/24، ص 18.

10- حاقان طونش (مشكلة المياه في المنطقة) وجهة نظر تركيا، مركز الدراسات الاستراتيجية والتوثيق، 1994، ص 262-263.

11- المصطفى ولد مولود، موارد المياه واستخدمها في موريتانيا، ورقة في ندوة المياه واستخدامها في الوطن العربي، الكويت 17-20 شباط، ص 429-431.

12- Michal Elliot BBC2 Series (Water wars) Geographical Magazin (London) 1991. P. 28.

13- سعود شواقفة وفؤاد هزايمة، دراسات في جغرافية الوطن العربي، عمان، دار عمار، 1991، ص 161.

14- التقرير الاقتصادي العربي الموحد 1995، جامعة الدول العربية، تحرير صندوق النقد العربي والتقرير الاقتصادي لعام 1996، 1998.

15- الاتحاد العام للغرف التجارية والصناعية والزراعية للبلاد العربية، التقرير الاقتصادي العربي، بيروت، الاتحاد 1994.

16- احمد دلاشة، مشكلات معاصرة، عمان، مكتبة النهضة الاسلامية، 1985، ص 153.

17- محمد عبد الغني سعودي، الجغرافيا والمشكلات الدولية، القاهرة 1976، ص 143.

18- فيليب رفله، الحدود الدولية ومشكلاتها السياسية، المجلة الجغرافية عدد(3) 1970، ص 74-75.

19- ساطع الزغول، اشكالية الحدود العربية العربية، عمان، مؤسسة البلسم للنشر، 1998، ص 18.

الفصل الخامس
حرب الخليج الثالثة

المبحث الأول

الترتيب الزمني لأزمة العراق (1980-2002)

ومشروع الحرب على العراق

22 أيلول 1980 : العراق تجتاح إيرن فتشتعل الحرب العراقية الإيرانية.

20 آب 1988 : إيران توافق على وقف إطلاق النار بعد دعم عسكري أمريكي مع العراق.

2 آب 1990 : العراق تجتاح الكويت.

6 آب 1990 : مجلس الأمن يصدر قراره 661 بفرض عقوبات اقتصادية.

17 كانون الثاني 1991 : الولايات المتحدة وبريطانيا وفرنسا ودول عربية ودول أخرى تشن حرباً على العراق عرفت بحرب تحرير الكويت.

28 شباط 1991 : طرد العراق من الكويت وإعلان لوقف إطلاق النار.

28 آذار 1991 : سحق انتفاضات في جنوب وشمال العراق ومئات الآلاف من الأكراد يفرون إلى تركيا، الولايات المتحدة وبريطانيا تقيمان ملاذاً آمنا في شمال العراق.

3 نيسان 1991 : مجلس الأمة يصدر قراره رقم 687 وينص على فرض عقوبات اقتصادية على العراق ويطالب العراق بتفكيك أسلحة الدمار الشامل وصواريخ بعيدة المدى، وينشئ اللجنة التابعة للأمم المتحدة (أونسكم) للإشراف على هذه العملية.

7 نيسان 1991 : الولايات المتحدة تنظم منطقة حظر الطيران فوق خط العرض 36 وتبدأ عمليات قصف دوري.

5 آب 1991 : قرار مجلس الأمم رقم (706) يعرض على العراق فرصة لبيع النفط وشراء مؤن انسانية أساسية والعراق يرفض ذلك (بترول مقابل الغذاء)

26 آب 1992 : الولايات المتحدة تنظم منطقة حظر الطيران تحت خط عرض 32.

17 كانون ثاني 1993 : الولايات المتحدة تطلق 40 صاروخ كروز من طراز (توماهوك) على مصنع يزعموا انه جزء من البرنامج النووي العراقي، ويتعرض فندق الرشيد للتدمير.

27 حزيران 1993 : هجوم صاروخي أمريكي على مقر قيادة الاستخبارات العراقية بزعم أن العراق حاول اغتيال الرئيس السابق (بوش).

14 نيسان 1995 : قرار لمجلس الأمن رقم (986) يجيز للعراق بيع نفط بقيمة مليارين دولار كل ستة أشهر لشراء سلع إنسانية يحول 30% منها لتعويضات البلدان وشركات وأفراد عانوا نتيجة غزو الكويت، 13% إلى كردستان في الشمال وجميع أموال المبيعات تبقى محجوزة في حساب مصرفي تحت سيطرة الأمم المتحدة في نيويورك، وفي وسع العراق أن يطلب منها الانفاق على سلع إنسانية ويمنع دخول الأموال إلى بغداد مباشرة.

20 آيار 1996: تدهور الأحوال الإنسانية داخل العراق، فتُغير العراق سياستها وتوافق على بدأ برنامج "النفط مقابل الغذاء".

3 أيلول 1996 : إطلاق صواريخ كروز أمريكية، ورفع منطقة حظر الطيران الجنوبية إلى خط العرض 33 .

20 آذار 1997: وصول الشحنة الأولى من المؤن بموجب النفط مقابل الغذاء إلى بغداد.

3 أيلول 1997: تعيين دنيس هاليداي منسقاً للشؤون الإنسانية التابعة للأمم المتحدة.

20 شباط 1998: قرار مجلس الأمن رقم 1153 لمضاعفة كمية النفط المسموح للعراق وبيعه كل ستة أشهر إلى 5.52 مليار دولار.

23 شباط 1998: منسق الشؤون الانسانية دنيس هاليداي يستقيل (ويقول أننا في مسار تدمير مجتمع بكاملة) ويستبدل بـ نزفون سبوتيك.

30 تشرين الأول 1998: مجلس الأمن يرفض تأكيد أن العقوبات الاقتصادية سترفع في حال التثبيت من نزع الأسلحة العراقية.

31 تشرين الأول 1998: العراق يوقف التفاوض مع (أونسكوم).

14 تشرين الثاني 1998: العراق يعيد تعاونه مرة أخرى مع (أونسكوم).

15 كانون الأول 1998: مفتشوا الأمم المتحدة والمراقبين ينسحبون من العراق بأمر من الولايات المتحدة.

16 كانون الأول 1998: تبدأ عملية (ثعلب الصحراء) بريطانيا والولايات المتحدة تقصفان العراق على مدى أربعة أيام دون استشارة الأمم المتحدة وإخطارها.

17 كانون الأول 1998: مجلس الأمن يصدر قراره رقم 1284 والذي يفرض تعليق العقوبات ستة أشهر متتالية مقابل تعاون غير محدد في الجوانب كافة وتوزيع السقف على مبيعات النفط.

12 شباط 2000: منسق الشؤون الانسانية التابع للأمم المتحجة يستقيل احتجاجاً على العقوبات ويستبدل بـ (بتون ميات).

18 أيلول 2000: الحزب الديمقراطي البريطاني يدعو إلى رفع العقوبات غير المتعلقة بالشأن العسكري أو بالمعدات ذات الصلة بالشؤون العسكرية.

5 كانون الأول 2000: قرار مجلس الأمن رقم 1330 تخفيض مخصصات تعويضات الحرب إلى 25% من مبيعات النفط حصة جنوب ووسط العراق تبلغ 59% .

16 شباط 2001: الولايات المتحدة وبريطانيا تقصفان مراكز رادار وقيادة خارج بغداد قائلين أن الشخصيات المدخلة على الدفاعات العراقية تشكل خطراً على طياريهما.

14 أيار 2002: قرار مجلس الأمن رقم 1409 يسمح باستيراد كل ما هو مدني ما عدا السلع المدرجة على قائمة طويلة بالسلع (المزدوجة الاستخدام).

مشروع الحرب على العراق

أولاً: إبان اجتماع طوني بلير مع الرئيس بوش في كروفورد في نيسان/ إبريل 2002 كل من اعتقدوا أن الحكومة الأمريكية ستنفق بعد ذلك أربعة أشهر فحسب على أسس خطة الحرب على العراق، لكن في خلاصة قدمت إلى الرئيس الأمريكي في 5 آب/ أغسطس يبدو أن رأي القيادة المركزية الأمريكية الجنرال طومي فرانكس أقر بالهزيمة أخيراً واقترح مشروع تسوية وقد يكون من المفيد مراجعة الانقسام بين مجموعتين داخل الإدارة مع مقترحاتهما المختلفة جذريا بشأن إسقاط الزعيم العراقي.

فأما المجموعة التي يقودها وزير الدفاع الأمريكي دونالد رامسفيلد ونائبه بول ولفويتس والتي سمتها مجلة (تايم) الجناح الجهادي في الإدارة فقد أبدت النموذج الأفغاني أي دعم تمرد داخلي مع بعض آلاف من جنود القوات الخاصة الأمريكية وضربات جوية أمريكية مكثفة. أما التيار السائد في مؤسسة السياسة الخارجية الذي يقوده وزير الخارجية كولن باول وزملاء الجنرالات في هيئة رئاسة الأركان المشتركة فقد نصح باستخدام قوة ساحقة في مقابل حد أدنى من الإصابات الأمريكية الأمر الذي كان يقضي استخدام اكثر من 200.000 جندي أمريكي. وقد وصف السناتور الديمقراطي جاك ريد النزاع بين المجموعتين في هذه العبارات (كان هناك طوال الوقت هذا الإنقسام داخل الإدارة بين هؤلاء الذين يرون أن العراق هدفاً لابد من مهاجمته بصرف النظر عن التكلفة وأولئك الذين يسألون ما هي التكاليف أما مسألة المبدأ والشرعية فقد كانتا خارج الموضوع في هذه النقاشات.

انقسمت المجموعتان حول ما إذا كانت المعارضة العراقية مهمة عسكرية أو موثوقة سياسيا (من زوايا المصالح الأمريكية) وهذا أمر درس من قبل كما أنهما اختلفتا في مدى السهولة التي في إمكان الولايات المتحدة أن تفرض بها إرادتها.

وعلى الطرف المتفائل من الطيف هناك كينيث أدلمان وهو مسؤول سابق في البنتاغون يعتقد أن الحرب ستكون (رقصة زنجية) ومن ناحية أخرى صدم الخبرات بـ (عملية المطرقة البارزة) وهي لعبة حرب سرية نفذت في البنتاغون التي بنيت أن في امكان عجز كمية المعدات أن يعرقل قوات الجنود الأمريكية الخاصة بإعادة التزويد أيضاً أن هناك عجزاً في عدد الطيارين المدربين وعناصر أمن القواعد ومعدات الحرب الإلكترونية والذخائر الموجهة بدقة أو (القنابل الذكية) وكما أوضح الجنرال في سلاح الجو الأمريكي جون جمبرو (نحن لم نعد أنفسنا قط لتأمين مستويات عالية من الحماية في الوطن وفي ما وراء البحار في وقت الخطة

وكما قال الصقر اللورد ريتشارد بيرل من المجلس الاستشاري للدفاع الأمريكي في حزيران/ يونيو 2002 (يصعب فصل مسألة الجمهورية عن الاستراتيجية ولا أظن أن الاستراتيجية قررت حتى الآن).

والجنرالات قلقون أيضاً من (سيناريوهات مرعبة) منها تراجع القوات النخبوية العراقية إلى المدن، وهو ما يستدعي حرباً مدنية دموية يمكن أن تكلف الآلاف من الأرواح وفق قول مايكل أوهانلون من مؤسسة بروكنغز الليبرالية ثم هناك احتمال أن تأمر بغداد باستخدام أي دمار شامل قد يكون في حيازتها وكانت القيادة العراقية قد امتنعت من استخدامه في سنة 1996 أملا بالنجاة من الحرب أما في هذه الحرب المطروحة فإن الهدف هو قتل القيادة العراقية وكما قال عضو الكونجرس المتنفذ جوزيف جايدن رئيس لجنة العلاقات الخارجية في مجلس النواب في تموز/ يوليو 2002 . ويخشى البعض أن تعجل مهاجمة صدام الشيء نفسه الذي نحاول منعه. وقد أدلى القائد العام السابق للقيادة المركزية الجنرال جوزف هور بشهادة أمام لجنة العلاقات الخارجية قال فيها: (إن احتمال استخدامه أسلحة دمار شامل سيتصاعد بحدة إذا أوشك النظام على السقوط بمجازفة مقلقة للغاية) ويقدر الجيش الأمريكي أن يصل عدد الإصابات الأمريكية في حال وقوع هجوم بقذائف كيميائية بين 10.000 و 35.000 جندي قتيل أو جريح.

وقد حذر الفيلد ماريشال اللورد بروموول الرئيس السابق لأركان الدفاع البريطانية في آب/ أغسطس 2002 من أن العراق سيقوم على الأرجح باستخدام أسلحة بيولوجية ضد إسرائيل في حال وقوع أنغلو أمريكي (انكم بمهاجمته تشجعونه على استخدامها) ويرجع أن ترد إسرائيل على ضربة بيولوجية تستهدف إحدى مدنها بإطلاق صواريخ نووية على جميع المدن العراقية غير المحتلة من قبل القوات الأمريكية وفق قول المحلل العسكري الأمريكي ذي النفوذ انطوني كوردسمان من أن العراق يحاول حيازة قدرات اسلحة نووية فإن مخططي البنتاغون لا يبدون حتى الآن قلقين من احتمال نشر مثل هذه الأسلحة ضدهم بحسب تقرير في تموز/ يوليو 2002 وقيل أن الجنود البريطانيين بالحرب يتدربون في الكويت كي يستخدموها حالما يشرع في اجتياح، ويبدو من غير المرجح إلى حد بعيد أن يكون لدى العراق أسلحة دمار شامل صالحة للاستخدام لكن إذا كانت الأسلحة موجودة فإن الموقف الذي يرجح أن تستخدم فيه هو بالضبط في حال وقوع غزو للعراق بقيادة الولايات المتحدة.

وبالعودة إلى تقويم القوة العسكرية وسهولة النصر- الأمريكي البريطاني قام القائد العسكري أنطوني كوردسمان بانجاز تقرير من 92 صفحة يتعلق بالجمهورية

العسكرية العراقية في أواخر تموز/ يوليو 2002 وقد قال كوردسمان بصراحة تامة اعتقد أن الحمقى فقط يراهنون على حياة أبناء وبنات أناس آخرون ومن منطلق غطرستهم ويسمون هذه القوة رقصة زنجية أو حدبة تخفيف السرعة أو شيئاً يمكنك أن ترفضه.

لقد أسفر النزاع بين الجهاديين والراغماتيين داخل إدارة بوش كما كان متوقعا عن حل وسط حيث تكون المستويات المتوقعة للقوة دون 80.000 جندي أمريكي وفق تقدير عن الخلاصة التي رفعها الجنرال فرانكس إلى الرئيس في 5 آب/ اغسطس 2002 ويقال أن رئيس القيادة المركزية اقترح خطة تمهيدية تتماشى مع الاستراتيجية المدعوة استراتيجية بالمقلوب التي تناصرها مجموعة ولفويش وهي ضربة خاطفة محمولة جوا ضد العراق مع هجمات اضافية تتشعب نحو الخارج من العاصمة العراقية.

هناك صعوبات تتعلق بقوة غزو متوسطة الحجم قبل هذه كما اوضح جون كيغان المحرر العسكري الواسع الاطلاع في ديلي تليغراف رغم أن جيش صدام ضعيف وغير فعال فمن الممكن جداً أن يجد القوة والكفاءة كي يقاتل بصورة حاسمة ضد قوة تدخل يفوقها عدداً، في حين يقال أن الجنرال فرانكس أقر بالهزيمة في نضاله ضد الجهاديين فقد ذكر معلقون أن التوتر الواضح بين المجموعتين كان في تصاعد لا في تلاشي قبل هذا اللقاء الحاسم مع الرئيس.

إن الاختبار الأفغاني المعدل من أجل هجوم أمريكي يتطلب فوق أي شيء آخر نصراً مؤكداً لكنه يتطلب أيضاً أن يحرز النصر بتكلفه منخفضة ومع حد أدنى من الحشود لتقلص زمن تطور معارضة ويجب أن تضمن الطريقة المختارة أيضاً بقاء العراق دولة موحدة بعد الحرب ودولة يديرها شخص مستعد لإطاعة الولايات المتحدة ومقبول لحلفاء الولايات المتحدة في المنطقة هذه تناقضات يصعب تدبرها.

ثانياً: كانت الشرارة السياسية للحرب الأمريكية الوشيكة ضد العراق، التي أطلقها وزير الخارجية كولن باول يوم 6 شباط/ فبراير من داخل مبنى الأمم المتحدة، لم يتأخر الرئيس جورج بوش في مضاعفاتها حين اختصرها بعبارة (انتهت اللعبة)، أي بمعنى أن أية فرصة للحل الدبلوماسي والتسوية السياسية للأزمة العراقية ومع نظام صدام بالتحديد قد تلاشت وانتهت تماماً، ولم يبق من خيار سوى الحرب لحسم هذه المعضلة التي طال أمدها، بل واستفحل خطره ليتعدى أكثر من موضوع أسلحة الدمار الشامل المحظورة التي يماطل ويراوغ نظام صدام في الكشف عنها للمفتشين الدوليين، فالوزير باول رسم واستعرض في كلمته أمام مجلس الأمن الدولي سيناريو الرعب الذي يمثله نظام صدام عندما أعلن عن كميات ضخمة من الأسلحة

البيولوجية والكيماوية في حوزة العراق، وعن علاقات بين نظام صدام وتنظيم القاعدة بزعامة أسامة بن لادن حسب قوله، ومشدداً على إقرار الحل العاجل وتلافي الخطر المحدق بالمنطقة والعالم، عبر وحدة القرار والموقف الحاسم من جانب المجتمع الدولي إزاء ما يسمى بـ (الخطر العراقي)، وعلى هذا الأساس راحت تتصاعد وتتأثر التحركات والحشود العسكري الأمريكي الواسع ومعه مواقف الإسناد والدعم من حلفاء واشنطن لا سيما بريطانيا ودول أوروبية عدة، بانتظار توقيت ساعة الصفر للشروع في ضرب العراق، وقدح الشرارة العسكرية للحرب.

وزير الدفاع الأمريكي الجنرال دونالد وامسفيلد قال: (إن القائد المركزي الجنرال تومي فرانكس لديه مختلف الخطط الطارئة غير المسرة) وهو ما يثير القلق والرعب في احتمال استخدام القوات الأمريكية أسلحة نووية ضد العراق لحسم المهمة التي تضطلع بها في أقل زمن ممكن، والاستفادة من عنصر التفوق والمباغتة.

المصادر الأمريكية الرسمية تقول أن الهدف الطموح هو إعادة تكوين العراق، على أسس ديمقراطية، وإذا ما كان الهدف واقعياً أو أنه مجرد دعاية لتبرير الهجوم القادم، فإن هذا الإدعاء سوف لم يمضي إزاءه وقت طويل لتثبت صحته، وتتكشف معه حقيقة النوايا والإدارات التي بنيت عليها إدارة البيت الأبيض ومشروع حربها هذه.

الدلائل التي تتضح في الأفق تفيد بأن المخطط الأمريكي يشتمل على مقاصد وأغراض لا تقتصر على تدمير سلطة الحكم القائمة في بغداد فقط، بل احتلال كامل العراق لسنوات عدة تحت غطاء عمل الولايات المتحدة الذي تريده لتفكيك حلقات حزب البعث وقطع جذور امتداداته في مختلف المؤسسات والقطاعات الرسمية وغير الرسمية، وأيضاً تسريح جزء كبير من الجيش، وتصفية الوحدات الخاصة أي حرس الجمهوري والحرس الجمهوري الخاص لحماية القيادة الحاكمة، وأيضا الأجهزة الأمنية والمخابراتية كجهاز الأمن الخاص ووحدات حماية صدام وجهاز المخابرات، والتشكيلات التي أوجدها ويقودها نجلي صدام عدي وقصي من قبيل (وحدات الطوارئ، أشبال صدام والميليشيا الخاصة بالحزب الحاكم).

لم يترك خطاب وزير الخارجية باول أمام مجلس الأمن الشك في النيات الأمريكية، فقد هاجم ما وصف بسياسة المواربة والمخادعة العراقية منذ 12 سنة، ومصرحا بأن العراق تعمق في الخرق المادي لالتزاماته في نزع أسلحته ولابد أن يواجه نتائج ذلك، وقال ما نصه: (لن يتوقف صدام عن شيء حتى يوقفه شيء) قاصداً بذلك أن الحرب هي التي ستجبره على الرضوخ والاستسلام لما هو

مطلوب، وإخراج العراق من قبضته ليصبح في قبضة أمريكا واحتلالها. ولقد بدأ تاريخ العراق الحديث يدمج بريطانيا للولايات العثمانية العراقية الثلاث الموصل، بغداد، البصرة. ووضعها في إطار دولة شكلت في العام 1920 ومن ثم بقمع ثورة شعبية واسعة قامت منتصف العام ذاته من أجل المطالبة بحكم وطني، وعلى ضوء وقائع ونتائج تلك الثورة صاغت بريطانيا مشروعها السياسي الخاص بمستقبل العراق، والذي رسمته وأقرته في مؤتمر القاهرة عام 1921، في عهد رئيس وزراءها ونستون تشرشل، وقضيـ بإقامة مملكة العراق وبتقديم العرش للأمير فيصل بن الشريف حسين الهاشمي الذي كانت فرنسا قد أقصته وقتذاك من سوريا عام 1920، حيث أصبح فيصل أول ملك للعراق وعرف بـ (فيصل الأول) ومن بعده توالت الفصول الحكم لإبنه غازي ومن ثم حفيده فيصل الثاني الذي باستشهاده انتهى الحكم الأسرة الملكية الهاشمية في العراق أثر حركة 14 تموز 1958 التي جاءت بنظام الحكم الجمهوري.

كان الدافع الأساسي لمشروع لندن هذا حماية المصالح البريطانية في الخليج، كما أن الدافع الأساسي للحرب الأمريكية القادمة، حماية المصالح الأمريكية، فحين تتكشف كل الحجج والمبررات ومنها الحديث عن الديمقراطية وعة حقوق الإنسان المهدورة في العراق بفعل استبداد ووحشية السلطة الحاكمة ببغداد، وكذلك ما يتعلق بأسلحة الدمار الشامل التي مكنت واشنطن بالذات صدام حسين مـن امتلاكها وتطويرها، عند ذلك يتبين أن السبب الجوهري للصراع بين الولايات المتحدة والعراق في 1991 وفي 2003، هو أن صدام وبعد ما فهم قصد واشنطن بشطبه نهائياً من لائحة الاعتماد والخدمة، واحتراق ورقتـه تمامـاً، راح يتمرد على الأسياد ويتوعد بالانتقام والثأر لنفسه تحت شعارات ودعاوى شتى، لدرجة أصبح يعرقل نظام السيطرة الأمريكية على الخليج والمنطقة. وهـذا هـو السبب وراء شراسة إرادة جناح الصقور في مؤسسات القرار الأمريكي على تدمير الجهاز الحاكم في بغداد، ووضع العراق تحت الوصاية الأمريكية، وإذا ما تحقق ذلك بالفعل فإنه سيوفر الأرضية العسكرية والسياسة اللازمة لفرض هيمنة واشنطن على الشرق الأوسط برمته واحتواءها للنظم السياسية الحاكمة في دولة وقد عبر الوزير كولن باول عن ذلك بكل علانية وصراحة حين قال الجمعة 8 شباط إن إطاحتنا بنظام صدام ستتبعه عملية تغيير واسعة في المنطقة تطال العديد من الأنظمة والتشريعات القائمة فيها.

ولكي تهيأ الإدارة الأمريكية المناخ المناسب والأرضية اللازمة لمشروع الحرب الموسومة ضد العراق، فإنها ومن خلال توماس فريدمان سعت إلى اعتبار أن تغيير النظام في العراق ليس بعيداً عـن الحرب ضد القاعدة وتدمير الإرهاب،

كما أن الهدف من التحرك الأمريكي والقول لفريدمان هو لمساعدة الدول العربية في تحسين أساليب إدارتها للشؤون العامة، وتوفير الحرية والتعليم الحديث وإلى غير ذلك مما سيسهم في رفع المعاناة عـن هـذه الشعوب وبالتالي التقليل من اعداد الذين لا يمكن ردعهم، أي الحكام الطغاة والمستبدين، أخيراً في ظل هذا الخلط اللامتجانس من الشعارات والدعاوى والتبريرات لما هو قادم في المستقبل القريب جداً فإن الـدوافع تبقى مغلفة بما يخشاه المرء وما يتمناه في آن واحد.

المبحث الثاني

حرب الخليج في مرآة المصالح الدولية

تعتقد الولايات المتحدة التي تعيش منذ زوال الحرب الباردة في حلم القيادة العالمية وتتصرف بمقتضى هذه القيادة الموكلة إليها تلقائيا، أو التي تفكر أنها موكلة إليها بحكم التفوق الساحق في الدور والقوة.. أقول تعتقد أنها لا تقوم -عندما تعد للحرب على العراق- بشيء آخر سوى تنفيذ إستراتيجية تضمن تفوق الغرب وانتصاره في جميع المعارك التي لا يزال يواجهها مع العالم العربي والإسلامي.

1- الرؤية الأميركية للحرب

أولى هذه المعارك التي تعكس التناقض في المصالح هي من دون شك السيطرة على الاحتياطات النفطية التي تقع بالصدفة الجغرافية المحضة في البقاع العربية والخليجية منها بشكل خاص. ومن غير الممكن ولا المقبول -كما يعتقد الأميركيون- ترك هذه المصادر التي تشكل أهم مورد للطاقة العضوية في العقود القادمة تحت تصرف العرب وهم مجتمعات غير صناعية ومتأخرة في الثقافة والعقلية، وأهم من ذلك أنهم معادون للحضارة والثقافة الغربية. بل ولا يسمح لهم بالتحكم في تجارتها واستخدام مكافآتها الإستراتيجية.

وثانية هذه المعارك وميادين المواجهة القائمة بشكل حاد منذ أكثر من نصف قرن هي المعركة على توطين إسرائيل بصورة شرعية ونهائية، أي -في الواقع وفي المنظورات الغربية- إيجاد حل مقبول وأخلاقي من وجهة نظر الغرب للمسألة اليهودية التي كانت وراء أكبر سقطة أخلاقية عرفتها المجتمعات الغربية الحديثة.

وثالثة هذه المعارك هي ما أسميه بالحرب الثقافية التي لا تهدف في تصور الغرب إلى شيء آخر في الواقع سوى التغلب النهائي على مشاعر العداء الفكري والروحي المستمر التي يكنها العرب والمسلمون لهم وللحضارة الغربية، وما يفرزه هذا العداء من حركات معارضة واحتجاج تحولت في العقدين الأخيرين إلى حركات "إرهاب" دولية. فالولايات المتحدة مثلها مثل بقية المجتمعات الغربية تعتقد أن الإرهاب الدولي الذي تعرضت له في سبتمبر/ أيلول 2001 ليس إلا تعبيرا عن العداء الثقافي الذي يكنه العرب والمسلمون للغرب، فلم يكن بسبب سياسات الغرب العملية وإنما بسبب طبيعة الثقافة العربية والإسلامية التعصبية الدينية والقروسطوية العدوانية.

ولعل هذا الاعتقاد القوي بأن الولايات المتحدة لا تقوم في النهاية إلا بخدمة هذه الأهداف الغربية الإستراتيجية هو الذي يفسر عجز الأميركيين عن فهم الموقف الأوروبي والفرنسي بشكل خاص، وهو الذي يدفعهم إلى النظر إليه كما لو كان موقف مناكفة وتخريب لا باعث له سوى حب الزعامة والصدارة الفرنسية. فالأوروبيون لا يدافعون في نظر الأميركيين عن إستراتيجية مختلفة لمواجهة النزاعات المعترف بها، إستراتيجية لها منطقها والحد الأدنى من العقلانية، ولكنهم يسعون فحسب إلى التخريب على الإستراتيجية الأميركية الوحيدة الصحيحة والموجودة، بسبب غرورهم ورفضهم القيادة الأميركية أو بسبب حساسيتهم تجاه الاعتراف بهذه القيادة.

وعندما يصر الأميركيون على أن الحرب ستقوم بصرف النظر عن قرار مجلس الأمن وسواء وافقت أوروبا أو لا، فهم يعتقدون أيضا أنهم في هذه الدائرة بالذات -أي في دائرة مجلس الأمن- لا تتعلق المسألة بخوض معركة الغرب ضد العالم العربي والإسلامي المتمرد عليه، ولكنهم يخوضون معركة القيادة الأميركية بالمعنى المحدد للكلمة. وهم مستعدون في سبيل تأكيد هذه القيادة لدفع كل الأثمان بما في ذلك تكسير التحالف الغربي أو التهديد بتكسيره وربما تحطيم الحلف الأطلسي نفسه.

فما الخطأ -كما يعتقد الأميركيون- في انتزاع حق التحكم بمصادر الطاقة الدولية من أيدي الدول العربية، وهي مصادر يتوقف عليها مصير الغرب الصناعي كله في حين لا يحتاجها العرب إلا في سبيل البذخ وتكديس السلاح وتدعيم أنظمة القمع والاضطهاد وفي تمويل الإرهاب العالمي؟

وما الخطأ في حرب تزيل أكبر الأنظمة السياسية استبدادا وجورا واستبداله بنظام ديمقراطي تحت إشراف الإدارة الأميركية وكذلك في تغيير الأنظمة العربية القروسطوية الأخرى بما ينسجم مع معايير الحياة السياسية العصرية؟

وما هو الخطأ في أن تعزز الحرب موقف إسرائيل وتضمن تفوقها والحفاظ على أمنها واستقرارها وازدهارها في مواجهة عالم عربي وإسلامي بقي معاديا لها وغير قابل بوجودها على أراضيه بسبب اختلافها في الهوية وارتباطها بالغرب؟

وما الخطأ في حرب تظهر قوة الغرب وتصميمه وإرادته وتفوقه التقني في وجه عالم عربي وإسلامي لا يكف عن الاعتراض والتشكي والاحتجاج، وبالتالي يتم قطع طريق الإرهاب وتجفيف ينابيعه في مصدره الأصلي؟

يعتقد الرأي العام الأميركي أن الولايات المتحدة لا تخوض حربا خاصة وإنما هي تقود الحرب المشتركة ضد مصادر الخطر المتعددة التي يواجهها الغرب والدول الصناعية عموما في بداية القرن الثالث. وربما كان العامل الذي فت بشكل أكبر في عضد القرار الأميركي بالحرب وزعزع إرادة الإدارة الأميركية القارعة لطبولها، هو التظاهرات الهائلة التي قامت في الدول الأوروبية وبشكل خاص في تلك الدول التي أعلنت تأييدها للخطط الأميركية في روما ومدريد وبريطانيا.

فقد جاءت هذه التظاهرات لتصدم الوعي الأميركي الذي كان يعتقد بقوة أنه يعمل لصالح الغرب، وأنه حتى لو وقف بعض القادة الغربيين ضد السياسة الأميركية لمصالح انتهازية سياسية فإن الرأي العام الغربي متطابق تماما مع أهداف الإستراتيجية الأميركية.

ومما يزيد من صدمة الأميركيين ما بدأت بعض الدول ذات العضوية الدائمة في مجلس الأمن تعلن عنه من احتمال استخدامها لحق النقض من أجل منع الولايات المتحدة من إضفاء الشرعية القانونية على حربها الشرق أوسطية. فلم يكن يخطر للحظة في ذهن القيادة الأميركية مثلا أن من الممكن لدولة غربية -ومن باب أولى لدولة لها حق النقض في مجلس الأمن مثل فرنسا- أن تقف موقفا معارضا لها وأن تهدد أكثر من ذلك باحتمال استخدام هذا الحق لمنعها من تحقيق أهدافها. وهذا هو الوضع الجديد الذي نشأ مع تطور عملية الإعداد السياسي للحرب وأصبح يفرض على الصحافة والمراقبين السياسيين الحديث عن أخطاء ارتكبت من قبل القيادة الأميركية في هذه المسألة.

لكن التفكير بالأخطاء التي ارتكبت لا يمنع من إظهار الموقف الفرنسي في مرآة الرأي العام الأميركي بمظهر الخيانة للحلف الغربي بأجمعه. وليس هناك أمل للتساهل معه أو صرف النظر عنه. ومنذ الآن يبدو أن فرنسا ذهبت في نظر الأميركيين بعيدا في تحديها للإرادة الأميركية. وما لم تضع باريس حدا لسياساتها التخريبية وترجع إلى الواقع والحقيقة وتمتنع عن استخدام حق النقض، فسيكون عليها أن تدفع الثمن غاليا في جميع الميادين وستكون أوروبا نفسها في دائرة التهديد الأميركي.

ليس هذا هو منظور الحرب في مرآة الرأي العام الأوروبي الذي تظاهر بقوة وبأعداد غير مسبوقة تعبيرا عن رفضه للحرب والذي تقول استقصاءات الرأي العام أن 80% منه لا يريد الحرب. ولعل أهم ما يثير حساسية الأوروبيين واحتجاجهم هو بالضبط هذا الدور القيادي الذي اختارته الإدارة الأميركية بنفسها لنفسها، والتفسير الخاص جدا لمفهوم هذه القيادة التي تبدو في الممارسة أقرب إلى فرض

الأمر الواقع وطلب الإذعان، منه إلى التعبير عن إرادة واعية في بلورة جدول أعمال واحد والقيام بمبادرات مشتركة.

2. الرؤية الأوروبية للحرب

يرى الأوروبيون في الحرب الأمريكية الثانية على العراق محاولة لتأكيد إرادة الانفراد بالسلطة والسيادة العالمية من قبل الولايات المتحدة وبالتالي لفرض نموذج نظام القطبية الأحادية بدل نظام التعددية القطبية، أكثر مما يرون فيها وسيلة لكف يد العرب عن التلاعب بمصادر الطاقة الدولية أو تأمين إسرائيل على سلامتها وحسم المسألة اليهودية أو تغيير المناخ السياسي والعقائدي والديني السائد في المنطقة العربية الإسلامية وإزالة العداء التاريخي المستفحل عند العرب والمسلمين للغرب.

لا بل إن الأوروبيين يرون أن ما يبدو وكأنه حسم لمعركة النفط لصالح الغرب والدول الصناعية، ليس في الواقع سوى حسم لها لصالح سيطرة الولايات المتحدة المنفرد بأهم مصادر الطاقة العالمية وتحكمها بها لاستخدامها في الضغط على الدول والتكتلات الدولية وإجبارها على تقديم تنازلات تجارية وإستراتيجية لواشنطن.

وبالمثل فإن حل الصراع العربي الإسرائيلي لصالح إسرائيل كبرى متوسعة جغرافيا ومتفوقة بشكل حاسم عسكريا على جميع دول المنطقة، لا يهدف إلا إلى إلحاق إسرائيل وقوتها العسكرية كليا بالمخططات الأمريكية وإلى جعلها أسيرة الإستراتيجيات التي لا تخدم سوى مصالح الإدارات الأمريكية.

أما تغيير الأنظمة السياسية والثقافية والدينية في المنطقة العربية لصالح أنظمة أكثر انسجاما مع حاجات التفاهم مع الغرب والخضوع له، فهو يدل على جهل بالوقائع الشرق أوسطية يدفع الأمريكيين إلى التفكير بتعميم نموذج الغرب في البلاد العربية والإسلامية. ولا يمكن لمثل هذا المشروع إلا أن يفشل، ولن تكون له نتائج أخرى غير زعزعة استقرار المنطقة بأكثر مما هي عليه اليوم، وبالتالي زيادة المخاطر التي تتعرض لها وستتعرض لها أوروبا القريبة من الحدود العربية.

3. ما هي الرؤية الحقيقية؟

الحقيقة أن الطرفين على حق تماما، لكن كل من وجهة نظر مصالحه الخاصة. فالولايات المتحدة تهدف من الحرب على العراق إلى تغيير الواقع العربي والإسلامي بما ينسجم مع حاجات وتوقعات الغرب من حيث المصالح الاقتصادية والإستراتيجية والثقافية والسياسية. فإعادة العالم العربي والإسلامي إلى وزنه

الحقيقي وتأكيد وضعه الطبيعي كمنطقة نفوذ غربية في مواجهة الأزمة المفتوحة التي يعيشها والتي لا يعرف أحد عما يمكن أن تسفر عنه إذا استمرت من دون حسم، مع تزايد مطالب الاستقلال عن الغرب والتحرر من سطوته الفكرية والسياسية. وهي في ذلك تخدم التحالف الغربي بأكمله ولا تسعى لخدمة المصالح الأميركية المحضة.

لا بل إن هناك من يعتقد من الأميركيين عن حق أن الولايات المتحدة تأخذ على عاتقها مخاطر كبيرة في هذه الحرب وتسعى فيها إلى تحقيق مصالح غربية أكثر مما يمكن أن تنتزع فيها من مكاسب قومية مادية أو معنوية. وهي تستحق في سبيل ذلك شيئا آخر غير التخريب والانتقاد من قبل الغربيين ومن لف لفهم من أبناء البلاد العربية والإسلامية العقلانيين.

وأوروبا الاستقلالية على حق أيضا عندما ترى في الإستراتيجية الأميركية المتحمسة لاستخدام القوة -والمستعجلة عليها- وسيلة لانتزاع مصالح إستراتيجية أساسية تتعدى بكثير المخاطر التي تعرض نفسها لها في معرض مواجهتها للعداوات ونزعات التحرر والاستقلال العربية والإسلامية.

وباستثناء الموقف الألماني الذي كان واضحا في تأكيده رفض الحرب بإطلاق لصالح الحل السياسي، ليس هناك أي اعتراض من قبل أي عاصمة غربية على تحقيق أهداف الإستراتيجية الأميركية ولا حتى على الحرب كوسيلة للحصول عليها. إن الاعتراض الرئيسي يتركز على أسلوب الولايات المتحدة في اتخاذ قرار الحرب والذي لا تراعي فيه سوى مصالح قومية، فهي لا تتشاور مع حلفائها ولا تتعاون معهم ولكنها تملي عليهم قراراتها وتطلب منهم الالتحاق بما قرره مستشارو الأمن القومي الأميركي ودوائره الضيقة.

وأوروبا الفرنسية تقول نحن مع الولايات المتحدة لكننا لسنا مع أسلوب إدارتها للحرب في جبهاتها المختلفة. ولدينا أفكار حول هذه الإدارة تعكس تجربتنا التاريخية وتضمن بشكل أكبر تحقيق الأهداف المشتركة. فلا يضمن تحطيم النظام العراقي ولا الأنظمة العربية الأخرى السيطرة المطلوبة على احتياطيات النفط، ولكنه يمكن أن يفتح الباب أمام الفوضى والنزاعات التي لا تنتهي ولا يمكن بهذه الطريقة التوصل إلى أي استقرار في المنطقة.

كما لا يقود تدمير القيادة الفلسطينية وإطلاق يد اليمين القومي الإسرائيلي في فلسطين إلى ضمان الأمن والسلام لإسرائيل وإغلاق ملف المسألة اليهودية، ولكنه يمكن أن يؤدي إلى تفسخ أكبر للموقف يشجع على تغذية حركات التعصب الدينية والإرهابية. ولا يمكن لعملية تغيير الأنظمة العربية بالقوة أن تقود إلى شيء آخر

سوى زعزعة الاستقرار وتعريض النفوذ الغربي في المنطقة إلى مخاطر غير منظورة ولا متوقعة.

باختصار إن الأوروبيين لا يعترضون على التحليل الأميركي ولكن على العلاج الذي يقدمه الأميركيون للمريض. وهم يعتقدون أن الأميركيين غير مؤهلين لمعرفة التعامل مع العرب ولا التفاهم معهم. والواقع أن التفاوت بين مواقف الأوروبيين والأميركيين في هذا المجال يشبه تماما التفاوت بين موقف الإسرائيليين العماليين والإسرائيليين الليكوديين في فلسطين.

وليس من الصدفة أن يميل الأميركيون مثلهم مثل الليكوديين اليمينيين إلى لغة القوة، فهي الورقة الرابحة في المعادلة الأوروبية الأميركية. وفي موقف استخدام القوة فقط يمكن للأميركيين إظهار تميزهم وقدراتهم الحقيقية النسبية وفرض قيادتهم التاريخية على التحالف الغربي. وبالعكس تماما لا يمكن للأوروبيين أن يراهنوا في هذه المعادلة نفسها لتأكيد وجودهم ومركزهم على شيء آخر سوى معرفتهم الأوثق بالمنطقة وعلاقاتهم التاريخية بها وقربهم منها، أي على ما يملكونه من رصيد علاقات مع النخب السياسية والثقافية والتجارية لربح المناورة السياسية.

4. أين العرب من كل ذلك؟

بقدر ما يفتقر العرب إلى رؤية للمصالح القومية أو المشتركة وإلى سياسة عملية لضمان هذه المصالح، فإنه من الصعب أن ننتظر منهم رد فعل مشتركا أو إستراتيجية عربية تشبه من أي وجه الإستراتيجيات الدولية المتنافسة. وهذا هو الذي يجعلهم موضوع صراع وتنافس بين الأطراف الدولية من دون أن يكونوا هم أنفسهم طرفا ولا فاعلا من أي نوع كان. ومن الوهم أن يتصور الرأي العام العربي الذي يشكو غياب الدول والجامعة العربية في هذه المواجهة التي تضعهم في مركز الأحداث وتهدد مصالحهم الحيوية، إمكانية بلورة مثل هذه الإستراتيجية، في حين أنه لا يوجد في الوقت الراهن أي أساس عملي، أو لم يعمل العرب على إيجاد أي أرضية ناجعة تسمح لهم بأن يتصرفوا كطرف واحد أو كوعي وإرادة مشتركين.

أما في ما يتعلق بالأطراف العربية القطرية أو الوطنية فالمصالح تتفاوت هنا من الضد إلى الضد، فإذا كانت بعض دول المنطقة تنزع بشكل أكبر لمقاومة نزعة الرضوخ لحاجات الإستراتيجية الأميركية الإقليمية ووضع نفسها بصورة تلقائية في خدمتها، فإن دولا أخرى تعتقد أن وجودها نفسه مرهون بتعلقها بهذه الإستراتيجية وانخراطها فيها. فسلوكهم تجاه إستراتيجيات الدول الكبرى المتنافسة لا يختلف عموما عن سلوك أغلب أفراد الأقلية العربية في إسرائيل تجاه الحزبين الصهيونيين القويين، وهو التردد بين بيع أصواتهم للولايات المتحدة أو للاتحاد الأوروبي.

لكن لا ينبغي أن نخدع أيضا بالمظاهر وبالخطابات الموجهة للـرأي العـام، ففـي داخل الـدول العربية التي تبدو أقل ميلا كما ذكرنا للانصياع للإرادة الأميركية، ينبغي التمييز بين سلـوك بعـض الأوسـاط السياسية والإعلامية التي تعيش في فلكها الخاص -مستقلة عن حقائق السلطة الفعلية- وسلـوك الأجهـزة الأمنية والعسكرية الحاكمة فعلا والتي لا يمنعها الكلام السياسي المختلف من الاستمرار في التنسيق الوثيـق مع الإدارة الأميركية.

ومـن هنـا، إذا كـان تفكـك العـالم العربي يمنعـه مـن بلـورة إسـتراتيجية خاصة تعـدل مـن أثـر الإستراتيجيات الدولية المتنافسة في المنطقة، فإن هشاشـة الـدول وضعفها وتناقضاتها الداخليـة -وبشـكل خاص الانفصام الذي يسود فيها بين المجتمع والسلطة- يجعل من المستحيل عليها بناء أي سياسة خارجيـة مستقلة ومتسقة.

ولذلك فإنه لم تنجح أي دولة عربية في طرح نفسها كطرف فاعـل في الصراع الراهن ولم تعوض بسياستها الوطنية الواضحة والقوية عـن انعـدام الإسـتراتيجية العربيـة الموحـدة. وكل ذلـك يفسر ـ غيـاب الموقف العربي غيابا كاملا عن المشهد الراهن عشية حرب سوف تقرر -أكـثر مـن أي حـرب أخـرى- مصير المنطقة برمتها، كما يفسر أن العالم العربي ينتظر -كشأن أي دولة صغيرة بعيدة- نتائج المواجهة الأوروبيـة الأميركية على اقتسام موارده وتحديد مناطق النفوذ فيه.

5. الحقيقة المرة

لكن الحقيقة المرة التي تكمن وراء هذا العجز العربي الشامل، وفي مـا وراء الخـلاف الشكلي بـين الأميركيين والأوروبيين والتي سيتحتم على العرب تجرعها في الأيام القادمـة، هـي أن هنـاك إجماعـا غربيـا ودوليا أيضا عـلى أن إفـلاس النخب العربيـة في إدارة المنطقة وتسـييرها وغياب البـدائل المقنعـة للـنظم الحاكمة، لا يترك للعالم خيارا غير القبول بما سيصبح في القريب فكرة سائدة مقبولة، أي وضع البلـدان العربية بصورة أو بأخرى تحت الوصاية الدولية، بل والعودة إلى حكمها بالوسائل الاستعمارية التقليدية.

فلم يمر تأكيد الأميركيين أكثر من مرة رغبتهم في تعيين حاكم عسكري أميركي للعراق مـن دون أن يثير أي احتجاج بل استغراب من قبل الأوروبيين بل والعرب أيضا فحسب، ولكن الرأي العام الـدولي نظر إليه على أنه تعبير عن جدية الأميركيين والتزامهم الأخلاقي والسياسي بالحفاظ على الأمن والسلام والنظام ووحدة العراق الإقليمية. لقد بدا هذا القرار للجميع باعتباره وعدا من قبل الأميركيين بـالاهتمام بـالعراق وعدم تركه لمصيره بعد زوال النظام القائم، ولم يلتفت أحد إلى ما ينطوي عليه من عودة سافرة لسياسات القرن التاسع عشر الاستعمارية.

ليس من المبالغة القول إن هذه الحرب التي تسعى إلى أن تلخص في معركة واحدة حروبا ثلاثة مترابطة وتحسمها معا، ستكون في الأصل أكبر هزة سياسية وفكرية ونفسية يتعرض لها العالم العربي منذ الهزة الاستعمارية الأولى. ولن تكون نتائج هذه الهزة مختلفة كثيرا عن أي هزة أرضية، أي الدمار والموت المعممين لفترة غير محدودة كما هو الحال في فلسطين.

وسيكون ذلك نشيد الوداع الأليم لأسوأ نظام أو نموذج نظام مجتمعي وسياسي عرفه مجتمع حديث وبيان فساده وعهره وانهياره في الوقت نفسه. وعلى الأجيال الجديدة من السياسيين والمثقفين والأطر التقنية والعلمية، ستقع مهمة إعادة الأعمار الكبيرة في جميع المجالات وفي مقدمها مجال الحياة الوطنية السياسية والمدنية.

المبحث الثالث

التاسع من أبريل .. 2003

كان مشهد دخول مغول العصر الحديث إلى بغداد يوم التاسع من أبريل عام 2003 مشهدًا غير عادي ولا شك، فإن كان "ابن الأثير" قد أحجم عن الكتابة لسنين عاجزًا عن وصف محنة التتار الأولى، فإن الفضائيات العربية والعالمية لم تتوانَ في نقل مشاهد قوات الاحتلال الأمريكية حال دخولها إلى عاصمة الخلافة بغداد.. وكانت صدمة للعراقيين وللأمة الإسلامية الذين تسمروا أمام شاشات التلفاز يرون بأعينهم شذاذ الآفاق من الأمريكيين والبريطانيين وهم يقتحمون عاصمة الخلافة.

لقد كاد أن يصبح مشهد سقوط بغداد إيذانًا بحقبة تاريخية جديدة للأمة تشبه بل قد تفوق في آثارها المعنوية دخول التتار لبغداد، ووقتها قال البعض: وداعًا يا بغداد.

ومرت الأيام بعد هذا اليوم ثقيلة على النفوس حتى انطلقت المقاومة العراقية تأخذ من دماء الأمريكيين ما تشفى به صدور المؤمنين.

وبعد سنتين على سقوط بغداد في التاسع من أبريل عام 2003 يحق لنا أن نتساءل الآن: من سقط.. بغداد أم واشنطن؟ وللإجابة على هذا السؤال كان لابد أن نستعرض بعضًا من سقطات أمريكا على مدار السنتين الماضيتين والتي تؤكد أن واشنطن هي التي سقطت وليست بغداد.

1- المقاومة العراقية:

روج الأمريكيون قبل دخولهم بغداد لمزاعم كانوا يعلمون كذبها، وأخطر هذه المزاعم التي روجوا لها هي أن الشعب العراقي سيستقبل المحتلين المعتدين بالزهور والورود، ولبعض أيام بعد سقوط بغداد ظلت الفضائيات تروج لهذه المزاعم وتنعى العراق، حتى بدأت المقاومة العراقية، ومع الأيام ازدادت المقاومة قوة واتساعًا، وقد كثرت المقالات والأحاديث التي رصدت المقاومة، ونكتفي في هذا المقام بإيراد عدد من التقارير التي نشرتها الصحف الأمريكية، والتي كشفت حجم المقاومة وضخامتها، ونذكر بعض هذه التقارير وفقًا للترتيب التاريخي لنظهر تصاعد المقاومة وفشل الاحتلال في إيقافها وهو ما يمثل سقوطًا أكبر للاحتلال ومعاونيه.

ففي 16 يوليو 2003 نشرت صحيفة "واشنطن بوست" ما يشبه الاستغاثة لجنرالات أمريكيين يطالبون استدعاء المزيد من قوات الحرس الوطني ومن الاحتياط لمواجهة المقاومة العراقية، وصرح وقتها جنرال أمريكي متقاعد: إن عدم استدعاء فرق الاحتياط الآن استعدادًا لإرسالها للعراق، قد يعني انهيارًا كبيرًا في إمكانيات ومعنويات القوات الأمريكية على الأرض.

وفي 14 سبتمبر 2003 كشفت "واشنطن بوست" عن سحب ستة آلاف جندي أمريكي من العراق لأسباب مَرَضية.

وفي 21 أكتوبر 2003 أكدت الصحيفة ذاتها أن عددًا كبيرًا من الجنود الأمريكيين الذين يذهبون لقضاء إجازات يهربون ولا يعودون مرة أخرى، وقد اعتبر خبير عسكري أمريكي حالات الهروب هذه مشكلة روح معنوية.

وفي 18 نوفمبر 2003 تحدثت صحيفة الواشنطن بوست في عددها اليومي عن مشاهد الجنود المصابين بجروح وبتر في الأطراف وقد تناثروا بالعشرات على أسرّة مستشفى ولت ريد الأمريكي، وكشفت الصحيفة أن 50 جنديًا كانوا يدخلون المستشفى بشكل يومي في هذه الفترة، وهو ما دفع مسؤولو المستشفى بحث استئجار منشآت عسكرية على مساحة عدة كيلومترات لمواجهة الأعداد المتزايدة من المصابين.

ولم تكن الآليات الأمريكية بمنأى عن هجمات المقاومة، فقد أرجعت صحيفة لوس أنجلوس تايمز الأمريكية في عدد 29 أبريل 2004 السبب في نقص الآليات لدى القوات الأمريكية التي يمكن استعمالها داخل المدن إلى نجاح المقاومة العراقية بتدمير كمية كبيرة منها.

ونختم هذه الأمثلة بتقريرين نشرتهما صحيفتان أمريكيتان في شهر سبتمبر 2004 كشفتا فيهما عن فشل الاحتلال في مواجهة المقاومة، حيث ذكرت "واشنطن بوست" أن قوات الاحتلال تتعرض لـ70 هجومًا يوميًا، وأكدت الصحيفة أنه ما من مدينة عراقية في الشمال والغرب والوسط - ما عدا منطقة السيطرة الكردية وبعض المناطق في الجنوب - ما من مدينة إلا والقتال والهجمات تحيط بأطرافها، وبعد نشر واشنطن بوست ذلك الخبر بيومين، نشرت "نيويورك تايمز" ما يبدو أنه تصحيح لخبر "واشنطن بوست" حيث أكدت أن عدد الهجمات التي تتعرض لها قوات الاحتلال يوميًا تبلغ 80 هجومًا وليس 70 فقط.

وأوضحت الصحيفة أن انخفاض حدة المقاومة في إحدى المناطق العراقية يرجع ذلك إلى سيطرة المقاومة على هذه المناطق.

2- فضيحة "أبو غريب":

كان قيام قوات الاحتلال بتعذيب المعتقلين في سجون العراق سقوطًا آخر لواشنطن وحلفائها، ليس سقوطًا أخلاقيًا ولكن سقوطًا للأحاديث الأمريكية عن الديمقراطية والحرية الموعودة لأبناء الإسلام والشرق الأوسط، ولعلنا نذكّر هنا بأن إحدى الذرائع التي استخدمتها واشنطن لتبرير عدوانها على العراق هو العدد الأول من تقرير "التنمية البشرية للعالم العربي" والذي يتحدث عن أوضاع التنمية في العالم العربي، ورأت واشنطن في هذا التقرير داعيًا لها لإنقاذ العراق، إلا أنه لم تمضِ سنتان على هذا العدوان إلا ونجد واشنطن ذاتها تحارب نشر العدد الثالث من التقرير، وذلك لحديثه عن الاحتلال الأمريكي للعراق وما جره من ويلات على الشعب العراقي.

ونرد هنا بعض ما كتبته الصحف الأمريكية عن فضيحة "أبو غريب" حيث قالت "واشنطن بوست" في مايو 2004: "من الصعب معرفة حجم الضرر الذي أصاب صورة الأمريكيين في العالم بعد نشر هذه الصور، أو حتى على استقرار الوضع في العراق..."، وتابعت الصحيفة: "... معظم الناس العاديين عندما يرون هذه الصور سيشعرون أن الولايات المتحدة قوة احتلال منافقة ومخادعة لا تعير أي اهتمام لكرامة الناس الذين تقول :إنها تريد تحريرهم."...

3- انهيار التحالف الدولي:

برغم أن واشنطن فشلت في الحصول على قرار من مجلس الأمن الدولي يسمح لها بالعدوان على العراق، إلا إنها راهنت على عدد من الدول التي ترتبط معها بمصالح من أجل تكوين تحالف يشاركها العدوان على العراق، ومع سقوط بغداد كان الحديث في أول الأمر عن انضمام مزيد من دول التحالف من أجل الحصول على نصيب من كعكة العراق، إلا أن المقاومة العراقية قلبت الأمور رأسًا على عقب، وجعلت الدول تولي هاربة، حتى بلغ عدد الدول المنسحبة من العراق 14 دولة بعد مرور عامين على العدوان، ونظرًا لأن أغلب هذه الدول تشارك بأعداد صغيرة فلهذا لم نشعر بانسحابها، إلا أن دولة مثل أسبانيا، أو إيطاليا وأوكرانيا اللتين أعلنتا عن عزمهما الانسحاب من العراق وضعت جميعها واشنطن ولندن في وضع حرج، خاصة مع تصاعد عمليات المقاومة العراقية ودخولها في مرحلة جديدة بعد العملية المزدوجة المعقدة التي شنتها على سجن "أبو غريب".

4- تأثير المقاومة على الاقتصاد الأمريكي:

مما لا شك فيه أن أحد أسباب الغطرسة الأمريكية هو ضخامة الاقتصاد الأمريكي، وكان من أهداف العدوان التحكم في سوق النفط العالمي؛ لما للعراق من احتياط نفطي كبير، إلا أن المقاومة العراقية واستهدافها لخطوط النفط كانت عقبة في هذه الخطط الأمريكية، فضلاً عن تكبد واشنطن لمليارات الدولارات نظرًا للحرب الدائرة في العراق، وفي هذا الشأن قالت صحيفة "واشنطن بوست" في عدد 05/18/ 2004 ..." :بالرغم من أن الحرب في العراق أسهمت في إنعاش الاقتصاد الأمريكي خلال شهورها الأولى، إلا أن لها العديد من الآثار السلبية على المدى البعيد، فالحروب تؤدي عادة إلى ارتفاع الأسعار وزيادة معدلات التضخم وخلخلة التوازن التجاري"، وتتابع الصحيفة :"من هنا يمكن القول: إن الاقتصاد الأمريكي الذي كان يعاني حتى قبل وقوع الحرب من العديد من المصاعب سيعاني أكثر حال تواصل معاركها، والتي تفاقم الديون الخارجية المستحقة على البلاد، فأمريكا تقترض بالفعل في الفترة الحالية نصف تريليون دولار سنويًا من الخارج، وربما يعنّ للمرء تساؤل مفاده: إلى متى ستواصل اليابان والصين تزويدنا بالمنتجات مقابل أموال لا نسددها؟ لا أحد يعلم".

وتؤكد الصحيفة: أن "الحرب في العراق تشابه كثيرًا الحرب في فيتنام، حيث تتشابه الحربان في التقييم الخاطئ من قِبَل البيت الأبيض لكل منهما، وفي الوعود الكاذبة التي قُدِّمت للكونجرس، والرأي العام الأمريكي بشأنهما، إلى جانب الميزانيات غير الملائمة التي تم رصدها للمعارك في كلا البلدين.. وقد أدت حرب فيتنام أيضًا في بدايتها إلى انتعاش اقتصادي سرعان ما انقلب إلى النقيض بعد ارتفاع معدلات التضخم بشكل ملحوظ، وهو ما ترافق مع حدوث هزة في الاقتصاد العالمي جراء أزمة النفط عام 1973، ما أدى إلى بدء عقود من المصاعب الاقتصادية في أمريكا".

وختمت بالقول: "يبقي السؤال: هل يمكن أن يتكرر هذا ثانية؟ الإجابة الواضحة هي: نعم."

لهذا لم يكن عجبًا أن تصف الصحف الأمريكية احتلال العراق بأنه خنجر قاتل في ظهر الاقتصاد الأمريكي، خاصة وأن بقاء أمريكا في العراق يكلف واشنطن ما لا يقل عن 8.5 مليار دولار شهريًا.

هذه بعض سقطات الاحتلال الأمريكي وخسائره التي تؤكد أن الخاسرة لم تكن بغداد، إنما كانت واشنطن، وإنا لمدرِكون أن الناظر في الأمر بمزيد من التأمل سيرى مزيدًا من السقطات الأمريكية.

ماذا ينتظر العراقيون من الحكومة العراقية الشيعية الجديدة ؟

أخيرًا وكما هو متوقع ومعد سلفًا، وتم إخراجه وتجهيزه وإنتاجه بالبيت الأبيض، أعلنت تشكيلة الحكومة العراقية المنتخبة! وقد فاز فيها بمعظم المقاعد الوزارية، الشيعة الأمامية، حيث كان من نصيبهم 16 وزارة [معظمها وزارات سيادية]، وتولى الأكراد 8 وزارات [منها وزارة سيادية واحدة]، في حين كان نصيب أهل السنة – أو بالأحرى الموالون للاحتلال منهم وزارات لا قيمة لها.

وحتى لا يقول أحد: إن بها وزارتين مهمتين هما الدفاع والنفط، فهذا وهم وسراب، فما قيمة وزارة الدفاع في بلد محتل من قبل أعدائه، وما قيمة وزارة النفط في بلد كله منهوب ومسروق وواقع تحت الأسر شعبًا وأرضًا، بل وما قيمة حكومة كاملة من المنتمين طائفيًا للسنة إذا كان الاحتلال هو محركهم وهو المخطط لهم وهو الراعي الأول لهم؟!!

فتشكيل الحكومة العراقية، جاء كما كان متوقعًا، ليكافئ معظم طوائف الشيعة، على مجهوداتهم الكبيرة ودورهم الأبرز، في دخول القوات الأمريكية وحلفائها، لحاضرة الخلافة الإسلامية السابقة، واحتلال التراب العراقي، لذلك لم يكن مستغربًا أن يعترض العرب السنة على نسبتهم في التشكيلة الحكومية وأن الذي يعترض على ذلك الجور الظاهر والقسمة هم شخصيات سنية قبلت بالدخول في مهزلة الانتخابات، وقبلت الدخول في قائمة الائتلاف الشيعي الموحدة، المدعومة من قبل المرجعية الشيعية الأولى في العراق 'السيستاني'.

والحقيقة أن هذه التشكيلة بوضعها الحالي كانت متوقعة حتى لأفراد الشارع العراقي والعربي، على أساس أن أهل السنة قد قاطعوا الانتخابات المزعومة، ولم يشترك فيها سوى الشيعة والأكراد ومسؤولي القرار في كل من الفريقين يعتمد النهج النفعي [البراجماتي]، وجاءت تشكيلة الجمعية الوطنية العراقية خليطًا هزليًا بين أكثرية شيعية وأقلية كردية وعدد يسير جدًا من السنة، جاءوا في طبخة الانتخابات كملح الطعام، للطعم فقط!! أو قل لذر الرماد في العيون الساذجة..

ورغم أننا بالطبع لا نضع شيعة العراق ولا زعماءهم جميعًا في بوتقة واحدة ونعلم أن منهم من يرفض الاحتلال، ومنهم الشرفاء الذين لا يبيعون أنفسهم بالدينار والدرهم، ومنهم أصحاب المواقف الجريئة في وجه الاحتلال والتي نالوا بها احترام وتقدير أهل السنة وأهل العراق أجمعين.. رغم ذلك فإننا نربأ بالعراقي المسلم الغيور أن يعطي ثقته في حكومة جاءت بأمر الاحتلال وتحكم تحت حمايته وتتقاضى رواتبها من يده وتنفذ مخططاته وتكون تشكيلتها كما وصفنا...

ولكن ما الضرر أو الضير من أن حكومة العراق؟

لابد من استصحاب التجربة الشيعية في الحكم وذلك عبر أحداث التاريخ الإسلامي، التي هي أصدق برهان وأنزه حكم على مرارة التجربة الشيعية وويلاتها على الأمة الإسلامية، وإنما نتكلم من وحي التاريخ للإجابة على هذا التساؤل، لنبتعد عن التحليلات والاستنباطات السياسية والقراءات الإستراتيجية للأحداث التي لم تقع بعد، فتكون عرضة للصواب والخطأ، واحتمالية الاتهام بالتحيز والتعصب، أو حتى ضيق الأفق وعدم الفهم، وحتى لا يظن البعض أن الأحوال قد تغيرت، وقوانين السياسة الدولية ومعايير اللعبة الدولية قد تغيرت، وستفرض الشرعية الأمريكية - أقصد الدولية - إرادتها على توجهات وطموحات هذه الحكومة الشيعية.

أولويات ومبادئ الحكومة العراقية وبرنامجها المزمع تطبيقه ونلخصه في الآتي:

1. فرض المذهب الشيعي الرافض على الحياة العامة للشعب العراقي من خلال شعائر ونظم المذهب الشيعي وبدعه وأعياده ومناسباته المعروفة.

2. العمل على التقرب وبشدة لإيران راعية الشيعة والتشيع في العالم المعاصر

3. التضييق على أهل السنة عمومًا والعرب خصوصاً في الحياة العامة والثقافية والاجتماعية.

4. محاربة أية حركة إسلامية سنية أو فكر سلفي يظهر بالعراق.

5. موالاة أعداء الإسلام، القادمين من الطرف الآخر من العالم لاحتلال باقي بلاد الإسلام، وتسهيل مهمتهم في السيطرة على الأمة الإسلامية.

6. العمل على مد الفكر الشيعي إلى البلدان المجاورة تحت غطاء نشر الديمقراطية والحرية وحق الاختيار لتكوين وحدة جغرافية فكرية تقوم على الرفض والتشيع.

وأخيرًا فإن التجربة التاريخية للحكومات الشيعية تثبت وبقوة أن أية حكومة شيعية رافضية تنطلق من ثوابت العقيدة الشيعية القائمة على محاربة أهل السنة حيثما كانوا، وكل خطوات وتحركات هذه الحكومات الشيعية تنطلق من هذا الثابت وتتمحور عليه ومن أجل تنفيذه، فهل يعقل بعدها أن يقول أحد وما الضير من أن يحكم الروافض؟!!

هل بدأت مرحلة تفكيك الدول العربية وعودة الانتداب؟

بعد العراق يلوح ذات السيناريو في الاتجاه السوداني والسوري. قرارات ملزمة لمجلس الأمن وتدخل سافر في الشؤون الداخلية وانتهاك صارخ لسيادة الدولة، ومن بعد إثارة النعرات المذهبية والطائفية تمهيدا -على ما يبدو- لتفجير النزاعات الداخلية والحروب الأهلية. ومع غياب سيادة الدولة وانهيار النظام العام، يتنادى أعوان أمريكا وجهلاء السياسة من قصيري النظر طالبين بقاء القوات الأمريكية مخافة الأسوأ ولمنع الفوضى العارمة من أن تصل إلى مرحلة الطوفان، كما نسمع من سياسيي العراق بشقيه العلماني والإسلامي السائرين في ركاب الاحتلال والمتعاونين معه.

لم يكن العراق متعاونا فحسب، بل كان متهاونا لأقصى درجة، فقد فتح أبوب قصوره للمفتشين الدوليين وزودهم بأسماء علماء العراق ودمر صواريخ الصمود، ولما أمر كوفي عنان المفتشين بالانسحاب تمهيدا لضرب العراق ترك العراق المفتشين يخرجون بسلام دون أن تعترضهم السلطات العراقية أو تؤخر خروجهم رغم علم الجميع أن فيهم ومنهم جواسيس لصالح الولايات المتحدة. ولو كانت أمريكا تعلم أن العراق يمتلك أسلحة دمار شامل فتاكة لم تكن لتجرؤ على مهاجمته. التنازلات المهينة للولايات المتحدة الأمريكية تغريها بطلب المزيد. السودان ذهب بعيدا في التحرك باتجاهها متنكرا لمبادئه الإسلامية المعلنة. التفاوض حتى النهاية مع جون قرنق والتوقيع على ما قد يكون التمهيد لانفصال الجنوب وتفكيك الدولة وتقاسم الثروة مع المتمردين والإعلان عن دعم الولايات المتحدة في حربها ضد "الإرهاب". أكثر من ذلك أعطى السودان شركة توتال الفرنسية حق التنقيب على نفطه ليكسب الفرنسيين والأوربيين بعد إرضائه للأمريكيين كما تصور السودان وتخيل. وتحمل السودان عبارات التأنيب والتوجيه من ضيوفه الغربيين وهم يحطون رحالهم في الخرطوم ليعلموه أصول ومبادئ حقوق الإنسان في دارفور وغيرها. كل ذلك لم يشفع للسودان فتم استصدار قرار أممي بمحاكمة المسئولين السودانيين المتورطين في تجاوزات دارفور أمام محكمة العدل الدولية. والقرار في النهاية يمهد لفتح ملفات النظام السوداني والذي يمثل والقرارات السابقة عمليا وضع السودان تحت الوصاية الدولية.

ومن المفارقات أن مجلس الأمن يعطي قوات الاحتلال في العراق والجنود الأمريكيين هناك وقوات حفظ السلام الدولية الحصانة القضائية، فيما يطالب بمحاكمة المسئولين السودانيين دوليا رغم جهود السودان الحثيثة وتنازلاته الكبيرة في سبيل تهدئة وتخفيف الضغوط الدولية عليه.

النظام السوري من جانبه لم يتخطى في تاريخه الطويل من الناحية العملية ولا الإعلامية الجوفاء الخطوط الحمراء الأمريكية. كانت الجبهة السورية-الإسرائيلية الأكثر هدوءا وانضباطا طيلة العقود الثلاثة الماضية، أكثر من ذلك كان له من المواقف المناقضة وبشكل صارخ لشعاراته وعقيدته المعلنة حين يجد الجد وتتمايز الصفوف. ألم تقف سوريا الى جانب الولايات المتحدة الأمريكية في "عاصفة الصحراء" مرسله قوات الجيش السوري لتحارب تحت الإمرة والقيادة الأمريكية؟ وفي حرب أمريكا ضد "الإرهاب"، كانت سورية النظام الأكثر اندفاعا وحماسة فاتحة معلوماتها الاستخباراتية على مصراعيها للأجهزة الأمريكية المعنية ومسخرة إمكانياتها الكبيرة وتجربتها العتيدة في التعذيب والتحقيق مع الموقوفين لصالح أجهزة الاستخبارات الأمريكية، بل إن سوريا وفي لقائها مع الامريكيين بُعيد أحداث سبتمبر تتباهى وتفاخر بأنها لها السبق في محاربة التطرف والإرهاب الإسلامي، وهم يقصدون بطبيعة الحال مجازر مدينة حماة وسوريا اليوم من الدول المطلوبة أمام مجلس الأمن (الولايات المتحدة).

السؤال الذي لا ينفك يطرح نفسه، ماذا تريد الإدارة الأمريكية وهي تلوح بالإصلاحات الديمقراطية تارة وتكشر عن أنيابها العسكرية تارة أخرى؟ وهل ستجد أمريكا أو تتوقع أن تجد أنظمة أكثر انصياعا من الأنظمة العربية الحالية، خصوصا وأن المعارضة الأقوى لتلك الأنظمة تأتي من التيارات الإسلامية ذات الشعبية الكبيرة، والتي تشترك أمريكا مع الأنظمة العربية في مناصبتها العداء؟ بتقديري الشخصي إن أمريكا تريد تفكيك الدول العربية الواحدة تلو الأخرى تحت مسمى إعادة رسم خريطة المنطقة ومحاربة الإرهاب وتسويق الإصلاحات الديمقراطية، وقد يكون هذا التفكيك تمهيدا لعودة الاستعمار المباشر بعد تفكيك معاني سيادة الدولة شيئا فشيئا، وذلك باستخدام الأمم المتحدة ومجلس الأمن إن أمكن واستصدار قرارات أممية تنتهك ما تعارف عليه المجتمع الدولي سابقا فيما يتعلق بمسائل الشؤون الداخلية وسيادة الدول واستقلالها والمناداة بالشرق الأوسط الجديد.

بعد سورية والسودان -على الأرجح- سيأتي الدور على غيرهما من الدول العربية، الغريب أن تلك الدول لا تكتفي بالموقف السلبي وهي ترى الولايات المتحدة وحلفاءها ينهشون في النظام العربي ويقوضونه، بل إنها تدعم الموقف الأمريكي وتسانده خوفا وطمعا. وهي غافلة أنها إنما تساعد أمريكا على سرعة محاصرتها والفتك بأنظمتها. لم تتعظ الأنظمة العربية من الوضع العراقي، والذي أظهر أن التنازلات تجرَ ما هو أسوأ، وأن الأنظمة وجيوشها واستخباراتها عاجزة عن مواجهة الأخطار الخارجية، وأن المقاومة الشعبية السلمية هي الأسلوب الأجدى في مواجهة الزحف الأمريكي. لا بل إن الأنظمة العربية وإعلامها يحارب المقاومة

العراقية بالحصار والتشويه والتشويش. ومع كل التنازلات المهينة للخارج والمتصاعدة تسارعا ووتيرة، فإن تلك الأنظمة تتحرك ببطء شديد يصل إلى الجمود حين يتعلق الأمر بالإصلاحات الداخلية واحترام المواطن وحقوقه في التعبير والتغيير.

لقد أعادت الأنظمة العربية المغرقة في الفساد والمنهكة في حمأة الترف مأساة دول الطوائف في الأندلس وإن كان على نطاق أوسع جغرافيا وبشريا. وفيما الأمة تعاني ما يشبه سكرات الموت، تصاب بنكبة في مفكريها والكثير من حركاتها التي كانت بمثابة بارقة الأمل في التغيير والإصلاح. ففي عز هذه الأزمة يخرج علينا مفكر إسلامي يطالبنا بتجميد الحدود المجمدة أصلا في هزيمة داخلية لا نظير لها تتطلب منا الانسلاخ عن جلودنا.

العراق يعود لعصر ما قبل الدولة:

لقد أصبح العراق ومنذ سقوطه في 9 إبريل 2003 يعيش عصر ما قبل الدولة لأن صاحب القرار لم يعد رجال السياسة والحكم بل رجال الدين وزعماء العشائر الذين يحركون الشارع العراقي بكلمة. الحكومة ضعيفة لا حول لها ولا قوة، بل إن من نظنه قويا في هذه الحكومة أو في أطراف اللعبة السياسية، فإن قوته ليست مستمدة من مقدرة سياسية أو التفاف جماهيري بقدر ما هي مستمدة من تأثير مرجعية دينية أو زعامة عشائرية أو قوة طائفية.

ومقياس القوة هنا ليس في المقدرة على التأثير في الشارع العراقي بل في كسب بعض النقاط الترجيحية على منافس آخر في العملية السياسية القائمة. فالشاغل الأكبر للنخبة العراقية أصبح في الدرجة الأولى التنافس على حصد المناصب كل لطائفته... العراق يحترق وهم يتشاورون على المناصب، واللقاءات والاجتماعات التي تنقلها الفضائيات ووكالات الأنباء لا تعدو أن تكون محاولات تجميلية فقط.

كان الحدث مأساويا بالفعل، فتفجير القبة الذهبية لإحدى العتبات المقدسة لدى الشيعة ليس أمرا هينا. وليس من المنطقي أن ننساق كالآخرين في توجيه الاتهامات لهذا الطرف أو ذاك، إذ لا يملك أحد حتى هذه اللحظة حيثيات الاتهام. ونكتفي بأن نقول إن الفاعل جهة ما -خارجية أو داخلية- لا تريد خيرا للعراق.

لكن الاتهامات وبكل أسف وجهت على الفور إلى السنة العرب، والعجلة في توجيه الاتهام ظلم في حد ذاتها، ليصبح بذلك الظلم التالي الذي تعرض له السنة العرب منذ سقوط النظام بعد أن ظلموا في السابق بتحميلهم خطايا النظام السابق.

وأمام ما نراه من غياب للأمن والأمان والتفجيرات المستمرة رغم حظر التجول، يطرح هذا السؤال:

هل بإمكان أهل العراق أن يقيموا وحدهم دون أي سند خارجي وفي ظل هذه الظروف الأمنية في بلادهم؟ إننا نتمنى ذلك بالطبع، لكن واقع الأمر يؤكد على أن العراق يسير في الاتجاه المعاكس، والظروف جعلتنا في مواجهة خيارين كلاهما مر، أن تخرج القوات الأجنبية من العراق ليصبح دولة مستقلة ذات سيادة لكنه في هذه الحالة لن يتمكن وحده من كبح جماح الشارع العراقي والسيطرة عليه وفرض الأمن، وعندها سيسقط العراق من حين لآخر على فاجعة جديدة، أو تظل القوات باقية وبطلب من الحكومة العراقية كما حدث في رسالة إبراهيم الجعفري إلى مجلس الأمن، ويظل العراق محتلا منقوص السيادة .

بل إن تلك القوات الأجنبية لو ارتكبت انتهاكا في حق الشعب العراقي وفي حق مقدساته وكما حدث سابقا عندما قصفت القبة الذهبية لمرقد الإمام على بن أبي طالب كرم الله وجهه في النجف الأشرف، فإنه من غير المقبول أمريكيا أن يكون لذلك رد فعل عراقي كالذي نراه حاليا، بل إن رد فعل كهذا لن يحدث أصلا مهما كان حجم الانتهاك.

هل هنالك خيارات للنهوض بالعراق ؟؟

هو نهوض العراق من كبوته وهو أمر نتمناه جميعا، فإن فرص تحقيقه تحتاج لأمور عدة منها:

1- لا بد من فرض هيبة الدولة وسيطرة أجهزتها الأمنية من خلال قرارات حاسمة تنفذ بكل دقة. وقد بدأ ذلك بقرار حظر التجول التام في المدن التي تشهد توترات مثل بغداد والنجف وكربلاء والحلة، فالمواطن العراقي بات يعتقد بأن الدولة العراقية في غاية الضعف وأن الحكومة غير قادرة على تنفيذ ما تقول وهي لا تمتلك قرارا سياسيا بل القرار في حقيقته للمرجعيات الدينية والزعامات العشائرية، لذلك فعلى الحكومة أن تستعيد زمام الأمور وتصدر قراراتها بعيدا عن المرجعيات كافة حتى يقتنع الشعب بأنها بالفعل حكومة تصدر القرار المستقل وتنفذه.

2- من الواجب على النخبة العراقية والتي تتصدر المشهد العراقي حاليا أن تعطي القدوة الحسنة للشعب بأن تخرج من أسر طائفتيها إلى المواطنة بالفعل لا بالقول.

3- العمل على إرساء قيم المواطنة لدى الشعب العراقي بأسره وتحويل الفسيفساء الطائفية إلى حالة إيجابية تكون فيها مصدر ثراء وغنى للشعب.

ولأن الطائفية متجذرة في التربة العراقية فإن اقتلاعها يحتاج إلى تضافر كل الجهود.. يتطلب الأمر عملا دءوبا يتحول من خلاله شعار المواطنة إلى عمل جاد، ولنعتبر الخطوة الأولى على هذا الطريق الشاق هي تلك التظاهرات التي شهدتها بعض مناطق العراق والتي كانت تهتف للعراق وتنبذ الطائفية، ولتأخذ النخبة العراقية من هذه التظاهرات قدوة لها فترتفع عن السلوك الطائفي خلال مشاورات تشكيل الحكومة العراقية الدائمة المقبلة وتستطيع أن تحقق ذلك إن جعلت رئاسة الحكومة العراقية الدائمة المقبلة للقائمة الأعلى أصواتاً في الانتخابات الأخيرة على أن تستند الحقائب الوزارية الأخرى على طبقة التكنوقراط المعروف عنهم البعد عن الطائفية وإن كان في الأمر بعض الصعوبة ونحن نعتقد ذلك، فربما يكون قصر تولي حقائب الوزارات السيادية كالدفاع والخارجية والداخلية على التكنوقراط بداية لهذا الأمر ثم بعد ذلك يبدأ التحول تدريجيا إلى التكنوقراط.

4- تبني برنامج إعلامي واسع النطاق يشرح فيه للشعب المخاطر التي يمكن أن تحدق بهم لو استمرت الأمور على ما هي عليه.

لكن هل بالإمكان تحقيق ذلك؟ الإجابة ليست لدينا ولكنها لدى النخب السياسية الطائفية بالعراق، والتي نعتقد أنها بعد أن شاهدت العراق مقبلا على حرب أهلية بعد تجربة سامراء قد بدأت في مراجعة النفس لأن تلك الحرب لن تترك أحدا.

ولنفترض أن تلك النخبة تمكنت من تحقيق ذلك وأصبح زعماء كل طائفة يتحدثون حديثا سياسيا لا طائفيا والمحادثات التي تجرى فيما بينهم من أجل تشكيل الحكومة تجرى في إطار سياسي (وهي حاله نشك كثيرا في إمكانية حدوثها) فماذا سيكون الحال حينئذ؟.

نتصور أنه ستبذل جهود مضنية وحثيثة من أجل تشكيل حكومة وحدة وطنية على أساس علماني والأقرب إلى رئاستها في هذه الحالة هو إياد علاوي، وستحاول الولايات المتحدة الضغط في هذا الاتجاه لأن الصعود الديني الشيعي في العراق يزعجها كثيرا.

الطريق إلى ذلك بالغ الصعوبة والمشقة ويحتاج إلى رجال من أولي العزم، فهل يتوفر مثل هؤلاء في العراق؟.

إن السيناريو الكارثي هو بكل أسف الأقرب إلى التحقيق من غيره فهو لا يحتاج إلى جهد ولا يتطلب تحقيقه سوى ترك الأمور على عواهنها تتداعى تلقائيا وسيظل مستقبل الدولة العراقية في مهب الرياح والأعاصير وهو مرهون بإمكانية خروج نخبة من بين صفوفه تغلب مصلحة الوطن على مصلحة الطائفة، فهل بإمكان النخبة الحالية أن تفعل ذلك، أم سننتظر نخبة أخرى، وهل سيطول الانتظار، وهل ستتحمل ظروف العراق وتداعياته ذلك؟.

هل أخذت النخبة الحالية درسا مما حدث يجعلها تغير من نهجها وهل أخذ الشعب العراقي هو الآخر نفس الدرس؟ هل يدرك الجميع ماذا ينتظرهم وينتظر العراق؟.. إن أدرك الجميع ذلك فربما يتحقق السيناريو التوحيدي للعراق، وإلا فهذا الهول بعينه.

المبحث الرابع

من المنتصر في الحرب

أولاً: بعد ثلاث سنوات.. لا منتصر في العراق

2006/03/22

ثلاث سنوات مرت منذ أن بدأ غزو الولايات المتحدة للعراق، ففي يوم 19 مارس عام 2003 انطلقت الطائرات الأمريكية لتقصف أهدافا داخل العراق، في الوقت الذي عبرت فيه القوات الأمريكية البرية الخطوط البرية الفاصلة بين الكويت والعراق ليبدأ فاصل جديد من التورط الأمريكي في الشرق الأوسط الذي لا يعرف أحد حتى الآن إلى أي شيء سينتهي. وهو ما حدا ببعض المحللين إلى وصف الأوضاع الجارية في العراق على أنها بدايات حرب أهلية، وهذا نتيجة آلاف القتلى من الشيعة والسنة والأكراد على مدار اليوم.

أسئلة كثيرة يعرضها تقرير واشنطن وتتعلق بالولايات المتحدة، وهل هي منتصرة أم خاسرة في العراق حتى الآن؟ هل سيؤدي الوضع شديد التدهور الآن لحالة فوضي أكبر وأعمق مما يعيشها العراق؟ هل بإمكان الولايات المتحدة إدارة الأوضاع في العراق؟ وما تأثير ذلك كله على أولويات وإستراتيجيات الولايات المتحدة في الشرق الأوسط؟.

ونعرض هنا آراء عدد من الخبراء في واشنطن (ممن كان لهم ولا يزال أدوار وعلاقات هامة بالعراق قبل وبعد الغزو) فيما يتعلق بخبرة الثلاث سنوات السابقة في العراق، وما ينتظر غد العراق القريب.

** مارينا أوتواي Marina Ottaway، زميلة برنامج الديمقراطية، وحكم القانون بمؤسسة كارنيجي للسلام الدولي بواشنطن:

نحن لا نسير في طريق تحقيق النصر في العراق، ونحن لم نخسر الحرب في الوقت ذاته. نحن لم نعد في حالة حرب ضد فئة محددة من المتمردين، على الرغم من استمرار وجودهم. نحن الآن في موقف مختلف تماما فيه العديد من المشاكل الكبيرة بين الجماعات والميلشيات الشيعية والسنية، وتقف الولايات المتحدة لا تستطيع التدخل؛ لأن العدو غير واضح وغير معروف.

السياسة الأمريكية تركز حتى هذه اللحظة على هدف تشكيل حكومة وحدة وطنية عراقية، والسفير الأمريكي في العراق، يقضي الكثير من وقته في مساعدة الجماعات والأحزاب العراقية المختلفة على تشكيل مثل تلك الحكومة، وهو يصطدم بمعضلة تمثيل الجانب السني وحجم وطبيعة هذا التمثيل. وفي هذه الأثناء عليه أيضا أن يحافظ على علاقة جيدة وموافقة واقتناع من جانب الأحزاب الشيعية. ومع كل يوم يمر بدون تشكيل الحكومة العراقية، يصبح وجود مثل هذه الحكومة المركزية غير ذي جدوى للعديد من العراقيين.

يوجد في العراق الآن ميليشيات وزعماء دينيين لديهم من القوة الحقيقية الكثير، إضافة لوجودهم الكبير في الشارع العراقي. الولايات المتحدة يجب أن تتعامل مع من لديه القوة، وأن تتوقف عن الادعاء بأن ممثلي الشعب المنتخبين ما زالوا يتنافسون على مقاليد السلطة في العراق في عملية ديمقراطية جيدة.

** مايكل روبين Michael Rubin، محرر دورية (فصلية الشرق الأوسط)، وباحث بمعهد أمريكان إنتربرايز بواشنطن:

نعم نحن متنصرون حتى الآن، العراقيون ذهبوا لصناديق الاقتراع ثلاث مرات، وبدلا من مواجهة أزمة لاجئين كبيرة، تم عودة أكثر من مليون عراقي إلى بيوتهم وبلادهم. هناك زيادة كبيرة في أعداد الصحف والمجلات، وبدلا من تمجيد القائد العظيم (صدام حسين)، هناك سياسيون عراقيون يتجادلون ويتنافسون ويعقدون صفقات سياسية فيما بينهم في ممارسة حقيقية للديمقراطية. الأصوات السلبية داخل الولايات المتحدة التي ترى كل ما يحدث بالعراق على أنه سلبي فقط هي أصوات الأشخاص الذين لا يعرفون شيئا عن العراق جيدا ولم يزوروه من قبل. النصر ـ مؤكد في العراق طالما ظل سياسيو واشنطن ملتزمين بالعمل على النجاح في العراق، ونحن نخاطر بهزيمة رغم أن النصر في متناول يدنا.

هناك عدة نقاط هامة بهذا الخصوص:

أولا: يجب عدم الاستمرار في البحث عن معادلة سحرية تنهي عمليات التمرد.. ليس هناك وصفة لتوقف العنف.. وليس هناك طريقة لاستيعاب المتمردين سياسيا.

ثانيا: يجب التوقف عن محاولة نيل رضاء السنة "الإستراتيجية السنية"، وإذا كانت هناك أي إستراتيجية يجب أن تتبعها الولايات المتحدة فهي "الإستراتيجية العراقية". وسعي الولايات المتحدة للحصول على دعم وضمان تمثيل السنة يجعل

311

الأسهم الإيرانية ترتفع بين شيعة العراق، ويجعل إيران تبدو كالحامي الوحيد لحقوق الشيعة في العراق.

ثالثا: علينا إدراك أن الجدل بخصوص العراق داخل الولايات المتحدة يؤثر على الأوضاع داخل العراق. رجال الكونجرس تم انتخابهم بناء على رؤيتهم السياسية وليس بسبب خبرتهم العسكرية، وعليهم أن يتوقفوا عن تقييم الأوضاع عن غير معرفة تامة ببواطن الأمور عندما يطالبون ويدعون تكررا للانسحاب.. هذا يساعد أعداء الولايات المتحدة.

أخيرا:

لا يكفي أن يكون لدينا إستراتيجية لدعم الديمقراطية في العراق، من الضروري أن يكون لدينا إستراتيجية لإفشال مخططات أعدائنا. النفوذ الإيراني داخل العراق وصل لدرجة كبيرة؛ وذلك لأن خطط الولايات المتحدة توجد فقط على الورق، في حين أن طهران تأخذ خططها إلى داخل الأراضي العراقية.

** نير روسين Nir Rosen، زميل الدراسات الخارجية بالمؤسسة الأمريكية الجديدة، يعمل صحفيا مستقلا وغطى الكثير من الأحداث الهامة في العراق.

إدارة بوش خسرت الحرب في العراق بعدما انتصرت على الجيش العراقي بسهولة، وتمثلت الخسارة عندما سمحت الولايات المتحدة بوجود فراغ سياسي تم ملؤه بالعصابات المسلحة، والميليشيات والمتمردين ورجال الدين المتطرفين. ومنذ شهر إبريل 2003 ذهبت الولايات المتحدة من فشل إلى فشل آخر، ومنذ مرحلة ما قبل الحرب، كان الخطاب السياسي الأمريكي والحسابات الإستراتيجية إما غير محسوبة في أحسن الأحوال أو كاذبة ومضللة في أحيان أخرى؛ وهو ما أضر حتى بالديمقراطية داخل أمريكا.

ونتج عن ذلك أن تبرير مقولات وأهداف الحرب، مثل نشر الديمقراطية، فشلت أيضا. ولم يعد العراق جنة الجهاديين فحسب؛ بل أصبح الجهاد عقيدة العراق، ومنه انتشر أكثر وأكثر للمنطقة، ولم تنتشر الديمقراطية كما توقعت الإدارة الأمريكية.

العراقيون اندفعوا إلى ما يشبه حربا أهلية على مستوى بسيط منذ 2004، وهي الحرب التي تتسع وتنتشر أكثر وأكثر ويزداد لهيبها يوما بعد يوم خاصة مع دعم الدول المجاورة لقوى عراقية مختلفة. مستوى معيشة الكثير من العراقيين انخفض، المتمردون لم يضعفوا، الطائفية أصبحت المحدد الأهم لهويات المواطنين

العراقيين، وإيران أصبحت تستطيع أن تعمل بحرية كبيرة داخل العراق بدون حرج. إقليم كردستان فقط يعتبر حالة ناجحة وسيصبح مستقلا في المستقبل القريب.

إدارة بوش يجب أن تبدأ وتبادر بالانسحاب من العراق فورا، ويجب أن يكتمل هذا الانسحاب في فترة لا تتجاوز ستة أشهر. الاحتلال الأمريكي تسبب في حرب أهلية وأدى إلى تسميم العلاقة بين الغرب والعالم الإسلامي الآن وفي المستقبل القريب. الجنود الأمريكيون لم يمنعوا الحرب الأهلية، ولم يوفروا الحماية للشعب العراقي، ولم يدعموا الوضع الأمني داخل العراق، إضافة إلى فشلهم في كسب عقول أو قلوب العراقيين.

الاحتلال الأمريكي لم يتسبب فقط في تدمير الدولة العراقية، بل تسبب في انهيار مؤسساتها، وبسبب الاحتلال سال الدم العراقي، ومنطقة الشرق الوسط أصبحت على مقربة من منزلق خطير ارتبطت به ظواهر، مثل تغيير الأنظمة، والدعوة للديمقراطية؛ وهو ما جعلها ترتبط بسمعة وتجربة مريرة عند العرب.

الإسلام السياسي أصبح أقوى مما كان عليه في السابق، وأيديولوجية الجهاد أصبحت أكثر قوة الآن. ومرت فترة طويلة قبل أن تعترف الولايات المتحدة بأخطائها في العراق، ولن تستطيع الولايات المتحدة تحسين الأوضاع في العراق، وإن كانت فقط تستطيع أن تمنع استمرار تدهور الأوضاع هناك. ولا يستطيع الرئيس جورج بوش ولا صانعو السياسة الأمريكيون فعل أي شيء الآن، فقط الشعب العراقي يستطيع أن يقرر ماذا يريد.

**** مايكل أوهلنان Michael O'Hanlon زميل الدراسات الخارجية والإستراتيجية بمعهد بروكينغز - واشنطن.**

من غير المعقول القول إننا نكسب الحرب في العراق، فهذا لن يتوافق.. نحن الآن متورطون فيما يمكن تسميته وضعا شديد الصعوبة فيه الكثير من العنف.

مع الأرقام السيئة التي تأتي من العراق، ويتناقض مع تطورات الأحداث كذلك، ومع احتمال حدوث تغيرات سياسية إيجابية فإنه من غير الحكمة القول بأننا نخسر في الوقت نفسه.

في رأيي، وبناء على المعلومات المتاحة والأرقام الموجودة، فأنا ضد انسحاب متسرع، لكن في الوقت نفسه تشير الأرقام إلى أنه وبعد ثلاث سنوات كاملة فإن الوقت هو أكبر عدو لنا، خاصة مع التدهور المستمر في الناحية السياسية.

ومع ضرورة استمرار الولايات المتحدة في تمويل خطط إعادة أعمار البنية الأساسية والرعاية الصحية بصورة كاملة، يجب أن تعمل الولايات المتحدة مع الحكومة العراقية على تطوير برامج كبرى لخلق وظائف جديدة. وقادة أمريكا العسكريون في العراق يقومون بجهود حثيثة من أجل إعادة الأعمار وتطوير البنية الأساسية، لكن هذه المجهودات ينقصها الاستمرارية، إضافة إلى نقص التمويل اللازم لإكمالها.

ماذا ينقصنا؟ هو تبنينا لإستراتيجية يمكن بموجبها لأي عراقي يحتاج ويبحث عن عمل أن يجده.

والهدف هنا بسيط وأساسي في الوقت نفسه، وهو تقليل أعداد العراقيين الراغبين في تفجير قنابل يدوية أو إلقائها على دوريات الشرطة، أو من يقومون بمهاجمة القوافل العسكرية الأمريكية، أو على أقل تقدير يساعدون ويوفرون الدعم للمتمردين. الهدف في النهاية هو الانتصار في حرب لم يتم انتصارنا فيها حتى الآن، إلا أننا يجب أن ننتصر.

**** هيلاري سينوت Hilary Synnott، مسئول بريطاني سابق عن منطقة جنوب العراق ضمن سلطة الائتلاف الحاكم في العراق، ويعمل حاليا بمركز الدراسات السياسية والإستراتيجية بواشنطن.**

الكثير يعتمد على طريقة تشكيل الحكومة العراقية، خاصة القادمة. أنا صدمت بالخطوات غير المحسوبة التي أقدم عليها فريق إدارة العراق المدني بعد العمليات العسكرية الكبيرة بعدما تم إجراء الانتخابات البرلمانية بنجاح، إضافة إلى إمكانية رفض الشعب العراقي لاستمرار عمليات التمرد.

ومما لا شك فيه أن الوضع الأمني ما زال يشكل قلقا كبيرا، لكن هناك الكثير من الإنجازات المهمة، خاصة ما تعلق منها بكتابة دستور جديد والانتخابات التي عقدت على أساس ديمقراطي، وهذه النجاحات يجب أن توفر حافزا للتقدم على أصعدة أخرى، وأن تكون أساسا للاستقرار على المدى الطويل.

وكدبلوماسي بريطاني سابق، لن أقدم نصائح للولايات المتحدة، لكن عندما خدمت كمدني في جنوب العراق في عام 2003، وما تلا ذلك من خدمة في أفغانستان وباكستان، أنا صدمت بالخطوات غير المحسوبة التي أقدم عليها فريق إدارة العراق المدني بعد العمليات العسكرية الكبيرة، وهي الخطوات التي لم تتجنب الكثير من الأخطاء البسيطة التي تقع فيها الدول في مراحل بناء الدولة بعد فترة الأزمة.

ومن أهم هذه الأخطاء كانت الإجراءات التي اتبعتها الولايات المتحدة، وأهمها سوء إدارة المدنيين الأمريكيين وعدم كفاءتهم في إدارة دولة مثل العراق بعد انتهاء المعارك الكبيرة؛ وهو ما أدى إلى سوء الوضع حتى الآن، وما زالت هذه الجهود تضر بالأزمة وتزيدها.

ثانياً: الولايات المتحدة والشرق الأوسط..

لعل أكثر ما يوحي بتحرك السياسة الأمريكية محفوزة بنوازع السلوك الإمبراطوري، بعد الحرب الباردة بالذات، هو حجم ونوعية القضايا التي تنغمس فيها واشنطن بدرجة أو أخرى، جهرة أو خفية، في "الشرق الأوسط".

فأينما وليت وجهك في هذه المنطقة، فستجد نقاطها الملتهبة وقد طبعت بسياسة التغلغل والتأثير الأمريكي، وأنه يكاد يكون من المتعذر أو حتى من المستحيل البحث في نشوء وارتقاء وتعقد هذه النقاط، أو قيامها وقعودها وسيرورتها في الحال والاستقبال بمعزل عن المداخلات والمرادات الأمريكية.

لا يقتصر هذا الانتشار والحضور الأمريكي الاستثنائي فقط على ما يخص الشئون والأبعاد الخارجية للقضايا موضع التفجر والاهتمام، بل يندرج أيضا وربما بالقدر ذاته، في تضاعيف البنى الداخلية للدول، وللأطراف، المنشغلة عربيا أو شرق أوسطية بهذه القضايا، بمكوناتها السياسية والمدنية. بمعنى أن العامل أو المؤثر الأمريكي موصول بالعلاقات الخارجية لهذه الأطراف وموازين القوى الحاكمة لسياساتها ومواقفها تجاه بعضها البعض، وهو مبثوث في تضاعيف التفاعلات بين القوى الداخلية لكل منها على حدة.

مثلا الدور الأمريكي في مجرى الصراع الإسرائيلي العربي أو الإسرائيلي الفلسطيني، قتالا وحربا أو سلما وتسوية، وكذا هذا الدور في الدواخل العربية والفلسطينية والإسرائيلية مع الحكومات والأحزاب والفاعلين السياسيين والمدنيين. وقل مثل ذلك بالنسبة لقضايا صراعية أخرى على الخريطة الشرق أوسطية: العراق، إيران، لبنان، دارفور، الصومال...

1. معنى الدور الأمريكي

بسبب هذا الوجود الأمريكي على المستويات الخارجية والداخلية لهذه القضايا وغيرها، يتدافع وجهتا نظر في الأوساط الفكرية والسياسية المتابعة، عربيا بصفة خاصة، تقول الأولى بأن الدور الأمريكي هو جزء من "حل القضايا أو تسويتها".. ذلك بالنظر للمصالح الأمريكية متعددة الأشكال المرتبطة بالمنطقة، والتي لا يمكن استبعادها عند تدبر التسويات، وأنماط العلاقة والتحالف التي تصل

واشنطن سلبا أو إيجابا بمعظم المنغمسين في بؤر التوتر دولا كانوا أم قوى وحركات، وطاقة واشنطن على تسخير مواردها الضخمة وتوظيف مكانتها ويدها العليا في الرحاب والتنظيمات الدولية بالضغط والإجبار أو بالاستمالة والإغراء على مضمار الحلول المطلوبة.

أما الثانية فتذهب في اتجاه معاكس، معتبرة أن السياسات الأمريكية، بغض النظر عن المراحل (ولا سيما بعد الحرب الباردة) وعمن يتولى الحكم في واشنطن من جمهوريين وديمقراطيين، كانت دوما جزءا من مشاكل المنطقة وعنصرا فاعلا في تفاقم قضاياها وصراعاتها على المستويين الخارجي والداخلي.

المدهش أن أصحاب الوجهة الأخيرة ينطلقون من الأسباب ذاتها التي يتبناها العاطفون على مركزية الدور الأمريكي في الحلول والتسويات. لكنهم يعتقدون أن موارد واشنطن ومكانتها تعمل فقط خدمة لمصالح الولايات المتحدة وحلفائها والمتحزبين لها.. وهو تحيز لا يسمح لها باجتراح حلول عادلة أو نزيهة للقضايا موضع الاهتمام، ويلفت هؤلاء الانتباه إلى التناقض الظاهر بين حقيقة التغلغل الأمريكي المريب والمؤكد في صناعة بعض أزمات المنطقة ولو بالبهتان والتلفيق، مثل مبررات غزو العراق واحتلاله، وبين الزعم بأن واشنطن يمكن أن تحنو على تسويات مقبولة منطقيا، لدى بعض العرب مثلا، لهذه الأزمات؛ فالولايات المتحدة لا يمكن لها أن تكون خصما وحكما في وقت واحد.

2. أمريكا جزء من المشكلة والحل!

والحق أن هاتين الوجهتين تنطويان على شيء من المصداقية. فالسياسة الأمريكية عنصر ـ شديد المفعول في إثارة الصراعات من عدم (كرعاية المشروع الصهيوني في فلسطين واحتلال العراق) أو امتطائها إن وجدت (كالفتن الأهلية في الصومال ودارفور) أو تعميقها ومفاقمتها (كالتدافع الطائفي في لبنان) لكنها في الوقت ذاته معنية بإيجاد الحلول والتسويات العاطفة على مصالحها والمناسبة لحلفائها (كإسرائيل مقابل العرب والفلسطينيين) أو لأتباعها وأشياعها المتوفرين في مختلف الساحات المتوترة.

ولأن مثل هذه الحلول لا تمر بدون أن تلقى ممانعة وصدودا من مقاومين للهيمنة الأمريكية وطنيا أو قوميا أو إسلاميا أو كل هذه المحددات والمنطلقات معا، فإن واشنطن راحت تشق لها طريقا بين الأبلسة والملائكية في التعامل مع صراعات المنطقية. البعض يصف هذا الطريق أو الأسلوب بـ"إدارة" هذه الصراعات وليس حلها أو تسويتها جذريا، وربما كان الأنسب لمقتضى الحال وصفه بـ"اللاحل". وهو ما يعني باقتضاب إبقاء الصراع المقصود على صفيح

ساخن، بما يفسح المجال للتلاعب بسيرورته ومستواه، بحسب أجندة المصالح الأمريكية وأنصارها بغير مراعاة لآلام الآخرين وظلاماتهم وحقوقهم المنتهكة جراء ذلك.

وفي إطار منهجية كهذه لا تعبأ واشنطن كثيرا بالأبعاد القانونية للصراعات ولا بالأصول أو المبادئ أو القواعد الدولية ذات الصلة بتسويتها بشكل متوازن وبدون انتقائية. التقاليد تؤكد أن واشنطن توظف مبادئ القانون الدولي ومقررات التنظيمات الدولية ذات الصلة بالكيفية وفي المناسبات التي تخدم منظوراتها ومصالحها. هذا علما بأن هذه المبادئ والمقررات تمثل أدوات ناجحة وفي متناول اليد لمن أراد تقعيد معظم -إن لم يكن كل- صراعات المنطقة على سكة الحلول النهائية.

وتتجلى بعض آيات منطق التمييز وازدواجية المعايير عند تأمل المقارنة الأمريكية متفاوتة الصلابة خلف قرارات بعينها لمجلس الأمن قياسا بقرارات أخرى؛ فواشنطن مثلا تبدي تصميما واضحا لتطبيق القرارات الخاصة بالقضية اللبنانية، كالقرارين 1559 و1701 فيما تفتر تماما أو "تتمايع" إذا ما تعلق الأمر بالقرارات الخاصة بالتسوية الفلسطينية.

3. اللاحل.. إستراتيجية أم تكتيك؟

علاوة على خاصية المعايير المزدوجة، بأكثر من معنى ومستوى، ثمة خصائص رديفة للسياسة الأمريكية الشرق أوسطية تعزز الاعتقاد بأن "اللاحل" يقع في حيز الإستراتيجية بأكثر من كونه مجرد تكتيك سياسي. من هذه الخصائص على سبيل الاجتهاد:

* ابتداع أو اجتراح خطط ومشروعات أمريكية ذاتية لحل الصراعات كبديل للمعالجات الدولية المستقرة أو الأكثر قبولا للشرعة القانونية الدولية واتساقا معها. ومن ذلك طرح خريطة الطريق عوض قرارات الأمم المتحدة مع قضية فلسطين، وطرح خطة بوش الإستراتيجية لتعظيم الوجود العسكري عوض تقرير لجنه بيكر-هاملتون الأكثر جذرية وإنصافا مع قضية احتلال العراق، وتخصيص جهد فائق لمعارضة المشروع النووي الإيراني وفقا لتكييفات أمريكية أو (إسرائيلية) لمصير هذا المشروع بدلا من الاحتكام لقواعد وقرارات الأمم المتحدة لإخلاء منطقة الشرق الأوسط بما فيها إسرائيل من أسلحة الدمار الشامل (كالقرار 687 لعام 1991 ومبادئ الوكالة الدولية للطاقة الذرية).

* تجزئة قضايا المنطقة وابتسار الحلول المطروحة لها ومحاولة الاستقراء بالتعامل معها بـ"القطاعي" وعبر مسارات ومدارات بعيدة عن النظرة الكلية والصفقات الشاملة. يتجلى ذلك في عزل المسار الفلسطيني عن نظائره منذ مؤتمر مدريد 1991، ثم معاكسة الاتجاه القائل موضوعيا بتقاطع قضايا المنطقة على غرار تقرير بيكر-هاملتون.

* ويتصل بمفهوم التجزئة بمعناه السابق رفض شراكة القوى الدولية، أو حتى الإقليمية في عمليات التسوية والبحث عن حلول للقضايا الساخنة.. اللهم إلا إن كانت هذه الشراكة في خدمة المنظورات والتقديرات الأمريكية الذاتية لهذه العمليات.

لوحظ مثلا عزل الأوروبيين عن الأبعاد السياسية للتسوية الفلسطينية، وتجيير أعضاء "الرباعية الدولية" الآخرين للمصادقة على المواقف الأمريكية والإسرائيلية تجاه هذه الأبعاد. لوحظ أيضا الضغط على جيران العراق، الإيرانيين والسوريين بخاصة، لأجل عدم التدخل في الشأن العراقي فور احتلال بغداد وسحق نظام صدام حسين، ثم استمالة ما يدعى بقوى الاعتدال (دول مجلس التعاون الخليجي ومصر والأردن) للمساعدة على إيجاد مخرج (أمريكي صرف) من الأزمة العراقية!. وربما لإعداد المسرح الإقليمي قبل توجيه ضربة عسكرية لإيران.

* تسكين الأزمات والصراعات بتحركات ثانوية شكلية توحي بالاهتمام صرفا للأنظار عن أجندة الأولويات الأمريكية الحقيقية. ويعد التعامل مع القضية الفلسطينية نموذجيّ الدلالة في هذا السياق؛ إذ استخدمت آلية التسكين هذه بتكرارية مملة. حدث ذلك عند الاستعداد للحرب على العراق عام 1991 حين وعدت واشنطن بحل القضية بعد الفراغ من "تحرير الكويت"، ثم قبيل غزو العراق واحتلاله الذي أتبعته خريطة الطريق. ويبدو أننا بصدد مثل آخر في المرحلة الراهنة التي تلوح فيها واشنطن بالدولة الفلسطينية المؤقتة بين يدي تكثيف وجودها العسكري في العراق ومياه الخليج بما يوحي بمبادرة عسكرية ضد إيران.

* التلاعب بأجندة الأولويات بطريقة بهلوانية ممجوجة.. وذلك بتقديم الأهداف المعلنة وتأخيرها، أي تحريكها صعودا أو هبوطا، بحسب الظروف والمعطيات ودرجات الاستجابة واحتمالات النجاح والإخفاق. آية ذلك أن واشنطن تحدثت في غضون السنوات الأربع الماضية عن إقرار الشرق الأوسط الكبير أو الموسع، وعن دمقرطة الحياة السياسية وإصلاحها في العالم العربي بدءا من العراق أو فلسطين، وعن محاربة الإرهاب بل واتخذت من تحقيق بعض هذه الأهداف شروطا لتسوية بعض صراعات المنطقة. غير أنها راحت تراوغ في متابعة هذه

الأهداف والدأب عليها كلما تيقنت من معاكسة هذه الشروط (الأهداف) لمصالحها أو مصالح حلفائها (إسرائيل وبعض النظم العربية).

وهكذا ابتلعت واشنطن (والأوربيون أيضا) لسانها وكفت عن حديثها المباح حول الديمقراطية والإصلاح مثلا حين تأكدت أنهما سيصعدان التيارات الإسلامية والقومية المناوئة لمصالحها الأخرى (النفطية أو الإسرائيلية وصيانة النظم العربية الصديقة المطواعة!).

4. الآفاق والمسئولية العربية

الشاهد أن واشنطن لم تفلح في حربها المزعومة على الإرهاب، ولا تشددت في التبشير بمشروعها للإصلاح والديمقراطية والحرية، ولا هي أقرت السلم الوطني والأهلي في العراق وفلسطين، ولا نزهت سياستها عن شبهة مساندة قوى ضد أخرى في لبنان، وصار حديثها عن الشرق الأوسط الجديد "الديمقراطي" مدعاة للسخرية.. وعندما ينصح أحدٌ الإدارة الأمريكية بتصحيح سياستها الشرق أوسطية عبر طرح حلول جدية لقضاياه العالقة انطلاقا من رفع الظلامة عن فلسطين المحتلة ووقف الغلو في مظاهرة العدوانية الإسرائيلية، لا تلقى هذه الإدارة أذنا صاغية.

أكثر من ذلك أنها تمتد في سياستها أكثر، وصولا إلى إشعال مزيد من الحرائق في المنطقة، وما تدخلها على خط الأزمة الصومالية وتربصها بإيران إلا نذير بمزيد من هذا الاحتداد.

قد تكون سمعة الولايات المتحدة تضررت بشدة بفعل هذه السياسة، سياسة "اللاحل" للأزمات الضالعة فيها وإيقاظ وافتعال أزمات أخرى بالمنطقة، غير أن حجم الأضرار الواقعة على أبناء المنطقة وأهلها العرب بخاصة أكبر بكثير من الخسائر المادية والمعنوية التي تنال المصالح الأمريكية.

ولذا فإن حديث الدبلوماسية الأمريكية عن الفوضى الخلاقة بالشرق الأوسط قد يكون ذا مغزى بالنسبة لهذه المصالح.. إن الفعل الخلاق والفعل الهادم مسائل نسبية. ولذا يصح الاعتقاد بأن سياسة اللاحل وتسطيح التسويات ربما كانت خلاقة من المنظور الأمريكي الصرف. ثم إن تدفق المصالح الأمريكية في الرحاب العربية، معطوفا على تعاون بعض العرب مع هذه السياسة وعدم بذل جهد حقيقي معارض لها، لا يغري صانع القرار في واشنطن بإعادة النظر فيها أو الاهتمام بالثرثرات المعاكسة لتوجهاته.

ولأن الأفق العربي لا يبشر بغير هذه المؤشرات والبيئة المواتية على الرغم من وجود قـوى ممانعـة هنا وهناك، فمن المنطقي الاعتقاد بأن المنطقة ستعيش -إلى إشعار آخر- في كنـف هـذه السياسـة، وأنـه لا توجد حلول قريبة لمعظم قضاياها الملحة بقوة أو المكنونة في الصدور وقـد تنفـث سـمومها في أيـة لحظـة حين تعطي واشنطن شارة البدء.

المبحث الخامس

توصيات لجنة بيكر/ هاملتون والاستراتيجية الامريكية الجديدة في العراق

أولاً: موجز توصيات لجنة بيكر/هاملتون حول العراق

اعتبرت المجموعة الأمريكية للدراسات حول العراق الوضع "خطيرًا ومتدهورًا (...) ولا سبيل يمكن أن يضمن النجاح، ولكن يمكن تحسين الفرص". وأوصت المجموعة في تقريرها الذي أصدرته بخفض دعم الولايات المتحدة "السياسي والعسكري والاقتصادي" للحكومة العراقية إذا لم تحرز تقدما جوهريا على صعيدي الأمن والمصالحة الوطنية.

كما أوصت بعدم تقديم التزام مفتوح بلا أجل محدد بإبقاء على قوات أمريكية كبيرة في العراق، ولم توصي بانسحاب فوري أو وضع جدول زمني محدد للانسحاب من العراق، لكنها حددت عام 2008 هدفا لسحب معظم الوحدات المقاتلة.

كما أوصت الإدارة بأن تعلن مجددا أنها لا تسعى للسيطرة على قطاع النفط في العراق وطالبتها، في إطار الجهود للتوصل إلى حل، بإظهار "التزام متجدد ومتواصل" من أجل التوصل إلى "خطة سلام شاملة" بين إسرائيل من جهة والفلسطينيين وسوريا ولبنان من جهة أخرى.

وأقرت اللجنة بقدرة سوريا وإيران على التأثير في أحداث العراق، وأوصت بمحاولة إشراكهما "بصورة بناءة".

وأعلن وزير الخارجية الأمريكي السابق جيمس بيكر والسناتور الديمقراطي السابق لي هاملتون، اللذان يرأسان المجموعة، في مؤتمر صحفي أنه "لا يمكن مواصلة النهج، ذاته، المستمر منذ الغزو لأنه غير مجد". ولفت هاملتون إلى أن قدرة الولايات المتحدة على حل الأزمة في العراق تتقلص، محذرًا من أن التكاليف الأمريكية يمكن أن تتجاوز تريليون دولار.

وشدد بيكر على أن "الإستراتيجية الحالية لم تعد قابلة للتنفيذ"، مشيرا إلى أن اللجنة أوصت "بزيادة القوات الأمريكية التي تدرب القوات العراقية إلى خمسة أمثالها".

ووصف الرئيس جورج بوش التقرير بأنه "تقويم قاس"، مؤكدا أنه سيتم "التعاطي معه بجدية". وقال عقب اجتماع مع أعضاء اللجنة قبيل نشر التقرير: "أبلغت أعضاء اللجنة أن هذه الإدارة ستتعاطى مع هذا التقرير الذي يحمل اسم "الطريق إلى الأمام" بشكل جدي للغاية. وأضاف: "أن هذه التقرير يقدم تقويما قاسيا للغاية للوضع في العراق. إنه تقرير يحمل بعض الاقتراحات المهمة، وسنتعاطى مع كل الاقتراحات بجدية شديدة، وسنبدأ بالعمل في الوقت المناسب".

وهنا النقاط الرئيسية في التقرير:

1- ينبغي على الولايات المتحدة العمل مع الحكومة العراقية لبدء "هجوم دبلوماسي" شامل جديد، للتعامل مع مشاكل العراق والمنطقة، قبل 31 ديسمبر 2006.

2- ينبغي أن تكون أهداف هذه الحملة الدبلوماسية الإقليمية: دعم وحدة العراق وسلامة أراضيه، ووقف التدخلات وأعمال زعزعة الاستقرار من جانب جيران العراق، وتأمين الحدود، بما في ذلك تسيير دوريات مشتركة مع دول الجوار، ومنع امتداد النزاعات وتعزيز المساعدات الاقتصادية والتجارية والدعم السياسي والمساعدات العسكرية، إن أمكن، للحكومة العراقية من الدول الإسلامية غير المجاورة، وتحفيز الدول على دعم المصالحة الوطنية في العراق، وتفعيل الشرعية العراقية عبر استئناف العلاقات الدبلوماسية، متى كان ذلك مناسبا، وإعادة فتح السفارات في بغداد، ومساعدة العراق في تأسيس سفارات نشطة في العواصم الرئيسية في المنطقة (الرياض مثلا)، ومساعدته على التوصل إلى اتفاق مقبول في شأن كركوك، ومساعدة الحكومة العراقية في وضع بنية صلبة في الجوانب الأمنية والسياسية والاقتصادية، بما في ذلك تحسين أدائها في قضايا مثل المصالحة الوطنية والتوزيع العادل لعائدات النفط وتفكيك الميليشيات.

3- استكمالا لهذه الحملة الدبلوماسية، ينبغي أن تدعم الولايات المتحدة والحكومة العراقية عقد مؤتمر أو اجتماع في بغداد لمنظمة المؤتمر الإسلامي أو الجامعة العربية، للمساعدة في تحقيق المصالحة الوطنية واستعادة حضورها الدبلوماسي في العراق. ولا يمكن أن تنجح هذه الحملة، ما لم تتضمن مشاركة فاعلة للبلدان التي لها دور ضروري في منع سقوط العراق في الفوضى.

وتشجيعا لمشاركة هذه الدول، على الولايات المتحدة أن تسعى فورا إلى إنشاء "المجموعة الدولية لدعم العراق" التي يجب أن تشمل جميع دول جوار العراق، فضلا عن غيرها من بلدان المنطقة والعالم. (أشار التقرير إلى أدوار محددة

لدول مثل السعودية ومصر وتركيا والأردن والكويت وسوريا وإيران، على رغم الـدور الـذي قـال إن الأخيرتين تلعبانه في دعم الميليشيات والتمرد).

4- يجب تشكيل "المجموعة الدولية لدعم العراق" فور بدء هذه الهجمة الدبلوماسية الجديدة، باعتبارهـا إحدى أدواتها.

5- ينبغي أن تتشكل هذه المجموعة من العراق وكل دول جواره، بما فيها إيران وسوريا، إضافة إلى الـدول الرئيسية في المنطقة، ومنها مصر ودول الخليج، والأعضاء الخمسة الدائمين في مجلس الأمـن والاتحـاد الأوروبي. ويمكن أن تنضم دول أخرى مثل ألمانيا واليابان وكوريا الجنوبية، التي قـد تكون مستعدة للمساهمة في حل سياسي ودبلوماسي.

6- الدبلوماسية الجديدة وعمل "المجموعة الدولية" ينبغي أن يتم بسرعة، وأن يكون علـى مسـتوى وزراء الخارجية أو أعلى. ويجب أن تتولى وزيرة الخارجية الأمريكية، إن لم يكن الرئيس، جهود الولايـات المتحدة التي يمكن أن تكون ثنائية أو متعددة الأطراف، حسبما تقتضي الظروف.

7- يجب أن تطلب "المجموعة الدولية" مشاركة مكتب الأمين العام للأمم المتحدة في عملهـا. وينبغـي أن يسمي الأمين العام مبعوثا خاصا له في المجموعة.

8- ينبغي أن تطور المجموعة نهجا محددا للتعاطي مع دول الجوار، يأخذ بعين الاعتبار مصالح هذه الدول واتجاهاتها ومساهماتها المحتملة.

إن التعامل مع إيران وسوريا مثار خلاف. ومع ذلك، نـرى أن أي أمـة، مـن وجهـة نظـر دبلوماسـية، يمكنها وينبغي عليها أن تشرك خصومها وأعداءها في محاولة لتسوية النزاعات والخلافات تماشيا مـع مصالحها. وعليه، فإن على "المجموعة الدولية" إشراك إيران وسوريا في حوارها الـدبلوماسي مـن دون شروط مسبقة. وترى "مجموعة الدراسات حول العراق" أن العلاقـات الأمريكيـة مـع سـوريا وإيران تشمل قضايا صعبة يجب أن تحـل. لكـن ينبغـي إجـراء محادثـات دبلوماسية مكثفة وموضوعية، تتضمن قدرًا من توازن المصالح. ويجب أن تضع واشـنطن في اعتبارهـا نظام الحوافز لإشراك سوريا وإيران، كما حدث بنجاح مع ليبيا.

9- يجب على الولايات المتحدة أن تنخرط مباشرة مع إيران وسوريا في محاولة للحصول علـى الـتزام منهما بسياسات بناءة تجاه العراق والقضايا الإقليمية الأخرى. وعلى واشـنطن التفكـير في الحوافز وكذلك العقبات، في سعيها إلى

نتيجة ايجابية. وينبغي البحث في إمكان تكرار التعاون الإيراني- الأمريكي في أفغانستان، لتطبيقه على الحال العراقية، على رغم أن إيران ترى أن من مصلحتها أن تغوص الولايات المتحدة في مستنقع العراق.

10- يجب أن يستمر التعامل مع مسألة البرنامج النووي الإيراني عبر مجلس الأمن وأعضائه الخمسة الدائمين، إضافة إلى ألمانيا.

11- يجب أن تسعى "المجموعة الدولية" إلى إقناع إيران، عبر الجهود الدبلوماسية، بأن عليها اتخاذ خطوات محددة لتحسين الوضع في العراق. كذلك، وعلى رغم أن العلاقة بين الولايات المتحدة وسوريا في أدنى مستوياتها، فإن المصالح السورية في النزاع العربي- الإسرائيلي مهمة ويمكن تحريكها. ونوصي بما يلي:

12- يجب إقناع سوريا بمصلحتها وتشجيعها على المساهمة في خطوات مثل مراقبة حدودها مع العراق إلى أقصى حد ممكن، وتسيير دوريات مشتركة مع العراقيين على الحدود، وإنشاء خطوط لتبادل المعلومات، وزيادة التعاون السياسي والاقتصادي مع العراق.

وفي سياق إقليمي أوسع، لن تكون الولايات المتحدة قادرة على تحقيق أهدافها في الشرق الأوسط ما لم تتعامل مباشرة مع الصراع العربي- الإسرائيلي. يجب أن يكون هناك التزام متجدد ومستمر بتسوية شاملة بين العرب والإسرائيليين على جميع الجبهات: لبنان وسوريا وفلسطين. وهذا الالتزام يجب أن يشمل المحادثات المباشرة مع وبين إسرائيل ولبنان والفلسطينيين الذين يقبلون بحق إسرائيل في الوجود، ولا سيما سوريا التي تعتبر نقطة العبور الرئيسية لنقل الأسلحة إلى "حزب الله" وتدعم مجموعات فلسطينية متطرفة. ولا حل عسكريا لهذا الصراع.

13- يجب أن يكون هناك التزام متجدد ومستمر من الولايات المتحدة بتسوية سلمية شاملة بين العرب والإسرائيليين على الجبهات كافة.

14- هذا الجهد يجب أن يشمل الدعوة غير المشروطة في اقرب وقت ممكن إلى اجتماعات تحت رعاية الولايات المتحدة أو اللجنة الرباعية الدولية، بين إسرائيل ولبنان وسوريا من جهة، وإسرائيل والفلسطينيين من جهة أخرى، بغرض التفاوض حول السلام كما حدث في مؤتمر مدريد العام 1991، على مسارين منفصلين أحدهما سوري ولبناني، والآخر فلسطيني.

15- يجب أن تشمل المفاوضات مع سوريا في شأن السلام بعض العناصر، وهي الامتثال الكامل لقرار مجلس الأمن 1701 الذي يوفر إطارا لاستعادة لبنان سيادته، والتعاون الكامل مع التحقيق في كل الاغتيالات السياسية في لبنان، لا سيما رفيق الحريري وبيار الجميل، والتحقق من وقف المساعدات إلى "حزب الله" واستخدام الأراضي السورية لنقل الأسلحة من إيران إليه، وأن تستخدم سوريا نفوذها لدى "حزب الله" و"حماس" لإطلاق الجنود الإسرائيليين الأسرى، والتحقق من وقف سوريا محاولات تقويض الحكومة المنتخبة ديمقراطيا في لبنان، والتحقق من وقف شحنات الأسلحة من سوريا إلى "حماس" أو غيرها من الجماعات الفلسطينية المتشددة، وأن تساعد سوريا في الحصول على التزام من "حماس" بالاعتراف بحق إسرائيل في الوجود.

16- وفي مقابل هذه الإجراءات وفي سياق اتفاق سلام شامل آمن، يعيد الإسرائيليون الجولان، مع ضمانات أمريكية لأمن إسرائيل، يمكن أن تضم قوة دولية على الحدود، بما في ذلك قوات أمريكية، إذا طلب الطرفان.

17- فيما يخص القضية الفلسطينية، يجب التمسك بقراري مجلس الأمن 242 و338 ومبدأ الأرض مقابل السلام، باعتبارها الأساس الوحيد لتحقيق السلام، وتقديم دعم قوي للرئيس الفلسطيني محمود عباس والسلطة الفلسطينية لأخذ زمام المبادرة في تمهيد الطريق لإجراء مفاوضات مع إسرائيل، وبذل جهد كبير في دعم وقف إطلاق النار، وتقديم الدعم لحكومة الوحدة الوطنية الفلسطينية، وعقد مفاوضات تعالج قضايا الوضع النهائي الخاصة بالحدود والمستوطنات والقدس وحق العودة ونهاية الصراع.

18- من الضروري للغاية بالنسبة إلى الولايات المتحدة أن تقدم مزيدًا من الـدعم السياسي والاقتصادي والعسكري لأفغانستان، بما في ذلك الموارد التي قد تصبح متاحة إذا انسحبت القوات من العراق.

19- على الرئيس وفريق الأمن القومي التابع له أن يظلا على اتصال قريب ومستمر مع القيادة العراقية. وهذه الاتصالات يجب أن تبعث برسالة واضحة: يجب أن تتحرك الحكومة العراقية لتحقيق تقدم ملموس.

20- على الولايات المتحدة أن توضح استعدادها لمواصلة تدريب قوات الأمن العراقية ومساعدتها ودعمها، والاستمرار في تقديم الدعم السياسي والعسكري والاقتصادي للحكومة العراقية. فكلما أصبح العراق أكثر قدرة على ممارسة

مهمات الدفاع والحكم، كان خفض الوجود العسكري والمدني الأمريكي في العراق ممكنا.

21- وفي حال لم تحقق الحكومة العراقية تقدما ملموسا على طريق المصالحة الوطنية وتحقيق الأمن وتثبيت الحكم، ينبغي على الولايات المتحدة أن تخفض الدعم السياسي أو العسكري أو الاقتصادي لها.

22- ينبغي أن يعلن الرئيس الأمريكي أن بلاده لا تسعى إلى إقامة قواعد عسكرية دائمة في العراق. وإذا طلبت الحكومة العراقية إقامة قاعدة مؤقتة أو قواعد، فعلى الولايات المتحدة أن تنظر في هذا الطلب كأي طلب من حكومة دولة أخرى.

23- يجب أن يؤكد الرئيس الأمريكي مجددا أن الولايات المتحدة لا تسعى إلى السيطرة على نفط العراق.

24- الجدول الزمني الذي وضعته حكومة نوري المالكي لبعض المهمات في نهاية 2006 أو مطلع 2007، قد لا يكون واقعيا. وينبغي أن يكتمل بحلول الربع الأول من العام 2007.

25- يجب أن تتشاور الولايات المتحدة عن كثب مع الحكومة العراقية لوضع أهداف إضافية في ثلاثة مجالات: المصالحة الوطنية، والأمن، وتحسين الخدمات التي تمس الحياة اليومية للعراقيين. وينبغي أن توضع جداول زمنية لتنفيذ هذه الأهداف.

26- مراجعة الدستور العراقي أمر أساسي لتحقيق المصالحة الوطنية ويجب أن يتم ذلك في شكل عاجل. والأمم المتحدة لديها خبرة في هذا المجال، ويجب أن تلعب دوراً في هذه العملية.

27- تتطلب المصالحة الوطنية إعادة البعثيين والقوميين العرب إلى الحياة الوطنية، مع رموز نظام صدام حسين. على الولايات المتحدة أن تشجع عودة العراقيين المؤهلين من السنة أو الشيعة أو القوميين أو البعثيين السابقين أو الأكراد إلى الحكومة.

28- تقاسم العائدات النفطية. يجب أن تعود عائدات النفط إلى الحكومة المركزية ويتم اقتسامها على أساس عدد السكان.

29- يجب أن تجري انتخابات المحافظات في أقرب وقت ممكن. وبموجب الدستور الجديد، يجب أن تكون هذه الانتخابات أجريت بالفعل. وهي ضرورية لاستعادة حكومة تمثيلية.

30- في ضوء الوضع الخطير في كركوك، هناك ضرورة للتحكيم الدولي لتجنب العنف الطائفي. كركوك يمكن أن تكون برميل بارود. وإجراء استفتاء حول مصير كركوك قبل نهاية عام 2007، كما يقضي الدستور العراقي، سيكون انفجارا؛ لذا يجب تأخيره. وهذه مسألة يجب أن تدرج على جدول أعمال "المجموعة الدولية لدعم العراق" في إطار عملها الدبلوماسي.

31- يجب أن تكون مبادرات العفو متاحة. ونجاح أي جهد في المصالحة الوطنية يجب أن يشمل إيجاد سبل للتوفيق بين ألد الأعداء السابقين.

32- يجب حماية حقوق المرأة وجميع الأقليات في العراق، بما في ذلك التركمان والآشوريين والكلدانيين والأيزيديين والصابئة والأرمن.

33- على الحكومة العراقية الكف عن تسييس المنظمات غير الحكومية أو وقف نشاطها. يجب أن يكون التسجيل إجراء إداريا فقط وليس مناسبة للرقابة وتدخل الحكومة.

34- يجب أن يكون مستقبل وجود القوات الأمريكية على بساط البحث في جهود المصالحة الوطنية. وزيادة إمكان مشاركة قادة التمرد والميليشيات، وبالتالي زيادة احتمالات نجاح هذه الجهود.

العنف لن ينتهي ما لم يبدأ الحوار، والحوار يجب أن يشمل من يسيطرون على السلطة. وعلى الولايات المتحدة أن تحاول التحدث مباشرة مع آية الله العظمى علي السيستاني، والتحدث مباشرة مع مقتدي الصدر وقادة الميليشيات وزعماء المتمردين. الأمم المتحدة يمكن أن تساعد في تسهيل الاتصالات.

35- الولايات المتحدة يجب أن تبذل جهودًا نشطة لإشراك جميع الأطراف في العراق، باستثناء تنظيم "القاعدة". لكن التركيز الشديد على الهوية الطائفية يهدد فرصا أوسع للحصول على دعم وطني للمصالحة.

36- على الولايات المتحدة أن تشجع الحوار بين الجماعات الطائفية. ويجب أن تكون الحكومة العراقية أكثر سخاء فيما يتعلق بموضوع العفو عن المسلحين.

37- يجب ألا تعوق الولايات المتحدة مشاريع العفو العراقية، سواء عبر السلطة التنفيذية أو التشريعية.

38- على الولايات المتحدة تأييد وجود خبراء دوليين محايدين كمستشارين للحكومة العراقية في عمليات نزع السلاح وإعادة الاندماج وإنهاء التعبئة.

39- على الولايات المتحدة تقديم دعم مالي وتقني وإنشاء مكتب واحد في العراق لتنسيق المساعدة للحكومة العراقية ومستشاريها الخبراء لمساعدة برنامج لنزع سلاح أعضاء الميليشيات وإعادة دمجهم وإنهاء تعبئتهم.

ليس هناك عمل للجيش الأمريكي يمكن أن يحقق وحده النجاح في العراق، إنما هناك أفعال يمكن أن تقوم بها الحكومتان الأمريكية والعراقية لزيادة احتمال تجنب الكارثة هناك وزيادة فرص النجاح. وعلى الحكومة العراقية تسريع برنامج المصالحة الوطنية الذي توجد هناك حاجة ماسة إليه، وفي تسليم القوات العراقية المسؤوليات الأمنية. كما يمكن الولايات المتحدة أن تزيد عدد العسكريين الأمريكيين المنضوين في الوحدات العسكرية العراقية. ومثل هذه الخطوة قد تزيد أعداد الجنود الأمريكيين المنضوين في الوحدات العراقية المنتشرة من ثلاثة أو أربعة آلاف منتشرين الآن، إلى ما بين عشرة وعشرين ألفا. كما ستكون مهمة أخرى للقوات الأمريكية مساعدة الفرق العسكرية العراقية بالاستخبارات والمواصلات والدعمين الجوي واللوجستي وتوفير بعض المعدات. وسيكون على الجيش الأمريكي الحفاظ على فرق تدخل سريع وأخرى خاصة لتنفيذ عمليات عسكرية ضد تنظيم "القاعدة" في العراق عندما تسنح الفرصة. وسيتحسن أداء القوات العراقية في شكل كبير لو كان في حوزتها معدات أفضل. وقد يكون أحد مصادر هذه المعدات هو تلك التي تتركها الفرق العسكرية الأمريكية المغادرة خلفها، فيما تكمن الطريقة الأسرع للحصول عليها عبر برنامجنا لمبيعات الأسلحة إلى الخارج.

وفيما نمضي قدما بهذه الخطوات، يمكننا البدء بسحب القوات الأمريكية من العراق.

وحتى بعد أن تسحب الولايات المتحدة كل فرقها القتالية خارج العراق، سنبقي على وجود عسكري مهم في المنطقة، مع قوتنا المهمة في العراق وانتشارنا الجوي والبري والبحري في الكويت والبحرين وقطر ووجود أكبر في

أفغانستان. وستسمح هذه القوات للولايات المتحدة، وبمساعدة الحكومة العراقية، بتنفيذ مهمات بينها ردع تدخلات سورية وإيرانية مدمرة أكثر.

40- على الولايات المتحدة ألا تقدم التزاما مفتوحا لإبقاء عدد كبير من الجنود الأمريكيين منتشرين في العراق.

41- على الولايات المتحدة أن توضح للحكومة العراقية أنها يمكنها تنفيذ خططها وبينها عمليات إعادة انتشار مخطط لها، حتى لو لم ينفذ العراق تغييراته المخطط لها أيضا. لا يمكن أن تبقى الحاجات الأمنية الأخرى للولايات المتحدة ومستقبل جيشها رهينة لأفعال الحكومة العراقية أو عجزها.

42- علينا السعي إلى استكمال عملية التدريب والتسليح في حلول الربع الأول من عام 2008، كما أفاد الجنرال جورج كايسي في 24 تشرين الأول (أكتوبر) عام 2006.

43- الأولويات العسكرية في العراق يجب أن تتغير، مع منح الأولوية الأعلى إلى التدريب والتسليح والاستشارة وعمليات الدعم ومكافحة الإرهاب.

44- يجب إلحاق أكثر العناصر العسكرية والضباط كفاءة في القوات الأمريكية، بالفرق المنضوية في الوحدات العراقية.

45- على الولايات المتحدة دعم تقديم مزيد من العتاد إلى الجيش العراقي عبر تشجيع الحكومة العراقية على تسريع عمليات الشراء الأجنبية، وترك بعض أسلحة ومعدات الفرق القتالية الأمريكية لدى انسحابها من العراق.

46- سيبذل وزير الدفاع الأمريكي الجديد كل جهد لبناء علاقات عسكرية مدنية سليمة عبر توفير أجواء يمكن خلالها الضابط العسكري الرفيع تقديم المشورة المستقلة ليس إلى القيادة المدنية في البنتاغون فحسب، بل إلى الرئيس ومجلس الأمن القومي.

47- فيما تتواصل عملية إعادة الانتشار، على قيادة البنتاغون التشديد على برامج التدريب والتثقيف للقوات العائدة إلى الولايات المتحدة لإعادة تنضيدها لتستعيد درجة عالية من الجهوزية لعمليات انتشار عالمية.

48- وفيما تعود المعدات العسكرية إلى الولايات المتحدة، على الكونغرس تخصيص أموال كافية لاستعادة عمل هذه المعدات خلال السنوات الخمس المقبلة.

49- على الإدارة وباستشارة كاملة مع اللجان المختصة في الكونغرس تقويم التأثير المستقبلي الكامل للحرب في العراق وانعكاساتها المحتملة على الجهوزية المستقبلية لهذه القوة، وقدرتها على التجنيد والحفاظ على موظفين كفوئين.

50- يجب نقل الشرطة الوطنية العراقية إلى وزارة الدفاع حيث ستصبح الوحدات الخاصة جزءًا من الجيش العراقي الجديد.

51- يجب نقل شرطة الحدود العراقية بأكملها إلى وزارة الدفاع التي ستتولى المسئولية الكاملة عن السيطرة على الحدود والأمن الخارجي.

52- يجب منح جهاز الشرطة العراقية مسئوليات أكبر لإجراء تحقيقات جنائية، فيما عليها تعزيز تعاونها مع عناصر أخرى في الجهاز القضائي العراقي، لتحسين السيطرة على الجريمة وحماية المدنيين العراقيين.

53- يجب إخضاع وزارة الداخلية العراقية إلى عملية تحويل تنظيمية تتضمن جهودًا لتوسيع قدرات الوحدة الرئيسية لمكافحة الجريمة وفرض مزيد من السيطرة على قوات الشرطة المحلية. ويجب نقل السلطة الوحيدة لدفع مرتبات الشرطة المحلية إلى وزارة الداخلية.

54- على وزارة الداخلية العراقية المضي قدمًا في الجهود الحالية لتحديد وتسجيل والسيطرة على جهاز حماية المنشآت.

55- على وزارة الدفاع الأمريكية مواصلة مهمتها تدريب الشرطة الوطنية العراقية وشرطة الحدود العراقية التي يجب نقلها إلى وزارة الدفاع.

56- على وزارة العدل الأمريكية توجيه مهمة تدريب قوات الشرطة الباقية ضمن سلطة وزارة الداخلية.

57- وفيما تنضوي فرق التدريب العسكرية الأمريكية في الوحدات العسكرية الأمريكية، يجب توسيع عملية انضواء المدربين الأمريكيين في الشرطة.

58- على مكتب التحقيقات الفيدرالي توسيع تدريبه التحقيقي ومنشآته في العراق، ليشمل الإرهاب أيضا.

59- على الحكومة العراقية توفير الأموال لزيادة عدد السيارات وأجهـزة الاتصالات وتطويرهـا لـدى جهـاز الشرطة.

60- يجب تولي وزارة العدل الأمريكي قيادة عمل التحول التنظيمي في وزارة الداخلية.

61- يجب دعـم وتمويـل البـرامج التـي تقودهـا وزارة العـدل لإنشاء المحـاكم وتـدريب القضـاة وإيجـاد المؤسسات والممارسات لمكافحة الفساد.

62- يجب على الحكومة الأمريكية، وفي أقرب وقت، توفير المساعدة التقنية إلى الحكومة العراقية، للتحضير لقانون نفط عراقي يحدد حقوق الحكومات الإقليمية والمحلية.

63- على الولايات المتحدة تشجيع الاستثمار في القطاع النفطي العراقي عبر المجتمع الدولي وشركات الطاقة الدولية.

64- يجب زيادة المساعدة الاقتصادية الأمريكية لتصل إلى درجة خمسة بلايين دولار سنويا.

65- يجب أن تكون المشاركة الأوسع للشركاء الدوليين، الذين عليهم أن يفعلـوا أكثر مـن مجـرد تقـديم الأموال، جزءًا أساسيا من جهود إعادة الإعمار في العراق.

66- يجب أن تقود الولايات المتحدة تمويل طلبات المفوض الأعلى لشئون اللاجئين ووكالات إنسانية أخرى.

67- على الرئيس الأمريكي إيجاد منصب مستشار لإعادة الإعمار الاقتصادي في العراق.

68- على رئيس المهمة في العراق، أن تكون لديه السلطة لإنفاق مبالغ مهمة عـبر برنامج القائـد للـرد الطارئ.

69- يجب تجديد سلطة المفتش العام لإعادة إعمار العراق خلال فترة برامج المساعدة في العراق.

70- يجب تشكيل وتنفيذ برنامج مساعدة أمنية أكثر ليونة للعراق، لكسر الحواجز أمام تعاون فاعل بين الوكالات.

71- يجب توفير السلطات المطلوبة لدمج الأموال الأمريكية وتلك القادمة من المتبرعين الدوليين والمشاركين العراقيين.

72- يجب تضمين تكاليف الحرب في العراق في الموازنة السنوية للرئيس بدءا من السنة المالية 2008.

73- على وزيرة الخارجية ووزير الدفاع ومدير الاستخبارات الوطنية منح الأولوية القصوى للتدريب اللغوي والثقافي في شكل عام، وخصوصا للضباط والعسكريين المكلفين مهمات في العراق.

74- على المدى القصير، وإذا لم يتقدم عدد كاف من المتطوعين المدنيين، فعلى الوكالات المدنية شاغر هذه الوظائف.

75- على المدى البعيد، تحتاج الولايات المتحدة من أجل تحسين قدرة وكالاتها على الرد إلى عمليات استقرار معقدة كتلك في العراق وأفغانستان.

76- على وزارة الخارجية تدريب موظفيها لتولي مهمات مدنية مرتبطة بعملية استقرار معقدة خارج السفارة التقليدية.

77- على مدير الاستخبارات الوطنية ووزير الدفاع تخصيص موارد تحليلية أكبر لمهمة فهم التهديدات ومصادر العنف في العراق.

78- وعلى مدير الاستخبارات الوطنية ووزير الدفاع أيضاً إجراء تغييرات فورية على عملية جمع المعطيات عن العنف ومصادره في العراق، لتوفير صورة أكثر دقة عن الأحداث على الأرض.

79- على وكالة الاستخبارات المركزية (سي آي آي) توفير جنود أكثر في العراق لتطوير وكالة استخبارات فاعلة وتدريبها وبناء مركز لمكافحة الإرهاب يمكنه تسهيل جهود مكافحة الإرهاب بقيادة الاستخبارات.

ثانيا : نص الإستراتيجية الأمريكية الجديدة للرئيس بوش في العراق

تحت هذا العنوان وفي خطاب متلفز وجهه إلى الشعب الأمريكي ليلة العاشر من يناير 2007، أعلن الرئيس الأمريكي جورج بوش عن خطته الداعية إلى إرسال خمسة ألوية عسكرية أمريكية إضافية إلى العراق لدعم العمليات التي يقوم بها الجيش العراقي داخل وحول العاصمة بغداد، ولواءين من قوات المارينز إلى محافظة الانبار للمساعدة في العمليات ضد تنظيم القاعدة في تلك المنطقة.

وقال بوش إن آمال الولايات المتحدة الأولية في العام 2005 بحصول تقدم سياسي في العراق "قد طغت عليها" أعمال العنف الطائفي التي سادت البلاد في العام 2006، وأن الوضع الحالي في العراق "غير مقبول للشعب الأمريكي وليس مقبولا لي"، مضيفا أن الإستراتيجية الحالية في العراق تحتاج إلى التغيير، وحيث "ارتكبت الأخطاء فإنني أتحمل مسؤوليتها".

وقال إن الحكومة العراقية تدرك أن "التزام أمريكا ليس مفتوح النهاية"، وإن لم تنفذ الحكومة العراقية التزاماتها فإنها "ستفقد دعم الشعب الأميركي - وستفقد تأييد الشعب العراقي كذلك".

وفيما يلي نص الإستراتيجية الجديدة التي أعلنها الرئيس بوش، وبيان حقائق صادر من البيت الأبيض حول هذه الإستراتيجية:

نص الإستراتيجية الجديدة التي أعلنها الرئيس بوش:

1- الإستراتيجية الجديدة ستغير مسار أمريكا في العراق وتساعدنا على النجاح في الحرب على الإرهاب.

عندما تحدثت إليكم قبل أكثر من عام صوت حوالي (12) مليون عراقي من اجل عراق موحد وديمقراطي، انتخابات 2005 كانت انجازا باهرا واعتقدنا أن هذه الانتخابات سوف توحد العراقيين في الوقت الذي نقوم فيه بتدريب القوات الأمنية ليمكننا تحقيق مهمتنا بإعداد من القوات الأمريكية الصلبة، ولكن في عام 2006 حدث العكس، العنف في العراق خاصة في بغداد بدد المكاسب السياسية التي أحرزها العراقيون، الإرهابيون من القاعدة والمتمردون السنة أدركوا المخاطر الفتاكة التي تمثلها الانتخابات العراقية على قضيتهم وقد ردوا بأعمال عنف وقتل موجه ضد العراقيين الأبرياء، وقاموا بتفجير احد أقدس المراقد الشيعية الإسلامية وفي جهد محسوب لاستفزاز العراقيين الشيعة ودفعهم إلى الرد.

2- هذه الإستراتيجية نجحت وعناصر شيعية راديكالية، البعض مدعوم من إيران، شكلوا فرق موت والنتيجة كانت حلقة عنيفة من العنف الطائفي.

الموقف في العراق غير مقبول بالنسبة للشعب الأمريكي وغير مقبول بالنسبة لقواتنا في العراق التي حاربت بشجاعة وعملت كل شيء طلبناه منهم والأخطاء التي ارتكبت أنا أتحملها شخصيا، من الواضح أننا نحتاج إلى تغيير إستراتيجيتنا في العراق، وفريق الأمن القومي الأمريكي والقادة العسكريون والدبلوماسيون قاموا بمراجعة شاملة واستشاروا أفرادا من الكونغرس من الحزبين ومن الحلفاء في الخارج ومن خبراء مميزين واستفدنا من توصيات لجنة دراسة العراق، وفي النقاشات اتفقنا على أنه لا توجد صيغة سحرية للنجاح في العراق وأن الرسالة كانت واضحة وهي أن عواقب الفشل كارثية وواضحة، المتطرفون الإسلاميون سيزدادون عددا ويكتسبون المزيد من المتطوعين وسوف يكونون في موقف أفضل بتهديد الحكومات المعتدلة وخلق فوضى في المنطقة واستعمال عوائد النفط لتمويل طموحاتهم وإيران سوف تتشجع أكثر في سعيها لامتلاك الأسلحة النووية.

3- أعداؤنا كان يمكن أن يكون لهم ملجأ آمن تنطلق منه الهجمات على الشعب الأمريكي.

4- أمريكا يجب أن تنجح في العراق من أجل سلامة الشعب الأمريكي.

5- الأولوية الملحة في العراق هي الأمن خاصة في بغداد، (80%) من العنف الطائفي في بغداد يحدث على بعد (30) ميلا من العاصمة وهذا العنف يقسم بغداد إلى بؤر طائفية ويزعزع ثقة جميع العراقيين، فقط العراقيون يستطيعون إنهاء العنف الطائفي وتأمين شعبهم، والحكومة العراقية قامت بوضع خطة طموحة لتحقيق ذلك.

6- جهودنا السابقة لتأمين بغداد فشلت لسببين رئيسيين، لم تكن هناك قوات أمريكية وعراقية كافية لتطهير المواقع والاحتفاظ عليها وكانت هناك قيود على القوات، القادة العسكريون راجعوا الخطة العراقية الجديدة للتأكد من أنها ستتطرق إلى هذه الأخطاء وقالوا إنها بالفعل تحقق الأهداف وقالوا أيضا إن هذه الخطة يمكن أن تنجح.

دعوني أشرح العناصر الرئيسية لهذا الجهد:

الحكومة العراقية ستقوم بتعيين قائد عسكري ونائبين له لمنطقة بغداد.

الحكومة العراقية ستقوم بنشر وحدات من الجيش العراقي والشرطة في (9) مناطق في بغداد وعندما يتم نشر هذه القوات بشكل كامل ستكون هناك (18) لواء عراقيا من عناصر الجيش والشرطة وهذه القوات العراقية ستعمل من مراكز الشرطة المحلية وتقوم بعمل دوريات ووضع نقاط تفتيش والذهاب إلى البيوت من أجل اكتساب ثقة السكان، وهذا التزام قوي.

ولكن من أجل النجاح: القادة العسكريون يقولون إن العراقيين يحتاجون إلى مساعدتنا، أمريكا سوف تغير إستراتيجيتها لمساعدة العراقيين على القيام بالحملة الكفيلة بوضع حد للعنف الطائفي وتأمين الوضع في بغداد وهذا يتطلب زيادة مستوى عدد القوات الأمريكية، وقد التزمت إرسال أكثر من (20) ألف من الجنود الأمريكيين إلى بغداد (5) ألوية ستنتشر في منطقة بغداد وهذه القوات ستعمل إلى جانب الوحدات العراقية وستلتحق بالتشكيلات العراقية، وبالطبع ستكون لها مهمة واضحة وهي مساعدة العراقيين على تأمين وتطوير الأحياء وحماية السكان المحليين والمساعدة على التأكد أن القوات العراقية قادرة على تأمين منطقة بغداد، الكثير يقولون أنه لماذا سينجح هذا الجهد في الوقت الذي فشلت فيه الجهود السابقة لتأمين بغداد، وأقول أن هذه هي الفروقات، في العمليات السابقة القوات العراقية والأمريكية قامت بتطهير الكثير من الأحياء من الإرهابيين والمتمردين ولكن عندما انتقلت إلى أهداف أخرى عاد القتلة، ولكن في هذه المرة سيكون لنا عدد كاف من القوات للاحتفاظ بالمناطق الذي طهرناها في العمليات السابقة.

التدخلات السياسية والطائفية منعت القوات الأمريكية والعراقية من التوجه للأحياء التي يسكن فيها أولئك الذين يغذون العنف ولكن في هذه المرة القوات العراقية والأمريكية سيكون لديها الضوء الأخضر للاحتفاظ بهذه المناطق ورئيس الوزراء المالكي تعهد بأن التدخلات السياسية والطائفية لن يتم التسامح معها وقد أوضحت لرئيس الوزراء والقادة العراقيين الآخرين أن التزام أمريكا غير مفتوح، وإذا لم تقم الحكومة العراقية بتحقيق وعودها فإنها ستخسر دعم الشعب الأمريكي ودعم الشعب العراقي وقد حان الوقت الآن للتصرف، ورئيس الوزراء العراقي يفهم هذا.

هذا ما قاله المالكي لشعبه في الأسبوع الماضي، خطة أمن بغداد لم توفر ملجأ آمنا للخارجين عن القانون بغض النظر عن انتماءاتهم السياسية أو الطائفية وهذه الإستراتيجية الجديدة لن ينجم عنها نهاية مباشرة وفورية للتفجيرات الانتحارية أو الاغتيالات أو القنابل الارتجالية ولن يبخل الإرهابيون بأي شيء من أجل التأكد من صور القتل والدمار التي نراها على شاشات التلفزيون.

القوات العراقية سوف تستمر في ملاحقة القتلة وسوف تكتسب ثقة سكان بغداد، وعندما يحدث هذا تتحسن الحياة اليومية ويكتسب العراقيون ثقة في حكامهم وستكون هناك فرصة لإحراز التقدم في المجالات الحيوية الأخرى، معظم السنة والشيعة في العراق يريدون العيش معا بسلام، وتخفيض العنف في بغداد سيجعل المصالحة ممكنة.

الإستراتيجية الناجحة للعراق تتجاوز العمليات العسكرية، المواطنون العراقيون العاديون يجب أن يروا أن العمليات العسكرية يرافقها تحسن ملموس في أحيائهم ومجتمعاتهم، أمريكا سوف تتأكد من محاسبة الحكومة العراقية على هذه المعالم على الطريق، الحكومة العراقية ستضطلع بمسؤولياتها الأمنية في كل المحافظات بحلول نوفمبر وستمنح كل مواطن عراقي حصة في الاقتصاد العراقي وسيكون هناك سن لتشريعات لتوزيع الثروة النفطية والحكومة العراقية ستنفق (10) مليارات دولار على أعمار العراق ومشاريع الأعمار التي ستوفر وظائف جديدة.

ولتمكين القادة المحليين، العراقيون يعتزمون إجراء انتخابات محلية في وقت لاحق هذا العام والسماح للمزيد من العراقيين في دخول الحياة السياسية، والحكومة العراقية ستقوم بإصلاح قانون اجتثاث البعث وأيضا ستكون هناك عملية للنظر في إدخال تعديلات على الدستور.

أمريكا ستغير نهجها لمساعدة الحكومة العراقية وهي تحقق هذه المعالم على الطريق، وتمشيا مع توصيات لجنة دراسة العراق سوف نقوم بإلحاق وحدات أمريكية وسيكون هناك لواء مع كل فرقة عراقية وسنساعد العراقيين على بناء جيش عراقي أكبر مسلح تسليحا أفضل وهذه هي المهمة الأمنية الأساسية للولايات المتحدة في العراق.

سوف تكون هناك مرونة في مجال المساعدات الاقتصادية وسنضاعف عدد فرق الإعمار الإقليمية وهذه الفرق يجلب معا خبراء مدنيين وعسكريين لمساعدة المجتمعات العراقية على الوصول إلى المصالحة وتقوية المعتدلين وتسريع عملية الاعتماد الذاتي العراقي.

الوزيرة رايس ستقوم بتعيين منسق للأعمار في بغداد والتأكد من أن الأموال تنفق بشكل سليم، ونحن إذ نقوم بهذه التغييرات سوف نستمر في ملاحقة القاعدة والمقاتلين الأجانب، القاعدة لا تزال نشطة في العراق وقاعدتها هي محافظة الأنبار، القاعدة ساعدت على جعل الأنبار أكثر المناطق في العراق عنفا، وهناك وثيقة تابعة للقاعدة تقول أن الإرهابيين يعتزمون السيطرة على الأنبار وهذا يمكنهم من تحقيق أهدافهم لتقويض الديمقراطية العراقية وبناء إمبراطورية إسلامية وإطلاق هجمات جديدة على الولايات المتحدة هنا وفي الخارج.

قواتنا العسكرية في الأنبار يقتلون ويأسرون قادة القاعدة ويحمون السكان المحليين، مؤخرا القادة القبليون المحليون يظهرون استعدادا لمواجهة القاعدة ونتيجة لذلك القادة العسكريون يعتقدون أنه لدينا فرصة لضرب الإرهابيين ضربا موجعا، لقد أعطيت أوامري لزيادة عدد القوات الأمريكية في الأنبار بنسبة (4) آلاف جندي وسنعمل مع القوات العراقية من أجل الاستمرار في الضغط على الإرهابيين.

الأمريكيون من الرجال والنساء في القوات المسلحة لم يمكنوا القاعدة من إعادة إنشاء وإقامة ملجأ آمن في العراق، ونحن نحتاج إلى الدفاع عن وحدة أراضي العراق وجلب الاستقرار إلى هذه المنطقة وهذا يبدأ بالتطرق إلى موضوع إيران وسوريا، هذان النظامان يسمحان للإرهابيين والمتمردين لاستخدام أراضيهما في التحرك من وخارج العراق.

إيران تقوم بتوفير مادي للهجمات على القوات الأمريكية وسوف نعطل هذه الهجمات ونعطل تدفق الدعم الإيراني والسوري، وسوف ندمر الشبكات التي تقدم أسلحة متقدمة وتدريب أعدائنا في العراق.

أيضا نقوم باتخاذ إجراءات أخرى لتعزيز الأمن في العراق وحماية المصالح الأمريكية في الشرق الأوسط، أنا مؤخرا أمرت بنشر مجموعة حاملة طائرات في المنطقة وسوف نوسع المشاطرة في المعلومات الاستخباراتية ونشر دفاعات كصواريخ باتريوت لحماية أصدقائنا وحلفائنا، وسنعمل مع الحكومة التركية والعراقية لحمل المشاكل على الحدود بينهما وسوف نعمل مع الآخرين لمنع إيران من امتلاك أسلحة نووية والهيمنة على المنطقة وسوف نستعمل الموارد الدبلوماسية الأمريكية لحشد الدعم للعراق من الدول في الشرق الأوسط، دول مثل السعودية ومصر والأردن ودول الخليج.

هذه الدول يجب أن تفهم بان الهزيمة الأمريكية في العراق سوف تخلق ملجأ جديدا للمتطرفين ويشكل تهديدا لوجودهم، هذه الدول لها مصلحة في عراق ناجح، عراق في حال السلام مع جيرانه ويجب أن تصعد هذه الدول من دعمها لحكومة

العراق، نحن ندعم دعوة الحكومة العراقية من أجل الوصول إلى اتفاقية دولية لتسليم المساعدات الاقتصادية للعراق مقابل الإصلاح الاقتصادي.

أخيرا الوزيرة رايس ستغادر إلى الشرق الأوسط لحشد التأييد للعراق والاستمرار في الدبلوماسية اللازمة لجلب السلام إلى الشرق الأوسط.

التحدي الذي نشهده في الشرق الأوسط الكبير هو أكبر من نزاع عسكري، إنه نضال الأيديولوجية الحاسم في عصرنا في جانب هناك من الذين يؤمنون بالاعتدال وفي الجانب الآخر هناك المتطرفون الذين يقتلون الأبرياء والذين أعلنوا عن نيتهم لتدمير أسلوب حياتنا.

وعلى المدى الطويل أكثر طريقة عقلانية لحماية الشعب الأمريكي تتمثل في توفير بديل واعد للأيديولوجية المقيتة للعدو عن طريق نشر الحرية عبر هذه المنطقة المنكوبة.

من مصلحة الولايات المتحدة أن تقف إلى جانب الرجال والنساء الشجعان الذين يخاطرون بحياتهم من أجل استعادة الحرية ومساعدتهم وهم يعملون لبناء مجتمعات واعدة وعادلة في الشرق الأوسط من أفغانستان إلى لبنان إلى الأراضي الفلسطينية.

الملايين من الناس العاديين سئموا من العنف وهم يريدون مستقبلا آمنا وفرصا لأبنائهم وهم يتطلعون إلى العراق، إنهم يريدون أن يعرفوا ما أذا كانت أمريكا ستنسحب وتسلم مستقبل العراق إلى المتطرفين أو هل سنقف إلى جانب العراقيين الذين اختاروا طريق الحرية، التغيرات التي أوضحتها الهدف منها ضمان بقاء ديمقراطية يانعة تقاتل من أجل حياتها في جزء من العالم يشكل أهمية كبيرة للأمن الأمريكي.

دعوني أكن واضحا، الإرهابيون والمتمردون في العراق ليس لهم ضمير وهم سيجعلون السنة القادمة دموية وعنيفة وحتى لو نجحت إستراتيجيتنا الجديدة كما هو مخطط لها، أعمال العنف الفتاكة ستستمر ويجب أن نتوقع المزيد من الضحايا العراقيين والأمريكيين.

السؤال هو : هل إستراتيجيتنا الجديدة ستحقق لنا النجاح ؟ أنا اعتقد أنها ستحقق لنا النجاح، النصر لم يبد مثل النصر الذي حققه آباؤنا وأجدادنا، لن تكون هناك احتفالات استسلام على ظهر سفينة حربية ولكن النصر في العراق سيجلب شيئا جديدا في العالم العربي، ديمقراطية عاملة تقوم بالحفاظ على القانون وبسط سيادة القانون واحترام الكرامة والحرية الإنسانية.

العراق الديمقراطي يكون بلدا يحارب الإرهاب بدلا من أن يؤوي الإرهابيين وسيجلب السلام لأطفالنا وأحفادنا، هذا النهج الجديد جاء بعد استشارات مع الكونجرس، الكثير قلق بشأن ما إذا كان العراقيون يعتمدون أكثر مما ينبغي على الولايات المتحدة، لهذا السبب سياستنا يجب أن تركز على حماية الحدود العراقية وملاحقة القاعدة وتأمين بغداد.

نحن نظرنا في هذه المقترحات بعناية وخلصنا إلى أن التراجع الآن سوف يؤدي إلى انهيار الحكومة العراقية وتمزيق البلاد وسيؤدي إلى أعمال قتل كثيرة بشكل لا نتخيله، مثل هذا السيناريو سيؤدي إلى إصرار قواتنا للبقاء في العراق أكثر مما ينبغي وتواجه عدوا أكثر فتكا، إذا قل دعمنا في هذه اللحظة ولم نساعد العراقيين على كسب هذه الحلقة، فإننا سنؤخر ميعاد خروج قواتنا.

في الأيام القادمة فريق الأمن القومي سيقوم بإعطاء إيجاز للكونجرس حول هذه الخطة، وإذا كان هناك أي تحسينات من جانب الأعضاء فسوف ندخلها وإذا تغيرات الظروف فسوف نتكيف معها، الشرفاء لديهم وجهات نظر مختلفة ويعبرون عن نقدهم ومن المنصف أن تخضع آراؤنا للتدقيق والكل يتحمل مسئولية أن يشرح كيف أن المسار الذي أقترحه يمكن أن يؤدي إلى النجاح بشكل أفضل وقد اعتدت على نصيحة السيناتور جوزيف ليبرمان وأعضاء آخرون وسوف نشكل لجنة عمل من الحزبين للفوز في الحرب على الإرهاب وهذه المجموعة تجتمع معي بانتظام وهذه ستساعد على تقوية علاقاتنا مع الكونجرس وسنبدأ من خلال العمل معا لزيادة حجم الجيش ومشاة البحرية بحيث أمريكا لديها القوات المسلحة اللازمة في القرن الحادي والعشرين.

أيضا علينا أن نفحص الطرق لحشد المدنيين الأمريكيين بالعمل في ذلك ويمكن أن يساعدوا في بناء مؤسسات المجتمعات والبلاد التي تستعيد عافيتها من الحرب ضد الطغيان.

الولايات المتحدة الأمريكية بارك الله في رجالها ونسائها المستعدين للتقدم إلى أمام والدفاع عنها، قضيتنا في العراق نبيلة وضرورية ونداء الحرية هو نداء عصرنا، إنهم يخدمون بعيدا عن عائلاتهم التي أقدمت على التضحيات في مواسم الأعياد وقد شاهدوا رفاقهم يضحون بحياتهم من أجل حريتنا ونحن نحزن على كل خسارة ونحن مدينون لهم ببناء مستقبل يستحق تضحياتهم.

السنة القادمة تتطلب المزيد من الصبر والتضحية والحزم قد يكون من الجائز أن نفكر بان هذه الأوقات تكشف معدن البلاد والأمريكيون تحدوا المتشائمين دائما وشاهدوا أن نضالهم من أجل الحرية يتحقق، أمريكا منخرطة في نضال جديد

سيحدد المسار للقرن الجديد، نحن نستطيع وسوف ننتصر، نحن نتحرك إلى أمام وكلنا ثقة بأن صانع الحرية سوف يواجهنا في الساعات العصيبة.

بيان حقائق من البيت الأبيض حول إستراتيجية بوش الجديدة للعراق صادر من مكتب الاتصالات المركزي بالبيت الأبيض:

فيما يأتي نص بيان حقائق أصدره المكتب الصحفي في البيت الأبيض في 2007/1/10، حول إستراتيجية الرئيس الجديدة للعراق، تحت عنوان: "بيان حقائق: الطريق الجديدة إلى الأمام في العراق".

تقوم إستراتيجية الرئيس بوش الجديدة في العراق على ستة عناصر أساسية:

1 - جعل العراقيين يتولون القيادة؛

2 - مساعدة العراقيين على حماية السكان؛

3 - عزل المتطرفين؛

4 - فسح مجال للتقدم السياسي؛

5 - تنويع الجهود السياسية والاقتصادية؛

6 - وضع الإستراتيجية في نطاق إقليمي.

إن تبعات الإخفاق في العراق لا يمكن أن يكون هنالك ما هو أخطر منها، فالحرب على الإرهاب لا يمكن كسبها إذا أخفقنا في العراق.

وأعداؤنا في جميع أنحاء الشرق الأوسط يحاولون دحرنا في العراق.

وإذا تراجعنا الآن، فالمشاكل في العراق ستصبح مميتة أكثر، وستجعل جنودنا يخوضون معركة أبشع من تلك التي نراها اليوم.

إن العناصر الرئيسية للنهج الجديد هي:

أولا: الأمن

*** على الصعيد العراقي:**

- الاعتراف علنا بأن جميع الأطراف مسئولون عن قمع العنف الطائفي.

- العمل بمساعدة إضافية من التحالف لاستعادة السيطرة على العاصمة وحماية السكان العراقيين.

- إرسال قوات عراقية ضرورية لبغداد وحماية تلك القوات من التدخل السياسي.

- الالتزام بتعزيز الجهود لبناء قوات أمنية متوازنة في جميع أنحاء البلاد توفر الأمن بصورة منصفة لجميع العراقيين.

- التخطيط لـ- وتمويل برنامج تسريح للمليشيات في نهاية المطاف.

* على صعيد التحالف:

- الموافقة على أن مساعدة العراقيين على توفير أمن للسكان هو أمر ضروري لتمكين انتقال وتقدم سياسي سريعين.

- توفير موارد عسكرية ومدنية إضافية لتحقيق هذه المهمة.

- مضاعفة الجهود لدعم القبائل الراغبة في مساعدة العراقيين على محاربة القاعدة في الأنبار.

- تسريع وتوسيع برنامج دمج القوات مع جعل المخاطر في حدها الأدنى بالنسبة إلى المشاركين من كل من قوات التحالف والعراقيين.

* على صعيد العراقيين وقوات التحالف:

- مواصلة العمليات ضد الإرهابيين بما في ذلك القاعدة ومنظمات المتمردين.

- اتخاذ إجراءات أقوى ضد شبكات فرق الموت.

- تسريع الانتقال إلى المسؤولية العراقية ومضاعفة ملكية العراقيين للعملية.

- زيادة قدرة قوة الأمن العراقية – من حيث الحجم والفعالية – من عشر ـ فرق إلى 13 فرقة عسكرية، ومن 36 إلى 41 لواء عسكريا، ومن 112 إلى 132 كتيبة عسكرية.

- إنشاء مركز عمليات وطني، وقوة وطنية لمكافحة الإرهاب، وقوة ضاربة وطنية.

- إصلاح وزارة الداخلية لزيادة الشفافية والمحاسبة وإحداث عملية تحول في الشرطة الوطنية.

ثانيا: السياسة.

*على الصعيد العراقي:

- تلتزم حكومة العراق بـ-:

- إصلاح مجلس وزرائها لتوفير خدمات بصورة متوازنة.

- العمل بشأن مبادرات المصالحة الموعودة (قانون النفط، قانون إلغاء البعث، انتخابات المحافظات).

- منح قوات التحالف وقوات الأمن العراقية سلطة مطاردة جميع المتطرفين.

- على جميع القادة العراقيين أن يؤيدوا المصالحة.

- يبرز الائتلاف المعتدل كقاعدة تأييد قوية لحكومة الوحدة الوطنية.

* على صعيد التحالف:

- دعم المعتدلين السياسيين كي يتمكنوا من مكافحة المتطرفين.

- بناء شراكات إستراتيجية ومحافظة عليها مع معتدلين من الشيعة، والسنة والأكراد.

- دعم الميثاق الوطني وعناصر المصالحة الرئيسية على أن يكون العراقيون في المقدمة.

- تنويع الجهود الأميركية لرعاية التسوية السياسية خارج بغداد (مزيد من المرونة للقادة المحليين والقادة المدنيين).

- توسيع وزيادة مرونة طابع فريق تعمير المحافظات.

- تركيز موارد الولايات المتحدة السياسية، الأمنية، والاقتصادية على المستوى المحلي

- لفسح مجال للمعتدلين مع إعطاء أولوية في بادئ الأمر لبغداد والأنبار.

** بالنسبة إلى كل من التحالف والعراق:

- إقامة شراكة بين رئيس الوزراء المالكي، والمعتدلين العراقيين، والولايات المتحدة حيث تكون جميع الأطراف واعية للتوقعات والمسؤوليات.

- تقوية حكم القانون ومكافحة الفساد.

- البناء على المكاسب الأمنية لرعاية تسويات سياسية محلية ووطنية.

- جعل المؤسسات العراقية متوازنة، تخدم جميع المجتمعات العراقية على أساس غير متحيز.

ثالثا: الاقتصادي

**على الصعيد العراقي:

تقديم موارد اقتصادية وتوفير خدمات جوهرية لجميع المناطق والمجتمعات.

- سن قانون خاص بالنفط والغاز لترويج الاستثمار، والوحدة الوطنية، والمصالحة.

- زيادة وتنفيذ برامج منتجة للوظائف.

- مماثلة جهود الولايات المتحدة لإيجاد وظائف ضمن برامج عراقية طويلة الأجل تمكن المحافظة عليها.

- تركيز جهد اقتصادي أكبر على مناطق آمنة نسبيا لاجتذاب الوظائف والنمو.

** على صعيد التحالف:

- إعادة تركيز الجهود لمساعدة العراقيين على بناء القدرة في مناطق حيوية لنجاح الحكومة (مثلا تنفيذ الميزانية، الوزارات الرئيسية).

- إلغاء طابع المركزية لجهود بناء قدرات عراقية خارج المنطقة الخضراء.

- مضاعفة عدد فرق التعمير في المحافظات والمدنيين العاملين خارج المنطقة الخضراء.

- تأسيس قدرات لفرق التعمير في المحافظات ضمن فرق الألوية المقاتلة.

- خطط مدنية-عسكرية مشتركة مبتكرة من قبل فرق التعمير في المحافظات وفرق الألوية المقاتلة.

- إزالة الحواجز القانونية والبيروقراطية لزيادة التعاون والمرونة إلى الحد الأقصى.

المراجع

1- http: www. Ebaa.net/ khebar-v- taleeg/001/019 htm.

2- http:www.ajazeera.net/NR/exeres.

3- رجائي فايد - محلل سياسي .

4- تقارير واشنطن بوست تحت عنوان - لمن النصر في العراق - آذار 2006.

5- مارينا آتواي - زميلة برنامج الديموقراطية وحكم القانواسط بمؤسسة كارنيجي للسلام الدوالي - واشنطن.

6- مايكل روبين - محرر دورية (فصيلة الشرق الأوسط) مباحث بمعهد أويكان انتربرايز - واشنطن.

7- نير روسين - زميل الدراسات الخارجية بالمؤسسة الأمريكية الجديدة .

8- مايكل اوهلنان - زميل الدراسات الخارجية - الإستراتيجية بمعهد بروكينغز - واشنطن.

9- هيلاري سيخت - مسؤول بريطاني سابق في منطقة جنوب العراق. ويعمل حالياً بمركز الدراسات السياسية والاستراتيجية - واشنطن.

10- محمد خالد الازعر - ووليد نور و شريف عبد العزيز - محللين سياسيين.

11 - موقع عربستان - ياسر سعد (كندا)

12- برهان غليون - كاتب ومحلل سوري - مقيم في باريس .

13. عدنان ابراهيم - محلل عسكري.

14. ابراهيم غالي - شبكة النجف الأشرف- 2007 .

15. جريدة الحياة 2006 .

الفصل السادس
الديمقراطيــة

الفصل السادس

المبحث الأول

الديمقراطية

مقدمة

لاشك أن الديمقراطية في الوطن العربي أخذت أبعادا أسطورية في نهاية التسعينات، أبعاد تتعلق بفكرة الاشتراكية في الستينات والسبعينات والثمانينيات وبفكرة الوحده في الخمسينيات والستينات وتقوم على مبدأ حكم الشعب ويقوم على النظام الديمقراطي على الانتخاب الحر والاستفتاء- الحاكم منتخب دستوريا سواء في النظام الملكي أو الجمهوري- وهي من يحدد اختيار الحاكم واجباته وحقوقه التي تحدد بانتخاب البالغين- فشل الحاكم في تحقيق الأهداف أو تجاوزه صلاحياته من حق الجماهير سحب الثقة منه وانتخاب غيره.

سمات النظام الديمقراطي:

1- اعتماد مبدأ الانتخاب الحر- المشاركة الجماهيرية- الاعتماد على المساعدين بالنصح والارشاد واتخاذ القرار.

2- الحاكم ليس الأفضل أو الاشرف- لايعتمد القهر- اعتماد الشورى.

3- لايسيطر على الاتباع بل يشاركهم الرأي والحكم واتخاذ القرار وإدارة شؤون الدولة.

4- قراراته معقولة لا متحيزة أو متعصبة بعيد عن الانفعالية وتسودها العقلانية.

تعريف الديمقراطية:-

كلمة يونانية ديمو - الشعب. وقراطية- حكم- أما الشعب فمجموعة أفراد- اتحاد- اتحادات في مجتمع واحد "وطن" جمعها - أمة. الديمقراطية- حكم الشعب من الشعب لأجل الشعب, الحكم وزمام السلطة بيد الشعب مع اختلاف الممارسة الشعبية فقد تكون

أ- ممارسة الشعب السلطة بنفسه "ديمقراطية مباشرة ".

ب- نواب أو ممثلين أيا كانت طريقة اختيارهم "ديمقراطية نيابية".

جـ- الجمع بين الصورتين السابقتين "ديمقراطية شبه مباشرة".

خصائص الديمقراطية:

حكم الشعب لأجله باعتباره مصدر السيادة بنفسه أو بالطريقتين ما يضمن الديمقراطية التقليدية هو الآتي:-

أ- الفردية: فهي من أجل الفرد لممارسة حريته, قدرته, ومهاراته باعتباره أساس أي نظام اجتماعي أو سياسي- تقدس الفرد- فالدولة والسلطة أداة لتحقيق مصلحة الفرد.

ب- الحرية:- الحقوق والحريات مقدسة في النظام الديمقراطي- حاربت الاستبداد في أوروبا وتتخذ عدة أشكال منها:-

1- الحرية الشخصية: أمن, تنقل, سكن, مراسلة, رأي, تعليم, تعلم.

2- اقتصادية: حرية تملك, تجارة, صناعة.

3- المساواة: تساوي الأفراد في الحق والواجب دون النظر لإختلاف الصفات, الكفاءة, والموهبة- تكافؤ الفرص عدم تجاهل التخصص والخبرة.

4- فصل السلطات, وممارسة اختصاصها, مراقبة غيرها حماية للحريات العامة- لاتتركز في يد واحد للإبتعاد عن الجنوح والاستبداد والطغيان.

5- سيادة الشعب: فهو صاحب السيادة, مصدر السلطة يمارسها بنفسه, قد يمنح السيادة فينتخب ويشارك في شئون السلطة.

ولقد وجهت للديمقراطية مجموعة انتقادات رغم المكانة التي احتلتها حيث قال الدكتاوريون عنها:-

1- ليست حكم الشعب انما أقلية منتجة, تفضل الكم على الكيف السلطة بيد الخبراء دون معيار للكفاءة.

2- لاتحترم الأقلية, قائمة على التنافس والتعدد الحزبي مما يؤدي للخلاف, تعطيل مصالح الدولة وتفتت وحدتها.

3- تعمل على توزيع المسئولين مما يجعلها عاجزة عن التصويب مما يحد من مواجهة الأزمات, تحتاج لحاكم قوي يحفظ الأمة.

4- خطرة تقيد الناس مما يبعدهم عن التمرد والثورة ضد النظام القائم.

أنواع الديمقراطية:-

يمكن تقسيمها من حيث كيفية اشتراك الشعب في السلطة ومزاولة سيادته إلى ثلاثة أقسام:-

1- مباشرة　　　2- نيابية　　　3- شبه مباشرة.

1- الديمقراطية المباشرة:-

النظام الذي يتولى فيه الشعب حكم نفسه له كافة مظاهر السيادة وتفرده ممارسة شؤون الدولة- باجماع المواطنين ممن ملكوا حق مباشرة الحقوق السياسية في "جمعية شعبية- يقروا القوانين وينفذوها- يفصلوا بالقضايا- فمضمون الديمقراطية المباشرة هو تولي الشعب بنفسه السلطات الثلاث- هذه المباشرة كما يراها روسو مستحيله لكنه يرى تولي الشعب السلطة التشريعية تاركا التنفيذية والقضائية لأشخاص بالانتخاب- المباشرة على ضوء ما تقدم انفراد الشعب بالتشريع في اطار جمعية شعبية تصدق على القوانين وموظفين لتنفيذها القضاء للفصل في الخصومات- الشعب مجتمع في " الجمعية الشعبية" قد يتصدى لبعض القضايا العامة والفصل فيها.

تطبيقاتها:-

1- العصور القديمة- الاغريق- جمعية شعبية في أثنيا من أفراد لهم حق المباشرة السياسية.

2- أثينا تحولت المباشرة وأصبحت قريبة من النيابية.

3- التطبيق الحديث "الجمعية الوطنية" واجتماع أفراد الشعب فيها تباشر السلطة التشريعية وتعين أشخاص التنفيذية والقضائية.

صفاتها:-

أقرب النظم إلى المثالين كما يرى روسو- لا تتأتى في النظام النيابي اعتقاد الشعب البريطاني أنه حر غير صحيح فبعد الانتخاب يفقد الشعب حريته وكيانه.

عيوبها:-

أ- صعوبة تحديد عدد المواطنين ممن يتسنى اجتماعهم في هيئة لممارسة شؤون الدولة العامة "ولاية شوتز في سويسرا عدلت عن الأخذ بالنظام لزيادة عدد السكان"

ب- تعدد مهما الحكم واتساعها حتى لو اجتمعت الجمعية في أكثر من مكان.

جـ- حاجة القرارات والقوانين للإجماع دون ادخال أي تعديل.

د- التصويت العلني في الجمعيات, تدخل رجال الدين والحكومة مما يعد مشروعات القوانين.

2- الديمقراطية النيابية:-

أ- نظام لايتولى فيه الشعب مظاهر السيادة فقط اختيار نواب عنه "السيادة لفترة زمنية محدودة" -
برلمان- أعضاء اختارهم الشعب لمباشرة السلطات باسمه- قد يتألف البرلمان من مجلس واحد أو
مجلسين.

ب- الديمقراطية المباشرة والنيابية: تستمد كيانها من أساس واحد أن الشعب صاحب الحق في ممارسة
السيادة – التطبيق العملي للنظامين أبرز لكل منهما مدلول. المباشرة تولي الشعبي بنفسه السيادة
بينما النيابة بانتخاب عدد من المواطنين يتولوا السلطات الأساسية للدولة أهمها التشريعية.

ما هو التطور الحديث للنظام النيابي:-

وأهم مبررات هذا النظام ما يأتي:-

1- تميزه بالأفضلية على غيره نظراً لدقة الموضوعات السياسية وتعقدها بوصول الدولة عدم السماح
للمواطنين حيث لايمكن حل مشاكلهم بانفسهم.

2- اختيار الأصلح من ذوي الخبرة والكفاءة والممارسة لمثل هذه المهمة.

3- أفضل من المباشر مما يدفع للأخذ بنظام نيابي خالي من الشوائب "فرنسا نظام نيابي - الأمة صاحب
السيادة تمارس عن طريق النيابة".

4- الرغبة في ابعاد الجماهير عن السلطة والاحتفاظ بها للطبقة الوسطى "فرنسا".

نظرية النيابة:-

جوهرها وجود شخصية "وكيل أو نائب" "موكل أو منيب" الأول يقوم بأعمال قانونية لحساب الثاني هذه
الأعمال تنصرف لذمة الثاني- الأعمال الصادرة عن الأول هي صادرة عن الموكل – الشعب الموكل ←
النواب الوكلاء. ترجع النظرية لقواعد القانون الخاص المتصلة بالوكالة, الفضالة, الولاية القوامة- انتقلت
لمجال القانون- فقهاء الثورة الفرنسية.

نقدها:-

أ- قائمة على أساس مجازي افتراضي لا على أساس الحقيقة والواقع.

ب- تأخذ بفكرة ازدواجية الشخصية وتفترض وجود شخصين أو نائب ومنيب.

ج- اعتبار الشعب شخص معنوي بإرادة عامة مع أن المسلمات أو الشخصية المعنوية محسوبة على الدولة وليس الشعب.

الديمقراطية شبه المباشرة:-

نظام يجمع بين المباشرة والنيابية, المباشرة انفراد الشعب بمظاهر السيادة, النيابية يقتصر- الشعب على اقامة مجلسين "مجلس نيابي" لمباشرة مظاهر السيادة- إذا شبه مباشرة نظام وسط بين النظامين- هيئة الناخبين تمثل سلطة رابعة إلى جانب السلطات الثلاث- ففي ظل الشبه مباشرة بعض مظاهره السيادة بصور ايجابية "اشتراك الشعب مع البرلمان تولي الشؤون العامة".

تعريف ببعض المصطلحات:-

1- الاقتراح الشعبي:- تولي الشعب اعداد مشروع القانون في مسألة معينة يقدم للبرلمان بعد اعتماده من عدد من الناخبين وباستيفاء مشروع القانون الاجراءات الدستورية يناقش من البرلمان.

2- الاستفتاء الشعبي:- اخذ رأي الشعب في قانون صوت عليه البرلمان للرفض أو القبوال "بنعم أولا" "موافق أو غير موافق" وقد يكون بمناسبة موضوع لم يقره البرلمان.

3- الاعتراض الشعبي:- حق الشعب في الاعتراض على قانون أصدره البرلمان خلال مدة معينة موقع من عدد من الناخبين.

4- الحل الشعبي:- حق الشعب في حل المجلس النيابي.

5- عزل رئيس الجمهورية:- يجوز عزل الرئيس بتجاوزه مهمة اختياره وله شروط:-

أ- توقيع الطلب من عدد من الناخبين.

ب- يعرض على المجلس .

ج- يعرض على الشعب لإبداء رايه بعدم الموافقة يعني إعادة انتخابه واستقالة المجلس.

أسس الديمقراطية في القانون الأردني:-

اختار الديمقراطية النيابية لممارسة السلطة- برلمان منتخب- مجلس نواب، أعيان، نظام ملكي وراثي- الأمة مصدر السلطات الثلاث :

أ- التشريعية – الأمة/الملك+ مجلس الأمة نواب/أعيان.

ب- التنفيذية- ملك+ وزراء.

ج- والقضائية- محاكم وأحكام طبق القانون باسم الملك- التطبيقات العملية لأحكام الدستور "الشعب مصدر السلطات"

أولا : دولة القانون:-

من أسس الديمقراطية- خضوع الدولة للقانون في مظاهر نشاطها- الميثاق الوطني الأردني عرف دولة القانون أنها "الدولة الديمقراطية تلتزم بمبدأ سيادة القانون سلطتها مستمدة من إرادة الشعب الحرة تلتزم فيها السلطات توفير الضمانات القانونية القضائية والادارية لحماية حقوق الانسان حريته وكرامته كما أقرها الاسلام وأعلنها الاعلان العالمي لحقوق الانسان وجميع المواثيق الدولية والاتفاقات الصادرة عن الأمم المتحدة".

الدولة الأردنية طبقاً للميثاق الوطني:-

دولة قانون- مواطنين على اختلاف آرائهم- تستمد قوتها من التطبيق الفعلي لمبادئ العدل والمساواة, تكافؤ الفرص, اتاحة المجال للشعب للمشاركة في صنع القرارت المتعلقة بشؤونه وحياته- وهناك مجموعة عناصر لابد من توافرها لتحقيق نظام الدولة القانونية وهي الآتي:-

وجود الدستور, الفصل بين السلطات, خضوع الادارة للقانون, تدرج القواعد القانونية, الاعتراف بالحقوق والحريات الفردية, رقابة قضائية لحماية القواعد القانونية وحقوق الأفراد.

أهم التطورات التشريعية التي عززت الديمقراطية في الأردن:-

1- مشاركة المرأة انتخاب وترشيح قانون الانتخاب 1986/22 معدل 1989م.

2- انهاء الأحكام العرفية 1992 وإلغاء مقاومة الشيوعية 1992./7

3- صدور قانون الاحزاب السياسي 1992/22.

4- صدور قانون المطبوعات والنشر وضمان حرية التعبير في ظل سيادة القانون.

5- صدور قانون محكمة العدل العليا 1992/2 أخضع قرارات الادارة للرقابة القضائية.

ثانيا:- الحقوق والحريات الديمقراطية دستور 1952 اتخذت أوصاف عدة منها:-

1- الحقوق والحريات الفردية- امتيازات للأفراد لا تتعرض لها السلطة .

2- الحقوق المدنية: حقوق وحريات تقرر للفرد باعتباره عضو في جماعة مدنية منظمة.

3- الحقوق والحريات السياسية.

4- الحقوق والحريات العامة: حقوق وحريات تقر امتيازات للأفراد في مواجهة السلطة العامة.

5- الحقوق والحريات الديمقراطية:- حقوق وحريات تقرها سلطة الشعب في مجتمع ديمقراطي يوازن بين السلطة العامة وحقوق الأفراد.

وتقسم الحقوق والحريات قسمين:-

1- حقوق وحريات تقليدية

2- حقوق اجتماعية

1- الحقوق والحريات التقليدية:-

أ- الحرية الشخصية: تنقل أمن- مسكن- سرية المواصلات.

ب- حرية الفكر: عقيدة وديانه- تعليم, صحافة, رأي.

جـ- حريات مجتمع: اجتماعات, جمعيات, أحزاب مشروعة.

د- حق الشكوى: مخاطبة السلطات دفاعا عن حقوق.

هـ- الحرية الاقتصادية: تملك- تجارة- صناعة.

2- الحقوق الاجتماعية:

تحقيق العدالة- تحرير ضعفاء من سيطرة أرباب العمل- تأمين ضد الفقر والمرض- تخليصهم من الخوف من البطالة وذلك بتهيئة العمل اللائق- وضع التشريعات العمالية التي وضعت الأسس الآتية.

أ- الأجر المناسب .

ب- تحديد ساعات العمل .

جـ- شروط عمل المرأة .

د- التنظيم القضائي في حدود القانون .

3- المساواة:-

تساوي الأفراد في الحقوق دون تمييز جنس، أصل، دين المساواة أمام النظام القانوني، وظائف الدولة، تكاليف الأعباء العامة.

المراجع

1- د. يحيى الجمل: أنظمة السياسة المعاصرة، دارة النهضة بدون تاريخ، ص .132

2- د. نعمان الخطيب: الوسيط في النظم السياسية والقانون الدستوري، دار الثقافة، ص 226-.227

3- سـليم واكـين: الديمقراطيـة وحقـوق الإنسـان، بـيروت ، منشـورات داكـيم، ص 3-.4

4- عبد المنعم محفوظ ونعمان الخطيب: مبادئ في النظم السياسية، عمان، دار الفرقان، 1978، ص .181

5- د.مصطفى أبو زيد: مبادئ الأنظمة السياسية، العارف- الإسكندرية 1984، ص .144

6- د.ثروت بدوي: أنظمة السياسية، الجزء الأول، دار النهضة ، القاهرة 1964، ص .162

7- د. ابراهيم شيحا: الأنظمة السياسية ، الدول والحكومات، الدار الجامعية، بيروت، 1982، ص.360

8- سعاد الشرقاوي: النظم السياسية في العالم الواحد، دار النهضة 1976، ص .96

9- د. كمال بدوي: مبادئ القانون الدستوري والنظم السياسية، مطبعة الراودي 1985، ص .286

10- د. محمد كامل ليله- النظم السياسية، الدولة والحكومة- دار الفكر العربي، ص .515

11- أمين مشاقيه: النظام السياسي الأردني والمسيرة الديمقراطية، عمان، دار الحامد 1998، ص 120-.126

12- الدستور الأردني.

المبحث الثاني

العولمة في عالم جديد

مقدمة:

إن الدارس لظاهرة العولمة يلاحظ أنها حظيت بعناية عدد من الباحثين العرب والأجانب في مختلف الحقول، لا سيما في حقل الاقتصاد والإدارة والتربية والسياسة، كما ان هذه الحركة استأثرت باهتمام عدد من منظمي الندوات واللقاءات والمؤتمرات في الدول النامية ومنها الدول العربية الإسلامية، وإن لهذا كله دلالات منها أنها ظاهرة عامة مسيطرة، وحركة شاملة تقتحم علينا بيوتنا ومعاهدنا وجامعاتنا، وعقولنا وتؤثر علينا حاضراً ومستقبلاً.

وإن المتعمق للدراسات والكتابات والبحوث التي تناولت تلك الظاهرة يلمح أن أغلبها قد غلب عليه طابع "الاحتفال"، بها المرحب والمبشر بقدومها، الداعي لاتخاذ جميع الاستعدادات الفكرية والثقافية والتربوية لاستيعابها ومواجهتها والتعامل معها، كما يلحظ الباحث أن هناك دراسات - وأغلبها من الدول النامية- تبين الجانب الآخر من الظاهرة، وتحذر من شرك الوقوع في حبائلها، فهي في نظرهم مفهوم استعماري يمثل مرحلة أكثر تقدما من مراحل الرأسمالي، ويقوم على الهيمنة الاقتصادية الغربية وعلى رأسها الولايات المتحدة، والاستيعاب الثقافي الحضاري بين الشعوب وهي الرأسمالية العالمية في مرحلة ما بعد الإمبريالية[1].

اولاً: تحديد مفهوم العولمة وتعريفها:

العولمة تطلع وتوجه اقتصادي سياسي تكنولوجي حضاري ثقافي تربوي تذوب فيه الحدود بين الدول، وبين الشمال والجنوب، وبين الحضارات بعضها بعضا، وتتواصل فيه الأمم والشعوب والدول والأفراد باستمرار وبسرعات هائلة، وينشأ اعتماد متبادل (Interdependence) بينها في جميع مجالات الحياة، كالاعتماد المتبادل في رأس المال والاستثمارات والسلع والخدمات، والأفكار والمفاهيم والثقافات والأشخاص[2].

---

(1) حميد الجميلي، اقتصاد الحضارة الكونية: التصورات والإشكاليات، مجلة الموقف الثقافي، العدد (1،2) 1996، ص57. - انظر أيضاً- إسماعيل صبري عبد الله، الكوكبة: الرأسمالية العالمية في مرحلة ما بعد الإمبريالية المستقبل العربي، العدد (222)، 1997، ص4-25.

(2) عبد الباري درة، العولمة وإدارة التعدد الحضاري(الثقافي) في العالم وحماية الهوية العربية الإسلامية، ورقة مقدمة للمؤتمر العلمي الرابع (4-6) أيار 1997، عمان، جامعة فيلادلفيا، كلية الآداب، ص1.

ويتضمن مفهوم العولمة أيضاً اتجاهات (Attiudes) ومنحنى (approach) وقيما (Values) على الدول والشعوب أن تتبناها وتتكيف معها وأن تعي نتائجها وعواقبها ومشكلاتها وانعكاساتها.

معنى هذا أن العولمة ظاهرة او حركة معقدة ذات أبعاد اقتصادية وسياسية واجتماعية وحضارية وثقافية وتكنولوجية أنتجتها ظروف العالم المعاصر وتؤثر على حياة الأفراد والمجتمعات والدول المعاصرة تأثيرات عميقة، وثمة ملاحظة، أن مثل هذا التوجه العالمي كان سائداً منذ العصور القديمة الوسطى، فما سيطرة الحضارة المصرية أو اليونانية أو الرومانية القديمة على بعض أجزاء من العالم المعروف في العصور الوسطى يعني سيادة المفاهيم وقيم واحدة، على أن ظاهرة العولمة اتسع مداها وتعمقت مدلولاتها مع بدء عصر ـ النهضة الأوروبية الحديثة والاكتشافات الجغرافية في القرنين الخامس عشر ـ والسادس عشر. ومع تقدم العلم وانتشار الاستعمار الأوروبي في القرنين التاسع عشر والعشرين، فإن ظاهرة العولمة قد تأكدت وترسخت. إن الجديد في ظاهرة العولمة هو المعاني السابق ذكرها التي أنتجتها عوامل اقتصادية وسياسية وتكنولوجية وانفجار المعرفة وازدياد وسائل المواصلات والاتصالات وانتشار التجارة العالمية على مدى دولي وعالمي واسع بحيث وجد عالم تنتج فيه سلعة أو خدمة أو منتج في أي مكان في العالم فتسوق وتباع في أي مكان في العالم وبسرعة كبيرة لم تعرفها الشعوب والأمم والأفراد من قبل[1].

وفي مجال التعريف بالعولمة نجد أن التعريفات تعددت وتشعبت، نتيجة تعدد دلالاتها وتشعباتها فمن نظر إليها على أنها تطور في سياق التطورات والمراحل التي تمر بها الحضارة الإنسانية قال[2]: "عن العولمة تطور طبيعي للحضارة منذ أقدم الحقب التاريخية التي شهدت الثورات والانتقالات التقنية الأولى المسماة بالعصر الحجري ثم التقنيات المرتبطة بالعصر الحديدي، فالزراعي والتي بدأت من عدة آلاف السنوات قبل الميلاد". ومن حصر العولمة في نطاق التحولات في الرأسمالية العالمية قال[3]: "عن العولمة حقبة التحول الرأسمالي العميق للإنسانية جمعاء في ظل هيمنة دول المركز وبقيادتها وتحت سيطرتها وفي ظل نظام عالمي للتبادل غير المتكافئ"، واما المعتمد على تحليل المضمون الواقعي لظاهرة العولمة والنتيجة المترتب عليها قال في تعريفها[4]: "إن نظرية العولمة ليست سوى الوجه

---

(1) المرجع السابق، ص2.
(2) نايف علي عبيد، العولمة والعرب، مجلة المستقبل العربي، العدد (221)، 1997، ص29.
(3) صادق جلال العظم، ما هي العولمة، مجلة الطريق، العدد (4)، 1997، ص34.
(4) نايف علي عبيد، مرجع سابق، ص29.

الآخر للهيمنة الإمبريالية على العالم تحت الزعامة المنفردة للولايات المتحدة الأمريكية" واستنادا لما سبق فإننا نرى بالعولمة: "ما هي إلا فرض النموذج الغربي بكل ألوانه المختلفة من اقتصاد وسياسة وسلوك وتربية وثقافة وما يتعلق بذلك من قريب أو بعيد ضمن سياق فكري في ظاهرة السعادة وباطنة العذاب".

ثانياً: أشكال العولمة:

العولمة ظاهرة شاملة مركبة لها أشكالها المتعددة الاقتصادية والسياسية والثقافية. ورغم أن العولمة ظاهرة قديمة وليست حديثة، غير أن هيمنة القطبية الأحادية الأمريكية على العلاقات الدولية، قد جعلت منها كظاهرة عالمية، مرتبطة بالتصورات الاستراتيجية الكونية للولايات المتحدة الأمريكية، ارتباط لا تنفك عنه، ولهذا فإن الأشكال الواضحة للعولمة في الوقت الحاضر لا تنفصل على المستوى الاستراتيجي الكوني في الميادين الاقتصادية والسياسية والثقافية، وهذه الأشكال هي[1]:

أ- **العولمة الاقتصادية:** وتعني التحول نحو اقتصاد السوق ومنع الدولة من التدخل في النشاطات الاقتصادية، ورفع الحواجز والحدود من أمام حركة وانتقال رأس المال، وتحرير التجارة العالمية وإزالة القيود المركبة عنها وغيرها من مفاهيم وآليات النظام الرأسمالي، وتعتبر الشركات متعددة الجنسيات من أهم مؤسسات الرأسمال العالمي إلى جانب المؤسسات المالية الدولية مثل البنك الدولي وصندوق النقد الدولي التي ترعى هذا الاتجاه وتدعم التحول العالمي باتجاهه عن طريق شروط المساعدات.

ب- **العولمة السياسية:** وتعني نشر وتعميم مفاهيم الديمقراطية الليبرالية وما يتبعه من رفض وإنهاء السلطوية والشمولية في الحكم، وتبني التعددية السياسية والالتزام باحترام حقوق الإنسان وكذلك استخدام الامم المتحدة لحماية حقوق الإنسان في العالم والحماية للأقليات والتدخل الدولي الإنساني وغيرها من آليات ما يعرف بالنظام الدولي الجديد[2].

ج- **العولمة الثقافية:** وتعني إشاعة قيم ومبادئ ومعايير الثقافة الغربية وفي مقدمتها النموذج الأمريكي وجعله نموذجاً كونياً، يتوجب تبنيه وتقليده، وقد استفادت من

(1) حسين علوان، العولمة والثقافة العربية، ورقة مقدمة للمؤتمر العلمي الرابع (4-9) أيار 1998، عمان، جامعة فيلادلفيا، كلية الآداب، ص4-5.
(2) السيد ياسين، في مفهوم العولمة، مجلة المستقبل العربي، العدد (228)، 1998، ص12.

التطور الهائل والسريع الحاصل في وسائل وأجهزة الإعلام والتقنيات العلمية والمعرفية في نقل وتقديم هذا النموذج إلى المجتمعات الاخرى[1].

ثالثاً: تحديات العولمة:

تتعرض الثقافة الإسلامية لخطر كبير من جراء ظاهرة العولمة، إذ تمثل العولمة الثقافية أخطر التحديات المعاصرة للثقافة الإسلامية. وهذه الخطورة لا تأتي عن الهيمنة الثقافية التي تنطوي عليها العولمة فحسب، وإنما عن الآليات والأدوات التي تستخدم لفرضها، فالعولمة ظاهرة تقفز عن الدولة والوطن والأمة وتعمل على إضعاف الدولة والتخفيف من حضورها، ويمكن إبراز هذه التحديات على ثلاثة وجوه: تحديات ثقافية حضارية، وتحديات سياسية، وتحديات قومية، وأهم هذه التحديات:

1-التحديات الثقافية والحضارية:

أ- إثارة الشبهات حول الثقافة الإسلامية: لقد جند الغرب جنده منذ القديم لنشر الأباطيل والأفكار المسمومة عن الثقافة الإسلامية والتي قوامها القرآن الكريم والسنة النبوية المطهرة فقد قالوا- وكما أشرنا سابقاً- وعلى لسان جلادستون رئيس وزراء بريطانيا: "ما دام هذا القرآن موجودا فلن تستطيع أوروبا السيطرة على الشرق ولا أن تكون هي نفسها في أمان"[2] وبهذا حدد الغرب هدف حملته على الإسلام وشخصه، فقالوا عنه (القرآن) مثيرين الشبهات حوله: "أنه ليس من كلام الله عز وجل وإنما هو من ثقافات محمد جمعة من ثقافات اليونان والرومان والهند وفارس"[3]، ووضعوا نبي الله عيسى عليه الصلاة والسلام في مواجهة سيد المرسلين محمد صلى الله عليه وسلم فقالوا[4]: "إن عيسى لم يخطئ قط بينما ارتكب محمد عدداً من الاخطاء عاتبه عليها ربه في القرآن"[5]، أي زعم باطل يزعمون أنهم يتناقضون مع انفسهم فقد قالوا ان القرآن من كلام محمد فلو كان كذلك كما - زعموا- لما أثبت معاتبة نفسه على ما توهموه من اخطاء صدرت عنه، كما أثاروا الحملة على تعدد الزوجات وخاصة تعدد زوجات الرسول صلى

---

(1) عبد الستار الراوي، العولمة، الفردوس الموعود وجحيم الواقع، مجلة الموقف الثقافي، العدد (10)، 1997، ص32.

(2) عمر الخطيب، لمحات في الثقافة الإسلامية، بيروت، مؤسسة الرسالة، 1981، ص75.

(3) أحمد محمد جمال، محاضرات في الثقافة الإسلامية، بيروت، دار الكتاب العربي، 1983، ص27.

(4) نستعيذ بالله مما يقولون ونحن في هذا الشأن لا نقول إلا ما جاء في كتابه عز وجل: "لا نفرق بين أحد من رسله" سورة البقرة، الآية (285).

(5) أحمد محمد جمال، مرجع سابق، ص28.

الله عليه وسلم ولكنهم سكتوا عن تعدد زوجات سيدنا داود وسليمان صلوات الله عليهم لانهم زعموا ان داود وسليمان أنبياء لهم وأحبوهم كونهم أقاموا لهم على حد زعمهم ملكا كبيراً في فلسطين ويتشدقون في صراعهم مع العرب على فلسطين بحق تاريخي يعود إلى مملكة داود وسليمان، انه التناقض ولا تناقض بعده. وزعموا ان التشريع الإسلامي مقتبس من القوانين الرومانية، والتراث الفكري الذي خلفه فقهاء الإسلام وعلماؤه وأدباؤه ما هو إلا مزيج من الثقافة اليونانية والهندية والفارسية... إلى غير ذلك من الشبهات والمفتريات التي يثيرها ويبذلها رجال الثقافة الغربية في وجه الثقافة الإسلامية للقضاء عليها وإبعاد المسلمين عنها، تمهيداً لقبولهم بأية ثقافة قادمة من خارج الحدود، هذه الثقافة التي تطرق الأبواب اليوم هي ثقافة العولمة.

ب-اختراق الثقافة الإسلامية: بعد إثارة الشبهات حول الثقافة الإسلامية لا بد من زعزعتها في نفوس اتباعها الأمر الذي يسهل على الأعداء اختراقها، حيث يعتبر الاختراق الثقافي من أبرز الأساليب المتبعة من قبل قوى العولمة الثقافية في صراعها مع الثقافة الإسلامية. فتدفق المعلومات عبر تقنيات المعرفة والإعلام والثقافة الحديثة لا يقصد منه إلا بث وإشاعة مفاهيم جديدة في أوساط المثقفين المسلمين، وبالتالي التوغل إلى منظومة القيم والمبادئ والمفاهيم الاساسية للثقافة الإسلامية وزعزعة القناعات بها والترويج لقيم ومبادئ ومفاهيم قوى عولمة الثقافة التي تتركز حول تعميم الثقافة الغربية خاصة الأمريكية الوافدة، ولا شك أن الاختراق الثقافي يمثل أحد المداخل المهمة لاقتحام عقول المثقفين المسلمين ومن ثم التأثير في قناعاتهم بالأسس والمرتكزات الجوهرية التاريخية للثقافة الإسلامية.

ولعل الهدف المركزي للاختراق الثقافي الذي تتمحور حوله ثقافة العولمة، هو خلق حالة من التقبل لنمط الثقافة الغربية وخاصة الأمريكية ونشر مبادئه ومفاهيمه في إطار المجتمع العربي وفي أوساط المثقفين المسلمين على وجه الخصوص، من اجل النيل من خصوصية الثقافة الإسلامية، وتدمير هويتها. ففي واقع الحال أن العولمة في صراعها مع الثقافات القومية للأمم الأخرى تستخدم نمطا من أيدولوجيا الاختراق تقوم على نشر وتكريس جملة أوهام تنتظم على أساسها مكونات الثقافة الإعلامية الجماهيرية الغربية وخاصة الأمريكية ومحصلتها النهائية تكريس الأيدلوجية الفردية المستسلمة، والتي توظف لضرب الهوية الثقافية للأمة الإسلامية.

ج- تذويب الثقافة الإسلامية[1]: بلا أدنى شك ان عولمة الثقافة ليست إلا نقل الثقافة الغربية وخاصة الأمريكية بكل ما تتضمنه من قيم ومفاهيم، إلى مستوى الثقافة العالمية وتعميمها على الأمم الشعوب وبوصفها ثقافة وأيديولوجية كونية، ومثل ذلك بما يعنيه من سيادة وهيمنة النموذج الأمريكي على الثقافات القومية، ينطوي بالنتيجة على تذويب لهذه الثقافات في إطار هذه الثقافة العالمية التي وصفت بكونها كونية. ففي واقع الأمر ان الإطار الكوني للثقافة لن يكون أكثر من منظومة فكرية أيديولوجية لاستيعاب الثقافات القومية، وإذابتها في إطار المكون الثقافي العالمي، وهكذا تشهد الساحة الثقافية الإسلامية محاولات عبر وسائل الإعلام والدعاية المتطورة، ونجاحات في الترويج للنموذج الغربي وتقديمه إلى الأوساط الثقافية الإسلامية كنموذج عالمي للثقافة، الأمر الذي فتح الابواب مشرعة أمام صراع الاستيعاب والإذابة من جانب الثقافة العالمية والخصوصية والاستقلال من جانب الثقافة الإسلامية.

د- فرض التبعية على الثقافة الإسلامية[2]: من الطبيعي ان يستتبع عمليات الاختراق الثقافي والاستيعاب والتذويب الثقافي فرض التبعية على الثقافات الاخرى في إطار المكون الثقافي المعولم المتمثل بالثقافة الغربية وخاصة الأمريكية. فعولمة الثقافة اتجه إلى صياغة ثقافة عالمية لها قيمها ومعاييرها، غرضها الأساسي ضبط سلوك الدول والشعوب.

وإزاء إشكالية العلاقة بين النموذج الثقافي المعولم والخصوصية الثقافية للامة الإسلامية نجد أن الغرب اتبع عدة أساليب لإلحاق الثقافة الإسلامية في ركب ثقافتهم التي لا تتلاءم وفطرة المسلم وبيئته[3]، فعلى الرغم مما صبه الاستعمار الغربي من بطش وتنكيل على المسلمين ومما أنزله من ضروب الفتن، وما دمر من حكوماتهم واحتل أراضيهم وسرق خيراتها لصالح حضارته، إلا أن هذه الأعمال الإجرامية كلها لا تساوي ظلما ارتكبه الاستعمار الغربي حين فرض على المسلمين أنظمته التربوية الحديثة الغربية الغريبة عن معتقداتهم وتقاليدهم، لقد حاول بهذه الطريقة أن ينشئ فيهم أجيالاً تتنكر لشخصيتها الإسلامية وتقتنع بتفاهة ثقافتها الإسلامية، وأن نظامها الحياتي الإسلامي أصبح لا يجاري تطورات الحياة وهذا في حد ذاته تذويب للثقافة الإسلامية وإحلال الثقافة الغربية محلها.

---

(1) حسين علوان حسين، العولمة والثقافة العربية، ص10.

(2) المرجع السابق، ص13.

(3) أحمد محمد جمال، مرجع سابق، ص24.

2-التحديات السياسية:

واما التحديات لظاهرة العولمة سياسياً فقد تركزت على الملامح التالية[1]:

أ-هيمنة الدور الامريكي على النظام العربي: لقد برز دور الهيمنة الأمريكية على السياسة الإقليمية في المنطقة العربية من خلال تطور مراحل أزمة الخليج الثانية (1990)، وقيام الولايات المتحدة مستغلة لهذا الحدث بنشر قوتها العسكرية وبأعداد ضخمة في المنطقة، وخاصة في الطرف الشرقي للوطن العربي بحجة تنفيذ مقررات الشرعية الدولية والتي جوهرها قرارات الأمم المتحدة بحق العراق، والحفاظ على الأمن الوطني للدول الحليفة في منطقة الخليج، وتبرز هذه الهيمنة باستخدام القواعد الأمريكية في تركيا ضد الوطن العربي، ناهيك عن التعاون الامريكي- الصهيوني من خلال الدولة اليهودية القابعة في قلب الوطن العربي، والقواعد الامريكية الاخرى في المحيطين الأطلسي- والهندي ومياه البحر الأبيض المتوسط، إن لهذه الهيمنة آثار سياسية سلبية حلت بالوطن العربي وفي مقدمتها زيادة الاعتماد العربي على الولايات المتحدة وإعلان العرب بشكل واضح من خلال الممارسة قبول التبعية وانحناء الهامات العربية للولايات المتحدة الأمريكية[2].

ب-استمرار عمليات التسلح وبروز ظاهرة العنف في الوطن العربي: إن إشعال فتيل الحرب بين الجارتين المسلمتين العراق وإيران، كان من شانه زيادة عمليات التسلح بين الطرفين، وكذلك بين الدول التي تجاور كل منها وذلك من قبيل الاحتياط والاستعداد لأية مفاجأة، وكذلك دخول العراق الكويت، والحملات التخويفية للأنظمة العربية المجاورة من قبل الغرب من الاستعدادات والقوة العسكرية العراقية الضاربة، واستغلال هذا الغرب لتصريحات بعض قادة العراق، كل ذلك أدى إلى زيادة الطلب على السلاح الغربي، وهذا له انعكاسات إيجابية على الغرب تمثلت بزيادة نمو اقتصاده والقضاء على البطالة المتفشية بين صفوف أبنائه، وإشباع الرغبات الرأسمالية الجامحة للهيمنة المالية على

---

(1) حمدي عبد الرحمن حسن، العولمة وآثارها السياسية في النظام الإقليمي العربي، المستقبل العربي، العدد (285)، 2000م، ص6 وما بعدها.

(2) عن الهيمنة الامريكية تتضح من خلال أربعة مؤشرات أساسية:

- تقرير وضع العراق ومكانته في النظام العربي بعد حرب الخليج.
- إنها الدولة المحورية في أية محاولة لتسوية الصراع العربي- الصهيوني.
- الانفراد بترتيبات أمنية خاصة بدول الخليج.
- التأثير على باقي الدول العربية الفقيرة من خلال سياسة المنح.

مقدرات الأمة العربية، ولا ننسى أن الكيان الصهيوني هو المستفيد الأول، لأن زيادة التسلح في ظل فرض القوة فرض تسوية للصراع العربي الصهيوني وبالمقابل إطلاق يد العنان للكيان الصهيوني لامتلاك أحدث الأسلحة وفي مقدمتها التدميرية[1]، يعد هذا التسلح العربي من أجل استخدامه ضد أبناء العروبة بعضهم لبعض، كما وجه السلاح العربي ضد العربي في حرب التحالف الخليجية، إن استمرار وزيادة التسلح يؤدي أيضاً إلى تزايد معدلات العنف سواء داخل حدود الدولة القطرية العربية أو بين الأقطار العربية مثل: حركات الإسلام السياسي في كل من مصر والجزائر وبلاد المغرب العربي، وبين الأقطار العربية في ظل غياب آلية صحيحة لتسوية المنازعات الحدودية، قد تنشب حالة عنف بين بلدين أو أكثر بسببها ومن أمثلة هذه المنازعات: النزاع القطري-البحريني، والنزاع السعودي-اليمني، والنزاع السوداني-المصري، والنزاع العراقي- الكويتي... الخ.

ج- تزايد دور القوى الإقليمية غير العربية[2]: إن القوى المحيطة بالعالم العربي تتمثل بـ تركيا في الشمال وإيران في الشرق وأثيوبيا في الجنوب، إن تعاظم دور القومية المنبوذة إسلاميا وترسيخها في النفوس جعلت من تركيا وإيران أعداء للعرب، وبالمقابل جعلت العرب أعداء لتركيا وإيران، في حين تضع أثيوبيا كل من تركيا وإيران والعرب في كفة واحدة ألا وهي كفة الأعداء على اعتبارها جميعاً دول إسلامية في حين تعتنق أثيوبيا المذهب النصراني، لقد شجع تركيا في تبني دورا عدائياً للأمة العربية، القيود التي تواجهها تركيا في حركتها صوب أوروبا، لكونها تطمع في الانضمام لرابطة الجماعة الأوروبية، والتقاء المصالح التركية مع المصالح اليهودية في فلسطين، كون تركيا تعمل على مؤازرة اليهود لإلهاء العرب مع اليهود، في حين تعمل أثناء ذلك للعب

(1) المعهد العالي للدراسات الاستراتيجية، الميزان العسكري في الشرق الأوسط، مجلة الفكر العسكري (سورية) 1976، ص224-233.
(2) راجع في هذا:
- فتحي عثمان، الصراع العربي- الصهيوني، القوتان العظميتان، مجلة المنار، العدد (100)، 1985، ص42 وما بعدها.
- حسن محمد حجازي محمد، العلاقات العربية مع دول الجوار الإقليمي، السياسة الدولية، العدد (87)، 1987، ص38 وما بعدها.
- محمد كريم إبراهيم، جزر وهلك في البحر الأحمر، مجلة الخليج العربي، البصرة، العدد (1)، 1989، ص117-153.
- عبد المنعم سعيد، العرب ودول الجوار الجغرافي، بيروت، مركز دراسات الوحدة، 1987.

في المياه الدولية ذات المنابع التركية، وهذا ما أخذت العبث به نتيجة قيامها بإنشاء السدود وقطع مياه الفرات، وتدني نسبة تدفقه. وأما إيران فالجزر العربية طنب كبرى وطنب صغرى وأبو موسى مثار جدل في السيادة عليها مع الجانب العربي، وكذلك السيطرة على مضيق هرمز وسير الملاحة فيه، وأما أثيوبيا فالعبث في مصادر مياه النيل وتحويل البحر الأحمر إلى بحيرة أثيوبية، والتحكم في سير الملاحة فيه، بالتعاون مع عدو الأمة الكيان الصهيوني في فلسطين، كل ذلك أقلق العرب من جميع النواحي حتى أصبح العبث في أمنهم القومي والمائي والغذائي من الأمور الاعتيادية، من قبل هذه الدول الإقليمية في ظل غياب الإسلام والعمل بموجب مبادئه.

د- **تعميق أزمة النظام الإقليمي العربي وعدم استقراره**[1]: إن نشأة الدولة القطرية تعني، تجزئة المصلحة العامة إلى عدة مصالح، وبعدد الدول القطرية في الوطن العربي فعرفت باسم المصلحة الوطنية، وقدمت هذه المصلحة على المصلحة القومية للعرب، وباختلاف مصالح كل دولة قطرية مع شقيقتها أدى هذا إلى ولادة أزمة قطرية بين كل قطر وآخر، وإن أزمة الخليج الثانية عمقت هذه الأزمة بين ما عرف بدول التحالف ودول اللاتحالف، وأعيدت المبادئ القومية والتي عنوانها التعاون العربي إلى نقطة الصفر، وأصبح لكل دولة شأن آخر لا يعنيها شأن الدول الأخرى، إن مظاهر تعميق أزمة النظام العربي تتجلى فيما يلي: تعطيل أعمال مؤتمرات القمة العربية رغم أن الظروف التي مر بها الوطن العربي تستدعي عقد لمثل هذه المؤتمرات، مقاطعة الدول العربية بعضاً لبعض، اللجوء إلى الغرب عند الأزمات العربية لاستجلاب البلسم الشافي لجراحات العرب التي لم تندمل يوما ما، تطبيق قرارات الأمم المتحدة وتعطيل قرارات جامعة الدول العربية إذا ما تعارضت.

هـ-**ازدواجية المعايير في تطبيق الشرعية الدولية**: إن هيمنة الولايات المتحدة على الأمم المتحدة أدت إلى تطبيق قانون شريعة الغاب، ففي الوقت الذي فرضت الحصار الدولي على كل من ليبيا والسودان والعراق، لم تطبق أي من القرارات الدولية على الكيان الصهيوني الغاصب في فلسطين، وفي الوقت الذي أقامت الدنيا ولم تقعدها على حادثة طائرة لوكربي، لم تحرك ساكنا عندما قامت السلطات الصهيونية في فلسطين بإسقاط الطائرة الليبية في شباط عام 1973، وقتلت جملة الركاب وعددهم (104) أشخاص، كما وصفت الغارة

(1) محمد سيد أحمد، هل يتحقق الأمن للأمة العربية بالارتداد إلى النظام الشرق الأوسطي، مجلة شؤون عربية، العدد (35)، 1984، ص148.

على تونس في تشرين الأول عام 1985 من قبل الرئيس الأمريكي ريغان بأنها عمل شرعي [1].

إن التحديات السياسية لعصر العولمة تنعكس في جملة الحقائق السابقة والتي تمارسها الولايات المتحدة الزعيم العالمي الأوحد على الأمة العربية، وإن التحديات السابقة ليست كل التحديات بل جزء منها.

3- التحديات القومية:

إن انعكاسات ظاهرة العولمة قومياً تتجلى في عدة صور، ولهذه الصور في بعدها الآخر آثار سلبية، سينطلي بها الوطن العربي، من الصعب عليه الانفكاك منها في المستقبل المنظور، وأهم هذه التحديات هي:

أ- تفكك النظام الإقليمي العربي واستبداله بنظام شرقي أوسطي، وهذا النظام يعني في أحد صوره، إدخال الكيان الصهيوني ضمن ثناياها، وإخراج الدول العربية في المغرب العربي من النظام الإقليمي العربي كون هذه الدول ليست بمشرقية [2].

ب- فرض شروط على الأنظمة السياسية العربية، لكون قوى العولمة تسعى إلى تحقيق حرية التجارة الخارجية وحرية تدفق رأس المال وهذه الشروط هي: وضع الخصخصة موضع التنفيذ بل مزيدا منها، وحرية الأسواق الداخلية، وانتشار وتعميق ثقافة السوق، ولما كانت الأطراف غير متكافئة بين دول الغرب والدول العربية، فهذا سيؤدي إلى تكريس التخلف والتبعية العربية للدول الغربية يعني استعمار جديد تفتح الدول العربية أحضانها له طواعية وعن طيب خاطر.

ج- تمزيق الهوية العربية من خلال الاختراق الثقافي للعالم العربي، ففي ظل غياب أي وعي بأهمية الثقافة في حسم العقبات المتشعبة التي تحول دون التماسك الثقافي لسلامة العربية وفي ظل عدم إدراك صناع القرار السياسي في الوطن العربي للأهمية التي تحدثها الثقافة في تشكيل المواقف الوجدانية والفعلية التي تخلق وحدة الموقف الفكري والذي يعتبر نواة الوحدة العربية والتماسك الثقافي والحضاري، أدى ذلك إلى [3] تبني سياسات أجنبية، كالسير في ركاب الغرب

---

(1) انظر جملة الأسباب التي ترى بالولايات المتحدة غير جديرة بقيادة العالم- بمعنى استحالة دوام النظام الأحادي- ناصيف يوسف حتي، أي هيكل للنظام الجديد، مجلة عالم الفكر، العدد (3،4)، 1995، ص107-109.

(2) إبراهيم عبد الكريم، إسرائيل والنظام العربي، مجلة الوحدة، العدد (56)، 1989، ص21-22.

(3) قاسم عبده قاسم، البعد الثقافي للصراع العربي- الإسرائيلي، مجلة الوحدة، العدد (56)، 1989، ص39.

نتيجة قفز الدول العربية بأحضان الغرب وهذا بدوره يتطلب العمل بالنهج الغربي في العادات والتقاليد ونظام المعيشة ونظام الأسرة ...الخ.

وهذا يؤدي إلى مزيد من الأقلمة والتي تتنافى مع أبسط قواعد الفهم القومي العربي الباحث عن الوحدة عبر مسيرة تاريخية طويلة، إن الأقلمة فرضت منذ اتفاقية سايكس-بيكو عام 1916 وأكدت على الدول العربية منذ أن بدأ مؤتمر مدريد للسلام عام 1991، حيث رفض الكيان الصهيوني التعامل مع العرب كفريق واحد أثناء المفاوضات، ورضي العرب بالجلوس مع هذا الكيان كل دولة على انفراد عرفت باسم المسارات.

رابعاً: مواجهة العولمة:

إن المخاطر المحدقة بالثقافة والحضارة وكذلك على الأنظمة العربية السياسية والمسيرة القومية الإسلامية المترتبة على ظاهرة العولمة الثقافية تجعل من مسألة مواجهة هذه الظاهرة ضرورة لا مناص عنها تستوجب التحسب الدقيق والمكثف لتحدياتها وانعكاساتها وتأثيراتها الآنية والمستقبلية أيضاً، ومبعث هذا التحسب يتأتى عن طبيعة القوى التي تقف وراءها ومعاداتها الصريحة والعلنية للأمة الإسلامية، وتنبع ضرورات المواجهة الإسلامية لظاهرة العولمة الثقافية بالأساس من الحاجة لحماية الهوية الإسلامية وصيانة خصوصيتها الذاتية، كونها أحد الوسائل المهمة التي تعبر عن شخصية الأمة، وقدر ما تشكل عملية حماية الثقافة الإسلامية مهمة إنسانية جوهرية، في التصدي للعولمة الثقافية وقواها تشكل في التوجه ذاته قوام التطور الحضاري الإنساني ودعم التفاعل الحضاري والثقافي بين الامم والشعوب ولمواجهة فكرة العولمة لا بد من الأخذ بالمهمات الأساسية التالية[1]:

أ- تحصين النشء بالثقافة الإسلامية وذلك عن طريق تزويده بعقيدة صحيحة، تجعله معتزا بها فخوراً بمبادئها، متمسكا بتعاليمها، خاضعا لخالقه، مستسلما له في كافة الأمور والأحوال، عندها سيرسي في قواعد الإيمان في الأرض، ويتابع الخطى في موكب الإسلام، ويكون قادرا على التصدي لخصومه ورد تحديات المغرضين وإبطال حججهم، ونقض آرائهم ومحاربة أفكارهم، العقيدة الصحيحة تجعل المسلم ذو فكر مستنير قادر على الربط بين الحاضر والماضي، ماضيه المجيد الذي يستشرف منه السبيل إلى التقدم الإنساني نحو بناء حضارة الإنسان، ويسلحه بالفكر النيّر الواعي، ويطبعه بطابع مميز أصيل قادر على مواجهة التيارات المعادية للإسلام، والتي ما برحت ترسم خططها

(1) حسين علوان حسين، مرجع سابق.

ب- وتنفث سمومها وتجمع مكائدها وتبث مكرها، لتشويه الفكر الإسلامي وإبعاد المسلمين عن ثقافتهم الإسلامية الحقة، لتحل محلها ثقافة مستوردة من خارج الحدود هذه المرة هي ثقافة العولمة.

ب- إدراك وفهم التناقضات التي تكتنف فكرة العولمة وكشف الزيف الذي تستتر خلفه قواها، وبقدر ما تبدو هذه المهمة أمام المثقفين مهمة إسلامية، فإنها مهمة إنسانية يمكن تأديتها عبر التفاعل مع مثقفي الأمم الأخرى وخاصة تلك الامم التي تجهد إلى تسويق العولمة[1].

ج- تأكيد الهوية العقائدية الدينية للثقافة الإسلامية وتنميتها عن طريق تفعيل الإسلام في شتى مناحي الحياة، وبروح بعيدة عن التزمت والإفراد لكون النموذج الثقافي الذي يروج إليه الغرب (العولمة) لا يرضى إلا بطمس الهوية الثقافية عند الامم الاخرى[2].

د- إثبات وتطوير الخصوصية الذاتية للثقافة الإسلامية وتعزيز تميزها عن الثقافات الأخرى، من خلال تنشيط التفاعل والتمحور الثقافي الاسلامي مع ثقافة الامة الأخرى، إذ ان منطق الحوار هو المنطق الوحيد الذي يسمح باستمرارية الوجود مع الإبقاء على التمايز.

هـ-جعل العلوم الدينية أساس التعليم في كافة المراحل وخاصة المرحلة الأساسية الإلزامية، مع الحرص على وضع مناهج تعليمية مكتوبة بأقلام حريصة كل الحرص على الثقافة الإسلامية وعدم إرسال البعوث إلى الدول الأجنبية إلا من بين المتحصنين ثقافياً الذين نهلوا من الثقافة الإسلامية ما قوى وازعهم الإيماني، وذلك من أجل ضمان عدم زيغهم وعدم إنطواء الأفطار الماكرة عليهم، فيعودون وهم يحملون الوباء والامراض الذي لا يعود بالخير على أمتهم.

إن ما سبق يؤدي إلى تلاقي الأفكار العربية لأبناء الوطن العربي مهما تعددت القطريات السياسية في هذا الوطن العربي، كما تتلاقى أفكار العرب بأفكار المسلمين في كل أصقاع الدنيا هذا التلاقي يؤدي إلى قيام الوحدة العربية والتي تعد بمثابة المقدمة لقيام الوحدة الإسلامية وباجتماع المسلمين معا عربا وعجما يعني القوة والمنعة، وفي القوة والمنعة تهاب حدودهم ويخشى الأعداء سطوتهم ويعترفون طواعيه وإن لم تكن فيعترفون رغم انوفهم بالمسلمين وعدم الاعتداء عليهم.

---

(1) للوقوف على حقيقة تناقضات العولمة- انظر- علي حسين الجابري، العرب بين سياسة الأضواء والحرب الدائمة، مجلة آفاق عربية، العدد (9-10) تشرين الأول 1996، ص16.

(2) مطاع الصفدي، ميتافيزيقية التبعة والهوية، مجلة الفكر العربي المعاصر، العدد (17)، 1981، ص11.

خامساً: تصحيح الذات العربية والذات الإسلامية

يجب أن يكون له الأولوية قبل الحديث عن كيفية إصلاح الصورة العربية الإسلامية في الغرب، فالأصل هو "الأصل"، ومن يستخدمون "الصورة المشوهة" يستندون أيضاً إلى تشوهات قائمة في "الأصل نفسه"، ولأن العرب هم قادة العالم الإسلامي، ولأن تقدمهم وخيرهم هو تقدم وخير لكل العالم الإسلامي، كما يؤكد التاريخ والحاضر، فالأولى بالعرب اليوم تصحيح واقعهم وحسم الانتماء إلى هويتهم الثقافية العربية ومضمونها الحضاري الإسلامي[1].

وقبل أن نودع العولمة لا بد من القول: أن العولمة كحد كبير يحتاج من الأمة أن تستدعي مثقفيها وعلماءها ومفكريها إلى رصدها والتصدي لها من منظور إسلامي، والعولمة قضية شائكة تتطلب التفهم الإيجابي لبعض مكوناتها كالاستفادة من التقنية أو الجوانب الاقتصادية التي تتعارض مع مصالح الامة المسلمة.

وهذه الدعوة تحتاج إلى عقول ورجال وإمكانات بحجم التحدي الهائل، وبحجم الإحجام الهائل الذي نشعر به من المثقفين المسلمين الأصلاء، والذين نخجل من نتاجهم في هذا الجانب مقارنة باهتمام ومتابعة ومقاومة الاتجاهات الفكرية الاخرى داخل وخارج عالمنا الإسلامي.

بقيت حقيقة هي منطلق هذه المحاولات والدعوات، كما انها هي الضوء في نهاية نفق التحدي هذه الحقيقة هي: أبدا لن تهزم ثقافة العولمة الإيمان الحقيقي بالله، إيمان الغلام حين يستدعى للموت فيطلب الشهادة شريطة أن ينادي بسمع الكون وبصوت عال..." باسم الله رب الغلام" (الله غالب على أمره ولكن أكثر الناس لا يعلمون)[2].

---

[1] صبحي محمد غندور، الترهيب بصدام الحضارات، الترغيب بالعولمة، مجلة المعرفة، العدد (46)، 1999، ص29.
[2] سورة (يوسف)، الآية (21).

المراجع

1- احمد الجميلي- اقتصاد الحضارة الكونية، التصورات والاشكاليات، مجلة الموقف الثقافي العدد (1،2)، 1996، ص57.

2- اسماعيل صبري بر الله، الكوكبة، الرأسمالية العالمية في مرحلة ما بعد الامبريالية، المستقبل العربي، العدد 222، ص41-25.

3- عبد الباري الدرة- العولمة وادارة التعدد الحضاري (الثقافي) في العالم وحماية الهوية العربية الإسلامية، ورقة مقدمة للمؤتمر العلمي الرابع 4-6 أيار 1998، عمان- جامعة فيلادلفيا، كلية الاداب ص1.

4- نايف علي عبيد- العولمة والعرب، مجلة المستقبل العربي العدد (221)، 1997، ص29.

5- صادق جلال العظيم- ما هي العولمة- مجلة الطريق العدد 4، 1977، ص34.

6- حسين علوان، العولمة والثقافة العربية- ورقة مقدمة للمؤتمر الرابع العلمي 4-9 أيار 1997 جامعة فيلادلفيا، ص4-5.

7- السيد ياسين، في مفهوم العولمة- مجلة المستقبل العربي العدد 228، 1998، ص12.

8- عبد الستار الراوي، العولمة، الفردوس الموعود وجحيم الواقع- مجلة الموقف الثقافي العدد (10)، 1997، ص32.

9- عمر الخطيب، لمحات في الثقافة الإسلامية، بيروت، مؤسسة الرسالة، 1981، ص75.

10- احمد محمد جمال، محاضرات في الثقافة الاسلامية- بيروت، دار الكتاب العربي 1983 ص27.

11- حمدي عبد الرحمن حسن- العولمة وآثارها السياسية في النظام الإقليمي العربي- المستقبل العربي العدد (285)، 2000، ص6.

12- فتحي عثمان- الصراع العربي-الصهيوني، القوتان العظميان-مجلة المنار، العدد 100، 1985، ص42.

13- حسن محمد حجازي- العلاقات العربية مع دول الجوار الإقليمي- السياسة الدولية- العدد 87، 1987، ص38.

14- محمد كريم إبراهيم- جزر وهلك في البحر الأحمر- مجلة الخليج العربي، البصرة، العدد 1، 1989، ص117-153.

15- عبد المنعم سعيد، العرب ودول الجوار الجغرافي، بيروت، مركز دراسات الوحدة 1987.

16- محمد سيد احمد، هل يتحقق الأمن للأمة العربية بالارتداد إلى النظام الشرق الأوسطي- مجلة شؤون عربية العدد 35، 1984، ص148.

17- ناصيف يوسف- أي هيكل للنظام الدولي الجديد، مجلة عالم الفكر العدد (423) 1995، ص107-109.

18- ابراهيم عبد الكريم- اسرائيل والنظام العربي- مجلة الوحدة العدد (56)، 1989، ص22021.

19- قاسم عبده قاسم، البعد الثقافي للصراع الغربي-الاسرائيلي- مجلة الوحدة العدد (56) 1989، ص39.

20- علي حسين الجابري- العرب بين رياسة الاضواء والحرب الدائمة- مجلة الأفاق العربية العدد (9-10) 1996، ص16.

21- مطاع الصفدي – ميتافيزيقية التبعية والهوية- مجلة لافكر العربي المعاصر- العدد (17)، 1981، ص11.

22- صبحي محمد غندور- الترهيب بصدام الحضارات، الترغيب بالعولمة- مجلة المعرفة العدد (46)، 1999، ص29.

المبحث الثالث

التأثير الاجتماعي لتكنولوجيا المعلومات والاتصالات

رؤيا عربية

المقدمة:

لقد شهد العصر الحالي ثورة تكنولوجية هائلة في جميع المجالات وبخاصة تكنولوجيا المعلومات وهي ثورة من التسارع بحيث لا يمكن تتبع أثارها واللحاق بها لما تحمله من مضامين التطوير والإبداع في مختلف مجالات الحياة. وقد رافقت ثورة تكنولوجيا المعلومات والاتصالات ظهور تشكيلات اجتماعية جديدة وعلاقات اجتماعية من أنماط غير معروفة سابقا ولا تزال تمارس هذه الثورة تأثيراتها الاجتماعية والثقافية على المجتمعات الإنسانية, وقد كان مجتمعنا العربي مستقبلا لهذه التأثيرات ومستهلكا لهذه التكنولوجيا في ميادينها الرئيسة. والاستهلاك الذي نقصده هو الاستخدام الفردي والجماعي والمؤسساتي في أرقى أشكاله لكن حتى هذا الاستخدام لم ينسحب بمضامينه وآلياته على البنية الاجتماعية بمعنى أنه لم يؤثر على نظم الثقافية السائدة في مجتمعاتنا العربية.

ولذلك تأتي هذه الدراسة لتحليل المضامين الاجتماعية والثقافية لتكنولوجيا المعلومات والاتصالات واستنباط الدلالات الخاصة بهذه التكنولوجيا وانطلاقا من تصور أن التأثير الإيجابي لتكنولوجيا المعلومات الذي نريده لن يتحقق إذا ما بقيت هذه التكنولوجيا تلامس سطح المجتمع العربي ولم يرافقها "تغيير اجتماعي" أو تطوير ثقافي أو اذا لم تؤدي على الأقل إلى ظهور تشكيلات اجتماعية مؤسساتية وليست نخبوية لقيادة هذا التغيير والتطوير في النظام الاجتماعي والثقافي العربي.

أولا : تحليل مدلول ومترادفات مفهوم تكنولوجيا المعلومات:

1. مدلول كلمة تكنولوجيا "Tecnology":

تعود كلمة (تكنولوجيا) في أصلها إلى اللغة الإغريقية, فشقها الأول Techno يعني مجموعة الأساليب والفنون وشقها الثاني Logy يعني المنطق أو الحوار وبذلك فان اللفظين معاً يشيران إلى كل معرفة فنية تنطوي على منطق وتبعث جدلا حولها, وأن المعارف الفنية في معطياتها تشكل منظومة متكاملة تتفاعل فيها المعرفة العلمية مع التطبيقات العملية ضمن نسق منطقي متكامل[1].

(1) الدكتور محمد صفوح الأخرس: الأساس الاجتماعي للتقدم العلمي والتقني جامعة دمشق 1990ص 13.

لقد جرى استخدام مصطلح Technology باللغة الإنجليزية لأول مرة في القرن السابع عشر، وكان استخدامه محدودا بالحديث عن الفنون التطبيقية فقط ثم شاع استخدامه في مطلع هذا القرن وتطور مدلوله ليشمل معالجة الأمور التي تتعلق أيضا بوسائل الآلات وطرق الانتاج. أما في النصف الثاني من هذا القرن فهناك اتفاق على أن كلمة Technology تعني الوسائل والفعاليات التي يستعملها الإنسان في تطويع بيئته وتبديلها بما يتلائم وحاجاته ومتطلباته وأغراضه[1].

كما عرفت التكنولوجياTechnology بأنها " الجهد المنظم الرامي إلى استخدام نتائج البحث العلمي في تطوير أساليب أداء العمليات الإنتاجية بالمعنى الواسع الذي يشمل الخدمات والأنشطة الإدارية والتنظيمية والاجتماعية وذلك بهدف التوصل إلى أساليب جديدة يفترض فيها أنها أجدى للمجتمع[2].

وقد عرفها آخرون بتعريفات مختلفة كل حسب وجهة النظر أو الزاوية الذي ينظر إليها من خلالها, مادية أم فلسفية أم اجتماعية.

فبعضهم ذهب باتجاه تحديدها إنها (الآلة أو المبنى أو وسيلة الإنتاج التي تحدد ابعادها بالجانب المادي) وهو المفهوم الضيق مع إهمال وتناسي أساليب استخدام هذه الآلة والأبعاد والنتائج الاجتماعية والاقتصادية والسياسية.

ويذهب آخرون إلى تعريف التكنولوجياTechnology بأنها (العملية الاجتماعية الهادفة إلى استخدام المعرفة العلمية في تطوير الإنتاج, وتتفاوت المجتمعات في مستوى تطورها طبقا لتفاوت قدرتها على توليد التكنولوجياTechnology كعملية اجتماعية, وعلى استخدام التقنيات الملائمة والمناسبة لتطورها الإنتاجي أو الاجتماعي) [3]

لقد فصل الباحثون والعلماء بين جانبين من التكنولوجيا, جانب مادي مثل: الآلة ذاتها, والإنشاءات الهندسية والتفاصيل الفنية المختلفة التي تتعلق بتكوين وصيانة آلة الإنتاج والاستخدام الميكانيكي لها, وجانب استخدامه: يشمل عملية تشغيل واستخدام الآلة طبقا لتخطيط محدد, وقرارات تتخذ لتنظيم وتسيير عملية الإنتاج لتحقيق هدف محدد المعالم على أنه ينظر إلى هذين الجانبين من خلال

---

(1) الدكتور وفائي حقي العلم والتقنية والتطبيع في المجال الصناعي,. جامعة دمشق 1990 ص 59.

(2) الدكتور سعد زكي نصار "حول قضايا التنمية والتخطيط" منشورات المعهد العربي للتخطيط الكويت 1978.

(3) الدكتور داوود سلمان رضوان محمد عبد السلام جبر: العرب والتكنولوجيا مجلة الفكر العربي العدد7, ك2 1979 ص 68.

التركيز على امتزاجهما وتكاملهما حيث يلغي غياب أحدهما إمكانية وقوف الآخر بصفته المفردة والمستقلة[1].

وقد توصل مؤتمر الأمم المتحدة حول العلم والتكنولوجيا والتنمية المنعقد في فينا/1979 إلى "أن التكنولوجيا ليست مجرد أساليب وآلات ومكائن وأدوات وبرامج ومعدات يمكن شراؤها أو مبادلتها ويسهل على من تصل إليه أن يستوعبها بسرعة, إنها أيضا موقف نفسي وتعبير عن موهبة خلاقة وقدرة على تنظيم المعرفة بحيث يمكن الانتفاع بها, وهي تشمل في مفهومها الكامل الطرق التي يصنع بها الإنسان ما يريده, اذ يحدد احتياجاته من المعرفة ويهيئ أدواته للتغلب على جوانب قصوره الطبيعي"[2].

إن التكنولوجيا Technology مفهوم مركب ذو طاقة تحليلة عالية يحوي بين ثناياه العناصر المعرفية والتطبيقية العملية المؤدية إلى التقدم الاقتصادي في إطارها الاجتماعي, وهكذا يشمل المفهوم أبعادا نظرية وإجرائية تتعدى المسائل المادية (على أهميتها) إلى الجوانب الاجتماعية والإنسانية في إطار نسق معرفي متكامل تعطى فيه المعارف العلمية أبعادها العلمية, ومن خلال ذلك التفاعل يبرز الناتج الاجتماعي بصورة مخترعات وعمليات صناعية ووسائل نقل وسلع وخدمات تشكل الأساس المادي الذي يشكل الظرف الموضوعي لتطور المعرفة العلمية وتطبيقاتها العملية في صيغ تكنولوجية فيما بعد, وهكذا تسير سلسة الحلقات المتفاعلة بين العناصر في إطار منظومة اجتماعية متكاملة تتحدد خلاياها بالمرحلة التاريخية لنمو المجتمع.

1. مفهوم تكنولوجيا المعلومات:

يتفق معظم الخبراء والباحثين في حقل المعلوماتية أن تكنولوجيا المعلومات تعني منظومة ثلاثية الأبعاد من العتاد (المكونات المادية للحاسوب وملحقاته) والبرامجيات (وهي الشق الذهني من الحاسوب) والشبكات (وما تعنيه من عتاد وبرامجيات ووسائط رقمية متنوعة).

---

(1) الدكتور محمد صفوح الأخرس, الأبعاد الاجرائية والظرية لأثر التقنية في المجتمع العربي, بحث مقدم إلى مؤتمر الأمم المتحدة حول التقنية والتنمية فينا 1979ص 18.

(2) المركز العربي للدراسات الأمنية والتدريب بالرياض (أثر التقنية على المجتمع العربي) من المنشورات المركز. الرياض, 1990 ص191.

بمعنى آخر, يشير مفهوم تكنولوجيا المعلومات إلى كل تقنيات استقطاب ومعالجة وتخزين واسترجاع وتحديث للبيانات وانتاج للمعلومات وتوزيعها أو تقديمها للمستفيدين بأشكال وصور وأنماط الرموز النتعددة.

وفي حقيقة الأمر تمثل تكنولوجيا المعلومات إطاراً واسعاً من التقنيات والتطبيقات ومنظومات الحاسوب والشبكات ونظم المعلومات المحوسبة بما في ذلك نظم دعم الإدارة في أنشطتها وعملياتها ووظائفها وفي مقدمتها وظيفة اتخاذ القرارات الإدارية ضمن هذا السياق يوجد في مفهوم تكنولوجيا المعلومات عنصر المعرفة (لمعرفة الكيفية knonw-how) وعنصر الإدارة بمعنى التقنيات الحاسوبية. فضلا عن ذلك, فتكنولوجيا المعلومات مضامين اجتماعية وثقافية وإنسانية وهي أكثر الأبعاد إهمالا أو استبعاداً في الدراسات التي تنحو منحى علمياً مجرداً, علماً أن هذه التكنولوجيا لا تعمل بل ولا توجد إلا ضمن سياق اجتماعي وثقافي معقد.

2. الترابط العضوي بين ثورة تكنولوجيا المعلومات وبين تطور البنى والقيم الاجتماعية:

لقد أصبح الترابط العضوي بين تكنولوجيا المعلومات وبين تطور البنى الاجتماعية وقيمها السائدة من القوانين الاجتماعية المقبولة والشائعة. أن تكنولوجيا المعلومات والاتصالات وتكنولوجيا الشبكات تقود اليوم عملية تشكيل أنماط جديدة في الحياة الاجتماعية للإنسان وبطريقة تؤثر جذريا على البنى التحتية والقيم الفوقية السائدة.

ولاشك أن الحضارة الإنسانية تمر اليوم في مرحلة تعتبر نقطة تحول من حيث التطور النوعي في تكنولوجيا الاتصالات والمعلومات بما يؤدي بالضرورة إلى تغييرات جذرية عميقة في بنى المجتمعات البشرية. فتكنولوجيا المعلومات التي تمثلت في شبكات الحاسبات الإلكترونية وشبكة الإنترنت ومنظومات الاتصال الحديث عبر الأقمار الصناعية وغيرها من مجالات التكنولوجيا أخذت تنتشر لتشمل مختلف مجالات الحياة اليومية والاقتصادية والاجتماعية كذلك, وبدأت تقرر تأثيرات عميقة في البنى الأساسية والهيكلية لمجتمعات العالم تختلف جذريا عن تلك التي ولدتها الثورة الصناعية الأولى والتي لازالت المجتمعات الصناعية تعيشها. كما أن لهذه التكنولوجيا آثاراً حتمية لابد أن تظهر عاجلاً أم آجلا في بنى المجتمعات النامية, ومنها المجتمعات العربية بالرغم من تأخر انتشار هذه التكنولوجيا وبالرغم من عدم استيعابنا بعد لكامل أبعادها وأثرها.

إن التطور السريع الهائل في التكنولوجيا المعلوماتية الحديثة وتأثيراتها العميقة في البنى الاجتماعية والاقتصادية يهدد بازدياد متسارع الوتيرة في حجم الهوة أو الفجوة القائمة بين الدول التي تستند على اقتصاديات المعلومات والمعرفة

والمجتمعات النامية ومنها مجتمعنا العربي, مما قد يجعل احتمال سد هذه الفجوة حلماً يصعب تحقيقه على المستقبل المنظور إذا لم تبادر المجتمعات العربية والنامية إلى اتخاذ الخطوات الضرورية والمكثفة لاستيعاب التقنيات المعلوماتية وادماجها في خطط التمية القومية وغرسها في القيم السائدة في مجتمعاتنا وفي حياتنا اليومية.

ويمكن التعبير عن هذه الهوة الكبيرة بالفجوة الرقمية المتزايدة بين الدول الغنية بالمعرفة والمعلومات في عالم الشمال والدول الفقيرة معرفيا ومعلوماتياً في عالم الجنوب. وفي الوطن العربي تظهر بصورة متسارعة فجوة رقمية في داخل كل مجتمع وفجوة رقمية بين عدد قليل من المجتمعات العربية التي تسعى إلى اللحاق بقاطرة تكنولوجيا المعلومات والاتصالات والتجارة الإلكترونية والأعمال الإلكترونية وبين الدول المتخلفة على هذا الصعيد مما يزيد من تحديات ومعوقات التكامل الاقتصادي والاجتماعي العربي.

الآثار الاجتماعية لثورة تكنولوجيا المعلومات:

يمكننا أن نتلمس آثار ثورة تكنولوجيا المعلومات والاتصالات على المجتمع في النواحي الآتية:

1. تقود ثورة تكنولوجيا الاتصالات عملية التغير الاجتماعي- الاقتصادي Economic- Socaial change, وإعادة تشكيل القيم السائدة. إن من الخطأ الظن بأن تكنولوجيا المعلومات هي ظاهرة مادية اقتصادية صرفة أي ترجع أسبابها إلى عوامل اقتصادية وعلمية فقط وتكمن آثارها وانعكاساتها على الجوانب المادية والإنتاجية للمجتمع بل هي عملية مادية, واجتماعية, وحضارية معقدة تمتد جذورها إلى البنية الاجتماعية برمتها وتتأثر بعوامل اقتصادية واجتماعية وسياسية وثقافية متشعبة وتؤثر على التراكيب المادية والحضارية للمجتمع.

إن التغير الاجتماعي هو تبدل المجتمع في النواحي المادية والعلمية والتقنية وتبدله أيضا في النواحي المثالية والحضارية والفكرية لكن هناك حقيقة يجب أن تبقى شاخصة للعيان ألا وهي أن التغير المادي للمجتمع يكون أسرع من تغيره الفكري والحضاري[1] أي أن المجتمع يتغير بسرعة في النواحي التكنولوجية والاقتصادية ولكنه يتغير ببطء في النواحي الثقافية والفكرية, وسرعة التغير المادي على التغير الفكري تؤدي إلى ظهور مشكلات اجتماعية وحضارية كثيرة للمجتمع. فمثلا قد تتطور التكنولوجيا في مجتمع ما ولكن تبقى عناصر من المجتمع تتمسك

(1) د.احسان محمد الحسن ط التصنيع وتغير المجتمع "دار الرشيد ن بغداد 1981, ص 36.

بالقيم والتقاليد البالية كالنعرة العصبية القبلية[1] وغيرها من خصائص المجتمعات التقليدية والمتخلفة.

2. تأثير تكنولوجيا المعلومات على البنى الاجتماعية والتقنية السائدة وبالتالي تأثيرها على وسائل الإنتاج ومصادر إنتاج الثروة وتوزيعها.

إن المقصود بالبنى التحتية والأسس الهيكلية هي المؤسسات المنتشرة على امتداد المجتمع, والتي تهيئ انتشار المعارف عن التكنولوجيا, وتوفر المقدرة البشرية لاستيعابها وتنظيم القنوات للإستفادة منها. وهذه المؤسسات أصبحت ضرورة أساسية لنمو المجتمعات وتقدمها التكنولوجي والصناعي وتنمية قدرات المجتمع لاستيعاب المستجدات في مختلف الميادين التكنولوجية والحضارية.

وتختلف أهمية هذه البنى التحتية بدرجة كبيرة تبعاً لظروف التنمية في البلد المعني ولنوع التكنولوجيا التي يرغب في استيعابها, ولكنها كلها ضرورية في المدى البعيد لكل مجتمع يرغب في اللحاق بركب الحضارة. إن تكنولوجيا المعلومات تترك أثرها على المؤسسات البنيوية للمجتمع كالأسرة والقرابة والزواج, ومستويات الحياة المعيشية, والعمل والفراغ, والنظرة إلى الحرية وعمل المرأة, والتركيب السكاني والطبقي[2]. كما أن التقدم في مجال تكنولوجيا المعلومات والاتصالات له أثر واضح في التطور الصناعي وزيادة حجم الإنتاج ونمو الدخل القومي, وأن نمو دخل الفرد يساعد الأسرة على تطوير وتحسين ظروفها المعاشية والاجتماعية والثقافية والروحية وتكوين العلاقات الاجتماعية الجديدة وتحول الأسرة من ممتدة إلى نووية[3].

الآثار المستقبلية لثورة تكنولوجيا المعلومات:

ذكرنا أن تكنولوجيا المعلومات والإنترنت وثورة الاتصالات الإلكترونية وبالحديث عن الإنترنت والحاسب الإلكتروني والخدمات التي يقدمها للإنسان وللمجتمع كان لهذه الثورة نتائج غير متوقعة بدأت مجتمعات العالم تتلمس آثارها وربما سيشهد العقد الأول من هذا القرن الجديد تحقيقاً فعليا لتلك الآثار وخاصة ما يتعلق بأنماط العمل والمهن والوظائف. فالكثير من الأعمال والوظائف المعتمدة على الجهد العضلي والمتكرر سوف تختفي وستظهر بصورة أكثر اتساعا وانتشار المنظمات الافتراضية والعمل الافتراضي الآلي (الربوت) محل الانسان الطبيعي وسوف يزداد تأثير صناع المعرفة في حياة المجتمعات بصورة غير مسبوقة.

(1) د. احسان محمد الحسن, المصدر أعلاه ص 37.

(2) د. احسان محمد الحسن: المصدر السابق ص 48.

(3) د. احسان الحسن المصدر السابق ص 51.

وسوف تنخفض ساعات العمل الأسبوعي إلى عشرين ساعة أو أقل وربما سينخفض سن الإحالة على التقاعد إلى 40-45سنة وستصبح مسألة سد الفراغ الناتج عن ثورة المعلومات والإلكترون مشكلة اجتماعية وللدلالة على انبثاق أنماط العمل الجديدة تبلغ نسبة الموظفين الذين يؤدون أعمالهم في دورهم 40% حاليا يتوقع أن ترتفع إلى 50% خلال السنتين القادمتين كما يتوقع الخبراء أن يتأثر دور الثقافة بأشكالها الحالية بفعل التأثير الجوهري لتكنولوجيا المعلومات والاتصالات.

إن مستلزمات صناعات وتكنولوجيا الغد, حتى تلك التي تعرف بالتقليدية ستصبح ذات مهارة ومعرفة مكثفة Intensive Skills or Knowledge وبشكل متسارع, ومن يتخلف عن ذلك سيكون قد اختار التخلف طواعية[1].

العرب ومواجهة تحديات تكنولوجيا المعلومات Technology Informal:

1. إن الوطن العربي وهو يجتاز نقطة تحول حاسمة في تاريخه يمتلك من القدرات والطاقات البشرية والوسائل المادية ما تمكنه من مواجهة التحدي الذي يشكله ترسيخ العلم والتكنولوجيا, ومن التحرر من التخلف والقضاء على البؤس والجهل وضمان رفاهية الشعب العربي في كل مكان.

2. إن الانتفاع بمزايا تكنولوجيا المعلومات في تحسين ظروف حياة البشر- يقتضي- بذل جهود ضخمة كما يتطلب عدد من التدابير العملية منها الآتي:

- إعادة النظر في المشكلات المقترنة بالتكنولوجيا في إطار شمولي وبكافة القطاعات مما يتيح دمجها في خطط تنمية وطنية بعيدة المدى لكل قطر عربي وللمجتمع العربي كله.
- تعزيز منظمات تكنولوجيا المعلومات ودعمها وتعزيز مواردها وضمان توفير التدريب المستمر لكوادرها من أجل بناء القدرة التكنولوجية العربية.
- توثيق الصلة بين السياسات التربوية والعلمية وبين تكنولوجيا المعلومات لتعزيز تدريس علومها وأدواتها ونظمها من أجل ضمان تنمية علمية وتكنولوجيا ذاتية متلائمة مع الأوضاع والاحتياجات الاجتماعية والاقتصادية وإحداث تغيير جذري في نظم التعليم السائدة وربط النظام التعليمي بشكل وظيفي بخطط التنمية.
- تحقيق الموازنة بين التنمية الذاتية لتكنولوجيا المعلومات وبين استيراد هذه التكنولوجيا وفقا لاستراتيجية واضحة تأخذ بالإعتبار التوفيق بين تنفيذ المشروعات العاجلة وبناء القدرة العلمية والتكنولوجيا العربية للمستقبل.

---

(1) د. انطونيوس كرم العرب أمام تحديات التكنولوجيا ص204.

- تهيئة المناخ الملائم للنهضة العلمية عامة والحد من هجرة الكفاءات في مجال تكنولوجيا المعلومات وذلك من خلال تعزيز وتحسين الوضع المعاشي والإداري والقانوني والإجتماعي للكوادر العلمية من باحثين وفنيين وتهيئة الإمكانات والظروف المساعدة على نمو الخبرة العربية.
- وضع سياسات متكاملة شاملة في مجال الموارد الطبيعية واستغلالها استغلالا رشيدا حماية للبيئة وتحقيقا للتكامل والتواؤم بين الاستراتيجيات العربية تفاديا للإزدواجية .
- إشاعة الثقافة الالكترونية في المجتمع العربي.
- استكمال تطوير البنى التحتية لتكنولوجيا المعلومات وتعزيز دورها في مختلف القنوات الاجتماعية للإستفادة منها.
- إن أهم عوامل تنمية قطاع تكنولوجيا المعلومات في الوطن العربي هو تنمية الموارد البشرية العربية بجهود منتظمة لزيادة المهارات والقرات الوطنية ورفع مستواها وتنمية الروح الإبداعية وروح المبادرة فيها, بحيث تنمو تدريجيا في المجتمعات العربية تجمعات مهنية وتكنولوجية وعلمية متخصصة قادرة في ميادين تخصصها على الاستيعاب الحقيقي للتكنولوجيا وتطويعها لخدمة أهداف وأغراض واحتياجات المجتمع العربي.

3. إن تنمية قطاع تكنولوجيا المعلومات هو عملية تنموية اجتماعية وفكرية بالدرجة الأولى وليس مجرد استيراد أو تطبيق لتكنولوجيا مجردة. إنها تتطلب عقلا عربيا جديدا وفكرا مبدعا ومؤسسات اجتماعية تتصف بالكفاءة والفعالية.

الخاتمـة

يفتح هذا البحث باب التفاعل مع علم الاجتماع ورغم أن توجه الأعمال الالكترونية والمحرك الأساسي له هو الربح والعائد إلا أن النظرة الاجتماعية تطرح

1- الربح الاجتماعي .

2- العوائد الاجتماعية .

وكلاهما يسهم في تحقيق التنمية الاجتماعية والرفاه الاجتماعي.

ونخلص إلى القول إن هذا البحث تناول ظاهره حتمية ويبقى التساؤل أمام المؤسسات العربية هو كيف نستفيد من تكنولوجيا المعلومات في تحقيق البناء الاجتماعي المتكامل.

المراجع

المراجع العربية:

1- د. انطونيوس كرم "العرب أمام تحديات التكنولوجيا", سلسلة عالم المعرفة, الكويت 1982.

2- د.اسماعيل صبري عبد الله "استراتيجية التكنولوجيا", دراسات عربية حزيران 1977.

3- د. محمد صفوح الأخرس"الأساس الاجتماعي للتقدم العلمي والتقني" جامعة دمشق 1990.

4- د.وفائي حقي "العلم والتقنية والتطبيق في المجال الصناعي", جامعة دمشق 1990.

5- أكرم عبد الرزاق المشهداني "الإنترنت ثورة في عالم المعلومات", جريدة الزوراء بغداد, العدد الثالث, 1997.

6- أكرم عبد الرزاق المشهداني "جرائم الإنترنت", جريدة الثورة, بغداد, 1998.

7- المركز العربي للدراسات الأمنية والتدريب "أثر التقنية على المجتمع العربي, الرياض 1990.

8- د. احسان محمد الحسن "التصنيع وتغيير المجتمع" دار الرشيد, بغداد 1981.

9- د. احسان محمد الحسن "علم الاجتماع الصناعي", جامعة بغداد 1986.

10- د.حسن الشريف "التقنية والتكامل العربي", الرياض ظن 1990.

11- د.عبد القادر الزغل "التقنية والتغير الاجتماعي", الرياض 1990.

12- د. محمد صفوح لأخرس "الأبعاد الإجرائية والنظرية لأثر التقنية في المجتمع العربي", المركز العربي للدراسات الأمنية, الرياض, 1990.

13- د. سعد زكي نصار"حول قضايا التنمية والتخطيط" منشورات المعهد العربي للتخطيط, الكويت
1978.

14- نبيل علي, الثقافة العربية في عصر المعلومات, الكويت: سلسلة عالم المعرفة, 2001.

15- محمد أسامة الدبوس"التقنية والطاقة في المجتمعات العربية".

16- توصيات المؤتمر العربي للعلم والتقنية الرباط 1976.

17- توصيات وأعمال مؤتمر الأمم المتحدة حول العلم والتكنولوجيا والتنمية فيينا1979.

المراجع الأجنبية:

1- Ompeting In the Third wave: The Ten Key management Issues of The Information Age,
Boston: Massachusetts, Hrvard Bnsiness scool press.

2- Gupta vma (2001). Information Systems In success In The 21st century, NJ: prentiz- Hael,
upper saddle River.

3- Turban, Mclear, and wetherbe (1999). Information Technology Management: Making
Connections for strategic Advartage, Newyork: John wileyt sons.

المبحث الرابع

الشركات متعدية الجنسية وآثارها على النظام الاقتصادي والاجتماعي في الدول النامية

المقدمة:

ذاع وانتشر الحديث في السنوات الأخيرة عن (التدويل الاقتصادي) وظاهرة (العولمة) Globalization [1] وكذلك عن الشركات متعدية الجنسية The Multinational Enterprise باعتبارها احدى مظاهر أو مؤسسات العولمة الاقتصادية، ويطلق عليها آخرون (الشركات متعددة الجنسية) و(الشركات عبر الوطنية) و(الشركات عابرة القومية) و(الشركات متعدية الحدود القومية).

ان هذه الشركات لم تبرز فجأة من فراغ، وأنما لها جذور تاريخية ترجع الى عدة قرون، فقد عرف العالم منذ أوائل القرن 17 شركات احتكارية عملاقة في مجال التجارة الخارجية لبعض المواد الاستهلاكية، فقد شهد العالم قيام الشركة البريطانية للهند الشرقية (عام 1600م) التي احتكرت تجارة بريطانيا مع الهند ودول آسيوية أخرى وبقيت هذه الشركة خلال عقود طويلة اكبر شركة عالمية.

لقد ظهر التفاعل المستمر بين تطور الانتاج والسعي الى السوق العالمية او عالمية السوق International Market منذ المراحل الأولى لظهور الرأسمالية، ففي القرن (16) والقرن (17) أسهم التوسع المفاجيء للتجارة وظهور سوق عالمية جديدة في سقوط الأسلوب القديم للأنتاج، ونشأة الأسلوب الرأسمالي الجديد للانتاج

---

(1) العولمة Globalization انتشر هذا المصطلح مع بداية التسعينات وبعد انهيار الاتحاد السوفيتي والكتلة الشرقية، وهو الاتجاه نحو جعل الاقتصاد العالمي اقتصاداً واحداً والسوق العالمية سوقاً واحداً، هذا من الناحية الاقتصادية الصرفة. أما من الناحية السياسية فالعولمة تعني ضمناً تقليص سيادة الحكومات في بلدانها وجعل العديد من القرارات والاجراءات الاقتصادية ذات طابع جماعي تشارك فيه0 اطرافاً خارجية كدول أو شركات متعددة الجنسية. ويطلق آخرون تسمية (الكوكبة) أو (العالمية) او (الخنفسة) وبعض الكتاب يطلق عليها (الامركة)!! والموقف تجاه العولمة لا زال مختلفاً قسم يراها عملية صياغة قسرية لحياة المجتمعات واذابة للشخصية الوطنية، وآخرون يرونها ضرورة الحضارة وتقدم وسائل الاتصال، وسقوط الحواجز بين تبادل المعلومات والافكار والسلع بين سكان الأرض (انظر المراجع حول العولمة في قائمة مصادر البحث).

الذي بشر بقدوم مرحلة جديدة في تطور الرأسمالية التي تتميـز بـالنمو الـديناميكي للمشروعات متعديـة الجنسية التي تولت قيادة عملية تدويل الانتاج ورأس المال. [1]

ومع مطلع النصف الثاني من القرن العشرين (بعد انتهاء الحرب الثانية) كان بدء مرحلة جديدة في تطور النظام الرأسمالي، مرحلة تميزت بما يمكن ان يصطلح عليه (دولية الحياة الاقتصادية) إذ أصبحت العملية الانتاجية داخل المشروع الرأسمالي تتم لا على المستوى الوطني كما كان يحدث في الماضي. وانما على المستوى العالمي حتى أصبح الاقتصاد العالمي يحل تدريجياً محل الاقتصادات الوطنية المختلفـة اطاراً لعملية الانتاج الرأسمالية. [2]

لقد تبلورت العولمة الاقتصادية في التسعينات كأسلوب للتدويل الاقتصادي الا انها تخفي مخاطر ذوبان الخصوصيات الوطنية وسيطرة الرأسمالية على العالم. وان الأداة التي يتم من خلالها تـدويل الانتاج والاستثمار ثم التجارة ونقل التكنولوجيا والتمويل هـي (الشركات متعدية الجنسية) التـي هـي محـرك وحامل وناقل للتدويل الاقتصادي وهي بطبيعتها بنية اقتصادية- اجتماعية نمت في ظل النظام الاقتصادي الرأسمالي كتعبير ونتاج تنظيمي لقوانين تطوره الأساسية، ولها آثار سلبية علـى مجتمعـات الاقطار الناميـة وعلى مجمل عملية التصنيع فيها كما سنتطرق في هذا البحث.

أولاً: تحديد مفهوم الشركات متعدية الجنسية

لا زال مفهوم الشركات متعدية/ معقدة الجنسية يثير الجـدل بسـبب غمـوض مضمونة وتعدد التعبيرات التي تعكس الظاهرة نفسها، اضافة الى صعوبة وضع تعريف شامل يغطي كامل جوانب ظاهرة الشركات متعدية الجنسية.

هناك تعاريف اعتمدت نسبة رأس المال الأجنبي في الشركة او عدد الأقطار الداخلة فيها، ووفـق هذا الاتجاه تعرف بانها كل شركة ذات محتوى أجنبي بنسبة 25% فاكثر وتسيطر على وحـدات انتاجيـة في دولتين او اكثر وتديرها في اطار استراتيجية عالميـة واحـدة. ويركـز البعـض الآخـر عـلى ملكيـة الشركـة Ownership وان أي شركة تصبح متعددة الجنسيات عندما ينتمي مالكو الشركة

(1) حقي اسماعيل حمد المشهداني: اتجاهات نشاطات الشركات متعدية الجنسية، رسالة دكتوراه، جامعة بغداد، كلية الادارة والاقتصاد (غير منشورة) 1994، ص25.

(2) حقي اسماعيل، المصدر السابق، ص 29.

الأم الى جنسيات عدة دول [1] وأحسن أمثلة تعطى عن ذلك شركة شل Shell وشركة اونيلفر Unilver المملوكتين من قبل مصالح بريطانية وهولندية.

ويذهب آخرون الى اعتماد خصائص البنية الإدارية لتلك الشركات أي مدن مركزيتها وتكامل عملياتها الأساسية بين فروعها. وذهب آخرون الى انها وحدات اقتصادية مستقلة من اقطار مختلفة تندمج مع بعضها بروابط الملكية الخاصة مع إذابة الهوية الخاصة لكل وحدة مندمجة وتوظيف الامكانات المستقلة كافة لتحقيق أهداف الشركة المرسومة وهذه الروابط تكون طوعية، وان الشركة تعمل في عدة دول بهدف تعظيم ربح المجموعة وليس ربح الفروع كل على حدة وفي كل دولة. [2]

وذهب بعض الماركسيين (مثل: باران Baran وسويزي Sweezy) الى أن هذه الشركات هي السمة المميزة للمرحلة الجديدة التي دخلها النظام الرأسمالي وهي مرحلة الرأسمالية الاحتكارية. [3]

وقد عرفتها الامم المتحدة بانها: هي تلك الشركة التي تزاول نشاطاً انتاجياً في دولتين أو اكثر، شريطة ان تكون استراتيجية الانتاج توضع في المركز الرئيسي للشركة الذي عادة ما يقع في الدولة الأم. [4]

وبتعريف مماثل عرفها مؤتمر العمل العربي بدورته (25) الأقصر- آذار 1988 "وهي مشاريع تملك أو تسيطر على مرافق انتاجية أو خدمات خارج البلد الذي يوجد فيه مقرها الرئيس، ويتم تصنيع منتجاتها في بلدان مختلفة في آن واحد، كما يتم بيع هذه المنتجات من خلال شبكة توزيع متكاملة عبر الحدود الوطنية دون قيود". [5]

من كل ذلك نخلص الى خصائص الشركات متعدية الجنسية: [6]

(1) انظر د. انطونيوس كرم: العرب أمام تحديات التكنولوجيا، سلسلة عالم المعرفة، الكويت، 1982، ص 101.

(2) هذا هو تعريف فرانكلين روث Root مأخوذ عن: د. انطونيوس كرم، المصدر السابق، ص101.

(3) د. انطونيوس كرم: المصدر السابق، ص 102.

(4) كراس الأمم المتحدة بعنوان :

UN. "Multinational Corporation in Word Development, N.Y, 1973, P. 7.

(5) منظمة العمل العربية، مكتب العمل العربي: الدورة (25) الاقصر، مصر، آذار 1998 (العولمة وآثارها الاجتماعية) تقرير المدير العام لمكتب العمل العربي، ص 52..

(6) منظمة العمل العربية: المصدر السابق، ص 52 وما بعدها. د. انطونيوس كرم: المصدر السابق، ص 111 وما بعدها.

1- ان الشركات متعدية الجنسية هي بناء اقتصادي واجتماعي ذو آثار شاملة وقوية.

2- وجود الطابع التنظيمي والروابط الإدارية في الشركة وهذه الروابط تتقاطع مع الروابط والبناء القومي، فالشركة الأم تسيطر على شبكة كاملة من المشروعات في الخارج.

3- ان الطابع الاحتكاري هو المسيطر من خلال التركيز والتمركز والتدويل المضطرد لرأس المال الاحتكاري لاستخلاص اقصى الأرباح من خلال السيطرة على العناصر الاربعة للحياة الاقتصادية (التكنولوجيا، رأس المال، أسواق العمل، نظم التسويق) تسهم في تقسيم العالم الى متقدم ونامي ومتخلف حتى أصبح اكثر من نصف العالم يكدح وينتج من أجل ان يستهلك ويتمتع أقل من خمس العالم.

4- انها التعبير التنظيمي والإداري لتطور القوانين الرأسمالية وآليات الاستغلال وتركيز التبعية للرأسمالية المعاصرة والتمثيل الحي لهذه الشركات انها وحدات اقتصادية احتكارية عالمية النشاط لكنها احادية الولاء لبلدها الأم.

اذن فان الشركات متعدية الجنسيات هي مشاريع كبرى (في رأسمالها وحجم مبيعاتها ومستوى أرباحها) تصل نشاطاتها واعمالها وفروعها الانتاجية الى عدة دول وتوجه أعمالها وخططها الأساسية من مكتب الشركة الام، ويتم تصريف منتجاتها من خلال شبكة توزيع دولية تهدف إلى السيطرة على أسواق العالم.

ثانياً: الخصائص الذاتية للبناء الاقتصادي والاجتماعي للشركات متعددة الجنسية:

ان الشركات متعددة الجنسية تسيطر الآن على حصة لا يستهان بها من الانتاج في فرع صناعي او اكثر مع قدرتها على السيطرة على الأسعار، وكذلك حجم الانتاج. وتقوم استراتيجيتها على التقسيم الدولي للعمل بالنظر الى العالم كوحدة اقتصادية واحدة، وان السوق التي تعمل فيها مشروعات هذه الشركات تختلف عن السوق المحلية، فهي لا ترتبط بسوق العرض والطلب الداخلي وانما بظروف الطلب العالمي وهي سوق شبه احتكارية.

ومن حسناتها انها حققت طفرة في عالم الصناعة، كما تمتاز بالحجم الهائل مقارنة بمشروعات الاقتصاد الوطني، لكنها في الحقيقة تجمع مالي احتكاري بقصد السيطرة على وسائل الانتاج والتجارة.
تشير احصاءات الامم المتحدة الى أن عدد الشركات متعدية الجنسية بلغ في مطلع التسعينات اكثر من 37 ألف شركة منها 33 ألف شركة في الدول المتقدمة

تمتلك اكثر من 82 ألف فرع تابع لها و 2700 شركة في الدول النامية لها 71 ألف فرع. [1]

وتشير الاحصاءات التي قدمتها أمانة الأونكتاد (مؤتمر الأمم المتحدة للتجارة والتنمية) لعام 1997 النطاق العالمي الذي حققته شبكات هذه الشركات وما تجمع لديها من رؤوس الأموال وحجم مبيعاتها العالمية والناتج الاجمالي لها. ويمثل الثالوث (الولايات المتحدة، الاتحاد الاوروبي واليابان) موطناً لـ 78% من اكبر مائة شركة عبر الوطنية ويعود الى تلك الدول نحو 88% من أصولها الأجنبية، وتقع مقرات 90% من مجمل هذه الشركات في عدد محدود من الدول الصناعية الكبرى. [2]

ثالثاً: الآثار السلبية للشركات متعدية الجنسية على الدول النامية:

ان الشركات متعدية الجنسية هي واحدة من نتاج الرأسمالية الاحتكارية والعولمة الاقتصادية، فعندما تغرس شركاتها وفروعها واستثماراتها في البلدان النامية فأنها بيئة متباينة اقتصادية واجتماعيا وفي ظروف تختلف عن البلد الأم للشركة.

ومن أهم الآثار السلبية لتلك الشركات على الدول النامية:

1- اسهامها السلبي في تفاقم أزمة عجز ميزان مدفوعات الدول النامية كما أن التحويلات العكسية للموارد بواسطة تلك الشركات ذات آثار مركبة في اضعاف النشاط الاقتصادي للدول النامية.

2- رغم وجود فروع الشركة في دول نامية الا ان هذه الدول لا دخل لها في تحديد كمية الانتاج ونوعيته لأن القرارات مركزية من الشركة الأم، مع أهمال مصادر العرض المحلية وخلق التعارض بين أهداف الشركة في تحقيق الأرباح على المستوى العالمي وبين ضرورات التنمية كما تراها الدول المضيفة.

3- ان هذه الشركات تعمق من علاقة التبعية والهيمنة في العالم بعيداً عن تحقيق تكامل دولي واعتماد متبادل حقيقي، وهي تكرس من حالة اللامساواة وسوء توزيع الدخل على المستوى الدولي وداخل كل دولة على حدة، خصوصاً في الدول النامية.

(1) احصائية الأمم المتحدة، دائرة التنمية الاقتصادية والاجتماعية العدد 3/1 ديسمبر 1992.

(2) منظمة العمل العربية، المصدر السابق، ص 54.

4- ان الشركات متعددة الجنسية تصدر الى الدول النامية تكنولوجيا كثيفة رأس المال غير ملائمة لظروف الدول النامية التي يعاني معظمها من بطالة كبيرة وهذا يعود الى ان أولويات وأهداف واستراتيجيات هذه الشركات تتعارض في الغالب مع أولويات وأهداف واستراتيجيات الدول النامية.

5- ان التكنولوجيا المنقولة من دول المركز الى الدول المضيف (النامية) عادة ما تؤدي الى التشوه في استخدام الموارد نتيجة عدم ملائمة التكنولوجيا الكثيفة في استخدام رأس المال لظروف عدد كبير من هذه البلاد، وبالتالي تزيد من التبعية والاعتماد على التكنولوجيا الأجنبية.

6- ان الشركات لا تراعي حاجة السوق المحلية في الدولة المضيفة بل تراعي التعليمات المركزية من المركز الأم.

7- تؤدي هذه الشركات الى استنزاف العقول من خلال نقل الخبرات والعقول من الدول النامية الى المتقدمة أي انها تسهم في هجرة العقول عن طريق اغرائهم بمرتبات عالية، وبضمهم الى نمط الحياة السائد في أجواء هذه الشركات، وهي واحدة من اكثر الظواهر الاجتماعية والاقتصادية خطورة على البلدان النامية.

8- ان هذه الشركات مملوكة من أجانب ينتمون الى دول استعمارية سابقة وتشكل خطراً على سيادة واستقلال الدول النامية.

9- ان معظم هذه الشركات يتوجه نحو بلدان نامية سعياً وراء الحصول على ايدي عاملة رخيصة لا تتوفر لدى الشركة في وطنها الأم، وهي لا تعطيهم ذات الرواتب التي تعطيها لعمالها في الوطن الأم، وذلك استغلالاً لحالة الفقر والعوز التي تسود البلدان النامية.

10- اقترن تزايد اعداد هذه الشركات بضياع وتناقص قدرة السلطات (الوطنية) على اتخاذ القرارات لا سيما في البلدان النامية المتعطشة للاستثمارات الأجنبية المباشرة، كما تسهم الضغوط المتزايدة من أجل المنافسة الدولية على رأس المال والاسواق والعمل على تضييق هامش المناورة المتاح لتلك السلطات (الوطنية) وان حكومات البلدان النامية لا تستطيع املاء اراداتها في وجوب احترام حقوق السيادة الكاملة وذلك بسبب موقفها الضعيف نسبياً في المساومة في تعاملها مع المستثمرين الأجانب.

11- الشركات متعدية الجنسية تلجأ الى تخفيض ما يتوجب عليها دفعه من ضرائب عن طريق ما يعرف بـ (أسعار التحويل) الأمر الذي يقلل من مساهمتها في ايرادات ومشاريع الدول المضيفة، وبذلك فان هذه الشركات تسهم في (التهرب

الضريبي) خاصة وانها تحقق أرباحاً طائلة في الدول النامية مقارنة بتلك التي يمكن أن تحصل عليها في بلدها الأم.

12- تؤثر الشركات متعددة الجنسية بشكل سلبي على العادات الأدخارية في البلدان النامية عن طريق ما يمكن تسميته بـ (التكنولوجيا الاستهلاكية) والتي تقوم على حملات اعلانية ضخمة لاعادة صنع العادات الاستهلاكية لدى شعوب الدول النامية بحيث تؤدي الى زيادة الطلب على منتجاتها، مما يؤجج ما يعرف في علم الاقتصاد بـ "عامل المحاكاة" والتقليد للأنماط الاستهلاكية السائدة في العالم الغربي، وهذه تؤدي الى التبعية الاقتصادية بدلاً من ان ينجح التصنيع في التخفيف من هذه التبعية، فالتكنولوجيا التي جاءت بها الشركات متعددة الجنسية لا تصلح الا لانتاج سلع استهلاكية كمالية، وهذه السلع لا يمكن انتاجها الا بواسطة مثل هذه التكنولوجيا.

والاخطر من ذلك أن نمط التصنيع هذا ترتب عليه تشجيع استيراد تكنولوجيا على حساب العمل على انتاجها محلياً وساهم في تحويل العلماء والمهندسين والفنيين في الدول النامية من منتجين الى مستهلكين للتكنولوجيا. [1]

13- لا يتوقع الكثير من الاقتصاديين ان تكون هذه الشركات أداة وطنية لتحقيق التنمية الشاملة في أي بلد من البلدان التي تحتضنها، فهذه الشركات تميل الى التمسك بالمفهوم الضيق للتنمية، فهي تتجه في انشطتها واساليب عملها الى تحقيق أقصى ربح بدلاً من تعزيز المساواة وتحسين الرفاهية البشرية، وينبغي على البلدان النامية أن تدرك ان هذه الشركات لا يجذبها عامل مساعدة البلدان الفقيرة، وانما يجذبها عامل البيئة الاقتصادية المريحة بما فيها الايدي العاملة الرخيصة وسهولة الوصول الى الموارد الطبيعية. وهي وان دفعت أجوراً أعلى للعمال فانها غالباً هي أجور أدنى من استحقاق انتاجية العامل. [2]

ان الاعتماد على استراتيجية مستوحاة من نمط التنمية الرأسمالية يستحيل معها تحقيق تنمية اقتصادية مستقلة لدول العالم الثالث خاصة وان الدول الرأسمالية تبني سياساتها المتعلقة بالتكنولوجيا على مفهوم (الاحتكار والتملك) وليس على أساس الميراث المشترك.

---

(1) تقرير لمنظمة UNICTAD أشار اليه د. انطونيوس كرم، مصدر سابق، ص 125.

(2) منظمة العمل العربية، مصدر سابق، ص 56-57.

رابعاً: الأثر السلبي على التصنيع:

1- ان الدول الصناعية المتقدمة تنشيء فروعاً لشركاتها في الدول النامية وبذلك يصبح لدى الأولى شبكة متكاملة من الفروع والمصانع المتخصصة في انتاج مكونات أو أجزاء او مجموعة معينة من المنتجات في الدول النامية لكي يعاد تصديرها الى المراكز الرئيسة لاستكمال عملية التصنيع او التجميع النهائي للمنتج.

2- اصبحت لدى بعض الشركات متعدية الجنسية في ظل ثورة التقدم العلمي والتكنولوجي مصلحة في نقل صناعات محددة الى الدول النامية وربطها بمصادر مختلفة ومتعددة.

3- ان الدول الصناعية تفتح فروعاً للشركات متعدية الجنسية في الاقطار النامية دون السماح باعطائها أسرار التكنولوجيا والتصنيع بكل تفاصيلها.

4- ان الصناعات التي تقيمها الشركات متعدية الجنسية في الدول النامية هي تلك الفروع من النشاط التي تريد ان تتخلى عنها لأسباب اقتصادية وهي الصناعات الثانوية (الصناعات المستغنى عنها) ومن امثلتها الصناعات التي تحتاج الى مساحات واسعة من الأراضي لاقامتها، وكذلك الصناعات الملوثة للبيئة. وبذلك نجد ان سياسة التصنيع هذه قامت على أساس ما يطلق عليه احلال أو بدائل الاستيرادات وهي في الواقع انعكاس للاستراتيجيات الاستثمارية التي تحددها تلك الشركات.

5- ان التصنيع والتكنولوجيا التي تصدرها الشركات متعددة الجنسية تصمم أساساً لغرض زيادة الأرباح وليس لخدمة احتياجات التنمية الاقتصادية لبلدان العالم الثالث، وهذا يعني أن التكنولوجيا المستخدمة بواسطة هذه الشركات هي وليدة الظروف الاقتصادية والاجتماعية للمجتمع الذي افرزها، ولا تقوم هذه الشركات بتطوير التكنولوجيا التي تتفق مع احتياجات العالم الثالث.

6- ان انشطة الشركات متعددة الجنسية في الدول النامية تنطوي على آثار سلبية على المنتجين المحليين في القطاع الصناعي، وعلى العاملين في اطار الاقتصاد الوطني بوجه عام، ذلك أن الامتيازات السخية المقدمة الى المستثمرين الاجانب انما تضع الأعمال والانشطة الاقتصادية الوطنية في وضع غير مناسب وتسهم في زيادة حدة التفاوت الاجتماعي والاقتصادي.

7- ان استيراد التكنولوجيا على نحو عفوي ووفق شروط الشركات متعدية الجنسية ومن دون استراتيجية محلية ملائمة يؤثر في النمط الاقتصادي والاجتماعي والسياسي للدول النامية، ويغرس وينمي لدى شعوبها انماطاً وأساليب استهلاكية لا تتفق في شيء مع مواردها المحلية ولا تحقق مصالح البلاد المستقبلية وانما فقط تحقق مصالح الشركات لان تلك الأنماط تخلق طلباً واسعاً على واردات كمالية تنشيء ضغوطاً على الوضع الحالي للبلاد وتدفعها بقدر اكبر الى الوقوع في براثن مؤسسات التمويل المصرفية الدولية فضلاً عن التأثير على ايديولوجية البلاد والتكوين الفكري لأبنائها وطموحاتهم.

خامساً: الوطن العربي والشركات متعدية الجنسية

يمتلك الوطن العربي تاريخاً طويلاً مع الشركات متعدية الجنسية بمختلف اشكالها وهو تاريخ حافل بالتجارب العديدة والمريرة، ومنها شركات النفط الاحتكارية التي كانت تستنزف ثرواتنا قبل أن يصدر قرار التأميم الخالد، ونتذكر كيف كانت تلك الشركات تتحكم في أوضاع الوطن العربي. ان خصائص عمل الشركات متعدية الجنسية في الوطن العربي تختلف بوضوح بين فترتين:

الأولى: فترة ساد فيها نمط من الاستثمار الاجنبي المباشر وتركز النشاط الاقتصادي في قطاعات الخدمات والمرافق العامة والتجارة، وهي غالباً شركات النفط الاحتكارية التي احتكرت عمليات انتاج وتسعير ونقل وبيع النفط الخام.

الثانية: بدأت مع بروز السمة الأساسية التي يكشف عنها هيكل نشاط الشركات ذات الانتاج الواسع في عزوفها المستمر عن الاهتمام بالوطن العربي بوصفة موطناً للاستثمار الاجنبي المباشر مقابل حرصها المتزايد على الدخول في السوق العربية من الأبواب الجديدة المستحدثة وهي الاستثمارات العربية خارج الوطن العربي خصوصاً بعد تنامي موارد البترول والطفرة فيها وبخاصة لدى اقطار صغيرة منتجة للنفط (الكويت والأمارات) التي وجدت نفسها بين عشية وضحاها تحقق ايرادات نفطية تفوق قدرتها على استيعابها محلياً مما أدى الى اتجاه حكومات تلك الاقطار الى استثمار عوائد الايرادات النفطية في أسواق امريكا وأوروبا.

ان الشكل التقليدي الذي يتفق مع المعنى الضيق للشركة متعدية الجنسية هو (الاستثمار الاجنبي المباشر) وما ينشأ عنه من ملكية مستقرة لأصول ثابتة. وأهم الأشكال المستحدثة لهذه الشركات هي (عقود تسليم المفاتيح) بأنماطها المختلفة التي انتشرت في عدد من الاقطار العربية فترة السبعينات والثمانينات. ان اسلوب (التسليم بالمفاتيح) للمشاريع التي تقيمها الشركات متعددة الجنسية لصالح الدول النامية بما فيها الأقطار العربية لا يساهم في نقل المعرفة والتقنية إلى هذه الأقطار على الاطلاق. وقد بينت دراسة لمنظمة الانكتاد UNCTAD عن بعض الأقطار

العربية التي تستخدم اسلوب (التسليم بالمفتاح) نتيجة التسرع المفرط غير المدروس في عمليات التنفيذ (حرق المراحل) الأمر الذي يحرم الكفاءات والأيدي العاملة العربية من المشاركة في عملية اكتساب التكنولوجيا المستوردة كما يحرمها من تطوير خبراتها وقدراتها.

ان الشكل الآخر للاستثمارات الاجنبية في الوطن العربي هي تراخيص العلامات التجارية، فالأسماء التجارية الكبيرة للشركات الكبرى (حق ملكية صناعية) تعطيها درجة من الاحتكار والقدرة على التأثير في آلية السوق ومن هذه الشركات (كوكاكولا، بيبسي كولا.. وغيرها).

وان تلك الشركات تحصل على عوائد مقابل استخدام الرخصة بالاسم ويترتب على ذلك قيود تفرضها تلك الشركات على الدول النامية أولها منع الطرف المحلي من التصدير الى خارج السوق المحلية الا باذن خاص من المرخص، وقد يفرض المرخص على المرخص له جملة شروط منها اجباره على شراء كل او معظم ما يحتاجه من مستلزمات انتاجية من الشركة الأم أو فروعها في الخارج. ان معظم هذه العلامات التجارية تتعلق بسلع استهلاكية الأمر الذي يعمل على زيادة الميل نحو الاستهلاك في الدول النامية وانخفاض الميل نحو الادخار، كما ان هذا الاستخدام يعمق تبعية الدول النامية للتكنولوجيا الاجنبية.

ان الشركات متعدية الجنسية بكافة صورها وتطبيقاتها هي من نتاج العولمة الاقتصادية، والرأسمالية الاحتكارية في ظل تحكم الولايات المتحدة بعد انهيار الاتحاد السوفيتي والكتلة الشرقية، وهي تهدف الى تكريس الهيمنة والتبعية.

المراجع

1- حقي اسماعيل حمد المشهداني: اتجاهات ونشاطات الشركات المتعدية الجنسية في الاقتصاد العالمي مع الاشارة لدورها في الاقتصاد العربي، رسالة دكتوراه، جامعة بغداد، كلية الادارة والاقتصاد غير منشورة، 1994.

2- د. انطونيوس كرم: العرب أمام تحديات التكنولوجيا، سلسلة عالم المعرفة العدد 59 الكويت 1982.

3- جورج قرم: التنمية المفقودة، دار الطليعة، بيروت، .1981

4- غسان حداد: مخاطر الشركات متعددة الجنسية بالنسبة للوطن العربي- الاهداف البعيدة، مجلة النفط والتنمية، بغداد، ع1/ .1980

5- تقي عبد سالم: الشركات متعددة الجنسية وأثرها على التكامل الاقتصادي العربي، مجلة الادارة والاقتصاد، الجامعة المستنصرية، ع 5 و6/ 1981.

6- منظمة العمل العربية، مكتب العمل العربي الدورة 25 الاقصر/ مصر آذار 1998 (العولمة وآثارها الاجتماعية) تقرير المدير العام، القاهرة.

7- منشوراته الامم المتحدة:

- تقرير الامين العام التنفيذي للاونكتاد ايلول 1992

- نشرة UN Multinational Corpuration in World Development NY 1973

8- مراجع في العولمة:

- د.كريم محمد حمزة، العولمة وحق الهوية، بيت الحكمة، بغداد، 1998.

- طالب ابراهيم العقابي، العولمة، هيئة التخطيط، بغداد، 1997.

- منير شفيق، العولمة مرحلة جديدة في الرأسمالية (الحياة) لندن 1981/6/16.

- عبد الغني عبد الغفور، العولمة، دار الشؤون الثقافية، بغداد، 1998.

المبحث الخامس

المديونية العربية

مقدمة

في عالم اليوم لم تعد المديونية الخارجية قضية اقتصادية ومالية بحتة، ولكنها تحولت منذ نشوب أزمة مديونية دول العالم الثالث في عام 1982 إلى قضية سياسية ووطنية لأنها لم تعد تؤثر على حركة النمو الاقتصادي والاجتماعي والأمن المالي وحسب بل أصبحت إلى جانب ذلك تهدد الاستقلال الوطني والأمن القومي لبعض البلدان المدنية.

والمفارقة العربية في هذا الصدد، كما في العديد من المجالات، هي أن وطننا العربي لديه أرصدة ضخمة في الخارج، وفي نفس الوقت ينوء بعبء ضخمة للخارج، وهذه المفارقة هي الوجه الآخر لمفارقة الفجوة الهائلة بين أقطار العسر في الوطن العربي. فأقطار اليسر هي التي تمتلك أرصدة ضخمة في الخارج، وأقطار العسر هي التي تعاني من المديونية الضخمة للخارج. وأصحاب الأرصدة يتقاضون عليها فائدة محدودة جدا، فضلا عن أنها مهددة ماليا وسياسيا. وإذا كان التهديد السياسي لا يلفت انتباه أصحابها بالقدر الكافي، فإن ما تتعرض أو تعرضت له بالفعل من تهديد مالي لم يعد يخفي على أحد. ولعل ما حدث في انهيار سوق الأسهم والأوراق المالية في نيويورك في 1987/10/19 ما فيه اكبر دليل على ذلك، فقد قدرت المصادر المالية خسارة الدول العربية بعشرات المليارات من الدولارات في هذا الانهيار.

ولقد بلغت مديونية أقطار العسر العربية في نصف الثمانينات ما يزيد عن 120 مليار دولار، تدفع عليها فوائد عالية مركبة، وتمثل ضغوطا هائلة على مواردها المحدودة وبالتالي تعرقل جهودها التنموية أو تلتهم عائد كل هذه الجهود.

والوطن العربي الذي يحوي ثروات طبيعية وبشرية هائلة أخذ للأسف يبرز ضمن الدول الغارقة في الدين، حتى بلغت المديونية الخارجية للدول العربية ما يزيد عن ثمن الديون الخارجية لدول العالم الثالث مجتمعة.

إن الجمع بين النمو الاقتصادي وبين خدمة الديون الخارجية الضخمة أصبح مهمة شبه مستحيلة بالنسبة للدول النامية، لان الموارد المتاحة بالعملة الأجنبية والتي كان يمكن توظيفها في استثمارات مجدية لتوسيع الطاقة الإنتاجية وخلق فرص العمل ورفع مستوى المعيشة تحول إلى تسديد الأقساط والفوائد الخارجية، وبعد مرحلة معينة يصبح الناتج الوطني بأسره مرهونا لصالح الدائنين. من هنا

فليس هناك طريقة سهلة لتجنب أزمة المديونية الخارجية أو التعامل معها إذا وقعت، فلا بد من الاعتماد على النفس ومواجهة الشعب بمسؤولياته والعيش على المستوى الذي تسمح به موارد البلد وقدراته وعدم تأجيل المشاكل وشراء الرضى الشعبي والولاءات عن طريق الاقتراض والتوسع في الإنفاق العام.

كما أن التبعية للخارج، والخضوع للمؤسسات المالية الدولية ليست طرقا مأمونة ولم تؤد إلى النتائج المرجوة فلابد أن يكون الحل وطنيا وان يأخذ بعين الاعتبار التكامل الاقتصادي العربي في إطار الوطن الواحد.

أولاً: النظرة الدولية لمسألة المديونية

مع أن مشكلة المديونية العربية الخارجية- إذا نظرنا إلى الدول العربية كمجموعة واحدة- لم تتخذ بعد تلك الأبعاد الخطيرة التي عرفتها البلاد المدنية الرئيسية في العالم، سواء من حيث الأحجام المطلقة لتلك الديون الرئيسية أو بالنسبة إلى الناتج المحلي الإجمالي أو بالنسبة إلى الصادرات، إلا أن هذا لا يقلل بحال من الأحوال من أهمية مشكلة المديونية العربية الخارجية وحتمية اشتداد وطأتها على بعض البلاد العربية المدينة في السنوات القادمة، لا سيما وان المنطقة العربية دخلت مرحلة جديدة في تطورها الاقتصادي وهي ما يطلق عليها حقبة ما بعد الثروة النفطية التي شهدتها المنطقة العربية في العقد الماضي والسنوات الأولى من هذا العقد. ومن أبرز مظاهر المرحلة الجديدة الهبوط الجديد الهبوط الحاد في أسعار وإنتاج النفط، المادة الرئيسية التي تصدرها منطقتنا العربية، وما تنتج عن ذلك من انحسار في العوائد المالية، وبالتالي انحسار القدرات العربية المالية وانكماشها بحيث تعجز عن مواجهة مديونياتها الخارجية.

ولأول مرة منذ بداية الفورة النفطية تشهد بعض الدول الرئيسية للنفط في منطقتنا العربية عجزا في موازناتها الحكومية بالرغم من الجهود التي بذلتها كل تلك الدول في ترشيد الانفاق العام. وقد أدت السياسيات المالية الجديدة في الدول المصدرة للنفط إلى انكماش في النشاط الاقتصادي، وهو النشاط المعتمد بصورة كبيرة على الإنفاق العام، المعتمد بدوره على عوائد النفط، وبسبب الترابط القائم بين اقتصاديات دول منطقتنا العربية النفطية وغير النفطية، فقد تسببت الظروف الاقتصادية الحالية في الدول المصدرة للنفط في تفاقم مشاكل بقية دول المنطقة العربية وربما كان أبرزها تقلص الموارد المالية المتاحة لتمويل التنمية الاقتصادية والاجتماعية، وهي الموارد التي كانت تتدفق عليها كقروض مسيرة أو هبات من دول اليسر للمنطقة العربية، وذلك إضافة إلى انخفاض تحويلات العاملين في الدول النفطية إلى مواطنهم الأصلية، وذلك كنتيجة لما يسمى بالهجرة المرتدة. وتمثل هذه

التحولات موردا رئيسيا من موارد العملات الأجنبية وتقلصها سيزيد من العجز في موازين مدفوعات تلك الدول وزيادة حجم المديونية فيها.

تلك باقتضاب شديد، بعض السمات الاقتصادية للمرحلة الحالية أي مرحلة ما بعد الفوائض أو الوفرة المالية التي تحققت في العهد الماضي، حيث اسهم تدفق القروض الميسرة من الدول القادرة إلى الدول المحتاجة في المنطقة في التخفيف من حدة المديونية الخارجية وأعبائها، إذ أن معظم الديون الخارجية للدولة المدينة خاصة تلك التي تقع في منطقة غربي آسيا كانت من المصادر الرسمية العربية، ولكن استمرار الاتجاهات الحالية ستلجئ الدول العربية إلى زيادة اقتراضها من مصادر خارج المنطقة العربية للحصول على الموارد المالية اللازمة لتمويل مشاريع الإنماء. وفي هذا الصدد لابد من الإشارة إلى أن الاقتراض من المصادر الأجنبية قد يصبح شاقا في ظل الظروف التي يجتازها الاقتصاد العالمي لا سيما أبان استفحال أزمة المديونية الخارجية على نطاق أوسع، وقد يكون الاقتراض مرتبطا بشروط سياسية أو اقتصادية لا تتناسب مع متطلبات الإنماء الاقتصادي والاجتماعي في الدول الساعية للحصول على القروض.

أن مشكلة المديونية العربية الخارجية مع كل خصوصيتها التي سبقت الإشارة إليها إنجازا ليست منفصلة عن أزمة المديونية التي تعاني منها معظم الدول المدينة، سواء أكان من حيث أسباب نشوئها أو ما ينتج عنها من آثار اقتصادية، وكذلك فان الإطار السليم لحل مشكلة المديونية العربية الخارجية لن يتم بمعزل عن الإطار الدولي العام الرامي إلى توفير أسس ملائمة تسهم في حل أزمة المديونية على النطاق العالمي بما يكفل ضمان مصالح الدول المدينة والدائنة. وبما أن هذه الأزمة هي من أهم مصادر التوتر في العلاقات بين الدول النامية المدينة والدول المتقدمة الدائنة، فلن يعرف النظام الاقتصادي والمالي في العالم طريقة إلى الاستقرار مع استمرار وتفاقم تلك الأزمة. وهذا يقودنا إلى ضرورة التعرف ولو بإيجاز على المحاولات والجهود المبذولة على النطاق العالمي لمعالجة أزمة الديون الخارجية، فقد قامت منابر ومحافل مختلفة بدراسة وتحليل المشكلة ضمن إطارها الأوسع الذي يتناول الدول النامية ككل. فشهدنا خلال الأعوام القليلة الماضية مناقشات مستفيضة ضمن إطار مؤتمرات إقليمية ومؤسسات دولية بهدف إطلاع الرأي العام العالي على أبعاد هذه المعضلة التي تواجه العالم على أوسع نطاق ربما لم تعرفه التجارب الاقتصادية، سواء من الشمول العددي للدول المعنية (دائنة ومدينة)، أو من حيث حجم المديونيات. ولهذا تدفق سيل من الفكر الاقتصادي ليتصدى للمشكلة، سواء أكان ذلك بهدف تحليل الخلفيات والتطور، أو تحليل سبل المعالجة. وبالنظر إلى تعدد المصالح الدولية الخاصة بهذه المشكلة وتضارب هذه المصالح تضاربا عنيفا، فقد بدت وكأنها إعصار يلف الاقتصاد العالمي ويصهره

تماما كما حدث في تضارب المصالح وتعقدها في السبعينات في ظل مشكلة ارتفاع أسعار النفط. وظهر العالم حائرا أيضا في مواجهة المشكلة واتخاذ القرارات المناسبة تجاه مختلف الاتجاهات والاقتراحات العلاجية.

ثانياً: مواجهة مشكلة الديون الخارجية العربية

لم يعد خافيا على أحد أن معالجة مشكلة الديون وأعبائها بمزيد من استجلاب الديون أو بإعادة الجدولة ما هو إلا ترحيل للمشكلة لتظهر من جديد بصورة اكثر عنفا وحدة، ذلك أن الاستمرار في الحصول على موارد خارجية بدون ضوابط يعني الحصول على موارد باكثر ما تمتلك البلد في حقيقة الأمر وبأكثر من طاقاتها على استيعاب الاستثمار وتحمل التزاماته، وإذا أضفنا إلى ذلك ما قد يحدث أحيانا من سوء توجيه واستخدام هذه الموارد مما يجعل أثرها الإنمائي محدودا على قدرة الدولة على سداد التزاماتها فإن الحالة تبدو اكثر ضعفا في القدرة على السداد وبالتالي الحاجة إلى مزيد من الموارد، ويتعين أن تلاحظ دولنا العربية أن الاقتراض الذي كان يمثل اسهل الحلول هو الآن اخطر الحلول من ناحية آثاره السياسية والاقتصادية والاجتماعية.

وقد لا يتسع المجال لإثارة جميع وسائل المشكلة، وعلى سبيل المثال فنحن لا نغفل البعد الدولي للمشكلة ووسائل العمل مع البلدان الصناعية للوصول إلى:

- فتح الأسواق أمام صادرات بلدان العالم الثالث

- زيادة المساعدات الإنمائية الميسرة.

- زياد المنح والهبات والمعونات الفنية.

- إلغاء بعض الديون الخارجية.

- شروط جديدة لنقل التقنية وتوطينها ... الخ.

لذلك سوف نستعرض ثلاث منطلقات فقط لمواجهة أزمة المديونية الخارجية العربية على المدى البعيد وهي:

1- التنمية الاقتصادية المستقلة (الاعتماد على النفس)

أ-   عندما كانت معظم البلدان العربية خاضعة للاستعمار الأوروبي المباشر كانت الاقتصاديات العربية تعاني من خلل بنياني تركيز المصالح الاستعمارية على القطاعات سريعة الكسب. إضافة إلى أن إدارة شؤون الاقتصاد كانت تتم بإرادة أجنبية ولصالحها، وعلى الرغم من تحقيق الاستقلال السياسي فإن القوى الرأسمالية المستفيدة مازالت تحقق مصالحها بأساليب مختلفة مستخدمة نفوذها

ب- السياسي الهائل وشركاتها متعددة الجنسية واستثماراتها وشروط مساعداتها وفروضها وشروط منح التكنولوجيا مستخدمة هذه الأساليب لاستمرار السيطرة وتحقيق المنافع، ولا يجوز أن تعفي البلدان العربية من مسؤولية دورها في تركيز هذا الاتجاه افترضت عندما وضعت خططها التنموية والاقتصادية أن التنمية تعني الوصول إلى النموذج الغربي، ومن أسوأ ما أفرزه هذا الفكر من آثار سلبية على حركة الإنماء العربي نمو العادات الاستهلاكية وتشجيع استهلاك الكماليات وعدم الاهتمام بالعمل والإنتاج بسبب الفهم الخاطئ لمعنى الرفاهية في البلدان المتقدمة. ومن هذه التجارب نحاول تصور بعض الجوانب ذات العلاقة بمفهوم التنمية المستقلة، ونوضح ابتداءا أن هذه التنمية لا تعني الانغلاق على العالم الخارجي بكافة تجاربه واتجاهاته واقتصادياته، فهذا غير متصور في عالم تتشابك فيه المصالح والمنافع وتعتمد المجتمعات على بعضها البعض مهما عظمت إمكانياتها، إنما المقصود أن تكون التنمية ذات أبعاد وطنية بمعنى كونها تطوير وتغير إرادي لأهداف ملموسة وليس تقليد أعمى.

ب- إن سلبيات تجربة الإنماء العربية تعود في جانب هام منها إلى الإفراط في الاعتماد على الخارج والقصور في الاعتماد على النفس ومن أوضح الأمثلة على ذلك أن مئات أو آلاف المشروعات التي تم تنفيذها في الوطن العربي خلال الثلاث عقود الماضية كانت عن طريق تسليم المفتاح، وبالتالي لم تخلق قاعدة تصنيعية في الأرض العربية، وإنما كانت مجرد استيراد واستهلاك لمنتجات الشركات متعددة الجنسية.

جـ- إن قضية الاعتماد على النفس في التنمية هي قناعة ذاتية لمجتمع تنعكس في تصميمه على التطوير والارتقاء فهي أولا قرار ذاتي يتعين أن يكون قرارا جماهيريا يتجلى فيه كامل الشعور بالمسؤولية والتضامن لتحقيق أهداف واضحة ترضى عنها هذه الجماهير لأنها هي صانعتها أساسا، إضافة إلى أن أفراد المجتمع يتعين أن يكون لهم مصلحة مباشرة فيها في الوقت الحاضر والمستقبل، ولذلك فإن هذه التنمية المستقلة لابد وان توفر للإنسان العربي الديموقراطية جنبا إلى جنب مع حاجاته الأساسية، ومن المنطقي في خطط وبرامج التنمية أن تعطي الأولوية نحو إشباع تلك الحاجات من مأكل وملبس ومسكن. وهذه في رأينا أولى أساسيات التوجه لتحقيق التنمية المستقلة.

د- إن ما يدعم التنمية حسب هذا المفهوم أن تتجه إلى تعظيم مصادر الإنتاج السلعي الزراعي والصناعي لتلبية احتياجات المجتمع من مواد بناء ومنسوجات وملابس وحاصلات وصناعات غذائية، ومن هنا نكون قد بدأنا في تحديد الاختيارات التقنية الملاءمة لمرحلة البناء المعتمدة على الذات. وفي هذا الإطار

يتعين تدعيم البحث العلمي وتطوير المعرفة الفنية وإعطائها الأولوية المتقدمة في استثمارات الخطة وتشجيع الدراسات المتخصصة والبحوث والتدريب وتوفير إمكانات المختبرات وأجهزة البحث والتطوير. إن بناء قاعدة عربية تكنولوجية وتكوين المهارات ونشر المعارف أحد أهم أركان التنمية العربية في نمطها المنشود.

هـ- إن مفهوم التنمية المستقلة يعد كونه قناعة وقرارا ذاتيا في النتيجة هو استعداد للتضحية والالتزام. التضحية في الحاضر من اجل المستقبل ومن اجل الغير. وبدون الشعور العام من غالبية فئات المجتمع بالقناعة الذاتية بالرغبة في الإنماء والتطوير والتغير والاستعداد للتضحية المعقولة في إنجاح البرنامج الوطني، فإن هذه الفئات عادة ما يكون عبئا على التنمية اكثر منها عاملا مساعدا لتحقيقها. وتتجلى أهمية التضحية في العديد من مظاهر الحياة في مرحلة النمو منها ترشيد الاستهلاك، زيادة المدخرات، تنمية القدرة على اكتساب المهارات، الالتزام بأهداف الخطط وتشريعاتها ومتطلباتها، زيادة كمية ونوعية العمل والعطاء.

و- وعلى مستوى المجتمع يلزم التنمية ويرافقها تشجيع استخدام السلع الوطنية المنشأ، وقبول الجودة الأقل أو الزيادة في السعر على الأقل في حدود نسب معقولة ولمدة معينة تكفل للصناعة التطوير والرقي. وتمارس البلدان الصناعية في الوقت الحاضر أشكالا مختلفة من الحماية وإجراءات التنسيق فيما بينها دعما لاقتصادياتها، كما انه لم تتطور تلك الصناعات في بلدان كألمانيا وفرنسا إلا بمساندة مباشرة وغير مباشرة من الدولة. ولا يمكن القول بأن على الدول النامية أو الدول العربية أن تتبع نفس الطريق أو المراحل التي مرت بها الدول الأوروبية إذ أن تلك الدول توفرت لها من الموارد الطبيعية من المستعمرات ومصادر الطاقة الرخيصة إضافة إلى السبق التقني ما لم يجود به التاريخ. وإضافة إلى ذلك فلابد للمجتمع في مراحل البناء أن يقنن استهلاك الكماليات ويحد منها نظير تخصيص جزء من موارد المجتمع لتطوير وتعميق التقنية واكتسابها عربيا ويعتبر هذا الاتجاه من أهم ما يتعين أن تلتزم به برامج الإنماء العربية وبدونه فأن جوهر الإنماء لن يتعدى استهلاك منتجات الغير دون أن تترك عملية التنمية أرضية لتطوير واكتساب التكنولوجيا محليا وقوميا.

ز- أن التعاون العربي الجماعي يفتح آفاقا أوسع لتحقيق هذه المقولة إذ أن الاعتماد على الذات قطريا يبدو شاقا إلى حد بعيد. ومن هنا يبدو الاعتماد على الذات عربيا أكثر عقلانية ومنطقية.

ح- إن التخطيط والتنمية القطرية واجهت مشاكل عدة ترافقت مع ضعف العمل العربي في المجال الاقتصادي على مستوى التطبيق خلال العقود الثلاث الماضية مما نشأ عنه قصور الهياكل الاقتصادية العربية وبقاؤها اقتصاديات متخلفة تقنيا ومحدودة الإمكانات.

ط- ولا يفوتنا أن نؤكد على أن تحقيق تنمية عربية جماعية مستقلة لا يمكن أن تتم عشوائيا وبدون التخطيط المشترك مع الالتزام وقبول التضحيات المتبادلة والأعباء الآنية مقابل المردود طويل الأجل وما يلزم كذلك من حصر الموارد والطاقات واستغلالها الاستغلال المشترك وقبول المخاطرة أيضا التي قد تترتب على خطوات واسعة في هذا الاتجاه، فإذا لم يؤخذ بأسلوب التخطيط العربي الشامل والالتزام القومي فإن الاعتماد على النفس عربيا سيبقى شعارا أجوف بعيدا عن الواقع والتطبيق.

ي- الاهتمام بالموارد البشرية والطبيعية وصيانتها وترشيد استخدامها وفي مقدمتها الإنسان. أن معنى تزايد هجرة الخبرات والكفاءات العربية هو عدم قدرة السياسات الاقتصادية والاجتماعية العربية في الاستفادة من هذه الخبرات، ولا يسمح مفهوم التنمية العربية المستقلة باستنزاف أهم الموارد على الإطلاق، إذ أن هذه الخبرات والكفاءات هي الركن الأساسي لتحقيق التقدم والرقي بل أن التنمية في نمطها الجديد تهتم بصفة خاصة بتنمية الإنسان وتعليمه وتطويره ثقافيا ومهنيا.

ك- ولا يمكن القول بوجود نموذج نظري جاهز للتطبيق للتنمية المستقلة والمهم في رأينا هو المفهوم والمبدأ والتوجه أما على المستوى التطبيقي فمن الطبيعي أن تتباين تفاصيل وأولويات خطط التنمية حسب معطيات الموارد الاقتصادية فبعض المجتمعات قد تمثل الثروة المنجمية الأهمية الأولى ومجتمع آخر قد يهتم بالدرجة الأولى بالثروة السمكية. والذي يهمنا هو تطوير هذه الموارد وتطوير تقنيات الاستفادة منها عربيا في إطار احتياجات المجتمع وأهدافه وتحقيق اكبر فائض من الموارد المحلية وتوجيهه للاستثمار بما يقلل تدريجيا من الحاجة لمصادر التمويل الخارجي، ومن الأهمية بمكان أن تعتمد البلدان العربية على أسواقها لدعم الصناعات الجديدة وان تتعاون مع البلدان النامية في مجال التبادل التجاري ذلك أن الدول الصناعية لن ترضى بتسليم أسواقها وفوائضها الاقتصادية للصناعات الأجنبية، بل أن حماية الصناعات العربية هي جزء من فلسفة التنمية المستقلة وامتدادا لنضالها الطويل من اجل التحرر السياسي والاقتصادي. إن التنمية هذه المفاهيم تصبح مشروعا حضاريا للأمة

العربية يبشرها بعصر جديد ويكون امتدادا لحضارتها السابقة بكل جذورها الفكرية والثقافية.

ل- إن التنمية العربية المستقلة تعني الاعتماد بأقصى درجة ممكنة على الموارد المحلية العربية في تحقيق التنمية وفق رؤية شمولية وذلك ببناء قاعدة عربية تكنولوجية تكون أساسا لتطوير أفضل وسائل الإنتاج والحاجات الأساسية للمجتمع.

م- كما تسعى التنمية العربية المستقلة إلى جماعية التوجه نحو استغلال الموارد لتحقيق الاستفادة المشتركة منها، ولا تنفصل عنها بالضرورة التنمية القطرية إذا ما أنجزت بمنظور قوي يأخذ في الاعتبار ضرورات التنسيق والتكامل العربي.

ونؤكد في هذا الخصوص على العناصر التالية في التوجه نحو تنمية عربية مستقلة:

أ- قيام تنمية عربية جماعية تتكامل مع جهود التنمية القطرية التي بحد ذاتها تواجهها مشاكل نقص الإمكانات وضيق السوق والوضع التنافسي غير المتكافئ والأقل قوة تجاه الأسواق العالمية.

ب- استغلال الموارد العربية المتاحة على اختلاف أنواعها ومواقعها وهو ما لا يتوفر إلا جزئيا للتنمية القطرية.

ج- توطين قاعدة علمية تكنولوجية عربية بهدف تنظيم الإنتاج العربي وتحقيق اكبر قدر من الاكتفاء الذاتي والاعتماد على الذات.

2- التكامل الاقتصادي العربي

لقد أفرزت تجارب التنمية العربية خلال الثلاث العقود الماضية ومن المنظور الكلي للاقتصاد العربي عددا من السلبيات نذكر منها:

أ- لم تستوعب قطاعات الإنتاج العربية استخدام الخامات العربية أو نسبة عالية منها، كما أنها لم تلب نسبة مقبولة من الطلب على المنتجات السلعية وهو ما يمكن تسميته بالقصور التقني والاقتصادي في الاعتماد على الموارد والإمكانات الذاتية.

ت- أدى ذلك إلى تنامي الاعتماد على الأسواق الخارجية هذا في الوقت الذي يفترض فيه أولويات أهداف التنمية زيادة الإنتاج وتوسيع قاعدته وتقليل الاعتماد على الخارج.

ج- ساهم في توسيع وتعميق هـذه التبعيـة انخفـاض مسـتويات الاكتفـاء الـذاتي مـن الغـذاء والمنتجـات الأساسية وعدم تحقيق تطوير مناسب في مجال العلـم والبحـث العلمـي واكتسـاب المعرفة الفنيـة، وغياب الترابط والتكامل بين القطاعات والمشروعات الاقتصادية العربية وكذلك عدم تحقيق تقدم في تيسير انتقال عوامل الإنتاج العربية إضافة إلى ضعف القاعدة الإنتاجية العربية.

د- أن التنمية العربية قد جرت في ظل غياب اسـتراتيجية قوميـة وأهـداف واضحة مـما أضعف السـعي للتكامل والاستغلال المشترك للموارد.

هـ- كما واجهت الدول العربية في مجملها عجز الموارد التمويلية ونقص الخبرات الفنية والكفاءات والأيدي العاملة وضيق السوق الداخلي وتدني المقدرة التنافسية وإنشاء مشروعات تنافسية وتـدني المبـادلات التجارية البينيّة.

ويخدم التكامل الاقتصادي للمجموعة العربية أهداف التنمية المستقلة من الضغوط الخارجية ومن أهمها ما ينشأ عن الديون الخارجية وأعبائها من خلال:

1- إتاحة الفرصة لإقامة المشروعات الإنتاجية الضخمة: التي قد يصعب على دولة عربية بمفردها إقامتها لضخامة احتياجاتها التمويلية والتسويقية، مـما يجعـل مثـل تلـك المشـروعات قـادرة عـلى تـوطين التكنولوجيا وتطويرها والعمل وفق الأسس الاقتصادية إنتاجا وتسويقا بالاستفادة مـن مزايا الإنتاج الكبير وتحقيق الوفرات الداخلية والخارجية.

2- التخصص في فروع إنتاجية معينة: مما يفيد البلدان العربية باستغلال ما لديها من مزايا نسبية وهو ما يدعم زيادة الإنتاج وتطويره وتنويعه.

3- خلق سوق اوسع أمام المنتجات العربية: لتعدد الأسواق وزيادة الطلب. وتعد زيادة معدلات التجارة البينية وإزالة العوائق أمامها مدخلا طبيعيا وملائما من حيث تلافي ضيق السـوق القطريـة ومكافحـة المعوقات الحمائية التي تتخذها البلدان الأجنبية وتطوير الإنتاج العربي وتحسينه.

4- خلق سوق واسعة للعمل: فالقوى العاملة سوف تجد فرصا اكبر واحسن لاستثمار خبراتها ومعارفها مما عليها بالتحسن في الدخل ومستوى المعيشة وايضا الخبرة، كما أن المنتجين سوف تتـوفر لـديهم اختيارات أوسع لحاجاتهم من الخبرات والقدرات. والأهم من ذلك هو توسيع قاعدة المعرفة الفنيـة العربية بسبب العمل في مشروعات متعددة مع تنوع فنون الإنتـاج والتنظيم والإدارة المطبقـة مـن قطر إلى آخر.

5- تقوية وتوسيع سوق الاستثمار: بزيادة الفرص المتاحة للاستثمار المباشر والتمويل وهو ما يقلل الحاجة للتمويل الخارجي ويساهم مباشرة في استغلال الموارد وتشغيلها سواء توظيف الموارد المالية، أو باستثمار الموارد المتاحة في الاقطار المضيفة لرأس المال، كما تسهم حركة رأس المال في اختيار وتطوير التقنيات الملائمة وزيادة الدخول فيما إذا كان توجه رأس المال يغلب عليه الطابع الإنتاجي.

3- العون النمائي العربي وتطويره وزيادة فعاليته

يعتبر العون الإنمائي العربي من مصادر التمويل ذات الأهمية للدول العربية بحكم كونها مساعدات بين دول شقيقة تربطها روابط تاريخية وسياسية ومستقبلية بجانب أنها مساعدات من دول نامية إلى دول نامية أخرى (جنوب/ جنوب) ولا ترتبط فيها المجموعتان المانحة والمستفيدة بعلاقات سابقة من الاستعمار أو الاستغلال المباشر أو غير المباشر، كما أن العون الإنمائي العربي يتميز بشروطه المالية والقانونية الميسرة وارتفاع عنصر المنح في القروض المقدمة وكذلك نسبة الهبة في حجم هذه المساعدات إضافة أن هذا العون لا يصاحبه في أشكاله المختلفة شروطا سياسية أو مداخلات في نوعية واتجاه السياسات الاقتصادية والاجتماعية للدول المستفيدة.

وتوضح بيانات مساعدات التنمية العربية الميسرة لعام 1984 استمرار تأثر اقتصاديات الدول العربية المانحة بانعكاسات الأزمة الاقتصادية العالمية على حجم عوائدها النفطية وبالتالي على حجم مساعداتها الإنمائية حيث بلغت قيمة هذه المساعدات في عام 1984 (4452) مليون دولار.

وفي كل الأحوال فإن نسبة العون الإنمائي العربي للناتج المحلي الإجمالي للدول العربية المانحة تزيد كثيرا عن نسب ما تقدمه دول مجموعة لجنة مساعدات التنمية والتي بلغ معدلها خلال الخمس سنوات الماضية 0.36% وعلى الرغم من الصعوبات الاقتصادية التي واجهتها الدول العربية المصدرة للنفط فان نسبة مساعداتها الميسرة إلى ناتجها المحلي الإجمالي بلغ في عام 1984 خمسة أضعاف هذه النسبة لمجموعة دول لجنة مساعدات التنمية.

الخلاصـة

مما سبق وذكر في هـذا البحـث، نستنتج أن المديونيـة العربيـة وحجمها وطبيعتهـا، واحـدة في جميع الدول العربية، وان حل هذه المشكلة يكاد يكون حلا واحدا، من خلال التكامـل الاقتصـادي العـربي وإعـادة التصـحيح للمفهـوم الاقتصـادي وتغـير نمـط المعيشـة الاسـتهلاكي للـدول العربيـة والتوجـه نحـو المجتمعات المنتجة.

ويملك الوطن العربي مقومات كبيرة متوفرة يمكن لها في حالة التكامل الاقتصادي أن تحـل جميـع مشـاكل الوطن العربي الاقتصادية وفي مقدمتها المديونية العربية.

المراجع

1- التقرير الاقتصادي العربي الموحد، تحرير صندوق النقد العربي لسنة 1986.

2- الارصدة والمديونية العربية للخارج، منتدى الفكر العربي، عمان 1987.

3- د. رمزي زكي، حوار حول الديون والاستقلال مع دراسة عن الوضع الراهن لمديونية مصر، القاهرة، مطبوعات مكتبة مدبولي، 1986.

4- د. عبد الهادي عون، التعاون الاقتصادي العربي، معهد الانماء العربي، بيروت، 1983.

5- عبد الحميد الزقلعي، مشكلة الديون الخارجية للبلدان العربية، منتدي الفكر العربي، عمان، 1986.

6- مجلة الوحدة عدد 43 نيسان 1988.

7- مجلة الوحدة عدد 89 فبراير 1992.

8- مجلة العربي عدد 375 فبراير 1990.

9- جريدة الدستور الأردنية، عدد رقم 8625 عمان 27 آب 1991.

10- تقرير الصندوق العربي للانماء الاقتصادي والاجتماعي لعام 1985.

11- تقرير منظمة التعاون والتنمية الاقتصادية لعام 1985.

12- تقرير عن التنمية في العالم، البنك الدولي 1985.

13- تقرير عن التنمية في العالم، البنك الدولي 1991.

مفاهيم ومصطلحات

هناك عدد من المفاهيم والمصطلحات تتردد بين حين وآخر عند الحديث عن القضايا الدولية سواء كانت تلك القديمة منها أو الجديدة، وحتى نتمكن من استيفاء المعلومة لاهل الاختصاص والمهتمين، فإننا سنوضح بعض المفاهيم التالية:

استراتيجية: فن القيادة في الحرب الشاملة على مستوى الدولة، حيث تنسق الخطط العسكرية مع الخطط الاقتصادية والإعلامية والسياسية، وتوصف بأنها الخطة العامة لحملة عسكرية كاملة، والاستراتيجية من الناحية السياسية، هي تحديد الأهداف وتحديد القوة الضاربة، وتحديد الاتجاه الرئيسي للحركة.

اشتراكية: مجموعة متكاملة من المفاهيم والمناهج والوسائل السياسية، التي تشترك في رفض النظام الرأسمالي، وتؤمن بالتقدم الحتمي للحياة الاجتماعية، وتؤكد إرادتها الثورية في إقامة مجمع اكثر كفاية وعدلا عن طريق العمل الجماعي الواعي، بغية تحقيق المساواة الفعلية بين الناس وجميع الامم، ومعظم المذاهب الاشتراكية تشترك في الإيمان بالحتمية الاجتماعية، وتنظيم قوى الانتاج وتملك وسائل الإنتاج، وربطها والوظائف الاقتصادية بالدول، والاعتقاد أن العمل هو الأساس الشرعي لكل تملك.

إمبريالية: مرحلة تاريخية من مراحل الرأسمالية، تتصف بتكتل الإنتاج على نطاق واسع، بشكل تتنامى معه أهمية المؤسسات الكبيرة، التي تحاول أن تحتكر السوق، بالتخلص من منافسيها، او بالتفاهم معهم في سبيل تحديد الأسعار، وفي مرحلة معينة من التطور يقود الإنتاج إلى تشكل الاحتكارات الإمبريالية. وحلول الاحتكار مكان التنافس الحر، وتبقى المؤسسات ملكية أفراد أو مجموعة رأسمالية.

أممية: واحد من اهم مبادئ أيدلوجية وسياسة الأحزاب الماركسية اللينية، وهي تظهر من خلال تضامن الطبقة العاملة، وكادحي كافة الأمم، في وحدة أفعالهم والتنسيق بينهم، ومساعدة بعضهم بعضا، وتتبع الاممية من ظروف الصراع الطبقي، حيث يترتب على الطبقة العاملة للأمة المعنية أن تناضل لا ضد برجوازية بلدها فحسب، بل ضد برجوازية هذه البلدان الاخرى أيضا، فالرأسمال قوة دولية، والتصدي لكل محاولات شق صفوف هذه القوى من العصبية القومية أو البرجوازية الرجعية أو العنصرية والاستعمارية.

الإنترنت: شبكة عملاقة من الحواسيب المتشابكة، التي يستطيع أي كان وصل حاسوبه بها مـن مؤسسـات حكوميـة، أو تعليميـة، أو وكـالات، أو صـناعات، أو أفـراد تمكـن المشـترك مـن الاسـتفادة مـن المعلومـات المعروضة عليه، من قبل المشتركين بهذه الشبكة.

البربرية: يستعمل هذا الاصطلاح في اللغة الدارجة لوصف طبيعة الشخص الفظ غير المتمـدن ذي السـلوك المنافي للأدب، وكان أيضاً يطلق عمن لا ينتمون للشعب الرومـاني أو الهيلينـي، وقد اسـتعمل المصطلح في علم الاجتماع من قبل لويس مورثن ليعني المرحلة الوسطية في التقدم الاجتماعي للجنس البشري، ويقـول كودن جايلد إن اختراع الكتابة هي النقطة الفاصلة بين المرحلة البربرية ومرحلة المدنية.

البرجوازية: طبقة اجتماعية من أصحاب المهن الحرة نشأت في القرون الوسـطى الأوروبيـة، سـميت كـذلك لأنهم كانوا يعيشون إما في المدن أو في قرى صغيرة يتمتعون فيها ببعض الامتيازات، ولعبت هـذه الطبقـة دوراً هاماً في إنجاز الثورة الفرنسية، وتتشكل البرجوازية من مجموع المالكين الفرديين أو الجماعيين لوسائل الإنتاج ومدراء المؤسسات التجارية والصناعية والمالية، والمضاربين وكبار الملاك وبشكل عـام أولئـك الـذين يعيشون أساسا من العوائد الرأسمالية المرتفعة إلى حد مـا، وفي الأنظمـة الديمقراطيـة أصبحت البرجوازيـة تتميز بامتلاكها لوسائل الإنتاج ولسلطة اجتماعية تقوم على مفهوم النخبة.

البروليتاريا: أطلق المفكر الفرنسي سان سيمون هـذا التعبـير عـلى الـذين لا يملكون نصيبا مـن الثـورة ولا يتمتعون بأي ضمانات في الحياة، ثم استخدم كارل ماركس هذه الكلمة قاصدا طبقة العمال الإجراء الـذين يشتغلون في الإنتاج الصناعي، ومصدر دخلهم هو بيع ما يملكون من قوة العمل، وهذه الطبقة تعـاني مـن فقر نتيجة الاستغلال الرأسمالي لها، ولأنها هي التي تتأثر أكثر من غيرها بحالات الكساد والأزمات الدورية.

البنك الدولي: البنك الدولي للإنشاء والتعمير حيث انشئ سنة 1947 عـلى أثـر مـؤتمر برتـون وودز لتـوفير العون الاقتصادي إلى الدول الأعضاء ولا سيما الدول النامية لتقوية اقتصاداتها، تأتي امـوال البنـك بمعظمهـا من الدول المتقدمة لكنه يجمع الاموال أيضاً مـن أسـواق رأس المـال الـدولي، ويعمل البنـك وفـق مبـادئ الأعمال التجارية فلا يقرض بأسعار الفائدة التجارية إلا تلك الحكومات التي تجد نفسها قادرة على خدمـة الديون وسدادها.

التكنولوجيا: يقصد بالتكنولوجيا إذا أخذت بمعناها الواسع، جانب الثقافة المتضمن المعرفة والأدوات، التي يؤثر بها الإنسان في العالم الخارجي، ويسيطر على المادة، لتحقيق النتائج العملية المرغوب فيها، وتعتبر المعرفة العلمية التي تطبق على المشاكل العملية المتصلة بتقدم السلع والخدمات جانبا من التكنولوجيا الحديثة.

التصوف: نظرة دينية مثالية للعالم، ويرجع أصل التصوف إلى الطقوس السرية التي كانت تؤديها الجمعيات الدينية في الشرق والغرب قديما، والصفة المتضمنة في هذه الطقوس هي الاتصال بين الله والإنسان، والاتحاد بالله مفروض فيه أن يتحقق بالوجد أو الكشف، ويعتبر الفلاسفة المتصوفون الكشف، وهو نوع من الحدث الصوفي، أسمى شكل للمعرفة، فيه يتم إدراك الشخص للوجود بشكل مباشر.

التكتيك: الخطة النظامية، وهي فن القيادة في ميدان المعركة، حيث توضع خطة الهجوم أو الدفاع وتنفيذ بأرض المعركة، والتكتيك من الناحية السياسية أسلوب النضال وأشكاله ومناهجه لتحقيق مهام معينة في لحظة معينة.

التنوير: اتجاه اجتماعي سياسي ظهر في ألمانيا وفرنسا في القرن الثامن عشر يحاول معتنقوه إصلاح نواحي نقص المجتمع لتغيير سلوكه وسياساته وأسلوب حياته، بنشر مبادئ الخير والعدالة والمعرفة والديمقراطية، وإلغاء الامتيازات، ويقوم هذا الاتجاه على أساس أن الوعي يلعب دوراً رئيسياً في نمو المجتمع، وفي إظهار الرذائل الاجتماعية الناتجة عن جهل الأفراد وعدم إدراكهم، وبذلك يوجه أنصار مذهب التوعية تعاليمهم إلى جميع طبقات المجتمع، ومن أنصار مذهب التوعية فولتير وروسو ومنتسكيو وليسنج وشيللر وجوتيه.

الثورة الصناعية: الانتقال التاريخي من الماكنة اليدوية إلى الصناعات الآلية الكبيرة، القائمة على أساس الماكنة الآلية، بدأت الثورة الصناعية في انكلترا في نهاية القرن الثامن عشر، وانعكست على تطور سري للعدد الآلية في مجال النسيج القطني في البداية، ومن ثم في صناعة الحديد الصلب، وانتصرت الماكنة بفضل البخار كمصدر للطاقة، والآن هناك ثورة صناعية جديدة تمثلت في تطور الوسائل المادية باستعمال الحاسبات الإلكترونية.

الثورة العلمية والتقنية: تحول نوعي في عملية الإنتاج يصل إلى إحداث تعديل في طبيعة العمل بإدخال الاتمتة، منذ عام (1950) تطورت فنون جديدة لاستخدام الالات التي لا تحتاج لمساهمة مستمرة من قبل الإنسان، وتدار هذه الالات عن طريق التوجيه الالكتروني المنظم مسبقا حسب المعطيات المطلوبة، وتحصل الثورة العلمية كلما سمحت نظرية جديدة بتفسير ظاهرة لم تفسر من قبل.

الحداثة: هي ظاهرة انطلقت من أوروبا مع الثورة الفرنسية (1789)، وعنت التغير في النظام السياسي، من النظام الملكي إلى الديمقراطي، الذي يقوم على سلطة الشعب والمجالس الممثلة للشعب، واعتماد الليبرالية نظاماً اقتصادياً، والمساواة بين الجنسين على الصعيد الاجتماعي، وإلزامية التعليم للأطفال والانتقال من نموذج الجماعات والطوائف الدينية المتحاربة إلى المواطن، لا ابن الطائفة أو الدين، وتذويب الطوائف والأديان في بوتقة مدنية علمانية واحدة لا تمييز فيها على أساس عرقي أو ديني أو عملي، وبهذا تكون علاقة المواطن بالدولة لا بسلطة أخرى.

الدوغمائية: مذهب يثق بالعقل ويؤمن بقدراته على إدراك الحقيقة، ويتصف أصحاب المذهب بالتصلب في الرأي أو القطع به دون مناقشة أو تفكير، كذلك يدل على وجهة نظر مبنية على مقدمات غير ممحصة تمحيصاً وافياً.

الديالكتيك (الجدل): ويعني الجدل في الأصل النقاش والتجادل بطريق الأسئلة والأجوبة، وفن تصنيف المفاهيم وتقسيم الأشياء إلى أجناس وأنواع، ولكنه أصبح منطقا جديداً، يواجه منطق أرسطو القديم، ويقوم على الحركة بدلا من الثبات أو الاختيار النقدي للمبادئ والمفاهيم من اجل تحديد معناها والفروض التي ترتكز عليها ونتائجها الضرورية، وقد وضع هيجل أسس هذا المنهج الذي من شانه أن يبرز تماسك المتناقضات ووحدتها، ويكشف عن المبدأ الذي يقوم عليه هذا التماسك وهذه الوحدة، ثم استأصل ماركس وانجلز، المضمون المثالي لفلسفة هيجل وأقاما الجدل على فهمها المادي للعملية التاريخية، وتطور المعرفة وعلى تعميمها للعمليات الواقعية، التي تحدث في الطبيعة والمجتمع والفكر.

الديمقراطية: حكم الشعب من قبل الشعب أو ممثليه المنتخبين، او وحدة سياسية أو اجتماعية يسوسها جميع أعضائها، تدل العبارة ضمنا على انتخابات حرة تجري في أوقات تفصلها فترات منتظمة، مع اشتراك عدد غير محدود من الاحزاب السياسية.

الرأسمالية: نظام اقتصادي يقوم على الملكية الخاصة لموارد الثورة، أي يمتلك الأفراد وسائل الإنتاج فيه، كالأرض والمشروعات الصناعية والتجارية، ويكون الانتاج فيه لمصلحة هؤلاء الملاك الأفراد وتعتمد الرأسمالية على الملكية الفردية، وعلى السوق الحر، وعلى الإنتاج من أجل الربح.

الشركة متعددة الجنسيات: شركة تنتج وتبيع منتجاتها في عدد من الدول، تمييزا لها عن الشركة التي تنتج في بلد واحد، وتصدر للأسواق الخارجية، تستثمر الشركات متعددة الجنسيات مباشرة في إنشاء وحدات إنتاج في بلدان خارجية، بسبب ارتفاع فعالية التكاليف والربحية الناشئة عنه.

أ- أفضليات خاصة بالشركات، فقد تمتلك الشركة أفضلية احتكارية على منافسيها فيمكن استغلالها وحمايتها بشكل أفضل بالسيطرة المباشرة، بدلا من مشاركتها مع منتجين وموزعين في الخارج.

ب- أفضليات مكانية: إذ يمكن الاستثمار المباشر للشركة من خفض تكاليف النقل والاتصال عن قرب بأوضاع السوق المحلية.

ج- أفضليات خاصة بالبلد، فقد يمكن الاستثمار المباشر الشركة من تجنب القيود الحكومية على النفاذ إلى السوق، مثل التعريفات والحصص، والاستفادة من انخفاض تكاليف العمالة، وتكاليف مدخلات الإنتاج وحوافز الاستثمار.

الرومانسية: منهج فني في الفن الأوروبي، حل محل المذهب الكلاسيكي في عشرينات وثلاثينات القرن التاسع عشر، وهي الاتجاه نحو حب الطبيعة، وتغليب المشاعر الذاتية والخيال على العقل والمنطق، والتحرر من القواعد القائمة والتقاليد الموروثة، وهي من وجهة النظر الفلسفية إطلاق الموقف الفردي، وإثارة الشعور في أغمض صورة، والاعتقاد بلا نهائية الوجود، ولا نهاية التقدم في التاريخ.

الشيوعية: عقيدة سياسية واقتصادية ترى بان تحتكر الدولة الملكية، وأن تنظم كل وظائف الإنتاج والتبادل بما في ذلك العمالة، وعبر كارل ماركس عن الفكر الشيوعي بعبارة (من كل حسب قدرته، إلى كل حسب حاجته) وتشمل الشيوعية الاقتصاد المخطط مركزيا، حيث تتخذ الحكومة القرارات الاستراتيجية المتعلقة بالإنتاج والتوزيع.

صراع الحضارات: يرى صموئيل هنتجتون أن دور الدولة القومية كفاعل أساسي في الصراع الدولي قد تراجع، وظهر بدلا من ذلك الصراع بين الحضارات والثوابت الحضارية، وقد نشب هذا الصراع نتيجة دخول الحضارات غير الغربية كعناصر فاعلة في صياغة التاريخ، أي أن الغرب لم يعد القوة الوحيدة في هذه العملية، فالصراع ليس حتما وإنما هو نتيجة دخول لاعبين جدد، ويرى أن أساس اختلاف الحضارات هو التاريخ واللغة والحضارة والتقاليد، ولكن أهم العناصر طرأ هو الدين، فالصراع الحضاري في العالم هو في الواقع صراع ديني، ومن هنا حديثه عن الحضارة الغربية الأرثوذكسية مقابل البروتستانتية والكاثوليكية، والحضارة الكونفرشيوسية والحضارة الإسلامية اللتين يرى أنهما يمارسان نوعا من التعاون في اكتساب القوة والثورة.

صندوق النقد الدولي: مؤسسة متعددة الجنسيات، أنشئت سنة (1947) بعد مؤتمر بريتون وودز للإشراف على عمل النظام النقدي الدولي الجديد، نظام سعر الصرف القابل للتعديل، يسعى الصندوق للحفاظ على تدابير مالية تعاونية ومنظمة بين الدول

الأعضاء بغية تشجيع زيادة التجارة الدولية، وتوازن ميزان المدفوعات وتنشيط الصندوق في مجالين:

1-أسعار الصرف   2-السيولة الدولية

وتعطي الدول حقوق الاقتراض أو السحب من الصندوق بحيث يمكن استخدامها إلى جانب احتياطاتها الدولية لتمويل عجز ميزان مدفوعاتها.

الصيرورة: تغير منظم متلاحق لظاهرة ما، وتحولها إلى ظاهرة أخرى.

العدمية: مذهب ينكر القيم الاخلاقية، ويعتبرها مجرد وهم وخيال، مع تحرير الفرد من كل سلطة مهما يكن نوعها، ويقول بأنه لا يمكن تحقيق التقدم إلا بتحطم النظم السياسية والاجتماعية التي تسلب الفرد حريته.

العقلانية: اسلوب في التفكير والتفلسف، يقوم على التعقل، وهي تعني قدرة الإنسان في حياته اليومية وممارسته المعرفية، على المحاكمة الواعية، بعيداً قدر الإمكان عن تسلط المشاعر والعواطف، وعلى وزن كافة الاعتبارات لصالح أو ضد الاختيار المعني، وعلى السعي لتعليل أقواله وتصرفاته.

العلمانية: في اللاتينية تعني العالم أو الدنيا، ثم استعمل المصطلح من قبل مفكري قرني التنوير بمعنى (المصادرة الشرعية لممتلكات الكنيسة لمصالح الدولة) ثم تم تبسيط التعريف ليصبح (فصل الدين عن الدولة) ولقد تطور المعنى ليصبح أكثر شمولا، فالعلمانية هي العقيدة التي تذهب إلى أن الأخلاق لا بد من أن تكون لمصالح البشر في هذه الحياة الدنيا، واستبعاد كل الاعتبارات الاخرى المستمدة من الإيمان بالإله أو الحياة الآخرة، والعلمانية هي تحويل المؤسسات الكنسية والدينية وممتلكات الكنيسة إلى ملكية علمانية وإلى خدمة الامور الزمنية.

الفاشية: عقيدة بنيتو موسوليني، والنظام السياسي الذي أسسه، تقوم الفاشية على تشجيع وتعزيز العسكرية (المذهب العسكري) والقومية المتطرفة، وقد نظمت إيطاليا وفق خطة تحكمية استبدادية يمينية، تتعارض تماما مع الديمقراطية والليبرالية، وتنطبق العبارة على كل أيديولوجية أو حركة مستوحاة من هذه المبادئ، مثل الاشتراكية الوطنية الألمانية والكتائب الإسبانية.

الليبرالية (التحررية، المذهب الفردي): التحريرية الاقتصادية تؤكد الحرية الفردية، وتقوم على المنافسة الحرة، أي ترك الأفراد يعملون ويربحون كما يريدون، وفي ذلك الصلاح الخاص الفردي يتحقق الصالح العام، وقد نشأت التحررية وتوسعت مع نشأة الرأسمالية، للتعبير عن الحرية الفردية والتحررية السياسية نظام سياسي يقوم على أساس قيام الدولة بالوظائف الضرورية في حياة المجتمع، وترك نواحي

النشاط الاخرى للحافز الفردي، كما تتميز الدولة التي تتبع هذا النظام بقيامها بوظيفة الحكم بين مختلف الفئات وبالمحافظة على النظام.

ما بعد الحداثة: هي رؤية فلسفية عامة، تكتسب أبعادا مختلفة بانتقالها من مجال إلى مجال آخر وعصر ما بعد الحداثة هو عصر البعديات، فهو عصر ما بعد التاريخ، وما بعد الإنسانية وما بعد السببية وما بعد الميتافيزيقا ... إلخ، وعصر النهايات مثل نهاية التاريخ ونهاية الإنسان ونهاية الرواية ونهاية الأدب، ونهاية الميتافيزيقيا... إلخ وبهذا المعنى تعني ما يعد الحداثة إخفاق الحداثة ونهاية الحداثة وإفلاسها، وهل يفسر هذا أن أيديولوجيا ما بعد الحداثة تقف ضد العقل والمنطق والإنسان والمعنى، وضد رؤية الأشياء في علاقتها الجدلية مع الإنسان، وضد الكل وحدوده، وهنا يظهر نوعان لما بعد الحداثة يحلان محل المشروع التنويري القديم، حين كان هدف الفلسفة هو محاولة لتوصل إلى الحقيقة الكبرى، الكامنة في حركة الطبيعة وقوانينها وتجريدها، والوصول إلى نماذج مادية تفسيرية تتسم بالشمول الكامل.

1- ما بعد الحداثة النصوصية أو اللغوية وهي ترى أن اللغة أداة المعرفة الحقيقية، وأنها هي أداة إنتاجها، فثمة أسبقية للغة على الواقع، ولذا فإن النموذج المهيمن هنا هو النموذج اللغوي.

2- ما بعد الحداثة الشراعية، النموذج هنا إرادة القوة والحرب والمعارك، فالخطاب لا يوجد في ذاته على الإطلاق وإنما يرد بأسره إلى الواقع.

الماركسية: مذهب اقتصادي وسياسي واجتماعي ابتدعه كارل ماركس (1818-1883) يتلخص في أن المجتمعات البشرية ستصبح حتما في مستقبل قريب أو بعيد مجتمعات شيوعية، حيث تكون الثورات والمرافق ملكية مشاعة بين الجميع، فيتناول كل قيمة عملة كاملة، ويجد فيها ما يكفي لإرضاء جميع حاجياته، إلا أن هذه النهاية لن تتحقق إلا بفضل الدكتاتورية العمالية.

المثالية: (يونانية الأصل معناها: الصورة أو المفهوم)، وهي اتجاه فلسفي يتعارض بشكل قاطع مع المادية في حل المسألة الأساسية في الفلسفة، والمثالية تبدأ من المبدأ القائل بان الروحي او اللامادي اولي، وان المادية ثانوي، وهو ما يجعلها أقرب إلى الأفكار الدينية حول تناهي العالم في الزمان والمكان، وحول خلق الله له، وهي تدافع عن النزعة الشكلية واللاإرادية، وتضع المثالية في موضع النقيض للحتمية المالية ووجهة النظر الغائبة.

المجتمع المدني: استخدام هذا الاصطلاح في القرن الثامن عشر لدلالة على مجتمع المواطنين الذين لا تربطهم علاقات استلزام بعائلات او عشائر سياسية، بعدها فصل هيجل مفهوم المجتمع المدني عن مفهوم الدولة، واعتبره الماركسيون مناقضا

للدولة في توجهها، أما اليوم فإن المجتمع المدني يعني طوباويا جميع القوى الشعبية والبرجوازية، التي لا تجد في الدولة الراهنة للحريات وتفتح الطاقات التي تصبو إليها، فالمجتمع المدني مناهض ومعارض للدولة التي يتهمها بالهرم والتحجر في الغرب اليوم.

النازية: أيديولوجية سياسية يمينية متطرفة، مشابهة للفاشية الايطالية تبناها (حزب العمال الألماني الاشتراكي الوطني) وهو خليفة حزب العمال الألماني الذي كان هتلر من اعضاء المؤسسين عام (1919) سيطر هتلر بسرعة على حزب العمال الألماني، تضمنت العقيدة النازية مبدأ تبعية الفرد للدولة، وتبعية الدولة للحزب الذي يخضع بدوره لقائد واحد، هتلر نفسه، كما تضمنت فكرة تفوق العرق الآري، مع اعتبار الألمان (العرق السيد) وسياسية مضادة للشيوعية، ومعادية للسامية، تنتهج التمييز العنصري، وتعزيز القوات المسلحة، حل الحزب النازي بعد الحرب العالمية الثانية، وأصبحت إعادة إنشائه جرما يعاقب عليه القانون.

نهاية التاريخ: يرى فرنسيس فوكاياما ان كلا من هيجل وماركس، كانا يريان أن التاريخ سيصل إلى نهايته، حينما تصل البشرية إلى شكل من أشكال المجتمع الذي يشبع الاحتياجات الأساسية والرئيسية للبشر فهو عند هيجل الدولة الليبرالية، وعند ماركس المجتمع الشيوعي، ولكن العالم بأسره قد وصل إلى ما يشبه الإجماع بشأن الديمقراطية الليبرالية كنظام صالح للحكم بعد أن حاقت الهزيمة بالإيديولوجيات المنافسة، وهذا يعود إلى أن الديمقراطية الليبرالية خالية من تلك التناقضات الأساسية الداخلية، التي شابت أشكال الحكم السابقة، وثم يقرر فوكوياما ان منطق العلوم الطبيعية الحديثة يبدو كأنه يفرض على العالم (الطبيعة والإنسان) تطورا شاملاً يتجه صوب الرأسمالية والسوق الحر.

الوجودية: فلسفة الوجود، ظهرت بعد الحرب العالمية الأولى في ألمانيا وفرنسا وهي مدرسة فلسفية تقول بأن الوجود الإنساني سابق على الماهية، أي ان الإنسان صانع وجوده، بغض النظر عن أي عوامل متحكمة فيه وان العقل وحده عاجز عن تفسير الكون ومشكلاته، والإنسان يستبد به القلق عند مواجهة مشكلات الحياة، وأساس الأخلاق قيام الإنسان بفعل إيجابي، وبأفعاله تتحدد ماهيته، وإذن فوجوده العقلي يسبق ماهيته، كما تؤمن الوجودية بالحرية المطلقة التي تمكن الفرد من أن يمتع نفسه، ويملأ وجوده على النحو الذي يلائمه، أثرت الوجودية تأثيراً كبيراً في الادب والفن الحديث.

الوضعية: تيار من الفلسفة واسع الانتشار في القرنين التاسع عشر والعشرين، ينكر أن الفلسفة نظرة شاملة للعالم، ويرفض المشكلات التقليدية للفلسفة، (علاقة الوعي بالوجود ... الخ)، باعتبارها ميتافيزيقية، وغير قابلة للتحقق من صحتها بالتجربة،

أسس المذهب الوضعي اوغست كونت، حاول المذهبي الوضعي أن يحدث منهجا للبحث يقف فوق التناقض بين المادية والمثالية، وأحد المبادئ الأساسية لمناهج البحث الوضعية للعلم النزعة الظواهرية، التي تذهب إلى أن مهمة العلم هي الوصف الخالص للوقائع وليس تفسيرها.

Printed in the United States
By Bookmasters